# Tatsachen
## über Deutschland

# Tatsachen über Deutschland

## Die Bundesrepublik Deutschland

*Mit freundlichen Empfehlungen
des Generalkonsulats
der Bundesrepublik Deutschland
Detroit*

**BERTELSMANN
LEXIKON VERLAG**

Herausgegeben vom Lexikon-Institut Bertelsmann

Redaktion: Karl Römer (verantwortlich), Ulrich K. Dreikandt,
Claudia Wullenkord
Layout: Günter Hauptmann
Bilddokumentation: Elisabeth Lezius
Zeichnungen: HTG-Werbung Tegtmeier + Grube KG., Bielefeld
Karten: Kartographisches Institut Bertelsmann, Gütersloh
und Karl Wenschow GmbH, München

6., neubearbeitete Auflage, 3. Nachdruck
Redaktionsschluß: 15. September 1987,
teilweise 15. Juni 1989

Druck und buchbinderische Verarbeitung:
westermann druck GmbH, Braunschweig
Gedruckt in der Bundesrepublik Deutschland
ISBN 3-570-06406-9

# Inhaltsverzeichnis

Vorwort 7

**Land, Leute, Geschichte**
Das Land 10
Die Menschen 16
Die Länder 24
Grundlinien deutscher Geschichte bis 1945 45
Die Teilung Deutschlands 64
Die Bundesrepublik Deutschland von 1949 bis heute 85

**Staat, Politik, Recht**
Das Grundgesetz 92
Die Verfassungsorgane 98
Die Rechtsordnung 107
Parteien und Wahlen 114
Föderalismus und Selbstverwaltung 122
Raumordnung und Gebietsreform 128
Die Bundesrepublik Deutschland in der Welt 133
Die öffentlichen Finanzen 143
Der öffentliche Dienst 149
Innere Sicherheit 152
Äußere Sicherheit 155

**Wirtschaft**
Das Wirtschaftssystem 160
Der Arbeitsmarkt 167
Einkommen und Preise 173
Verbraucherschutz 177
Land- und Forstwirtschaft, Fischerei 180
Die Industrie 187
Rohstoffversorgung und Energiewirtschaft 193
Das Handwerk 201
Der Handel 206
Der innerdeutsche Handel 209
Die Außenwirtschaft 211
Zusammenarbeit mit Entwicklungsländern 217
Geld- und Bankwesen 222
Messen und Ausstellungen 227

Der Verkehr   230
Die Deutsche Bundespost   238
Die Bundesrepublik Deutschland als Reiseland   240

**Gesellschaft und Bürger**
Die Gesellschaft der Bundesrepublik Deutschland   246
Die Sozialpartner   251
Betriebsverfassung und Mitbestimmung   257
Soziale Sicherheit   263
Eingliederung, Lastenausgleich, Wiedergutmachung   270
Vermögenspolitik   272
Wohnungswesen und Städtebau   275
Umweltschutz   280
Frau und Gesellschaft   287
Die Jugend   292
Das Gesundheitswesen   297
Sport   301
Freizeit und Urlaub   306
Religion und Kirchen   308
Zusammenschlüsse der Bürger   314
Massenmedien und öffentliche Meinung   317
Die Presse   320
Hörfunk und Fernsehen   324

**Bildung, Wissenschaft, Kultur**
Kulturelle Vielfalt   330
Die Schule   332
Die berufliche Bildung   338
Die Hochschulen   342
Forschung   349
Weiterbildung   354
Zeitgeist: Tendenzen der letzten Jahrzehnte   358
Das literarische Leben   363
Buchhandel und Bibliotheken   369
Die bildenden Künste   373
Die Baukunst   379
Museen, Sammlungen, Ausstellungen   383
Das Musikleben   389
Das Theater   394
Der Film   398
Festspiele   402

Literaturverzeichnis   405
Register   409

# Vorwort

Es gibt eine Menge Gründe, sich für die Bundesrepublik Deutschland zu interessieren. Viele sehen in ihr vor allem ein modernes, leistungsfähiges Industrieland, dessen Erzeugnisse weltweit verbreitet sind. Andere denken eher an die großen deutschen Traditionen in Kunst und Wissenschaft. Wieder andere haben ein reizvolles Reiseland mit grünen Hügellandschaften und romantischen alten Städten vor Augen. Wer sich mit Politik beschäftigt, weiß, daß es noch immer eine ungelöste »deutsche Frage« gibt, und möchte ihre Vorgeschichte kennenlernen. Wer von der Wichtigkeit sozialer Fragen überzeugt ist, wird von den tiefgreifenden Wandlungen erfahren wollen, die die Gesellschaft der Bundesrepublik Deutschland in den letzten Jahrzehnten durchgemacht hat. So mancher will vielleicht auch nur einfach Näheres über das Land wissen, aus dem die Deutschen kommen, denen man überall in der Welt als Touristen, Technikern oder Geschäftsleuten begegnet.

Dieses Buch will allen helfen, die – aus welchen Motiven auch immer – Auskunft über die Bundesrepublik Deutschland suchen. In 68 kurzen Kapiteln behandelt es die geographischen und demographischen Gegebenheiten, die deutsche Geschichte, die politische Ordnung und die praktische Politik der Bundesrepublik, die Wirtschaft mit allen ihren Zweigen, die soziale Struktur und das kulturelle Leben. Wir haben uns bemüht, auf knappem Raum möglichst viele zuverlässige Informationen zusammenzutragen. Dem Leser sollen Tatsachen in die Hand gegeben werden, damit er sich eine fundierte Meinung bilden kann. Dabei läßt es sich nicht vermeiden, ihm auch einige Statistiken zuzumuten. Wir haben aber nach besten Kräften versucht, die Zahlen durch graphische Darstellungen anschaulich zu machen.

Jedes Kapitel ist in sich abgeschlossen. (Wir würden uns allerdings freuen, wenn sich der Leser hin und wieder zum Weiterlesen verführen ließe.) Manche Gegenstände werden unter verschiedenen Aspekten in mehreren Kapiteln behandelt. Es empfiehlt sich deshalb, immer das Register zu Rate zu ziehen, wenn man sich über ein bestimmtes Thema unterrichten will; nur ausnahmsweise wird im Text direkt auf andere Kapitel verwiesen.

Natürlich kann unser Buch nicht beanspruchen, auf irgendeinem Gebiet umfassend zu informieren. Wer sich gründlicher mit einem Problem befassen will, muß Spezialwerke zur Hand nehmen. Unser

Literaturverzeichnis führt eine Anzahl solcher Werke auf. Vor allem haben wir Bücher aufgenommen, die ihrerseits ausführliche Bibliographien enthalten.

Mancher Leser hat vielleicht den Wunsch, sich mit einer Anfrage direkt an eine Stelle in der Bundesrepublik zu wenden. Er findet die Adressen von Verbänden, Institutionen und Behörden am Schluß der in Betracht kommenden Kapitel.

Viele Fachleute und Institutionen, die wir nicht einzeln aufzählen können, haben uns bei der Arbeit an diesem Buch geholfen. Ihnen allen sei hiermit gedankt.

*Lexikon-Institut Bertelsmann*

# Land
# Leute
# Geschichte

Das Land
Die Menschen
Die Länder
Grundlinien deutscher Geschichte bis 1945
Die Teilung Deutschlands
Die Bundesrepublik Deutschland
von 1949 bis heute

# Das Land

Deutschland liegt in der Mitte Europas, zwischen den skandinavischen Ländern im Norden, den Alpenländern im Süden, den Ländern im atlantischen Westeuropa und im kontinentalen Osteuropa. Es reicht »vom Fels zum Meer«, d. h. vom Hochgebirge der Alpen bis zur Nord- und Ostsee. Nach Westen, Osten und Norden gibt es keine natürliche Abgrenzung, wodurch Deutschland seit alters ein Raum des Durchgangs und des Austauschs von Völkern, Kulturen, wirtschaftlichen, sozialen und geistigen Kräften und Ideen, aber auch der politischen Auseinandersetzung ist.

Deutschland ist seit dem Ende des Zweiten Weltkrieges geteilt. Eine 1378 km lange Grenzlinie trennt die beiden Staaten in Deutschland: die Bundesrepublik Deutschland im Westen und die Deutsche Demokratische Republik (DDR) im Osten. Auf östlicher Seite ist sie durch Sperranlagen hermetisch abgeriegelt und streng bewacht (siehe S. 72/73).

Das Staatsgebiet der Bundesrepublik Deutschland ist 248 708 km² groß. Die längste Ausdehnung von Norden nach Süden beträgt 867 km, von Westen nach Osten 453 km. An seiner schmalsten Stelle mißt das Bundesgebiet zwischen Frankreich und der DDR nur 225 km. Wer das ganze Staatsgebiet umrunden wollte, müßte 4231 km Landgrenzen und 572 km Seegrenzen abfahren.

**Landschaften.** Die deutschen Landschaften sind außerordentlich vielfältig und reizvoll. Auf engem Raum drängen sich niedrige und hohe Gebirgszüge, Hochflächen, Stufenländer, Hügel-, Berg- und Seenlandschaften sowie weite, offene Ebenen.

Aufgrund der Oberflächenformen und der Höhengliederung werden von Norden nach Süden drei große Landschaftsräume unterschieden: das Norddeutsche Tiefland, das Mittelgebirge und das Alpenvorland mit dem Alpenrand. Die Bundesrepublik Deutschland hat Anteil an allen drei Landschaften.

Der deutsche Alpenanteil beschränkt sich auf die zu den Nördlichen Kalkalpen gehörenden Allgäuer Alpen (Mädelegabel, 2645 m), Bayerischen Alpen (Zugspitze, 2962 m) und Berchtesgadener Alpen (Watzmann, 2713 m). Echte Hochgebirgsformen mit scharf gezackten Gipfeln und tiefe, von Wildwasserflüssen durchzogene Täler geben ihnen das Gepräge.

Eingebettet in die Bergwelt der Alpen liegen malerische Seen,

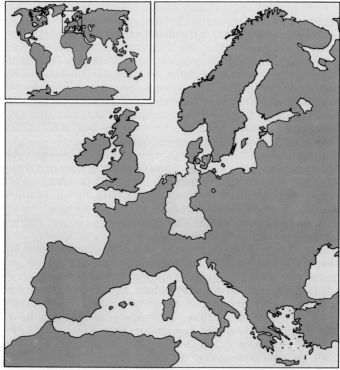

*Die Lage der Bundesrepublik Deutschland in Europa und der Welt*

wie zum Beispiel der Königssee bei Berchtesgaden, und beliebte Fremdenverkehrsorte, wie etwa Garmisch-Partenkirchen, Berchtesgaden oder Mittenwald. Dem Alpenrand ist eine weite, hügelige Hochebene vorgelagert, das Alpenvorland. Es ist im Durchschnitt 500 m hoch und senkt sich allmählich zur Donau hin. Charakteristisch für diese Landschaft sind Moorgebiete, kuppenförmige Hügelketten mit Seen (Chiemsee, Starnberger See) und kleine Dörfer.

In der deutschen Mittelgebirgszone wechseln Hochflächen, Berglandschaften, vulkanische Formen, Gräben und Beckenlandschaften. Durch Gebirgslücken, Senken und Flußläufe, die sich teilweise im Verlauf von Jahrmillionen tiefe und breite Täler geschaffen haben, ist das Mittelgebirge für den Verkehr leicht durchgängig.

Im Südwesten Deutschlands erhebt sich entlang der klimatisch begünstigten Oberrheinischen Tiefebene der Schwarzwald, der im Südschwarzwald bis 1493 m (Feldberg) ansteigt und über viele heilklimatische Kurorte verfügt. Wie die Stufen einer Treppe erstreckt sich östlich des Schwarzwaldes das Schwäbisch-Fränkische Stufenland mit meist fruchtbaren, dichtbesiedelten Becken und den rauhen Hochflächen der Schwäbisch-Fränkischen Alb, die mit einer eindrucksvollen, um 400 m hohen Steilstufe aus der Vorlandzone aufragt. Im Osten wird diese Landschaft durch die Grenzgebirge des Bayerischen Waldes (im Großen Arber 1456 m hoch), des Böhmerwaldes und des Oberpfälzer Waldes begrenzt.

In einem engen Tal zwischen Bingen und Bonn zwängt sich der Rhein, die wichtigste deutsche Verkehrsachse in Nord-Süd-Richtung, durch das Rheinische Schiefergebirge, dessen wenig fruchtbare Hochflächen und Bergrücken von Hunsrück, Taunus, Eifel und Westerwald erheblich dünner besiedelt sind als die geschützten, durch Weinbau und starken Fremdenverkehr geprägten rechts- und linksrheinischen Tallandschaften.

Zwischen dem Rheinland im Westen und Thüringen im Osten erstreckt sich das hessische Mittelgebirgsland, das aus verschieden gestalteten, im Mittel 500 bis 600 m hohen Bergländern und kleineren Becken- und Tallandschaften besteht. Alte Handelsstraßen (z. B. die Salzstraße) umgehen die ehemals vulkanisch aktiven Höhen von Vogelsberg und Rhön, durchziehen das Hessische Bergland und führen durch den Leinegraben bzw. durch das Weserbergland ins Norddeutsche Tiefland.

Als massiger Gebirgsblock erhebt sich an der Grenze zur DDR der bis über 1100 m hohe Harz. Er bildet eine eigene Klimaregion mit rauhen Gebirgswinden, kühlen Sommern und schneereichen Wintern.

Das Norddeutsche Tiefland zwischen den Küsten von Nord- und Ostsee und dem Mittelgebirgsrand ist in seinem Gesamtcharakter sehr einheitlich gestaltet, da seine Oberfläche von den Gletschern der Eiszeiten geformt wurde.

Die Nordsee ist ein Nebenmeer des Atlantischen Ozeans mit ausgeprägten Gezeiten (Ebbe – Flut) und starkem Wellengang. Vor der Küste erheben sich aus dem flachen Wattenmeer viele Inseln. Zu den bekanntesten gehören die Badeinseln Sylt und Norderney. Zum Schutz vor Überschwemmungen haben die Bewohner an der Nordseeküste Deiche errichtet, hinter denen sich ein fruchtbares, als Weide- und Ackerland genutztes Marschenland ausbreitet. Fünfzig Kilometer vor der Nordseeküste ragt der eindrucksvolle rote Felsen von Helgoland aus dem Meer.

**Die drei großen Landschaftsräume der Bundesrepublik Deutschland**

Kiel

Lübeck

Hamburg

Elbe

Lüneburger Heide

Bremen

Weser

Ems

Emsland

Berlin (West)

Hannover

Teutoburger Wald

Weserbergland

Münsterländer Bucht

Münster

Harz

Dortmund

Essen

Sauerland

Düsseldorf

Bergisches Land

Kassel

Rothaargeb.

Köln

Rheinisches

Hessisches

Bonn

Westerwald

Bergland

Eifel

Schiefergebirge

Vogelsberg

Mosel

Taunus

Rhön

Frankenw.

Hunsrück

Frankfurt a. M.

Spessart

Fichtelgeb.

Rhein

Main

Saarbrücken

Ludwigshafen

Odenwald

Würzburg

Mannheim

Oberpfälzer Wald

Pfälzer Wald

Hohenloher Ebene

Nürnberg

Böhmerwald

Kraichgau

Neckar

Bayerischer Wald

Fränkische Alb

Regensburg

Oberrheinische Tiefebene

Stuttgart

Schwäbische Alb

Donau

Isar

Schwarzwald

Augsburg

Freiburg i. Br.

München

Breisgau

Allgäuer A.

Bayerische A.

Salzburger A.

| | Norddeutsches Tiefland |
| | Mittelgebirgszone |
| | Alpenvorland und Alpen |
| | Höhen- u. Gebirgszüge |

0    50    100    150    200 km

**Gewässer, Berge, Inseln**

| | |
|---|---|
| Rhein (abwärts Konstanz) | 865 km |
| Donau (bis Passau) | 647 km |
| Elbe (abwärts Schnackenburg) | 227 km |
| Dortmund-Ems-Kanal | 269 km |
| Mittellandkanal (innerhalb der Bundesrepublik Deutschland) | 259 km |
| Edertalsperre (Edersee) | 202 Mill. m³ |
| Bodensee (Gesamtfläche) | 538 km² |
| Bodensee (deutscher Anteil) | 305 km² |
| | |
| Zugspitze (Nördliche Kalkalpen) | 2962 m |
| Watzmann (Nördliche Kalkalpen) | 2713 m |
| Feldberg (Schwarzwald) | 1493 m |
| Großer Arber (Bayerischer Wald) | 1456 m |
| | |
| Insel Fehmarn | 185 km² |
| Insel Sylt | 99 km² |

Die Ostseeküste ist teils sandige Flachküste, teils felsige Steilküste. Zwischen der Nord- und Ostsee liegt das niedrige Hügelland der »Holsteinischen Schweiz«, eine Landschaft mit bewaldeten Kuppen und malerischen Seen, z. B. Plöner See und Ukleisee.

Das Norddeutsche Tiefland ist nicht völlig eben, sondern von Hügeln unterbrochen, die z. B. im Wilseder Berg in der Lüneburger Heide bis zu 169 m erreichen. Das Tiefland greift mit weiten Buchten in das Mittelgebirge ein: die Niederrheinische Bucht (mit der Kölner Bucht) zwischen Eifel und Bergischem Land sowie die Westfälische oder Münsterländische Bucht zwischen Sauerland und Teutoburger Wald. Mit ihren fruchtbaren Lößböden sind sie bevorzugte Siedlungs- und Wirtschaftsgebiete, ebenso das nördliche Harzvorland.

Da das Land insgesamt gesehen von den Alpen bis zur Nordsee hin abfällt, fließen die Hauptflüsse (Rhein, Elbe, Weser, Ems) nach Norden. Die Donau macht eine Ausnahme. Sie mündet in das Schwarze Meer und verbindet Süddeutschland mit Österreich und Südosteuropa.

Seen finden sich in Gebieten, die in der Eiszeit von Eis bedeckt waren, im Norddeutschen Tiefland und im Alpenvorland; nur die kreisrunden Eifelmaare sind vulkanischen Ursprungs. In der Eifel, im Sauerland und im Harz sind künstliche Stauseen angelegt worden. Der größte natürliche See ist der zwischen Deutschland, der Schweiz und Österreich gelegene Bodensee.

**Klima.** Deutschland gehört der kühlgemäßigten Zone an, mit Niederschlägen zu allen Jahreszeiten. Im Nordwesten ist das Klima mit mäßig warmen Sommern und meist milden Wintern mehr ozeanisch bestimmt; es nimmt nach Osten und Südosten hin mit warmen bis heißen Sommern und kalten Wintern kontinentalen Charakter an. Auch nach Süden verstärkt sich der kontinentale Klimatyp, z. T. unterstützt durch das ansteigende Relief.

Die durchschnittlichen Temperaturen des kältesten Monats im Jahr (Januar) schwanken zwischen 1,5° C im Tiefland und unter −6° C im Gebirge. Im Hochsommer liegen die Mittelwerte des wärmsten Monats (Juli) im Norddeutschen Tiefland zwischen 17° und 18° C, im Oberrheintalgraben und in geschützten Tälern steigen sie bis 20° C an. Die durchschnittliche Jahrestemperatur liegt bei 9° C. Durch die Lage der Mittelgebirgszüge wird das Klima in den einzelnen Landschaften stark abgewandelt. Die feuchten atlantischen Luftmassen erreichen die Gebirge fast immer von Süd- bis Nordwesten her, so daß die Niederschläge hier bis 2000 mm im Jahr erreichen können, während sie in den Becken und Senken und an den Osträndern der Gebirge bis auf 500 mm pro Jahr zurückgehen können (z. B. im Mainzer Becken).

Charakteristischer als die regionale Verteilung der Klimatypen ist der häufige Wechsel zwischen feuchtkühlem (im Winter feuchtmildem) Wetter mit atlantischen Tiefdruckausläufern einerseits und trocken-warmen (im Winter trocken-kalten) Hochdruckwetterlagen andererseits. Im Winter macht sich in Süddeutschland oft der von den Alpen kommende Föhnwind (»Schneefresser«) bemerkbar. Der für die Vegetation und die Landwirtschaft wichtige Zeitraum zwischen dem letzten Frost im Frühling und dem ersten Frost im Herbst beträgt im Durchschnitt in Berlin 205 Tage, in Wiesbaden 212 Tage und auf Helgoland 250 Tage.

# Die Menschen

Das deutsche Volk, über 73 Millionen Menschen umfassend, lebt heute in zwei deutschen Staaten: knapp 57 Millionen in der Bundesrepublik Deutschland einschließlich Berlin (West) und knapp 17 Millionen in der Deutschen Demokratischen Republik einschließlich Berlin (Ost). Daß sich die Bewohner beider Staaten als Angehörige eines Volkes fühlen, ist durch Erfahrungen millionenfach bewiesen.

**Die Bevölkerung der Bundesrepublik Deutschland.** In der Bundesrepublik Deutschland einschließlich Berlin (West) lebten 1986 etwa 61,1 Millionen Menschen, darunter rund 4,5 Millionen Ausländer. Vor 100 Jahren bevölkerten erst 20 Millionen das gleiche Gebiet. Damals mußten sich 85 Menschen einen Quadratkilometer Land teilen; heute sind es 245 Menschen. Die hohe Bevölkerungsdichte wird in Europa nur noch von den Niederlanden und Belgien übertroffen. Die stärkste Zunahme brachten die Jahre nach dem Zweiten Weltkrieg, als über 14 Millionen Vertriebene und Flüchtlinge aus den Ostgebieten und der DDR in der Bundesrepublik Aufnahme fanden (siehe S. 66, 72/73). Mit dem Bau der Berliner Mauer 1961 setzte der Flüchtlingsstrom fast schlagartig aus. In den folgenden Jahren bestand der Bevölkerungszuwachs zu über 65% aus Gastarbeitern, die vor allem aus den Mittelmeerländern in die Bundesrepublik kamen. Den größten Anteil stellten die Türken.

Seit 1974 geht die Bevölkerungszahl zurück. Auf ein natürliches Wachstum kann sich die Bundesrepublik nicht stützen, da die Geburtenrate seit Jahren rückläufig ist und nicht einmal mehr die Sterberate auszugleichen vermag. Mit 10,3 Geburten auf 1000 Einwohner pro Jahr hat die Bundesrepublik die niedrigste Geburtenziffer der Welt. Wenn sich diese Entwicklung fortsetzt, muß mit einer weiteren Bevölkerungsabnahme gerechnet werden.

Die Bevölkerungsverteilung ist sehr ungleichmäßig. Wichtige Ballungsräume sind das Rhein-Ruhr-Gebiet, das Rhein-Main-Gebiet um Frankfurt, der Rhein-Neckar-Raum um Mannheim-Ludwigshafen, das schwäbische Industriegebiet um Stuttgart sowie die Verdichtungsräume um die Städte Bremen, Hamburg, Hannover, Nürnberg-Fürth und München. Die größte Bevölkerungskonzentration findet sich im Ruhrgebiet, wo auf nur 2% der Staatsfläche 9% der Bevölkerung leben. Hier wird im zentralen Teil ein extremer Dichte-

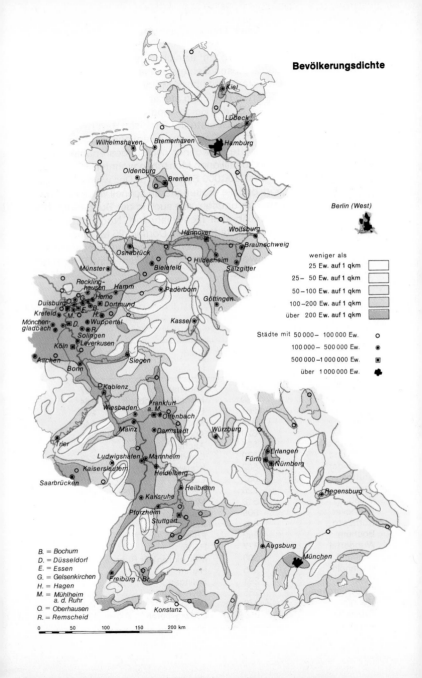

**Bevölkerungsdichte**

Berlin (West)

weniger als
25 Ew. auf 1 qkm
25– 50 Ew. auf 1 qkm
50–100 Ew. auf 1 qkm
100–200 Ew. auf 1 qkm
über 200 Ew. auf 1 qkm

Städte mit 50000– 100000 Ew.          ○
          100000– 500000 Ew.          ◉
          500000–1000000 Ew.          ▣
          über  1000000 Ew.          ✿

Kiel
Lübeck
Wilhelmshaven
Bremerhaven
Hamburg
Oldenburg
Bremen
Wolfsburg
Hannover
Braunschweig
Osnabrück
Hildesheim
Bielefeld
Salzgitter
Münster
Harm
Recklinghausen
Paderborn
Duisburg
Herne
Dortmund
Göttingen
Krefeld
B.
Mönchengladbach
M.  E.  H.
D
Wuppertal
Kassel
R.
Solingen
Köln
Leverkusen
Aachen
Siegen
Bonn
Koblenz
Wiesbaden
Frankfurt a. M.
Offenbach
Mainz
Darmstadt
Würzburg
Trier
Erlangen
Ludwigshafen
Mannheim
Fürth
Nürnberg
Kaiserslautern
Heidelberg
Saarbrücken
Heilbronn
Regensburg
Karlsruhe
Pforzheim
Stuttgart
Augsburg
München
Freiburg i. Br.
Konstanz

B. = Bochum
D. = Düsseldorf
E. = Essen
G. = Gelsenkirchen
H. = Hagen
M. = Mühlheim
     a. d. Ruhr
O. = Oberhausen
R. = Remscheid

0    50    100    150    200 km

wert von 5500 Menschen pro km² erreicht. Ohne deutliche Abgrenzung gehen die Städte dieses Gebiets ineinander über und bilden
die sogenannte»Ruhrstadt« mit über 4 Millionen Menschen. Diesen
überaus dicht bevölkerten Regionen stehen einige schwach besiedelte gegenüber, so z. B. die Heide- und Moorlandschaften der
Norddeutschen Tiefebene, Gebiete der Eifel, des Bayerischen Waldes, der Oberpfalz und die Randgebiete entlang der innerdeutschen Grenze. Jeder dritte Einwohner der Bundesrepublik lebt in
einer Großstadt. Rund 20 Millionen Menschen wohnten 1986 in den
64 Großstädten mit über 100 000 Einwohnern. Der weltweit zu beobachtende Vorgang, daß die großen Städte schnell wachsen, während die kleinen Orte schrumpfen, war auch in der Bundesrepublik
zu beobachten, setzt sich aber nicht mehr fort. Noch immer sind
sehr viele Deutsche Kleinstädter oder Dörfler. 25 Millionen Menschen, d. h. 40% der Gesamtbevölkerung, leben in Gemeinden mit
weniger als 20 000 Einwohnern, davon 3,8 Millionen in Dörfern mit
weniger als 2000 Einwohnern.

**Die größten Städte** *(1986)*

| Stadt | Einwohner in 1000 | Stadt | Einwohner in 1000 |
|---|---|---|---|
| Berlin (West) | 1 860 | Wiesbaden | 267 |
| Hamburg | 1 580 | Mönchengladbach | 254 |
| München | 1 267 | Braunschweig | 248 |
| Köln | 916 | Kiel | 246 |
| Essen | 620 | Augsburg | 245 |
| Frankfurt a.M. | 595 | Aachen | 239 |
| Dortmund | 572 | Oberhausen | 223 |
| Düsseldorf | 562 | Krefeld | 217 |
| Stuttgart | 562 | Lübeck | 210 |
| Bremen | 526 | Hagen | 206 |
| Duisburg | 518 | Mainz | 189 |
| Hannover | 508 | Saarbrücken | 186 |
| Nürnberg | 465 | Kassel | 184 |
| Bochum | 382 | Freiburg i. Br. | 184 |
| Wuppertal | 377 | Herne | 172 |
| Bielefeld | 300 | Mülheim an der Ruhr | 171 |
| Mannheim | 295 | Hamm | 166 |
| Bonn | 291 | Solingen | 158 |
| Gelsenkirchen | 285 | Leverkusen | 155 |
| Münster | 270 | Osnabrück | 153 |
| Karlsruhe | 268 | Ludwigshafen | 153 |

**Altersaufbau der Bevölkerung 1986**

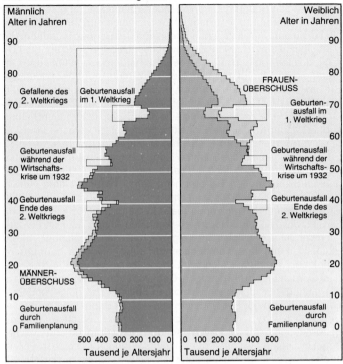

**Männlich**
Alter in Jahren

90

80

70 Gefallene des 2. Weltkriegs — Geburtenausfall im 1. Weltkrieg

60

Geburtenausfall während der
50 Wirtschaftskrise um 1932

40 Geburtenausfall Ende des 2. Weltkriegs

30

20
MÄNNER-ÜBERSCHUSS
10

Geburtenausfall durch
0 Familienplanung

500 400 300 200 100 0
Tausend je Altersjahr

**Weiblich**
Alter in Jahren

90

80
FRAUEN-ÜBERSCHUSS

Geburten- 70
ausfall im
1. Weltkrieg

60

Geburtenausfall während der
Wirtschaftskrise um 1932 50

Geburtenausfall 40
Ende des
2. Weltkriegs

30

20

10

Geburtenausfall durch
Familienplanung 0

0 100 200 300 400 500
Tausend je Altersjahr

**Die deutschen Stämme.** Das deutsche Volk ist aus einer Anzahl von Stämmen zusammengewachsen. Es gab Franken und Sachsen, Bayern und Schwaben, ehe es Deutsche gab. Ohne große Übertreibung kann man sagen: Das spürt man in Deutschland heute noch. Zwar sind die alten Stämme in ihrer ursprünglichen Gestalt längst nicht mehr vorhanden. Die Stammesherzogtümer verschwanden bereits in den ersten Jahrhunderten der deutschen Geschichte, und an ihre Stelle traten Landesherrschaften, die mit den alten Stämmen allenfalls den Namen gemein hatten. Aber sie setzten deren Tradition auf ihre Weise fort. Immer lebte das deutsche Volk in einer Anzahl größerer und kleinerer Einheiten. Der Partikularismus ist eine Konstante der deutschen Geschichte. Er wirkt auf mannigfaltige Art bis in die Gegenwart fort, zum Beispiel im staatlichen Föderalismus und in der Vielzahl kultureller Zentren. Wir werden diesem Phänomen mit seinen positiven und negativen Aspekten auf vielen Seiten des vorliegenden Buches begegnen.

Wenn man heute von deutschen Stämmen spricht, sollte man sich nicht um eine allzu genaue Definition des Begriffs bemühen. Es handelt sich um geschichtlich gewachsene regionale Gruppen, deren jede sich von den anderen deutlich unterschieden fühlt und ein kräftiges Eigenleben führt. Im Süden der Bundesrepublik finden wir Bayern, Schwaben und Franken, in der Mitte Rheinländer, Pfälzer und Hessen, im Norden Westfalen, Niedersachsen, Schleswig-Holsteiner und Friesen. Dies ist nur eine grobe Einteilung; jeder Stamm zerfällt wieder in kleinere Einheiten (zum Beispiel Ober- und Niederbayern), die alle ihre ausgeprägten Eigenarten haben.

Keineswegs sind die Stämme identisch mit den Bevölkerungen der einzelnen Bundesländer. Die Länder, so wie sie heute bestehen, sind zum großen Teil erst nach dem Zweiten Weltkrieg unter Mitwirkung der Besatzungsmächte geschaffen worden, wobei die Grenzziehung auf Traditionen meist keine große Rücksicht nahm. So sind etwa im Land Nordrhein-Westfalen Rheinländer und Westfalen vereinigt, die sich in ihrem geschichtlichen Verständnis, ihren Eigenarten und ihren Temperamenten deutlich voneinander unterscheiden. Aber auch diejenigen Länder, die schon vor 1945 bestanden, verdanken ihren heutigen Gebietsstand letztlich politischen Vorgängen – Eroberungen, Erbfolgen, Heiratsverträgen –, und ihre Grenzen haben mit Stammesgrenzen wenig zu tun. In Bayern zum Beispiel, das zu den territorial beständigsten deutschen Ländern gehört, leben nicht nur Bayern, sondern auch Franken und Schwaben. Rivalitäten zwischen den Stämmen können in solchen Fällen auch eine politische Rolle spielen. Daher wird darauf geachtet, daß in den wichtigen öffentlichen Institutionen eines Landes alle in ihm beheimateten Stämme gleichgewichtig vertreten sind.

Außerhalb der Politik sind die Eigentümlichkeiten der Stämme Gegenstand unausrottbarer Klischeevorstellungen. Rheinländer gelten als leichtlebig, Schwaben als sparsam, Westfalen als schwerblütig – die Reihe ließe sich fortsetzen. Natürlich gibt es bestimmte Verhaltensmuster, die für den einen Stamm charakteristischer sind als für einen anderen. Versucht man aber, den »Stammescharakter« auf eine einfache Formel zu bringen, dann ist die Aussage, auf den Einzelfall angewandt, immer falsch und ungerecht.

Die Vertreibung von Millionen Deutschen aus den Ostgebieten nach 1945 und die Flucht weiterer Millionen aus der DDR haben dazu geführt, daß heute Schlesier, Ostpreußen, Pommern, Brandenburger, Sachsen und Thüringer inmitten der anderen Stämme leben. Gefördert wurde die Bevölkerungsvermischung auch durch die Mobilität der modernen Industriegesellschaft. Viele Unterschiede sind auf diese Weise nivelliert worden. Dennoch haben sich markante Eigenarten im Bau- und Siedlungsstil, in den Bräuchen und Trachten erhalten. Und jeder deutsche Stamm hat in seiner Küche zahlreiche wohlschmeckende Spezialitäten vorzuweisen.

**Die deutsche Sprache.** Was die deutschen Stämme am auffälligsten voneinander unterscheidet, sind ihre Dialekte. Wenn auch die großen Bevölkerungsbewegungen der Nachkriegszeit sowie die Allgegenwart von Rundfunk und Fernsehen zu manchen Angleichungen und Verwischungen geführt haben, so sind doch die Dialekte noch sehr lebendig. Wer nicht gerade die Bühnensprache schulmäßig erlernt hat, ist in der Regel an der Dialektfärbung seiner Rede als Hesse, Hamburger, Thüringer usw. zu erkennen – auch wenn er sich bemüht, »hochdeutsch«, d. h. dialektfrei, zu sprechen. Überläßt er sich seinem Dialekt und spricht, »wie ihm der Schnabel gewachsen ist«, so haben Nicht-Stammesgenossen manchmal Schwierigkeiten, ihn zu verstehen. Ein Oberbayer und ein Niedersachse, die beide reinen Dialekt sprächen, würden für eine Unterhaltung vermutlich einen Dolmetscher brauchen.

Mit den Dialekten ist es wie mit den Stämmen: es gab das Fränkische, das Sächsische, das Bayrische, ehe es das Deutsche gab. Lange Zeit existierte die deutsche Sprache nur in Gestalt ihrer Mundarten. Die deutsche Schriftsprache hat sich in einem langen, verwickelten Prozeß herausgebildet, der erst im 18. Jahrhundert seinen Abschluß fand. Martin Luthers Bibelübersetzung im 16. Jahrhundert, die eine weite Verbreitung fand, war ein wichtiger, wenn auch nicht der einzige Meilenstein auf diesem Weg.

Die älteste Aufzeichnung in deutscher Sprache, ein kleines lateinisch-deutsches Wörterbuch, der sogenannte »Abrogans«, entstand um 770. Texte aus jener frühen Zeit und aus den folgenden Jahrhunderten bis etwa 1500 sind für den heutigen Deutschen ohne besondere Vorbildung nicht mehr verständlich. Er muß die älteren deutschen Sprachstufen wie fremde Sprachen erlernen.

Heute ist die deutsche Sprache die Muttersprache von über 100 Millionen Menschen. Amtssprache ist sie außer in den beiden deutschen Staaten in Österreich, der Schweiz und Liechtenstein. Als internationale Verkehrssprache in Politik und Wirtschaft spielt das Deutsche eine geringere Rolle als das Englische, Französische, Russische und Spanische. Größer ist seine Bedeutung auf kulturellem Gebiet: jedes zehnte Buch, das auf der Welt erscheint, ist in deutscher Sprache geschrieben; unter den Sprachen, aus de-

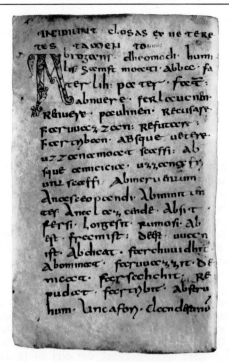

*Abrogans-Handschrift (8. Jahrhundert; Stiftsbibliothek St. Gallen)*

nen übersetzt wird, steht das Deutsche nach dem Englischen und Französischen an dritter Stelle; und es ist diejenige Sprache, in die am meisten übersetzt wird.

Manchmal wird die Befürchtung geäußert, die Teilung Deutschlands werde letztlich zu einer Spaltung der deutschen Sprache in »Westdeutsch« und »Ostdeutsch« führen. Bei nüchterner Betrachtung muß man das verneinen. Gewiß ist der politische Wortschatz in den beiden Staaten sehr unterschiedlich, und mit neuen Einrichtungen sind auch neue Wörter aufgekommen, die im jeweils anderen Staat nicht ohne weiteres verstanden werden. Auch haben manche Worte und Begriffe unter dem Einfluß der kommunistischen Ideologie in der DDR eine völlig andere Bedeutung erhalten, so daß es geschehen kann, daß trotz gleichen Sprachgebrauchs in Ost und West ganz Unterschiedliches ausgedrückt wird. Im übrigen hat es im Deutschen schon immer regionale Unterschiede gegeben, ohne daß die Einheit der deutschen Sprache darunter gelitten hätte. Der Grundwortschatz und der grammatische Bau sind in Ost und West nach wie vor gleich und auf vielfältige Weise schriftsprachlich festgelegt. Von einer wirklichen Auseinanderentwicklung kann nicht die Rede sein. Im Gegenteil, die Gemeinsamkeit der Sprache ist eine der starken Klammern, die die geteilte Nation zusammenhalten.

**Namen und Anreden.** Der deutsche Personenname besteht aus zwei Teilen, dem Vornamen und dem Familien- oder Nachnamen. Den Vornamen des Kindes bestimmen die Eltern. Sie können ihm auch mehrere Vornamen geben, dann gilt einer davon (meist der erste) als Rufname, der bei der Anrede benutzt wird. Für die Wahl eines bestimmten Vornamens kann es die verschiedensten Gründe geben. Eine große Rolle spielt der Wohlklang; manchmal wird der Name eines verehrten Menschen gewählt, bei Katholiken häufig der Name eines Heiligen. Darüber hinaus sind die Vornamen einer ziemlich rasch wechselnden Mode unterworfen.

Den Familiennamen erbt das Kind von seinen Eltern, die ihn bei der Eheschließung angenommen haben. Früher wurde der Familienname des Mannes bei der Heirat zum Familiennamen des Ehepaares. Wenn *Inge Koch* und *Paul Weber* heirateten, hieß die Frau fortan *Inge Weber.* Heute können die Ehepartner entscheiden, ob der Familienname des Mannes oder der der Frau gemeinsamer Familienname werden soll; in unserem Beispiel können sie sich also *Koch* oder *Weber* nennen. Der Ehepartner, der den Namen des anderen übernimmt, kann (aber muß nicht) seinen eigenen Familiennamen dem gemeinsamen Namen voranstellen, also *Inge Koch-Weber* oder *Paul Weber-Koch.*

Einige Familiennamen sind im deutschen Sprachgebiet weit verbreitet. Der häufigste von allen ist *Müller;* man schätzt, daß es in der Bundesrepublik etwa 600 000 Träger dieses Namens gibt. Fast ebenso viele Menschen heißen *Schmidt* (auch Schmid oder Schmitt geschrieben). In der Rangordnung der Häufigkeit folgen dann *Maier* (auch Mayer, Meier, Meyer), *Schneider, Hofmann* (auch Hoffmann), *Fischer* und *Weber.*

Zur formellen Anrede gebraucht man im Deutschen das Pronomen »Sie« und den Familiennamen mit vorangestelltem »Herr« oder »Frau«: *Herr Weber, Frau Koch.* Die Anrede »Fräulein« für unverheiratete Frauen scheint allmählich außer Gebrauch zu kommen. Verwandte, Freunde und Jugendliche reden einander mit »Du« und dem Vornamen an. Diese informelle Anrede gewinnt in letzter Zeit immer mehr an Verbreitung; oft geht man schon nach kurzer Bekanntschaft vom »Sie« zum »Du« über.

# Die Länder

Die Bundesrepublik Deutschland besteht aus den Ländern Baden-Württemberg, Bayern, Bremen, Hamburg, Hessen, Niedersachsen, Nordrhein-Westfalen, Rheinland-Pfalz, Saarland und Schleswig-Holstein sowie dem Land Berlin, das einen Sonderstatus hat, aber voll in das Rechts- und Wirtschaftssystem der Bundesrepublik integriert ist.

In diesem Kapitel soll versucht werden, ein knappes Porträt jedes Landes zu entwerfen. Auf die tausendjährige Geschichte kann dabei nur ganz am Rande eingegangen werden. Deutschland war immer in Länder gegliedert, aber die Landkarte sah in jedem Jahrhundert anders aus als im vorangegangenen. Die wichtigsten Veränderungen in neuerer Zeit brachten die Napoleonischen Kriege zu Beginn des 19. Jahrhunderts, der preußisch-österreichische Krieg von 1866 und die deutsche Niederlage im Zweiten Weltkrieg. Sie hatte die Besetzung und Teilung Deutschlands und die Auflösung Preußens, des größten deutschen Landes, zur Folge. Die Bundesländer in ihrer heutigen Gestalt sind größtenteils nach 1945 in den damaligen Besatzungszonen entstanden. In den Jahren zwischen 1946 und 1953 haben sie sich demokratische Verfassungen gegeben.

## Baden-Württemberg

Baden-Württemberg liegt im Südwesten der Bundesrepublik. Es grenzt an Frankreich und die Schweiz, wobei größtenteils der Rhein die Grenze bildet. Entlang der Oberrheinischen Tiefebene erhebt sich der Schwarzwald, ein waldreiches Mittelgebirge, das dank seinem gesunden Höhenklima ein beliebtes Erholungsgebiet ist. Im

Die Bundesländer

Schleswig-
Holstein
Kiel

Hamburg

Bremen

Niedersachsen

Hannover

Berlin
(West)

Zum besonderen Status
Berlins siehe S. 77–81

Nordrhein-Westfalen
Düsseldorf

Bonn

Hessen

Rheinland-
Pfalz
Wiesbaden
Mainz

Saarland
Saarbrücken

Baden-
Stuttgart

Bayern

Württemberg

München

0    50    100    150    200 km

*Bauernhaus im Schwarzwald*

Süden reicht Baden-Württemberg bis zum Bodensee, dem »Schwäbischen Meer«. Neben dem Rhein und der Donau ist der Neckar der wichtigste Fluß Baden-Württembergs. Inmitten des Neckarbeckens liegt die Landeshauptstadt Stuttgart, wirtschaftlicher und kultureller Mittelpunkt des Landes.

Baden-Württembergs Wirtschafts- und Finanzkraft liegt über dem Bundesdurchschnitt. Von allen Bundesländern hat es den höchsten Industrialisierungsgrad. Industriezentren sind Mannheim, Karlsruhe, Pforzheim, Heilbronn, Stuttgart und Ulm. Einige Erzeugnisse genießen Weltruf, wie Autos von Daimler-Benz (Mercedes), Pforzheimer Schmuck, Schwarzwälder Uhren, aber auch Produkte

Fläche: 35 751 km²
Einwohner: 9,3 Mill.
Einwohner je km²: 260
Hauptstadt: Stuttgart
Parlament: der auf 4 Jahre gewählte Landtag
Exekutive: die Landesregierung
Verwaltungsgliederung: 4 Regierungsbezirke; 9 Stadtkreise, 35 Landkreise
Bruttoinlandsprodukt je Kopf: 33 651 DM

der Elektronik, Feinmechanik, Chemie und Optik. Die Landwirtschaft Baden-Württembergs ist gleichfalls ein wichtiger Wirtschaftsfaktor. Viele Landwirte haben sich auf Rinderhaltung spezialisiert. Neben Getreide wird Obst, Gemüse, Tabak und Wein angebaut. Der badische und der württembergische Wein sind unter Kennern sehr geschätzt.

Baden-Württemberg ist das einzige Bundesland, das sein Dasein einer Volksabstimmung verdankt. Bei Kriegsende 1945 hatten die Besatzungsmächte aus den alten Ländern Baden und Württemberg zunächst drei Länder gebildet, doch 1951 stimmte die Bevölkerung mit großer Mehrheit für ihren Zusammenschluß. Stärkste Partei ist seit langem die CDU, die seit 1953 den Ministerpräsidenten stellt. Da der deutsche Südwesten von jeher eine Hochburg des Liberalismus gewesen war, hatte die liberale FDP anfangs eine sehr starke Stellung; inzwischen hat sich ihr Stimmenanteil dem in anderen Bundesländern angeglichen.

# Bayern

Der Freistaat Bayern ist das flächengrößte Bundesland; er ist etwa so groß wie Belgien und die Niederlande zusammen. Bayern nimmt die gesamte Osthälfte Süddeutschlands ein. Es grenzt im Süden an Österreich und im Osten an die Tschechoslowakei. Seine landschaftlichen Reize – die Bergwelt der Alpen, die Seen im hügeligen Alpenvorland, der Bayerische Wald mit dem ersten deutschen Nationalpark – ebenso wie sein Reichtum an Kulturdenkmälern machen Bayern zu einem der beliebtesten Touristenziele.

Mitten im Alpenvorland liegt die Landeshauptstadt München, seit Kriegsende zur Millionenstadt herangewachsen und von manchen »Deutschlands heimliche Hauptstadt« genannt. Das Tal der Donau trennt das Alpenvorland von der Fränkischen Alb. Südlich der Donau wird das kulturelle und wirtschaftliche Leben außer von München besonders von der alten Reichsstadt Augsburg bestimmt.

*Garmisch-Partenkirchen mit der Zugspitze*

Nördlich der Donau sind es die ehemalige freie Reichsstadt Regensburg, die Bischofsstädte Würzburg und Bamberg, die Wagner-Stadt Bayreuth und vor allem die Metropole Frankens, die alte Reichsstadt Nürnberg, die kulturell und wirtschaftlich den Ton angeben.

Die nördlichen Bezirke Bayerns sind stärker industrialisiert als der Süden des Landes, wenn man von München, Augsburg und Ingolstadt absieht. Im Vordergrund steht die Verarbeitungs- und Veredelungsindustrie. Andere wichtige Industriezweige sind die Elektro- und Textilindustrie, der Maschinen- und Fahrzeugbau und die chemische Industrie. Weite Teile Bayerns, besonders die Alpen und das Alpenvorland, sind von Land- und Forstwirtschaft geprägt. In

Fläche: 70553 km$^2$
Einwohner: 11 Mill.
Einwohner je km$^2$: 156
Hauptstadt: München
Parlament: 1. der auf 4 Jahre gewählte Landtag; 2. der Senat als
    Vertretung der sozialen, wirtschaftlichen, kulturellen und gemeindlichen
    Körperschaften
Exekutive: die Staatsregierung
Verwaltungsgliederung: 7 Regierungsbezirke; 25 Stadtkreise, 71 Landkreise
Bruttoinlandsprodukt je Kopf: 31483 DM

Hunderten von Brauereien wird das berühmte bayerische Bier gebraut.

Bayern ist eines der ältesten und beständigsten deutschen Länder. Fast ein Dreivierteljahrtausend wurde es von der Dynastie der Wittelsbacher regiert. Voll Stolz auf ihre lange Geschichte verteidigen die Bayern zäh ihre Selbständigkeit gegenüber der Zentralgewalt. Um nur eine von vielen Besonderheiten zu nennen: Der Freistaat Bayern stellt als einziges Bundesland an seinen Grenzen eigene Grenzpfähle auf. Die stärkste Partei Bayerns war in der Nachkriegszeit immer die CSU; sie hat seit 1962 die absolute Mehrheit im Landtag und regiert seit 1966 ohne Koalitionspartner.

# Bremen

Die Freie Hansestadt Bremen, das kleinste Land der Bundesrepublik, besteht aus den Städten Bremen und Bremerhaven, die 60 km voneinander entfernt an der Wesermündung liegen. Bremen ist der zweitgrößte Seehafen der Bundesrepublik und einer der führenden Häfen der Welt. Bremerhaven hat sich vom Vorhafen Bremens zu einem der größten Fischereihäfen des europäischen Festlands entwickelt. Die Industrie ist eng mit dem Hafen verbunden. Ein wichtiger Industriezweig ist noch immer der Schiffbau. Viele der eingeführten Rohstoffe, unter anderem Kaffee, Tabak, Baumwolle und Jute, werden verarbeitet und veredelt.

Fläche: 404 km$^2$
Einwohner: 657 500
Einwohner je km$^2$: 1627
Hauptstadt: Bremen
Parlament: die auf 4 Jahre gewählte Bürgerschaft
Exekutive: der Senat
Verwaltungsgliederung: 2 Stadtkreise
Bruttoinlandsprodukt je Kopf: 41 456 DM

*Die »Große Halle« des Bremer Rathauses*

Bremen wurde im 8. Jahrhundert gegründet. Im späten Mittelalter wurde es neben Hamburg und Lübeck eines der wichtigsten Mitglieder der Hanse, eines Städtebundes, der vom 14. bis zum 16. Jahrhundert den Handelsverkehr im Nord- und Ostseeraum beherrschte. An diese Zeit erinnert noch heute der offizielle Name. Die Stadt konnte sich ihre Unabhängigkeit in allen Wechselfällen der Geschichte erhalten. Seit Kriegsende ist die SPD ununterbrochen die stärkste Partei; während mehrerer Legislaturperioden hat sie im Landesparlament, der Bürgerschaft, die absolute Mehrheit besessen und allein regiert.

# Hamburg

Die Freie und Hansestadt Hamburg, vor der deutschen Teilung »Deutschlands Tor zur Welt«, liegt rund 120 km oberhalb der Mündung der Elbe in die Nordsee. Hamburg ist der wichtigste Handels-

Fläche: 755 km²
Einwohner: 1,58 Mill.
Einwohner je km²: 2088
Parlament: die auf 4 Jahre gewählte Bürgerschaft
Exekutive: der Senat
Verwaltungsgliederung: 7 Bezirke
Bruttoinlandsprodukt je Kopf: 57 665 DM

hafen der Bundesrepublik und kann auch von großen Seeschiffen angelaufen werden. Das Hafengebiet umfaßt 75 km², davon sind 16 km² Freihafen. Neben den für eine Hafenstadt typischen Industriezweigen wie Werften, Raffinerien und Veredelungsbetrieben für ausländische Rohstoffe besitzt Hamburg eine vielseitige Verbrauchsgüterindustrie.

Hamburg nennt sich wie Bremen noch heute mit Stolz »Hansestadt« und hat eine ganz ähnliche Entwicklung durchlaufen. Es wurde im frühen 9. Jahrhundert gegründet, ist also etwas jünger als die Rivalin, hat diese aber im Lauf der Jahrhunderte weit überflügelt. Im 19. Jahrhundert wurde es zur zweitgrößten deutschen Stadt nächst Berlin. Seit dem Ende des Zweiten Weltkriegs ist Hamburg mit Ausnahme der Jahre 1953–1957 stets von der SPD allein oder mit kleineren Koalitionspartnern regiert worden.

*Hamburger Hafen*

# Hessen

Das Bundesland Hessen liegt in der Mitte der Bundesrepublik. Zwischen den Bergländern Odenwald und Taunus breitet sich die Rhein-Main-Ebene aus, wo sich mit der Metropole Frankfurt einer der bedeutendsten Wirtschaftsräume der Bundesrepublik entwickkelt hat. Hier treffen sich Autobahnen, Eisenbahnen und Schifffahrtswege, und der Frankfurter Flughafen ist eine Drehscheibe des europäischen Luftverkehrs. Das Schwergewicht der industriellen Produktion liegt auf den Bereichen Chemie, Elektrotechnik, Gummi- und Lederwaren, Maschinen- und Automobilbau. Ein weiteres Industriezentrum mit Maschinen-, Waggon, Lokomotiv- und Automobilbau hat sich um Kassel in Nordhessen gebildet.

Landschaftlich reizvoll zwischen Taunus und Westerwald liegen im oberen Lahntal die Universitätsstädte Marburg und Gießen sowie die Stadt Wetzlar, bekannt durch optische Industrie. Am Taunusrand entspringen viele Mineralquellen, an denen Heilbäder entstanden sind. Die Landeshauptstadt Wiesbaden ist das bedeutendste. In den zum Teil lößbedeckten, fruchtbaren Senken nördlich des Mains werden Getreide-, Gemüse- und Zuckerrübenanbau betrieben; in den höheren Berglagen Wald- und Viehwirtschaft. Die Bergstraße südlich von Darmstadt und der Rheingau gehören zu den besten deutschen Obst- und Weinbaugebieten.

In der deutschen Geschichte hat Hessen als Land nur kurze Zeit eine wichtige Rolle gespielt, nämlich im 16. Jahrhundert, als der

---

Fläche: 21 114 km²
Einwohner: 5,5 Mill.
Einwohner je km²: 262
Hauptstadt: Wiesbaden
Parlament: der auf 4 Jahre gewählte Landtag
Exekutive: die Landesregierung
Verwaltungsgliederung: 3 Regierungsbezirke; 5 Stadtkreise, 21 Landkreise
Bruttoinlandsprodukt je Kopf: 34 494 DM

*Frankfurt am Main*

hessische Landgraf Philipp der Großmütige einer der politischen Führer der Reformation wurde. Vorher und nachher war es fast immer territorial zersplittert. Erst nach dem Zweiten Weltkrieg wurden die alten hessischen Gebiete zum Land Hessen wiedervereinigt. Die führende Regierungspartei war bis 1987 die SPD; seither ist es die CDU.

# Niedersachsen

Das Bundesland Niedersachsen nimmt den Nordwesten der Bundesrepublik ein. Es reicht von der Nordseeküste mit den Ostfriesischen Inseln bis zur mitteldeutschen Gebirgsschwelle mit dem We-

*Mühlen in Greetsiel (Ostfriesland)*

serbergland und dem westlichen Harz im Süden, vom Emsland an der niederländischen Grenze im Westen bis zur Lüneburger Heide und zur Elbe im Osten.

Neben Bayern ist Niedersachsen das wichtigste Landwirtschaftsgebiet der Bundesrepublik, vor allem als Lieferant von Getreide, Zuckerrüben, Futtermais und Kartoffeln. Die Viehwirtschaft ist hoch entwickelt. An der Unterelbe und südlich von Emden wird Obst und Gemüse angebaut.

Fläche: 47 438 km$^2$
Einwohner: 7,2 Mill.
Einwohner je km$^2$: 152
Hauptstadt: Hannover
Parlament: der auf 4 Jahre gewählte Landtag
Exekutive: die Landesregierung
Verwaltungsgliederung: 4 Regierungsbezirke; 9 Stadtkreise, 38 Landkreise
Bruttoinlandsprodukt je Kopf: 26 405 DM

Die Industrie hat ihre Schwerpunkte in den dichtbewohnten Gebieten am Übergang zwischen Tief- und Bergland (Ballungsraum Hannover und Harzvorland) sowie in den Hafenstädten Emden (Fahrzeugmontage), Wilhelmshaven (dem größten deutschen Umschlaghafen für Rohöl) und Cuxhaven (Fischverarbeitung). Große wirtschaftliche Bedeutung hat die Förderung von Erdöl und Erdgas im Emsland und im deutschen Nordseesektor. Die Landeshauptstadt Hannover hat sich als Industrie- und Messestadt überall in der Welt einen Namen gemacht. Wolfsburg, zwischen Heide und Harzvorland gelegen, ist der Sitz des Volkswagenwerks. Touristische Ziele sind vor allem die Ostfriesischen Inseln, der Harz und die Lüneburger Heide.

Niedersachsen umfaßt annähernd das Gebiet des mächtigen mittelalterlichen Herzogtums der Sachsen, das bereits im 12. Jahrhundert unterging. Der Name »Sachsen« wanderte durch dynastische Verschiebungen die Elbe aufwärts und ging auf ein mitteldeutsches Land über, das heute zur DDR gehört. Zum Unterschied davon bürgerte sich für das alte sächsische Stammesgebiet der Name »Niedersachsen« ein. Das Land Niedersachsen wurde 1946 aus der preußischen Provinz Hannover und anderen Gebieten gebildet. In den ersten Jahren hatten auch noch rechtsorientierte Parteien sowie Parteien regionalen Charakters im Land eine starke Stellung. Seit dem Anfang der 60er Jahre haben sich die parlamentarischen Verhältnisse denen in den anderen Bundesländern angeglichen. Jede der beiden großen Parteien – SPD und CDU – hat das Land teils allein, teils im Bündnis mit anderen Parteien regiert. Seit 1986 hat Niedersachsen eine Koalitionsregierung aus CDU und FDP.

# Nordrhein-Westfalen

Nordrhein-Westfalen liegt im Westen der Bundesrepublik und hat gemeinsame Grenzen mit Belgien und den Niederlanden. Es ist das bevölkerungsstärkste Bundesland; fast ein Drittel der Bevölkerung

*Kraftwerk im Ruhrgebiet*

der Bundesrepublik wohnt hier. Die Kernzone der rheinisch-westfälischen Industrielandschaft ist das Ruhrgebiet, eines der reichsten Steinkohlenreviere der Welt, das lange Zeit einseitig durch Kohle-, Stahl- und Eisenerzeugung geprägt war. Inzwischen haben sich auch andere Industriezweige angesiedelt: Betriebe der elektronischen, chemischen, Kunstfaser- und Farbenindustrie, der Aluminiumverhüttung und Mineralölverarbeitung. Daneben gibt es noch Textil- und Automobilindustrie, Maschinenbau, Zement- und Glaswerke sowie Großbrauereien. Zwischen Köln und Bonn, im Höhenzug der Ville, wird das größte Braunkohlenvorkommen der Bundesrepublik Deutschland abgebaut.

Nordöstlich des Ruhrgebiets erstreckt sich bis zum Teutoburger

Fläche: 34 068 km$^2$
Einwohner: 16,7 Mill.
Einwohner je km$^2$: 489
Hauptstadt: Düsseldorf
Parlament: der auf 5 Jahre gewählte Landtag
Exekutive: die Landesregierung
Verwaltungsgliederung: 5 Regierungsbezirke; 23 Stadtkreise, 31 Landkreise
Bruttoinlandsprodukt je Kopf: 30 843 DM

Wald die Münsterländer Bucht mit der Universitätsstadt Münster als Mittelpunkt. Hier wie auch in den angrenzenden Landschaften dominiert die Landwirtschaft mit dem Anbau von Weizen, Gerste und Zuckerrüben, mit Rindviehhaltung, Schweinemast und Pferdezucht. Die waldreichen Bergländer des Sauerlandes, des Siegerlandes, des Bergischen Landes und der Nordeifel im Süden Nordrhein-Westfalens sind als Erholungsgebiete geschätzt und für die Trinkwasserversorgung der Industrieballungen an Rhein und Ruhr lebenswichtig.

Das rege Wirtschaftsleben in Nordrhein-Westfalen findet sichtbaren Ausdruck in einem überaus engmaschigen Verkehrsnetz, das die zahlreichen Großstädte miteinander verbindet: Köln, Essen, Dortmund, Düsseldorf, Duisburg, Bochum, Wuppertal, Bielefeld, Gelsenkirchen, Solingen, Leverkusen und Paderborn, um nur einige zu nennen. Südlich von Köln am Rhein liegt Bonn, bis 1949 eine mittelgroße Universitätsstadt und seither Hauptstadt der Bundesrepublik.

Das Land Nordrhein-Westfalen wurde 1946 aus Gebieten gebildet, die seit Beginn des 19. Jahrhunderts größtenteils zu Preußen gehörten, aber zuvor keine politische Einheit gebildet hatten. Die parteipolitischen Machtverhältnisse im Lande haben häufig gewechselt. Sowohl die CDU als auch die SPD haben zeitweise zusammen mit der FDP, zeitweise allein regiert. Seit 1980 hat die SPD die absolute Mehrheit im Landtag.

# Rheinland-Pfalz

Das Bundesland Rheinland-Pfalz liegt im Südwesten der Bundesrepublik. Es hat gemeinsame Grenzen mit Belgien, Luxemburg und Frankreich. Im bergigen Landschaftsbild der Eifel sind die Maare, kreisrunde vulkanische Kraterseen, eine auffallende Erscheinung. Die Täler von Rhein und Mosel sind bevorzugte Siedlungs- und Wirtschaftsgebiete. Zentren sind die alten Römerstädte Koblenz,

*Weinlese im Rheintal*

Trier, Mainz und Worms sowie die Städte Ludwigshafen und Kaiserslautern. Das Mittelrheintal mit seinen vielen Burgruinen ist eine der schönsten deutschen Landschaften; es mag vielen in der Welt vor Augen stehen, wenn sie an Deutschland denken.

Rheinland-Pfalz ist mit zwei Dritteln der deutschen Rebfläche die wichtigste Weinbauregion der Bundesrepublik. Die bekanntesten Weinbaugebiete des Landes sind: Rheinpfalz, Rheinhessen, Mosel-Saar-Ruwer, Nahe, Mittelrhein und Ahr.

Rheinland-Pfalz verfügt auch über Industrie: Chemiewerke in Ludwigshafen; Maschinenbau in Kaiserslautern, Frankenthal,

---

Fläche: 19 848 km²
Einwohner: 3,6 Mill.
Einwohner je km²: 182
Hauptstadt: Mainz
Parlament: der auf 4 Jahre gewählte Landtag
Exekutive: die Landesregierung
Verwaltungsgliederung: 3 Regierungsbezirke; 12 Stadtkreise, 24 Landkreise
Bruttoinlandsprodukt je Kopf: 28 432 DM

Mainz und Koblenz; Schuhfabrikation in Pirmasens; Edelstein-schleiferei und Schmuckwarenherstellung in Idar-Oberstein.

Das Land Rheinland-Pfalz wurde 1946 aus bayerischen, hessi-schen und preußischen Landesteilen gebildet, die vorher niemals zusammengehört hatten. Die stärkste Partei ist seit 1947 ununter-brochen die CDU; zeitweise hat sie gemeinsam mit der SPD oder der FDP, zeitweise auch allein regiert.

# Saarland

Von den Stadtstaaten abgesehen, ist das Saarland das kleinste Bundesland. Es liegt in Südwestdeutschland an der Grenze zu Frankreich und Luxemburg. Die Wirtschaftszentren liegen im Tal der Saar um Saarlouis, Neunkirchen und die Landeshauptstadt Saarbrücken. Die saarländische Steinkohle wird mit Eisenerz aus dem benachbarten französischen Lothringen zu Eisen und Stahl verhüttet. Daneben gibt es Metallverarbeitung, Maschinenbau, che-mische, keramische und Glasindustrie. Für die saarländische Wirt-schaft ist Frankreich der wichtigste Handelspartner.

Das Saarland wurde als politische Einheit 1920 durch den Frie-densvertrag von Versailles geschaffen, von Deutschland abge-trennt und der Verwaltung des Völkerbundes unterstellt. Frankreich erhielt wirtschaftliche Vorrechte und großen politischen Einfluß. 1935 stimmte die saarländische Bevölkerung in einer Volksabstim-

Fläche: 2569 km²
Einwohner: 1 Mill.
Einwohner je km²: 406
Hauptstadt: Saarbrücken
Parlament: der auf 5 Jahre gewählte Landtag
Exekutive: die Landesregierung
Verwaltungsgliederung: 6 Landkreise
Bruttoinlandsprodukt je Kopf: 27 769 DM

*Saarbrücken*

mung für die Rückkehr zum Deutschen Reich. Nach dem Zweiten
Weltkrieg machte Frankreich einen neuen Versuch, das Saarland
schrittweise zu annektieren. Die Bevölkerung widersetzte sich diesen Bestrebungen und lehnte auch eine vorläufige »Europäisie-
rung« ihres Landes ab. Aufgrund der eindeutigen Willenskundge-
bung seiner Bürger wurde das Saarland am 1. Januar 1957 ein Land
der Bundesrepublik Deutschland. Führende Regierungspartei war
bis 1985 die CDU; seitdem regiert die SPD.

# Schleswig-Holstein

Das nördlichste Bundesland liegt zwischen Nord- und Ostsee und
grenzt im Norden an Dänemark. Das Land besteht im Westen aus
fruchtbarem Marschenland, in der Mitte aus der sandigen Geest

Fläche: 15727 km²
Einwohner: 2,6 Mill.
Einwohner je km²: 166
Hauptstadt: Kiel
Parlament: der auf 4 Jahre gewählte Landtag
Exekutive: die Landesregierung
Verwaltungsgliederung: 4 Stadtkreise, 11 Landkreise
Bruttoinlandsprodukt je Kopf: 25724 DM

und im Osten aus einer kuppigen Hügel- und Seenlandschaft. Der Westküste ist eine 15 bis 30 km breite Wattenmeerzone vorgelagert, in der die Nordfriesischen Inseln Sylt, Amrum und Föhr sowie die Halligen liegen. Zu Schleswig-Holstein gehört auch die steil aus der Nordsee aufragende Buntsandsteininsel Helgoland.

Der östliche Küstenbereich ist stark gegliedert und bietet ausgezeichnete Naturhäfen, denen Flensburg, die Landeshauptstadt Kiel und die alte Hansestadt Lübeck ihre Entstehung verdanken. Von den Ostseehäfen führen Fährverbindungen nach Dänemark, Norwegen, Schweden und Finnland. Die kürzeste Verkehrsverbindung zwischen der Bundesrepublik und Skandinavien ist die sogenannte Vogelfluglinie über die Insel Fehmarn. Der Nord-Ostsee-Kanal – auch als »Kiel-Kanal« bekannt – verbindet die Unterelbe mit der Kieler Förde. Er ist die meistbefahrene Wasserstraße der Welt.

*Die Ostseeküste bei Kiel*

Schleswig-Holstein ist noch landwirtschaftlich geprägt, besonders durch Rinderhaltung und Schweinemast. Die Agrarerzeugnisse sind Grundlage der Nahrungsmittelindustrie. Die Ostseehäfen werden von der Werftindustrie beherrscht. Im Süden des Landes, wo der Zugang zur Elbe und die Nähe Hamburgs günstige Standortbedingungen bieten, siedeln sich seit einigen Jahren auch andere Industrien an. Die Bäder an der Nord- und Ostsee sowie die Holsteinische Schweiz sind auf Fremdenverkehr eingestellt. Besondere Bedeutung haben für Schleswig-Holstein die Landgewinnung und der Küstenschutz an der Nordsee.

Schleswig-Holstein war ein Jahrtausend lang Streitobjekt zwischen Deutschland und Dänemark. Nach zwei deutsch-dänischen Kriegen kam es 1864 endgültig zu Deutschland und wurde 1866 preußische Provinz. Die überwiegend dänische Bevölkerung im Nordteil Schleswigs entschied sich 1920 in einer Volksabstimmung für den Anschluß an Dänemark. Südschleswig, wo es eine kleine dänische Minderheit gibt, verblieb bei Deutschland. 1946 wurde Schleswig-Holstein ein selbständiges Land. Die führende Regierungspartei war 1950–1988 die CDU; seitdem regiert die SPD. Die dänische Minderheit ist im Südschleswigschen Wählerverband organisiert, der einen Vertreter in den Landtag entsendet.

# Berlin (West)

Das Land Berlin nimmt unter den Bundesländern in jeder Hinsicht eine Sonderstellung ein. Wie Bremen und Hamburg ist es ein Stadtstaat, aber es umfaßt nur eine halbe Stadt, den westlichen Teil Berlins, und es hängt geographisch nicht mit dem übrigen Bundesgebiet zusammen. Die Vorgeschichte des Berlin-Problems und der besondere politische Status der Stadt werden ausführlich im Kapitel »Die Teilung Deutschlands«, S. 77–81, behandelt.

Vor dem Zweiten Weltkrieg war die Reichshauptstadt Berlin Verkehrsknotenpunkt und Handelszentrum Mitteleuropas. Diesen

Fläche: 480 km²
Einwohner: 1,9 Mill.
Einwohner je km²: 3892
Parlament: das auf 4 Jahre gewählte Abgeordnetenhaus
Exekutive: der Senat
Verwaltungsgliederung: 12 Bezirke
Bruttoinlandsprodukt je Kopf: 39242 DM

Rang hat es durch die Spaltung der Stadt eingebüßt. Aber noch heute ist das westliche Berlin die größte Industriestadt Deutschlands. Die wichtigsten Erzeugnisse sind Elektrogeräte, Maschinen,

*Gedächtniskirche und Kurfürstendamm in Berlin*

Bekleidung, optische Artikel, pharmazeutische Produkte und Druckerzeugnisse. Viele der in der Bundesrepublik ansässigen Großunternehmen haben in Berlin (West) Zweigniederlassungen gegründet. Berlin (West) ist auch eine der führenden europäischen Kongreß- und Messestädte. Als Kunst- und Theaterstadt genießt es internationalen Ruf. Zum Stadtgebiet gehören ausgedehnte Wälder und Seen.

Berlin, im 13. Jahrhundert gegründet, wurde im 15. Jahrhundert Residenz der Markgrafen von Brandenburg. Mit dem Aufstieg Brandenburg-Preußens wuchs seine Bedeutung. Eine weltstädtische Entwicklung setzte ein, als Berlin 1871 Hauptstadt des Deutschen Reiches wurde. In den zwanziger Jahren war Berlin die drittgrößte Stadt der Erde. Im Zweiten Weltkrieg erlitt es schwere Zerstörungen. Nach der Spaltung der Stadt wurde im westlichen Teil mit Hilfe des Bundes ein großzügiger Wiederaufbau eingeleitet. Durch die Verfassung von 1950 erhielt Berlin (West) die Stellung eines Landes. Stärkste Partei war jahrzehntelang die SPD, die mit wechselnden Koalitionspartnern regierte. 1981 mußte sie die Regierung der CDU überlassen, die 1983 eine Koalition mit der FDP bildete. Seit 1989 regiert die SPD gemeinsam mit der Alternativen Liste (AL).

Der Leser wird den Ländern noch an vielen anderen Stellen dieses Buches begegnen. Weitere Informationen findet er besonders in den Kapiteln »Die Menschen«, »Grundlinien deutscher Geschichte« und »Föderalismus und Selbstverwaltung«.

# Grundlinien deutscher Geschichte bis 1945

Noch im vorigen Jahrhundert glaubte man genau zu wissen, wann die deutsche Geschichte begonnen hat: im Jahre 9 n. Chr. In jenem Jahr besiegte Arminius, ein Fürst des germanischen Stammes der Cherusker, im Teutoburger Wald drei römische Legionen. Arminius – von dem man nichts Näheres weiß – galt als erster deutscher Nationalheld. In den Jahren 1838-1875 wurde ihm bei Detmold ein riesiges Denkmal errichtet.

Heute sieht man die Dinge nicht mehr so einfach. Die Entstehung des deutschen Volkes war ein Prozeß, der Jahrhunderte dauerte. Das Wort »deutsch« ist wohl erst im 8. Jahrhundert aufgekommen, und es bezeichnete zunächst nur die Sprache, die im östlichen Teil des Frankenreiches gesprochen wurde. Dieses Reich, das unter Karl dem Großen seine größte Machtentfaltung erlangte, umfaßte Völkerschaften, die teils germanische, teils romanische Dialekte sprachen. Nach Karls Tod (814) brach es bald auseinander. Im Laufe verschiedener Erbteilungen entstanden ein West- und ein Ostreich, wobei die politische Grenze annähernd mit der Sprachgrenze zwischen Deutsch und Französisch zusammenfiel. Erst nach und nach entwickelte sich bei den Bewohnern des Ostreichs ein Gefühl der Zusammengehörigkeit. Die Bezeichnung »deutsch« wurde von der Sprache auf die Sprecher und schließlich auf ihr Wohngebiet (»Deutschland«) übertragen.

Die deutsche Westgrenze wurde verhältnismäßig früh fixiert und blieb auch recht stabil. Die Ostgrenze hingegen war jahrhundertelang fließend. Um 900 verlief sie etwa an den Flüssen Elbe und Saale. In den folgenden Jahrhunderten wurde das deutsche Siedlungsgebiet teils friedlich, teils gewaltsam weit nach Osten ausgedehnt. Diese Bewegung kam erst in der Mitte des 14. Jahrhunderts zum Stillstand. Die damals erreichte Volksgrenze zwischen Deutschen und Slawen hatte bis zum Zweiten Weltkrieg Bestand.

**Hochmittelalter.** Den Übergang vom ostfränkischen zum deutschen Reich setzt man gewöhnlich mit dem Jahre 911 an, in dem nach dem Aussterben der Karolinger der Frankenherzog Konrad I. zum König gewählt wurde. Er gilt als der erste deutsche König. (Der offizielle Titel war »fränkischer König«, später »römischer König«; der Reichsname lautete seit dem 11. Jahrhundert »Römisches Reich«, seit dem 13. Jahrhundert »Heiliges Römisches Reich«; im

15. Jahrhundert kam der Zusatz »Deutscher Nation« auf.) Das Reich war eine Wahlmonarchie; der König wurde vom hohen Adel gewählt. Daneben galt das »Geblütsrecht«: der neue König sollte mit seinem Vorgänger verwandt sein. Dieser Grundsatz wurde mehrfach durchbrochen; wiederholt kam es auch zu Doppelwahlen. Eine Hauptstadt besaß das mittelalterliche Reich nicht; der König regierte im Umherziehen. Es gab keine Reichssteuern; seinen Unterhalt bezog der König vor allem aus »Reichsgütern«, die er treuhänderisch verwaltete. Seine Autorität wurde nicht ohne weiteres anerkannt; nur wenn militärische Stärke und geschickte Bündnispolitik hinzukamen, konnte er sich bei den mächtigen Stammesherzögen Respekt verschaffen. Dies gelang erst Konrads Nachfolger, dem Sachsenherzog Heinrich I. (919-936), und in noch höherem Maße dessen Sohn Otto I. (936-973). Otto machte sich zum wirklichen Herrscher des Reichs. Seine Machtfülle fand Ausdruck darin, daß er sich 962 in Rom zum Kaiser krönen ließ.

Seither hatte der deutsche König Anwartschaft auf die Kaiserwürde. Das Kaisertum war der Idee nach universal und verlieh seinem Träger die Herrschaft über das gesamte Abendland. Volle politische Wirklichkeit wurde diese Idee freilich niemals. Zur Kaiserkrönung durch den Papst mußte sich der König nach Rom begeben. Damit begann die Italienpolitik der deutschen Könige. 300 Jahre lang konnten sie ihre Herrschaft in Ober- und Mittelitalien behaupten, wurden jedoch dadurch von wichtigen Aufgaben in Deutschland abgelenkt. So kam es schon unter den Nachfolgern Ottos zu schweren Rückschlägen. Ein neuer Aufschwung trat unter der folgenden Dynastie der Salier ein. Mit Heinrich III. (1039-1056) stand das deutsche König- und Kaisertum auf dem Höhepunkt der Macht; vor allem behauptete es entschieden seinen Vorrang gegenüber dem Papsttum. Heinrich IV. (1056-1106) konnte diese Stellung nicht halten. In der Auseinandersetzung um das Recht zur Bischofseinsetzung (Investiturstreit) siegte er zwar äußerlich über Papst Gregor VII.; sein Bußgang nach Canossa (1077) bedeutete aber für das Kaisertum eine nicht wiedergutzumachende Rangeinbuße. Kaiser und Papst standen sich seither als gleichrangige Mächte gegenüber.

1138 begann das Jahrhundert der Staufer-Dynastie. Friedrich I. Barbarossa (1152-1190) führte im Kampf mit dem Papst, den oberitalienischen Städten und seinem Hauptrivalen in Deutschland, dem Sachsenherzog Heinrich dem Löwen, das Kaisertum zu einer neuen Blüte. Jedoch begann unter ihm eine territoriale Zersplitterung, die letztlich die Zentralgewalt schwächte. Unter Barbarossas Nachfolgern Heinrich VI. (1190-1197) und Friedrich II. (1212-1250)

*Kaiser Karl IV. und die sieben Kurfürsten*
*(Wappenbuch, um 1370; Bibliothèque Royale Albert I$^{er}$, Brüssel)*

setzte sich trotz großer kaiserlicher Machtfülle diese Entwicklung fort. Die geistlichen und weltlichen Fürsten wurden zu halbsouveränen »Landesherren«.

Mit dem Untergang der Staufer (1268) endete faktisch das universale abendländische Kaisertum. Die auseinanderstrebenden Kräfte im Innern hinderten Deutschland daran, zum Nationalstaat zu werden – ein Prozeß, der gerade damals in anderen Ländern Westeuropas einsetzte. Hier liegt eine der Wurzeln dafür, daß die Deutschen zur »verspäteten Nation« wurden.

**Spätmittelalter und frühe Neuzeit.** Mit Rudolf I. (1273-1291) kam erstmals ein Habsburger auf den Thron. Materielle Grundlage des Kaisertums waren jetzt nicht mehr die verlorengegangenen Reichsgüter, sondern die »Hausgüter« der jeweiligen Dynastie; und Hausmachtpolitik wurde das Hauptinteresse eines jeden Kaisers.

Die Goldene Bulle Karls IV. von 1356, eine Art Reichsgrundgesetz, verlieh sieben herausgehobenen Fürsten, den Kurfürsten, das ausschließliche Recht zur Königswahl und gab ihnen noch weitere Vorrechte gegenüber den anderen Großen. Während die kleinen Grafen, Herren und Ritter allmählich an Bedeutung verloren, gewannen die Städte dank ihrer wirtschaftlichen Macht an Einfluß. Der Zusammenschluß zu Städtebünden brachte ihnen eine weitere Stärkung. Der wichtigste dieser Bünde, die Hanse, wurde im 14. Jahrhundert zur führenden Macht des Ostseeraums.

Seit 1438 war die Krone – obwohl das Reich formell eine Wahlmonarchie blieb – praktisch erblich im Hause Habsburg, das unter-
dessen zur stärksten Territorialmacht geworden war. Im 15. Jahrhundert erhoben sich zunehmend Forderungen nach einer Reichs-
reform. Maximilian I. (1493-1519), der als erster den Kaisertitel ohne
Krönung durch den Papst annahm, suchte eine solche Reform zu
verwirklichen, aber ohne viel Erfolg. Die von ihm geschaffenen oder
neu geordneten Einrichtungen – Reichstag, Reichskreise, Reichs-
kammergericht – hatten zwar Bestand bis zum Ende des Reiches
(1806), vermochten aber dessen fortschreitende Zersplitterung
nicht aufzuhalten. Es entwickelte sich ein Dualismus von »Kaiser
und Reich«: dem Reichsoberhaupt standen die Reichsstände –
Kurfürsten, Fürsten und Städte – gegenüber. Die Macht der Kaiser
wurde durch »Kapitulationen«, die sie bei ihrer Wahl mit den Kurfürsten vereinbarten, begrenzt und zunehmend ausgehöhlt. Die Fürsten, insbesondere die großen unter ihnen, dehnten ihre Rechte auf
Kosten der Reichsgewalt kräftig aus. Dennoch hielt das Reich weiter zusammen: der Glanz der Kaiserkrone war noch nicht verbli-
chen, die Reichsidee war lebendig geblieben, und den kleinen und
mittleren Territorien bot der Reichsverband Schutz vor Übergriffen
mächtiger Nachbarn.

Die Städte wurden zu Zentren wirtschaftlicher Macht; sie profi-
tierten vor allem vom zunehmenden Handel. In Textilindustrie und
Bergbau entstanden Wirtschaftsformen, die über das Zunftwesen
der Handwerker hinausführten und wie der Fernhandel schon früh-
kapitalistische Züge trugen. Gleichzeitig vollzog sich ein geistiger
Wandel, gekennzeichnet durch Renaissance und Humanismus. Der
neuerwachte kritische Geist wandte sich vor allem gegen kirchliche
Mißstände.

**Zeitalter der Glaubensspaltung.** Die schwelende Unzufriedenheit
mit der Kirche entlud sich, vor allem durch das Auftreten Martin Luthers seit 1517, in der Reformation, die sich rasch ausbreitete. Ihre
Folgen reichten weit über das Religiöse hinaus. Das ganze soziale
Gefüge geriet in Bewegung. 1522/23 kam es zum Aufstand der
Reichsritter, 1525 zum Bauernkrieg, der ersten größeren revolutionären Bewegung der deutschen Geschichte, in der sich politische
und soziale Bestrebungen vereinigten. Beide Erhebungen scheiterten oder wurden blutig niedergeschlagen. Hauptnutznießer der Reformation waren die Landesfürsten. Nach wechselvollen Kämpfen
erhielten sie im Augsburger Religionsfrieden 1555 das Recht, die
Religion ihrer Untertanen zu bestimmen. Die protestantische Konfession wurde als gleichberechtigt mit der katholischen anerkannt.

*Aufständische Bauern (Holzschnitt von Hans Burgkmair, 1525)*

Die religiöse Spaltung Deutschlands war damit besiegelt. Auf dem Kaiserthron saß zur Zeit der Reformation Karl V. (1519-1556), der durch Erbschaft Herr des größten Weltreichs seit der Zeit Karls des Großen geworden war. Durch seine weltpolitischen Interessen war er zu stark in Anspruch genommen, um sich in Deutschland durchsetzen zu können. Nach seiner Abdankung wurde das Weltreich geteilt; die deutschen Territorialstaaten und die westeuropäischen Nationalstaaten bildeten das neue europäische Staatensystem.

Zur Zeit des Augsburger Religionsfriedens war Deutschland zu vier Fünfteln protestantisch. Der Kampf zwischen den Konfessionen war damit jedoch nicht beendet. In den folgenden Jahrzehnten konnte die katholische Kirche viele Gebiete zurückgewinnen (Gegenreformation). Die konfessionellen Gegensätze verschärften sich; es kam zur Bildung von Religionsparteien, der protestantischen Union (1608) und der katholischen Liga (1609). Ein lokaler Konflikt in Böhmen löste dann den Dreißigjährigen Krieg aus, der sich im Lauf der Jahre zu einer europäischen Auseinandersetzung weitete, in der politische wie konfessionelle Gegensätze aufeinanderprallten. Dabei wurden zwischen 1618 und 1648 weite Teile Deutschlands verwüstet und entvölkert. Der Westfälische Friede von 1648 brachte Gebietsabtretungen an Frankreich und Schweden; er bestätigte das Ausscheiden der Schweiz und der Niederlande aus dem Reichsverband. Den Reichsständen gewährte er alle wesentlichen Hoheitsrechte in geistlichen und weltlichen Angelegenheiten und erlaubte ihnen, Bündnisse mit ausländischen Partnern zu schließen.

**Zeitalter des Absolutismus.** Die nahezu souveränen Territorialstaaten übernahmen als Regierungsform nach französischem Vorbild den Absolutismus. Er verlieh dem Herrscher schrankenlose
Macht und ermöglichte den Aufbau einer straffen Verwaltung, die Einführung geordneter Finanzwirtschaft und die Aufstellung stehen-
der Heere. Viele Fürsten hatten den Ehrgeiz, ihre Residenz zu einem
kulturellen Mittelpunkt zu machen. Manche von ihnen – Vertreter
des »aufgeklärten Absolutismus« – förderten Wissenschaft und
kritisches Denken, freilich in den Grenzen ihrer Machtinteressen.
Die Wirtschaftspolitik des Merkantilismus ließ die absolut regierten
Staaten auch ökonomisch erstarken. So konnten Länder wie
Bayern, Brandenburg (das spätere Preußen), Sachsen und Hannover zu eigenständigen Machtzentren werden. Österreich, das die
angreifenden Türken abwehrte und Ungarn sowie Teile der bisher
türkischen Balkanländer erwarb, stieg zur Großmacht auf. Ihm erwuchs im 18. Jahrhundert ein Rivale in Preußen, das unter Friedrich
dem Großen (1740-1786) zu einer Militärmacht ersten Ranges
wurde. Beide Staaten gehörten mit Teilen ihres Territoriums nicht
dem Reich an, und beide trieben europäische Großmachtpolitik.

**Zeitalter der Französischen Revolution.** Der Stoß, der das Gebäude des Reichs zum Einsturz brachte, kam von Westen. 1789
brach in Frankreich die Revolution aus. Unter dem Druck des Bürgertums wurde die seit dem Frühmittelalter bestehende feudale
Gesellschaftsordnung beseitigt, Gewaltenteilung und Menschenrechte sollten die Freiheit und Gleichheit aller Bürger sichern. Der
Versuch Preußens und Österreichs, mit Waffengewalt in die Verhältnisse im Nachbarland einzugreifen, scheiterte kläglich und
führte zum Gegenstoß der Revolutionsarmeen. Unter dem Ansturm
der Heere Napoleons, der in Frankreich das Erbe der Revolution
antrat, brach das Reich endgültig zusammen. Frankreich nahm sich
das linke Rheinufer. Um die bisherigen Herren dieser Gebiete für ihren Verlust zu entschädigen, fand eine riesige »Flurbereinigung«
auf Kosten der kleineren und besonders der geistlichen Fürstentü-
mer statt: Durch den »Reichsdeputationshauptschluß« von 1803
wechselten rund 4 Millionen Untertanen den Landesherrn. Die Mit-
telstaaten waren die Gewinner. Die meisten von ihnen schlossen
sich 1806 unter französischem Protektorat zum »Rheinbund« zusammen. Im gleichen Jahr legte Kaiser Franz II. die Krone nieder;
damit endete das Heilige Römische Reich Deutscher Nation.
    Die Französische Revolution griff nicht auf Deutschland über.
Zwar hatten auch hier schon in den vorangegangenen Jahren immer wieder einzelne Persönlichkeiten die Grenzen zwischen Adel

*Feuerwerk am Dresdner Hof*
*(Kupferstich von Johann August Corvinus, 1719)*

und Bürgertum zu überwinden gesucht, begrüßten auch bedeutende Köpfe den Umsturz im Westen als Beginn einer neuen Zeit,
aber der Funke konnte schon deshalb schlecht überspringen, weil
im Gegensatz zum zentralistisch orientierten Frankreich die födera-
listische Struktur des Reiches eine Ausbreitung neuer Ideen behinderte. Hinzu kam, daß gerade das Mutterland der Revolution,
Frankreich, den Deutschen als Gegner und Besatzungsmacht ge-
genübertrat. Aus dem Kampf gegen Napoleon erwuchs vielmehr
eine neue nationale Bewegung, die schließlich in den Befreiungs-
kriegen gipfelte. Deutschland blieb von den Kräften des gesellschaftlichen Wandels nicht unberührt. Zunächst wurden in den
Rheinbundstaaten, dann in Preußen (dort verbunden mit Namen
wie Stein, Hardenberg, Scharnhorst, W. von Humboldt) Reformen
eingeleitet, die feudale Schranken endlich abbauen und eine freie,
verantwortungstragende bürgerliche Gesellschaft schaffen sollten:

**Römisch-deutsches Reich**
**(Mitte des 10. Jh.)**

**Heiliges Römisches Reich**
**deutscher Nation**
**nach dem**
**Westfälischen Frieden**
**(1648)**

Schwedischer Besitz

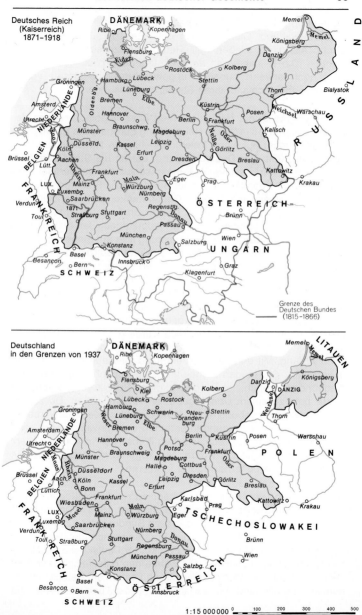

Deutsches Reich
(Kaiserreich)
1871–1918

Grenze des
Deutschen Bundes
(1815–1866)

Deutschland
in den Grenzen von 1937

1:15 000 000

Aufhebung der Leibeigenschaft, Gewerbefreiheit, städtische Selbstverwaltung, Gleichheit vor dem Gesetz, allgemeine Wehrpflicht. Allerdings blieben viele Reformansätze auf halbem Wege stecken. Die Teilnahme an der Gesetzgebung blieb den Bürgern meist noch verwehrt; nur zögernd gewährten einige Fürsten, vor allem in Süddeutschland, ihren Staaten Verfassungen.

**Der Deutsche Bund.** Nach dem Sieg über Napoleon regelte der Wiener Kongreß 1814/15 die Neuordnung Europas. Die Hoffnungen vieler Deutscher auf einen freien, einheitlichen Nationalstaat wurden nicht erfüllt. Der Deutsche Bund, der an die Stelle des alten Reiches trat, war ein loser Zusammenschluß der souveränen Einzelstaaten. Einziges Organ war der Bundestag in Frankfurt, kein gewähltes Parlament, sondern ein Gesandtenkongreß. Handlungsfähig war der Bund nur, wenn die beiden Großmächte Preußen und Österreich übereinstimmten. Seine Hauptaufgabe sah er in den folgenden Jahrzehnten in der Niederhaltung aller auf Einheit und Freiheit gerichteten Bestrebungen. Presse und Publizistik unterlagen einer scharfen Zensur, die Universitäten wurden überwacht, eine politische Betätigung war so gut wie unmöglich.

Inzwischen hatte eine moderne wirtschaftliche Entwicklung eingesetzt, die diesen reaktionären Tendenzen entgegenwirkte. 1834 wurde der Deutsche Zollverein gegründet und damit ein einheitlicher Binnenmarkt geschaffen. 1835 wurde die erste deutsche Eisenbahnstrecke in Betrieb genommen. Die Industrialisierung nahm ihren Anfang. Mit den Fabriken entstand die neue Klasse der Fabrikarbeiter. Sie fanden in der Industrie zunächst bessere Verdienstmöglichkeiten, aber das rapide Bevölkerungswachstum führte bald zu einem Überangebot an Arbeitskräften. Da zudem jede Sozialgesetzgebung fehlte, lebte die Masse der Fabrikarbeiter in großem Elend. Spannungen entluden sich gewaltsam wie etwa 1844 beim Aufstand der schlesischen Weber, der von preußischem Militär niedergeschlagen wurde. Nur zögernd konnten sich erste Ansätze einer Arbeiterbewegung formieren.

**Die Revolution von 1848.** Im Unterschied zur Revolution von 1789 fand die französische Februar-Revolution von 1848 in Deutschland sofort ein Echo. Im März kam es in allen Bundesstaaten zu Volkserhebungen, die den erschrockenen Fürsten mancherlei Konzessionen abrangen. Im Mai trat in der Frankfurter Paulskirche die Nationalversammlung zusammen. Sie wählte den österreichischen Erzherzog Johann zum Reichsverweser und setzte ein Reichsministerium ein, das allerdings keine Machtmittel besaß und keine Autorität

*Frankfurter Nationalversammlung (Lithographie)*

gewann. Bestimmend war in der Nationalversammlung die liberale Mitte, die eine konstitutionelle Monarchie mit beschränktem Wahlrecht anstrebte. Die Zersplitterung der Nationalversammlung von den Konservativen bis zu den radikalen Demokraten, in der sich die spätere Parteienlandschaft schon in Ansätzen abzeichnete, erschwerte eine Verfassungsgebung. Aber auch die liberale Mitte konnte die quer durch alle Gruppierungen gehenden Gegensätze zwischen den Anhängern einer »großdeutschen« und einer »kleindeutschen« Lösung, d. h. eines Deutschen Reiches mit oder ohne Österreich, nicht überwinden. Nach zähem Ringen wurde eine demokratische Verfassung fertiggestellt, die Altes mit Neuem zu verbinden suchte und eine dem Parlament verantwortliche Regierung vorsah. Als dann jedoch Österreich darauf bestand, sein gesamtes, mehr als ein Dutzend Völkerschaften umfassendes Staatsgebiet in das künftige Reich einzubringen, siegte die kleindeutsche Auffassung, und die Nationalversammlung bot dem preußischen König

Friedrich Wilhelm IV. die erbliche deutsche Kaiserkrone an. Der König lehnte ab; er wollte die Kaiserwürde nicht einer Revolution verdanken. Im Mai 1849 scheiterten in Sachsen, der Pfalz und Baden Volksaufstände, die die Durchsetzung der Verfassung »von unten« erzwingen wollten.
Damit war die Niederlage der deutschen Revolution besiegelt. Die meisten Errungenschaften wurden rückgängig gemacht, die Verfassungen der Einzelstaaten im reaktionären Sinne revidiert. 1850 wurde der Deutsche Bund wiederhergestellt.

**Der Aufstieg Preußens.** Die fünfziger Jahre waren eine Zeit großen wirtschaftlichen Aufschwungs. Deutschland wurde zum Industrieland. Es war zwar im Produktionsumfang noch weit hinter England zurück, überholte dieses aber im Wachstumstempo. Schrittmacher waren die Schwerindustrie und der Maschinenbau. Preußen wurde auch wirtschaftlich zur Vormacht Deutschlands. Die ökonomische Kraft stärkte das politische Selbstbewußtsein des liberalen Bürgertums. Die 1861 entstandene Deutsche Fortschrittspartei wurde in Preußen die stärkste Partei im Parlament und verweigerte der Regierung die Mittel, als diese die Heeresstruktur in reaktionärem Sinne verändern wollte. Der neuernannte Ministerpräsident Otto von Bismarck (1862) ging auf die Kraftprobe ein und regierte mehrere Jahre lang ohne die nach der Verfassung erforderliche Genehmigung des Haushalts durch das Parlament. Die Fortschrittspartei wagte keinen über parlamentarische Opposition hinausgehenden Widerstand.
Seine innenpolitisch prekäre Stellung konnte Bismarck durch außenpolitische Erfolge festigen. Im Deutsch-Dänischen Krieg (1864) zwangen Preußen und Österreich die Dänen zur Abtretung Schleswig-Holsteins, das sie zunächst gemeinsam verwalteten. Bismarck betrieb jedoch von Anfang an die Annexion der beiden Herzogtümer und steuerte den offenen Konflikt mit Österreich an. Im Deutschen Krieg (1866) wurde Österreich geschlagen und mußte die deutsche Szene verlassen. Der Deutsche Bund wurde aufgelöst; an seine Stelle trat der alle deutschen Staaten nördlich der Mainlinie umfassende Norddeutsche Bund mit Bismarck als Bundeskanzler.

**Das Bismarckreich.** Bismarck arbeitete nun auf die Vollendung der deutschen Einheit im kleindeutschen Sinne hin. Den Widerstand Frankreichs brach er im Deutsch-Französischen Krieg (1870/71), der durch einen diplomatischen Konflikt um die Thronfolge in Spanien ausgelöst wurde. Frankreich mußte Elsaß-Lothringen abtreten

*Proklamation Wilhelms I. zum Deutschen Kaiser
im Spiegelsaal zu Versailles 1871 (Gemälde von Anton von Werner)*

und eine hohe Reparationssumme zahlen. In der patriotischen Be-
geisterung des Krieges schlossen sich die süddeutschen Staaten
mit dem Norddeutschen Bund zum Deutschen Reich zusammen; in
Versailles wurde am 18. Januar 1871 König Wilhelm I. von Preußen
zum Deutschen Kaiser ausgerufen.

Die deutsche Einheit war nicht durch Volksbeschluß, »von unten«, sondern durch Fürstenvertrag, »von oben«, zustande gekommen. Das Übergewicht Preußens war erdrückend; vielen erschien
das neue Reich als ein »Groß-Preußen«. Der Reichstag wurde nach
allgemeinem und gleichem Wahlrecht gewählt. Er hatte zwar keinen
Einfluß auf die Regierungsbildung, wohl aber durch seine Beteiligung an der Reichsgesetzgebung und durch das Budgetrecht auf
die Ausführung der Regierungsgeschäfte. Obgleich der Reichskanzler nur dem Kaiser und nicht dem Parlament verantwortlich
war, mußte er sich doch um eine Mehrheit für seine Politik im
Reichstag bemühen. Das Wahlrecht für die Volksvertretungen der

einzelnen Länder war noch uneinheitlich. Elf der deutschen Bundesstaaten hatten noch ein vom Steueraufkommen abhängiges Klassenwahlrecht, bei vier anderen bestand die alte ständische Gliederung der Volksvertretungen. Die süddeutschen Staaten mit ihrer größeren parlamentarischen Tradition reformierten nach der Jahrhundertwende ihr Wahlrecht, und Baden, Württemberg und Bayern glichen es dem Reichstagswahlrecht an. Die Entwicklung Deutschlands zu einem modernen Industrieland stärkte den Einfluß des wirtschaftlich erfolgreichen Bürgertums. Trotzdem blieb der Adel und vor allem das überwiegend aus Adligen bestehende Offizierskorps in der Gesellschaft tonangebend.

Bismarck regierte neunzehn Jahre lang als Reichskanzler. Durch eine konsequente Friedens- und Bündnispolitik suchte er dem Reich eine gesicherte Stellung in dem neuen europäischen Kräfteverhältnis zu schaffen. In Gegensatz zu dieser weitsichtigen Außenpolitik stand seine Innenpolitik. Den demokratischen Tendenzen der Zeit stand er verständnislos gegenüber; politische Opposition galt ihm als »reichsfeindlich«. Erbittert, aber letztlich erfolglos bekämpfte er den linken Flügel des liberalen Bürgertums, den politischen Katholizismus und besonders die organisierte Arbeiterbewegung, die durch das Sozialistengesetz zwölf Jahre lang (1878-1890) unter Ausnahmerecht gestellt war. Die mächtig anwachsende Arbeiterschaft wurde so, trotz fortschrittlicher Sozialgesetze, dem Staat entfremdet. Bismarck fiel schließlich dem eigenen System zum Opfer, als er 1890 von dem jungen Kaiser Wilhelm II. entlassen wurde.

Wilhelm II. wollte selbst regieren, doch fehlten ihm dazu Kenntnisse und Stetigkeit. Mehr durch Reden als durch Handlungen erweckte er den Eindruck eines friedensbedrohenden Gewaltherrschers. Unter ihm erfolgte der Übergang zur »Weltpolitik«; Deutschland suchte den Vorsprung der imperialistischen Großmächte aufzuholen und geriet dabei zunehmend in die Isolierung. Innenpolitisch schlug Wilhelm II. bald einen reaktionären Kurs ein, nachdem sein Versuch, die Arbeiterschaft für ein »soziales Kaisertum« zu gewinnen, nicht zu dem erhofften raschen Erfolg geführt hatte. Seine Kanzler stützten sich auf wechselnde Koalitionen aus dem konservativen und bürgerlichen Lager; die Sozialdemokratie, obwohl eine der stärksten Parteien mit einer Wählerschaft von Millionen, blieb weiterhin von jeder Mitwirkung ausgeschlossen.

**Der Erste Weltkrieg.** Die Ermordung des österreichischen Thronfolgers am 28. Juni 1914 führte zum Ausbruch des Ersten Weltkrieges. Die Frage nach der Schuld an diesem Krieg ist nach wie vor umstritten. Sicher haben ihn Deutschland und Österreich auf der einen, Frankreich, Rußland und England auf der anderen Seite nicht bewußt gewollt, doch waren sie bereit, ein entsprechendes Risiko auf sich zu nehmen. Alle hatten von Anfang an fest umrissene Kriegsziele, für deren Verwirklichung eine militärische Auseinandersetzung zumindest nicht unwillkommen war. Die im deutschen Aufmarschplan vorgesehene rasche Niederwerfung Frankreichs gelang nicht. Vielmehr erstarrte der Kampf im Westen nach der deutschen Niederlage in der Marne-Schlacht bald in einem Stellungskrieg, der schließlich in sinnlosen Materialschlachten mit ungeheuren Verlusten auf beiden Seiten gipfelte. Der Kaiser trat seit Kriegsbeginn in den Hintergrund; die schwachen Reichskanzler mußten sich im Verlauf des Krieges immer stärker dem Druck der Obersten Heeresleitung mit Feldmarschall Paul von Hindenburg als nominellem Chef und General Erich Ludendorff als eigentlichem Kopf beugen. Der Kriegseintritt der Vereinigten Staaten 1917 brachte schließlich die sich schon längst abzeichnende Entscheidung, an der auch die Revolution in Rußland und der Friede im Osten nichts mehr zu ändern vermochten. Obwohl das Land völlig ausgeblutet war, bestand Ludendorff in Verkennung der Lage noch bis zum September 1918 auf einem »Siegfrieden«, verlangte dann aber überraschend den sofortigen Waffenstillstand. Mit dem militärischen Zusammenbruch ging der politische einher. Widerstandslos räumten Kaiser und Fürsten im November 1918 ihre Throne; keine Hand rührte sich zur Verteidigung der unglaubwürdig gewordenen Monarchie. Deutschland wurde Republik.

**Die Weimarer Republik.** Die Macht fiel den Sozialdemokraten zu. Ihre Mehrheit hatte sich von revolutionären Vorstellungen früherer Jahre längst abgewandt und sah ihre Hauptaufgabe darin, den geordneten Übergang von der alten zur neuen Staatsform zu sichern. Das Privateigentum in Industrie und Landwirtschaft blieb unangetastet; die zumeist antirepublikanisch gesinnte Beamten- und Richterschaft wurde vollzählig übernommen; das kaiserliche Offizierskorps behielt die Befehlsgewalt über die Truppen. Gegen Versuche linksradikaler Kräfte, die Revolution in sozialistischer Richtung weiterzutreiben, wurde militärisch vorgegangen. In der im Januar 1919 gewählten Nationalversammlung, die in Weimar tagte und eine neue Reichsverfassung beschloß, hatten die drei uneingeschränkt republikanischen Parteien – Sozialdemokraten, Deutsche Demokratische Partei und Zentrum – die Mehrheit. Doch wurden im Laufe der zwanziger Jahre im Volk und im Parlament diejenigen Kräfte immer stärker, die dem demokratischen Staat mit mehr oder weniger Vor-

*Gustav Stresemann vor dem Völkerbund in Genf 1926*

behalten gegenüberstanden. Die Weimarer Republik war eine »Republik ohne Republikaner«, rabiat bekämpft von ihren Gegnern und nur halbherzig verteidigt von ihren Anhängern. Vor allem hatten die wirtschaftliche Not der Nachkriegszeit und die drückenden Bedingungen des Friedensvertrages von Versailles, den Deutschland 1919 unterschreiben mußte, eine tiefe Skepsis gegenüber der Republik entstehen lassen. Eine wachsende innenpolitische Instabilität war die Folge.

1923 erreichten die Wirren der Nachkriegszeit ihren Höhepunkt (Inflation, Ruhrbesetzung, Hitlerputsch, kommunistische Umsturzversuche); danach trat mit der wirtschaftlichen Erholung eine gewisse politische Beruhigung ein. Die Außenpolitik Gustav Stresemanns gewann dem besiegten Deutschland durch den Locarno-Vertrag (1925) und den Beitritt zum Völkerbund (1926) die politische Gleichberechtigung zurück. Kunst und Wissenschaften erlebten in den »goldenen zwanziger Jahren« eine kurze, intensive Blütezeit. Nach dem Tod des ersten Reichspräsidenten, des Sozialdemokraten Friedrich Ebert, wurde 1925 der ehemalige Feldmarschall Hindenburg als Kandidat der Rechten zum Staatsoberhaupt gewählt. Er hielt sich zwar strikt an die Verfassung, fand aber nie ein inneres Verhältnis zum republikanischen Staat. Der Niedergang der Weimarer Republik begann mit der Weltwirtschaftskrise 1929. Linker und rechter Radikalismus machten sich Arbeitslosigkeit und allgemeine Not zunutze. Im Reichstag fanden sich keine regierungsfähigen Mehrheiten mehr; die Kabinette waren abhängig von der Unterstützung des (verfassungsmäßig sehr starken) Reichspräsidenten. Die bisher bedeutungslose nationalsozialistische Bewegung Adolf Hitlers, die extrem antidemokratische Tendenzen und einen wütenden Antisemitismus mit scheinrevolutionärer Propaganda verband, gewann seit 1930 sprunghaft an Gewicht und wurde 1932 stärkste Partei. Am 30. Januar 1933 wurde Hitler Reichskanzler. Außer Mitgliedern seiner Partei gehörten dem Kabinett auch einige Politiker des rechten Lagers und parteipolitisch ungebundene Fachminister an, so daß die Hoffnung bestand, eine Alleinherrschaft der Nationalsozialisten zu verhindern.

**Die Hitler-Diktatur.** Hitler entledigte sich rasch seiner Bundesgenossen, sicherte sich durch ein Ermächtigungsgesetz, dem alle bürgerlichen Parteien zustimmten, nahezu unbegrenzte Befugnisse und verbot alle Parteien außer der eigenen. Die Gewerkschaften wurden zerschlagen, die Grundrechte praktisch außer Kraft gesetzt, die Pressefreiheit aufgehoben. Gegen mißliebige Personen ging das Regime mit rücksichtslosem Terror vor; Tausende verschwanden ohne Gerichtsverfahren in eilig errichteten Konzentrationslagern. Parlamentarische Gremien auf allen Ebenen wurden abgeschafft oder entmachtet. Als 1934 Hindenburg starb, vereinigte Hitler in seiner Person das Kanzler- und das Präsidentenamt. Damit bekam er als Oberster Befehlshaber die Wehrmacht in seine Hand, die zunächst noch ein gewisses Eigenleben geführt hatte.

In den wenigen Jahren der Weimarer Republik hatte das Verständnis für die freiheitlich-demokratische Ordnung bei der Mehrheit der Deutschen noch keine tiefen Wurzeln geschlagen. Vor allem hatten langjährige innenpolitische Wirren, gewalttätige Auseinandersetzungen – bis hin zu blutigen Straßenschlachten – zwischen den politischen Gegnern und die durch die Weltwirtschaftskrise ausgelöste Massenarbeitslosigkeit das Vertrauen in die Staatsgewalt schwer erschüttert. Hitler dagegen gelang es, mit Arbeitsbeschaffungs- und Rüstungsprogrammen die Wirtschaft wieder zu beleben und die Arbeitslosigkeit schnell abzubauen. Dabei wurde er durch das Ende der Weltwirtschaftskrise begünstigt.

*Frankfurt 1945*

Gestärkt wurde seine Stellung auch durch große außenpolitische Erfolge: 1935 kehrte das Saargebiet, das bis dahin unter Völkerbundsverwaltung stand, zu Deutschland zurück, und im gleichen Jahr wurde die Wehrhoheit des Reiches wiederhergestellt; 1936 rückten deutsche Truppen in das seit 1919 entmilitarisierte Rheinland ein; 1938 wurde Österreich dem Reich einverleibt und gestatteten die Westmächte Hitler die Annexion des Sudetenlandes. Das alles erleichterte ihm die rasche Verwirklichung seiner politischen Ziele, wenn es auch in allen Bevölkerungsschichten Menschen gab, die der Diktatur mutig Widerstand leisteten.

Sofort nach der Machtergreifung hatte das Regime mit der Verwirklichung seines antisemitischen Programms begonnen. Nach und nach wurden die Juden aller Menschen- und Bürgerrechte beraubt. Wer es konnte, suchte der Drangsalierung durch Flucht ins Ausland zu entgehen.

Die Verfolgung politischer Gegner und die Unterdrückung der Meinungsfreiheit trieben gleichfalls Tausende aus dem Lande. Viele der besten deutschen Schriftsteller, Künstler und Wissenschaftler gingen in die Emigration – ein unwiederbringlicher Verlust für das deutsche Kulturleben.

**Der Zweite Weltkrieg und seine Folgen.** Hitler war mit alldem nicht zufrieden. Er betrieb von Anfang an die Vorbereitung eines Krieges, den er zu führen bereit war, um die Herrschaft über Europa zu erringen. Am 1. September 1939 entfesselte er mit dem Angriff auf Polen den Zweiten Weltkrieg, der fünfeinhalb Jahre dauerte, weite Teile Europas verwüstete und 55 Millionen Menschen das Leben kostete.

Zunächst besiegten die deutschen Armeen Polen, Dänemark, Norwegen, Holland, Belgien, Frankreich, Jugoslawien und Griechenland; in der Sowjetunion drangen sie bis kurz vor Moskau vor, und in Nordafrika bedrohten sie den Suez-Kanal. In den eroberten Ländern wurde ein hartes Besatzungsregime errichtet; dagegen erhoben sich Widerstandsbewegungen. 1942 begann das Regime mit der »Endlösung der Judenfrage«: Alle Juden, deren man habhaft werden konnte, wurden in Konzentrationslager im besetzten Polen gebracht und ermordet. Die Gesamtzahl der Opfer wird auf sechs Millionen geschätzt. Das Jahr, in dem dieses unfaßbare Verbrechen seinen Anfang nahm, brachte die Wende des Krieges; von nun an gab es Rückschläge auf allen Kriegsschauplätzen für Deutschland und seine Verbündeten Italien und Japan.

Der Terror des Regimes und die militärischen Rückschläge stärkten den inneren Widerstand gegen Hitler. Seine Exponenten kamen aus allen Schichten des Volkes. Ein vornehmlich von Offizieren getragener Aufstand am 20. Juli 1944 scheiterte. Hitler überlebte ein Bombenattentat in seinem Hauptquartier und schlug erbarmungslos zurück. Über viertausend Menschen aller Gesellschaftsschichten, die am Widerstand beteiligt gewesen waren, wurden in den nächsten Monaten hingerichtet. Als herausragende Gestalten des Widerstandes, stellvertretend für viele Namenlose, seien hier Generaloberst Ludwig Beck, Oberst Graf Stauffenberg und der ehemalige Leipziger Oberbürgermeister Carl Goerdeler genannt.

Der Krieg ging weiter. Unter riesigen Opfern setzte Hitler den Kampf fort, bis das ganze Reichsgebiet vom Feind besetzt war; dann beging er am 30. April 1945 Selbstmord. Sein testamentarisch eingesetzter Nachfolger, Großadmiral Dönitz, vollzog acht Tage später die bedingungslose Kapitulation.

Deutschland hatte die größte Niederlage seiner Geschichte erlitten. Die meisten Städte lagen in Trümmern, ein Viertel aller Wohnungen war zerstört oder schwer beschädigt. Wirtschaft und Verkehr lagen darnieder; es fehlte am Nötigsten. Millionen Deutsche befanden sich in Gefangenschaft; Millionen waren durch den Bombenkrieg obdachlos geworden; Millionen Vertriebene waren auf der Flucht. Deutschland schien keine Zukunft mehr zu haben.

# Die Teilung Deutschlands

Schon während des Krieges hatten die Alliierten Erwägungen über die Zukunft des besiegten Deutschland angestellt. Es sollte Deutschland unmöglich gemacht werden, jemals wieder einen Angriffskrieg zu führen. Sicherstes Mittel hierzu schien eine Zeitlang die Aufteilung des Reiches in mehrere Staaten. Aber als das Kriegsende heranrückte, wurde dieser Plan aufgegeben. Deutschland sollte zwar gänzlich entwaffnet, militärisch besetzt und der Oberhoheit der Sieger unterstellt werden, aber als Ganzes erhalten bleiben. Daß es dann doch geteilt wurde und bis heute geteilt geblieben ist, ergab sich aus der weltpolitischen Entwickung der Nachkriegszeit.

**Die Potsdamer Konferenz und die Ostgebiete.** Nach der Kapitulation der deutschen Wehrmacht am 8. Mai 1945 teilten die Siegermächte – die USA, die Sowjetunion, Großbritannien und Frankreich – entsprechend einer im September 1944 getroffenen Vereinbarung (Londoner Protokoll) Deutschland in vier Besatzungszonen auf. Die Militärbefehlshaber der vier Zonen bildeten zusammen den Alliierten Kontrollrat, der die oberste Gewalt in Deutschland übernahm. Berlin gehörte keiner der Zonen an, sondern wurde von den vier Mächten gemeinsam verwaltet; jede von ihnen besetzte einen Sektor der Hauptstadt.

Am 30. Juli 1945 hielt der Kontrollrat seine erste Sitzung ab. Zur gleichen Zeit tagte in Potsdam die Konferenz der Regierungschefs der USA, Großbritanniens und der UdSSR.

Das Ergebnis dieser Dreimächtekonferenz wurde in einem amtlichen »Bericht« zusammengefaßt, der am 2. August 1945 von Stalin, Truman und Attlee unterzeichnet wurde. Dieser »Bericht«, der später als »Potsdamer Abkommen« bekannt wurde, enthält eine Reihe von Absprachen und Erklärungen, die Deutschlands Zukunft entscheidend beeinflußten.

Dazu zählt vor allem die Erklärung, mit der die drei Mächte ihre Auffassung bekräftigten, daß die endgültige Festlegung der Westgrenze Polens bis zu einer späteren Friedensregelung zurückgestellt werden sollte, daß aber »bis zur endgültigen Festlegung der Westgrenze Polens« die »früher deutschen« Gebiete ostwärts der Oder und der westlichen Neiße unter polnische Verwaltung kommen sollten. Eine »Einigung im Grundsatz« wurde auch über die Zu-

*Potsdamer Konferenz 1945. Sitzend von links: Attlee, Truman, Stalin*

sage der Regierungen Großbritanniens und der Vereinigten Staaten erzielt, bei einer späteren Friedensregelung für die endgültige Einverleibung der Stadt Königsberg und des angrenzenden Gebietes, nämlich des gesamten nördlichen Ostpreußens, an die Sowjetunion einzutreten.

Diese Beschlüsse betrafen etwa ein Viertel des Reichsgebietes, wie es vor 1938 bestanden hatte. Zweifellos hatte Polen Anspruch auf einen Ausgleich für die ungeheuren Schäden, die ihm im Kriege zugefügt worden waren. Daß dies in Form einer Gebietsausweitung nach Westen geschehen sollte, hing vor allem damit zusammen, daß die Sowjetunion im Jahre 1939 etwa 200 000 Quadratkilometer ostpolnischen Territoriums annektiert hatte. Das war damals durch eine Vereinbarung zwischen Hitler und Stalin über die »Abgrenzung der beiderseitigen Interessensphären in Osteuropa« möglich geworden. Im Laufe des Krieges trat die Sowjetunion dafür ein, Polen für diesen Verlust durch deutsches Gebiet zu entschädigen. Polen wurde gleichsam nach Westen »verschoben«.

Die betroffenen deutschen Ostgebiete – insgesamt 114 000 Quadratkilometer – umfaßten Ostpreußen, Schlesien und Teile von Pommern und Brandenburg. Sie wurden seit Jahrhunderten von Deutschen bewohnt und waren durch die deutsche Kultur geprägt worden. Ökonomische Bedeutung hatten sie vor allem als landwirtschaftliche Überschußgebiete: sie erzeugten Nahrungsmittel für 13,5 Millionen Menschen. Aber auch andere Wirtschaftszweige spielten eine Rolle; so lieferten die schlesischen Gruben fast ein Fünftel der in Deutschland erzeugten Kohle.

**Die Vertreibung und die Oder-Neiße-Linie.** Der »Bericht« der Dreimächtekonferenz in Potsdam enthielt auch die folgenschwere Übereinkunft, mit der die drei Mächte die Notwendigkeit einer »Überführung« der deutschen Bevölkerungsteile aus Polen, der Tschechoslowakei und Ungarn nach Deutschland anerkannten. So trocken und sachlich diese Absprache klingt, so viel Leid und Elend hat sie über Millionen Menschen gebracht.

Obwohl die Übereinkunft sich nicht auf die unter polnische Verwaltung gestellten deutschen Gebiete und auch nicht auf die der Sowjetunion übergebenen Gebiete bezog, schufen Polen und die Sowjetunion hier vollendete Tatsachen. Schon als die sowjetischen Armeen deutschen Boden betraten, hatte eine große Fluchtbewegung nach Westen begonnen; bis zur Potsdamer Konferenz hatten bereits vier Millionen Deutsche ihre angestammte Heimat in den Ostgebieten verlassen. Nun wurden, ohne daß dies durch die Potsdamer Beschlüsse gedeckt war, die meisten der in den deutschen Gebieten östlich der Oder und Neiße zurückgebliebenen 5,5 Millionen Deutschen zwangsweise ausgesiedelt.

Zur gleichen Zeit wurde auch der größte Teil der 3,5 Millionen Sudetendeutschen, die in der Tschechoslowakei lebten, ausgewiesen. Hinzu kamen rund 5 Millionen Deutsche, die in anderen ost- und südosteuropäischen Staaten ansässig waren und teils ausgewiesen oder verschleppt wurden, teils in ihrer Heimat verblieben. Von Flucht, Vertreibung und Verschleppung waren bei Kriegsende und in den ersten Nachkriegsjahren (bis 1950) insgesamt über 15 Millionen Deutsche betroffen. Wie viele von ihnen dabei den Tod fanden, läßt sich nur grob schätzen; die Zahl dürfte über zwei Millionen liegen.

Die Vertriebenen wurden auf alle Besatzungszonen verteilt. Der weitaus größte Teil von ihnen kam in das Gebiet der späteren Bundesrepublik Deutschland. Ihnen in dem verwüsteten, hungernden Land Nahrung, Kleidung und Wohnung zu verschaffen, war anfangs sehr schwer. Zum Aufbau einer neuen Existenz erhielten die Vertriebenen viele Hilfen. Die Mittel dafür wurden durch Abgaben aufgebracht, die für erhalten gebliebene Vermögenswerte zu leisten waren (»Lastenausgleich«). Der wirtschaftliche Aufschwung, der nach der Gründung der Bundesrepublik einsetzte, erleichterte die Eingliederung der Vertriebenen und ihre Verschmelzung mit der eingesessenen Bevölkerung. Die Vertriebenen haben eine neue Heimat gefunden.

Vertreibung und Abtrennung der Gebiete östlich von Oder und Neiße wurden in Deutschland allgemein als Unrecht empfunden; alle politischen Parteien – anfangs auch die Kommunisten – lehnten sie ab. Die aus der sowjetischen Besatzungszone gebildete Deutsche Demokratische Republik (DDR) revidierte allerdings bald ihre Politik: sie schloß am 6. Juli 1950 mit Polen den Vertrag von Görlitz, in dem sie die Oder-Neiße-Linie als endgültige Grenze anerkannte. Die Bundesrepublik Deutschland verwies demgegenüber auf das Potsdamer Abkommen, das die Regelung der Grenzfrage einem Friedensvertrag mit Gesamtdeutschland vorbehalten hat, und sie beharrte darauf, daß den Vertriebenen das Recht auf ihre Heimat nicht genommen werden dürfe. Zugleich betonte sie, daß sie nicht daran denke, die Grenzen mit Gewalt zu ändern. Dennoch standen die unterschiedlichen Auffassungen in der Grenzfrage einer Normalisierung des Verhältnisses zu Polen lange im Wege. In der »Charta der deutschen Heimatvertriebenen« vom 5. August 1950 bekannten sich die Vertriebenen unter Verzicht auf Rache und Gewalt zum Recht auf Heimat und zur gleichberechtigten Teilnahme am Wiederaufbau Deutschlands und Europas.

Mit dem Warschauer Vertrag vom 7. Dezember 1970, den die Bundesrepublik Deutschland und die Volksrepublik Polen schlossen, wurde der Anfang für eine Verständigung zwischen den beiden Staaten gemacht. In dem Vertrag wird festgestellt, daß die Oder-Neiße-Linie die westliche Staatsgrenze Polens bildet. Dabei hat die Bundesregierung darauf hingewiesen, daß sie nur im Namen der Bundesrepublik Deutschland handelt, also ein wiedervereinigtes Deutschland nicht bindet. Der Vertrag berührt nicht die Rechte und Verantwortlichkeiten der Vier Mächte in bezug auf Deutschland als Ganzes und Berlin und ersetzt auch nicht die noch ausstehende friedensvertragliche Regelung. Beide Seiten bekräftigten die Unverletzlichkeit der bestehenden Grenzen und erklärten, daß sie gegeneinander keine Gebietsansprüche haben.

**Deutschland unter Besatzungsherrschaft.** Ein weiteres wichtiges Thema der Potsdamer Konferenz war die Behandlung des besiegten Deutschland. Hier einigte man sich auf folgende Grundsätze: völlige Abrüstung und Entmilitarisierung, Vernichtung des Kriegspotentials, Beseitigung des Nationalsozialismus, Dezentralisierung der Wirtschaft und Umgestaltung des politischen Lebens auf demokratischer Grundlage. Eine zentrale deutsche Regierung sollte bis auf weiteres nicht gebildet werden, jedoch mehrere deutsche Zentralverwaltungen für bestimmte Sachgebiete als Hilfsorgane des Kontrollrats.

Bald zeigte sich, daß jede der Siegermächte das Potsdamer Abkommen in ihrem Sinne und nach ihrem Interesse auslegte. So verhinderte Frankreich, das allen deutschen Einheitsbestrebungen besonders mißtrauisch gegenüberstand, durch sein Veto die Errichtung der vorgesehenen deutschen Zentralbehörden. Die schroffsten Gegensätze bestanden jedoch von Anfang an in der Frage, wie die Demokratisierung Deutschlands aussehen sollte. Die Westmächte waren sich – bei allen Meinungsverschiedenheiten in Einzelfragen – über die Grundzüge der künftigen deutschen Staats- und Gesellschaftsordnung einig: parlamentarische Demokratie, Rechtssicherheit, bürgerliche Freiheiten, Menschenrechte, Privateigentum und Privatwirtschaft galten ihnen als unzertrennliche Einheit. Für die Sowjetunion hingegen war gemäß der leninistischen Lehre die »Demokratisierung« nur im Sinne einer sozialistischen Ordnung denkbar, bei der der Staat – und damit die ihn beherrschende kommunistische Partei – über die entscheidenden Produktionsmittel verfügt.

So grundlegend diese Differenzen waren, sie bildeten doch nur einen Aspekt des gesamten Ost-West-Konflikts, der weltweite Ausmaße annahm und bald zum »Kalten Krieg« wurde. Unter diesen Umständen fand die Zusammenarbeit der Vier Mächte in Deutschland um die Jahreswende 1947/48 praktisch ihr Ende. Im März 1948 verließ die Sowjetunion den Alliierten Kontrollrat in Berlin. Zur offenen Feindseligkeit, ja fast an den Rand des Krieges geriet das Verhältnis der ehemaligen Verbündeten, als die Sowjetunion 1948/49 den – allerdings vergeblichen – Versuch machte, den von den Westmächten besetzten Teil Berlins durch eine Blockade in ihren Machtbereich zu bringen (siehe S. 78).

**Politischer Neubeginn in den Besatzungszonen.** Inzwischen war in den einzelnen Besatzungszonen mit dem Aufbau deutscher politischer Parteien und Verwaltungsorgane begonnen worden. Sehr rasch und unter straffer Lenkung ging dies in der sowjetischen Zone vor sich; dort wurden bereits im Sommer 1945 Parteien im Zonenmaßstab zugelassen und mehrere Zentralverwaltungen gebildet. Die Besatzungsmacht begünstigte die Kommunistische Partei (KPD). Im April 1946 wurde die Sozialdemokratische Partei (SPD),

**Deutschland 1945**

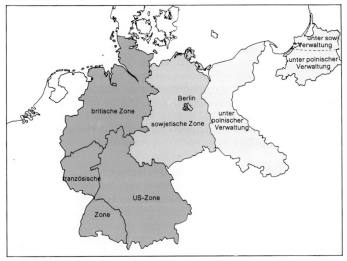

—— Deutschland in den Grenzen von 1937

Westzonen und Westsektoren von Berlin* (ab 1949 Bundesrepublik Deutschland)

Sowjetische Zone und Ostsektor von Berlin* (ab 1949 Deutsche Demokratische Republik)

Deutsche Ostgebiete unter polnischer bzw. sowjetischer Verwaltung

*Zum besonderen Status Berlins siehe S. 77–81

die einen größeren Zulauf hatte als die KPD, gezwungen, sich mit dieser zur Sozialistischen Einheitspartei Deutschlands (SED) zu vereinigen. Eine Abstimmung der SPD-Mitglieder über den Zusammenschluß wurde in der sowjetischen Zone unterbunden. In den Westsektoren Berlins fand eine solche Abstimmung statt; dort sprachen sich 82 Prozent der Abstimmenden gegen eine Vereinigung mit der KPD aus. Die SED erhielt bei den Gemeinde- und Landtagswahlen des Jahres 1946 in der sowjetischen Zone zwar die meisten Stimmen, doch schnitten auch die anderen Parteien trotz erheblicher Behinderungen noch gut ab. Seither hat sich die SED – außer in Berlin (West) – nie wieder in freien Wahlen dem Urteil des Wählers gestellt.

In den drei Westzonen vollzog sich die Entwicklung des politischen Lebens von unten nach oben. Politische Parteien wurden anfangs nur auf örtlicher Ebene, nach Bildung der Länder auch auf Landesebene zugelassen; Zusammenschlüsse im Zonenmaßstab kamen erst später zustande. 1946/47 fanden in allen Ländern Landtagswahlen statt. Verwaltungsorgane auf Zonenebene gab es nur in Ansätzen. Da aber die Not des in Trümmern liegenden Landes nur mit einer großzügigen Planung über Länder- und Zonengrenzen hinweg zu überwinden war und die Viermächteverwaltung nicht funktionierte, beschlossen die USA und Großbritannien 1947, ihre beiden Zonen in wirtschaftlicher Hinsicht zusammenzuschließen. Dieses »Vereinigte Wirtschaftsgebiet«, auch »Bizone« genannt, war die Keimzelle der späteren Bundesrepublik Deutschland. Der von den Länderparlamenten beschickte »Wirtschaftsrat« und der von diesem gewählte »Verwaltungsrat« waren die Vorstufen eines künftigen Parlaments und einer künftigen Regierung.

**Gründung der Bundesrepublik Deutschland.** Im Frühsommer 1948, als jede Hoffnung geschwunden war, das Deutschland-Problem gemeinsam mit der Sowjetunion lösen zu können, gaben die Westmächte das Signal zur Gründung eines westdeutschen Staates. Sie schlugen vor, durch eine Nationalversammlung eine Verfassung ausarbeiten zu lassen. Bei den meisten deutschen Politikern stieß dieser Vorschlag auf Widerstand, weil sie fürchteten, dadurch die Spaltung Deutschlands zu fördern. Nach langen Verhandlungen wurde beschlossen, aus Delegierten der Länderparlamente einen »Parlamentarischen Rat« zur Ausarbeitung eines »Grundgesetzes« zu bilden. Die Wahl dieses Begriffs (statt »Verfassung«) sollte unterstreichen, daß es sich nicht um die endgültige Konstituierung eines Separatstaates, sondern um eine vorläufige Notlösung handelte.

Der Parlamentarische Rat trat am 1. September 1948 in Bonn zusammen; zu seinem Präsidenten wurde ein führender Mann der Christlich-Demokratischen Union (CDU), der ehemalige Kölner Oberbürgermeister Konrad Adenauer, gewählt. In siebenmonatiger Arbeit schuf dieses Gremium das Grundgesetz für die Bundesrepublik Deutschland. Am 8. Mai 1949 wurde das Grundgesetz vom Parlamentarischen Rat mit 53 gegen 12 Stimmen angenommen. Erforderlich war ferner die Annahme durch die Volksvertretungen in zwei Dritteln der beteiligten Länder. In den nächsten Wochen stimmten zehn von elf Landesparlamenten zu; am 24. Mai 1949 trat das Grundgesetz in Kraft. Nur der bayerische Landtag verweigerte die Ratifikation, weil er fand, daß die zentralen Organe zu viel Macht auf Kosten der Länder erhalten hätten; trotzdem wurde die Rechtsverbindlichkeit des Grundgesetzes auch von Bayern anerkannt.

Die Väter des Grundgesetzes betonten an mehreren Stellen den provisorischen Charakter ihres Werkes. In der Präambel wurde festgestellt, das Grundgesetz sei beschlossen worden, »um dem staatlichen Leben für eine Übergangszeit eine neue Ordnung zu geben«. Das deutsche Volk in den westdeutschen Ländern habe dabei »auch für jene Deutsche gehandelt, denen mitzuwirken versagt war«, also für die Bewohner der sowjetischen Besatzungszone. Weiter hieß es: »Das gesamte Deutsche Volk bleibt aufgefordert, in freier Selbstbestimmung die Einheit und Freiheit Deutschlands zu vollenden.« Und der letzte Artikel des Grundgesetzes lautet: »Dieses Grundgesetz verliert seine Gültigkeit mit dem Tage, an dem eine Verfassung in Kraft tritt, die von dem deutschen Volke in freier Entscheidung beschlossen worden ist.« Die Wiederherstellung der staatlichen Einheit Deutschlands war das erklärte oberste Ziel aller Parteien, und wohl nur wenige waren damals so pessimistisch, anzunehmen, daß die Verwirklichung dieses Zieles auch nach Jahrzehnten noch in weiter Ferne liegen werde.

Mit der Inkraftsetzung des Grundgesetzes war die Bundesrepublik Deutschland entstanden. Am 14. August 1949 fanden die ersten Wahlen zu ihrem Parlament, dem Deutschen Bundestag, statt. Die Bürger gaben mit großer Mehrheit ihre Stimmen den Parteien, die hinter dem Grundgesetz standen; dieses erhielt damit nachträglich seine demokratische Legitimation. Anschließend konstituierten sich die Bundesorgane; am 15. September wurde Konrad Adenauer zum ersten Bundeskanzler gewählt.

Die Bundesrepublik Deutschland besaß bei ihrer Gründung keine volle Souveränität; die oberste Gewalt blieb bei den drei Besatzungsmächten. In den folgenden Jahren wurde das Besatzungsregime schrittweise abgebaut. Am 5. Mai 1955 erhielt die Bundesrepublik mit dem Inkrafttreten der Pariser Verträge die volle Souveränität zurück. Vom unterworfenen Kriegsgegner war sie zum Partner der Westmächte geworden.

**Die Deutsche Demokratische Republik.** In der sowjetischen Zone war, wie erwähnt, schon früh mit dem Aufbau eigener Staatsorgane und auch mit Veränderungen der Gesellschaftsstruktur nach sowjetischem Vorbild begonnen worden. In ihrer Propaganda trat die SED jedoch stets als Vorkämpferin der deutschen Einheit auf und bezichtigte die westdeutschen Parteien des Verrats an der nationalen Sache. Deshalb ließ sie auch bei der offiziellen Staatsgründung dem Westen den Vortritt. Erst nach der Konstituierung der Bundesrepublik Deutschland wurde am 7. Oktober 1949 im Ostsektor von Berlin die Deutsche Demokratische Republik (DDR) gegründet. Ihrer Verfassung nach schien sie eine parlamentarische Demokratie zu sein, aber in Wirklichkeit beherrschte die kommunistische SED

von Anfang an das gesamte politische Leben, und ihr Führungs-
gremium, das Politbüro, regierte diktatorisch.

Im Sommer 1952 proklamierte die SED den »Aufbau des Sozialis-
mus«; die Umgestaltung der Staats- und Gesellschaftsordnung im
kommunistischen Sinne wurde in beschleunigtem Tempo und nun
in aller Offenheit fortgesetzt. Schon 1950 war die DDR Mitglied des
Rates für gegenseitige Wirtschaftshilfe (COMECON) geworden;
der Beitritt zum Warschauer Pakt im Jahre 1955 vollendete ihre Eingliederung in den Ostblock.

Der politische Druck und die wirtschaftlichen Schwierigkeiten er-
regten große Unzufriedenheit bei der Bevölkerung der DDR. Am
17. Juni 1953 kam es zu einem Aufstand, der von den in der DDR
stationierten sowjetischen Truppen niedergeschlagen wurde. Tag
für Tag flohen Bewohner der DDR in die Bundesrepublik, insbesondere nach Berlin (West). Zur Verhinderung der »Republikflucht« errichteten die Behörden der DDR ab 1952 entlang der gesamten
Demarkationslinie zur Bundesrepublik umfangreiche Sperranlagen
mit Stacheldrahtzäunen und Minenfeldern – die am schärfsten be-
wachte Grenze Europas. Lange Zeit hatten jedoch Flüchtlinge noch
die Möglichkeit, über Ost-Berlin ungehindert nach West-Berlin und
von dort mit dem Flugzeug in den Westen zu gelangen. Im August
1961 wurde dieser Fluchtweg durch den Bau der Berliner Mauer
abgeschnitten (siehe S. 77/78). Bis zu diesem Zeitpunkt waren
rund 3,5 Millionen Menschen aus der sowjetischen Zone bzw. der
DDR nach Westen geflohen. Auch jetzt noch wagen jährlich
einige hundert DDR-Bewohner die Flucht, aber die Chancen sind
gering. Viele sind von Schüssen oder detonierenden Minen getötet
worden.

Die Fluchtbewegung hatte die Wirtschaft der DDR schwer geschädigt, weil sie ihr wichtige Arbeitskräfte entzog. Nach dem
Mauerbau kam es zu einer gewissen Konsolidierung und zu einem
wirtschaftlichen Aufschwung; der Lebensstandard der Bevölkerung hob sich beträchtlich, wenn er auch immer noch weit hinter
dem der Bundesrepublik zurückblieb. Unter den Staaten des Ostblocks rückte die DDR in der Industrieproduktion und im Außenhandel auf den zweiten Platz nach der Sowjetunion vor. Auch international gewann die DDR an Gewicht; besonders in einigen Ländern der Dritten Welt, die ihr ideologisch nahestanden, erlangte sie
Einfluß.

Trotz all dieser Erfolge wagte die SED-Führung nicht, sich in einer freien Wahl dem Votum der Bevölkerung zu stellen; bis heute
gibt es in der DDR nur Abstimmungen über Einheitslisten, die von
der kommunistischen SED beherrscht werden.

*Die innerdeutsche Grenze*

**Die Wiedervereinigung Deutschlands.** Seit 1949 gibt es also zwei Staaten auf deutschem Boden. Die Bundesrepublik Deutschland sieht sich als den allein legitimierten deutschen Staat. Sie kann dabei auf ihre demokratische Legitimation durch freie Wahlen verweisen, die der DDR fehlt. Deshalb beantwortete sie in den ersten Jahren die Angebote der DDR-Regierung zu gesamtdeutschen Beratungen mit der Forderung nach freien Wahlen in ganz Deutschland. Dazu war aber die DDR nicht bereit. Beide Staaten bezeichneten aber nach wie vor die Wiedervereinigung als höchstes Ziel ihrer Politik.

Auf welchem Wege dieses Ziel zu erreichen sei, darüber kam es in der Bundesrepublik zu schweren politischen Auseinandersetzungen. Die Regierung unter Konrad Adenauer betrieb zunächst die Eingliederung der Bundesrepublik in das westliche Bündnissystem, weil sie die Freiheit der Bundesrepublik sichern wollte und eine Lösung der deutschen Frage ohne Unterstützung des Westens nicht gegen die sowjetischen Hegemonialbestrebungen durchsetzen konnte. Demgegenüber hielt damals die Opposition, die vor allem von der SPD gestellt wurde, die Westintegration für verhängnisvoll, weil sie den Weg zur deutschen Einheit verbaue; dieser Weg müsse aber für alle Fälle offengehalten werden.

Für die Lösung der deutschen Frage schien sich im März 1952 eine Chance zu bieten. Die Sowjetunion unterbreitete den Westmächten den Entwurf eines Friedensvertrages mit Deutschland und forderte sie auf, unverzüglich in Verhandlungen hierüber einzutreten. In dem darauf folgenden Notenwechsel erklärten die Westmächte ihrerseits, vor Verhandlungen über einen Friedensvertrag müßten international kontrollierte freie Wahlen zur Bildung einer deutschen Regierung stattfinden. Einer dafür gebildeten UNO-Kommission wurde die Einreise in die DDR verwehrt. Es ist bis heute eine Streitfrage geblieben, ob die sowjetische Note nur ein Störmanöver gegen die sich anbahnende Integration der Bundesrepublik Deutschland in das westliche Verteidigungssystem war – wofür vieles spricht – oder ob ihre Ernsthaftigkeit noch weiter hätte erprobt werden können und sollen.

1955 war die Einbeziehung der beiden deutschen Staaten in die Bündnissysteme des Westens und des Ostens abgeschlossen; damit trat auch die deutsche Frage in ein neues Stadium. Die DDR ließ ihre Wiedervereinigungsparolen fallen und schlug nur noch eine Konföderation der beiden Staaten vor. Die Bundesrepublik beharrte auf dem Standpunkt, daß eine Wiedervereinigung nur durch gesamtdeutsche freie Wahlen zu erreichen sei und daß sie allein das Recht habe, im Namen ganz Deutschlands zu sprechen. Die Aufnahme von Beziehungen dritter Staaten zur DDR betrachtete sie als »unfreundlichen Akt« (»Hallstein-Doktrin« von 1955). Auf diese Weise verhinderte sie bis weit in die sechziger Jahre hinein, daß Staaten außerhalb des Ostblocks diplomatische Beziehungen zur DDR anknüpften. Mit der Zeit stieß diese Politik jedoch auf immer größere Schwierigkeiten. Unter den gegebenen Verhältnissen erschien es unrealistisch, eine Wiedervereinigung Deutschlands in Frieden und Freiheit in absehbarer Zukunft zu erwarten. Es mußte deshalb versucht werden, das Verhältnis zwischen den beiden deutschen Staaten auf eine neue Grundlage zu stellen.

**»Geregeltes Nebeneinander«.** Seit 1949 hatte es zwar immer Kontakte in praktischen Fragen, z. B. in Handelsangelegenheiten, zwischen den beiden Staaten gegeben. Aber erst in dem veränderten Klima, das durch den Abschluß der Verträge mit den osteuropäischen Staaten und des Berlin-Abkommens entstanden war, wurden von der 1969 unter Willy Brandt gebildeten Bundesregierung Gespräche auf Regierungsebene aufgenommen. Die beiden deutschen Staaten unterzeichneten am 17. Dezember 1971 ein Abkommen über den Transitverkehr zwischen der Bundesrepublik Deutschland und Berlin (West) und am 26. Mai 1972 einen Vertrag über Fragen des Verkehrs, der vor allem praktische Erleichterungen im gegenseitigen Reiseverkehr vorsah. Nach überaus zähen

*Innerdeutsche Gespräche: Bundeskanzler Brandt
und DDR-Ministerpräsident Stoph in Kassel 1970*

Verhandlungen konnte am 21. Dezember 1972 der »Vertrag über
die Grundlagen der Beziehungen zwischen der Bundesrepublik
Deutschland und der Deutschen Demokratischen Republik« geschlossen werden. Die beiden Staaten verpflichteten sich, gut-
nachbarliche Beziehungen zu entwickeln, auf Gewaltanwendung zu
verzichten und die Unabhängigkeit und Selbständigkeit in inneren
und äußeren Angelegenheiten gegenseitig zu respektieren. Der
Abschluß des Vertrages wurde begleitet durch einen »Brief der
Bundesregierung zur deutschen Einheit«, in dem festgestellt wird,
daß dieser Vertrag nicht im Widerspruch zu dem politischen Ziel der
Bundesrepublik Deutschland steht, auf einen Zustand des Friedens
in Europa hinzuwirken, in dem das deutsche Volk in freier Selbstbestimmung seine Einheit wiedererlangt.

Der »Grundlagenvertrag« schuf die Voraussetzung für einen
schrittweisen Ausbau der beiderseitigen Zusammenarbeit. Er sah
zu diesem Zweck Folgeverhandlungen vor mit dem Ziel, weitere
Abkommen zu schließen. Bisher wurden Abkommen auf den Gebieten des Gesundheits- und Veterinärwesens, des Post- und
Fernmeldewesens, der kulturellen Zusammenarbeit, des Erfah-
rungsaustauschs im Strahlenschutz und der Zusammenarbeit in
Wissenschaft und Technik geschlossen. Außerdem wurde eine
Reihe von Vereinbarungen getroffen, so z. B. über den nichtkom-
merziellen Zahlungsverkehr, den Schutz und die Instandhaltung
von Grenzgewässern, die Verbesserung der Verkehrswege nach
Berlin (West) und die weitere Zusammenarbeit im Umweltschutz.

**Berlin**

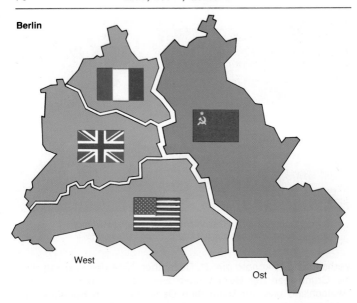

West

Ost

Ferner richtete jeder der beiden Staaten am Regierungssitz des anderen eine Ständige Vertretung ein.

Allerdings ist das Verhältnis zwischen den beiden Staaten auch heute noch weit davon entfernt, normal zu sein: die von der DDR errichteten Grenzsperren haben nichts von ihrer Schrecklichkeit verloren; noch immer wird dort auf Menschen geschossen, die aus der DDR in den Westen zu gelangen versuchen. Die Verbesserungen im Reiseverkehr sind im wesentlichen einseitig: für Einwohner der Bundesrepublik ist es viel einfacher geworden, die DDR zu besuchen; Einwohner der DDR jedoch dürfen – von Ausnahmen abgesehen – in die Bundesrepublik erst dann reisen, wenn sie nicht mehr im Arbeitsleben stehen. Seit dem Abschluß der Verträge haben Millionen von Bundesbürgern Gebrauch von den verbesserten Reisemöglichkeiten gemacht und die DDR besucht. Die Führung der DDR betrachtet die vermehrten Kontakte zwischen den Deutschen aus West und Ost mit Mißtrauen; sie sieht darin eine Gefahr für die Stabilität ihres Systems. Um Einwohner der Bundesrepublik vom Besuch der DDR abzuhalten, hat sie deshalb 1980 den Betrag, der bei der Einreise obligatorisch in DDR-Währung eingetauscht werden muß, drastisch erhöht. Die Zahl der Reisen ist daraufhin beträchtlich zurückgegangen. Die Bundesregierung hat die DDR bei zahlreichen Gelegenheiten gedrängt, den Zwangsumtauschsatz wieder zu senken. Bisher ist er jedoch nur für Rentner etwas ermäßigt worden. Auf allen Gebieten sucht die DDR das Eindringen fremder Ideen und Meinungen zu begrenzen. Zeitungen und Bücher aus der Bundesrepublik werden nur ausnahmsweise ins Land gelassen. Journalisten aus dem Westen sind in der DDR Behinderungen unterworfen und riskieren ihre Ausweisung, wenn ihre Tätigkeit den Behörden mißfällt. Doch machen die Einwohner der DDR von der Möglichkeit, Fernseh- und Hörfunksendungen aus der Bundesrepublik ungehindert zu empfangen, regen Gebrauch.

**Berlin – geteilte Stadt.** Die Teilung Deutschlands wiederholt sich in verkleinertem Maßstab, aber nicht weniger grausam für die betroffenen Menschen in der Teilung Berlins. Die Reichshauptstadt Berlin wurde in den letzten Tagen des Zweiten Weltkriegs von sowjetischen Truppen erobert. Wie im »Londoner Protokoll« von 1944 vereinbart, wurde sie der gemeinsamen Verwaltung der vier Siegermächte unterstellt. Jede der vier Mächte – Frankreich, Großbritannien, die Sowjetunion und die USA – besetzte einen Sektor der Stadt, die gleichsam eine Insel inmitten der sowjetischen Besatzungszone bildete. Aus dieser Insellage erwuchs das Berlin-Problem. Angesichts des zunehmenden Ost-West-Konflikts erwies sich die gemeinsame Verwaltung Berlins als ebenso undurchführbar wie die ganz Deutschlands. 1948 kam es unter sowjetischem Druck zur politischen und administrativen Spaltung der Stadt. Aber die Sowjetunion wollte sich mit der Existenz einer »westlichen Enklave« in ihrem Machtbereich nicht abfinden und versuchte, die Westmächte aus Berlin zu verdrängen.

Im Juni 1948 legte sie den gesamten Personen- und Güterverkehr zwischen Berlin und Westdeutschland lahm; die Teilstadt sollte durch Hunger gefügig gemacht werden. Doch es gelang den Westmächten, die zwei Millionen Berliner im Westteil der Stadt zehn Monate lang auf dem Luftweg – über die berühmte »Luftbrücke« – mit dem Nötigsten zu versorgen. Daraufhin hob die Sowjetunion im Mai 1949 die Blockade auf. 1958 folgte ein weiterer Angriff: die Sowjetunion forderte die Westmächte ultimativ auf, der Umwandlung von Berlin (West) in eine »entmilitarisierte Freie Stadt« zuzustimmen. Die Westmächte wiesen das Ansinnen entschieden zurück. Da die Sowjetunion auf diesem Wege ihr Ziel nicht erreichen konnte, löste sie zunächst ein für sie besonders dringliches Teilproblem auf ihre Weise. Weil über die offene Sektorengrenze in Berlin alljährlich Hunderttausende von DDR-Bewohnern flüchteten, riegelte die DDR am 13. August 1961 mit sowjetischer

*Schloß Bellevue, der Berliner Amtssitz des Bundespräsidenten*

Rückendeckung die Sektorengrenze hermetisch ab und errichtete anschließend eine Mauer quer durch die Stadt, die im Laufe der Zeit zu einem tiefgestaffelten Sperrsystem ausgebaut wurde. Berlin war nunmehr auch physisch eine gespaltene Stadt.

1949 war der Ostsektor Berlins im Widerspruch zum Viermächtestatus der Stadt zur Hauptstadt der soeben gegründeten DDR erklärt worden. In der Folgezeit wurde der Ostsektor immer mehr in das System der DDR eingegliedert. Dies steht im Widerspruch zum »Londoner Protokoll« vom September 1944, in dem zunächst Großbritannien, die USA und die Sowjetunion, später auch Frankreich vertraglich vereinbart hatten, daß ganz Berlin keiner der Besatzungszonen angehört und infolgedessen dieses Gebiet einem besonderen Status unterworfen ist. Das gilt nach westlicher Rechtsauffassung auch noch heute.

Das Grundgesetz von 1949 und die Berliner Verfassung von 1950 gingen davon aus, daß Berlin (West) ein Land der Bundesrepublik Deutschland ist. Die Westmächte erklärten, daß diese Bestimmung unvereinbar mit dem Viermächtestatus Berlins sei, und behielten sich die oberste Regierungsgewalt selbst vor. Sie billigten es jedoch, daß Berlin (West) in die Rechts-, Wirtschafts-, Finanz-, Währungs- und Sozialordnung der Bundesrepublik Deutschland integriert wurde. Die östliche Seite erhob dagegen jahrelang keine Einwände. Nach dem Mauerbau jedoch wandte sie sich zunehmend gegen die Bindungen von Berlin (West) an die Bundesrepublik. Nahezu alle Berlin-Aktivitäten der Bundesrepublik wurden als widerrechtlich hingestellt. Der freie Teil Berlins sollte eine »selbständige politische Einheit« ohne jede Bindung an den westdeutschen Staat werden. Um diese Forderung zu unterstreichen, griff die DDR wiederholt zu massiven Behinderungen des Verkehrs zwischen Berlin und Westdeutschland. Berlin-Reisende mußten Willkür und Schikanen hinnehmen. Mehr als einmal spitzte sich die Lage auf den Zufahrtswegen krisenhaft zu.

**Das Berlin-Abkommen.** Da sich gezeigt hatte, daß das Berlin-Problem ein Hindernis für eine allgemeine Entspannungspolitik in Europa war, traten die Vier Mächte im März 1970 zu Verhandlungen über Berlin zusammen. Das Ergebnis war das Viermächteabkommen vom 3. September 1971, das am 3. Juni 1972 in Kraft trat. Es brachte keine endgültige Lösung des Berlin-Problems – die Unterzeichner konnten sich nicht einmal über seinen geographischen Geltungsbereich einigen, der nach westlicher Auffassung ganz

*Grenzübergang von Berlin (West) nach Berlin (Ost)*

Berlin, nach sowjetischer nur Berlin (West) umfaßt. Aber das Abkommen enthält praktische Regelungen, die die Lage der Stadt positiv verändert haben. Die Sowjetunion bestreitet nicht mehr das Anwesenheitsrecht der Westmächte in Berlin, und sie akzeptiert grundsätzlich auch die bestehenden Bindungen der Teilstadt an die Bundesrepublik Deutschland, darunter auch das Recht des Bundes, Berlin (West) nach außen zu vertreten. Der Verkehr auf den Straßen, Schienen und Wasserwegen zwischen Berlin und Westdeutschland hat durch das Viermächteabkommen und durch anschließende Vereinbarungen zwischen den beiden deutschen Staaten eine sichere Rechtsgrundlage erhalten. Berliner in der westlichen Stadthälfte hatten nach langer Zeit nun wieder die Möglichkeit, den Ostsektor und die DDR zu besuchen. Der Telefonverkehr zwischen den beiden Teilen der Stadt, der jahrelang völlig ruhte, wurde wiederaufgenommen.

Entsprechend dem unveränderten Rechtsstandpunkt der Westmächte ist Berlin (West) nach wie vor kein Bestandteil der Bundesrepublik Deutschland und wird auch weiterhin nicht von ihr regiert. Deshalb gelten Bundesgesetze im Land Berlin nicht unmittelbar, sondern werden entsprechend einem besonderen Verfahren übernommen. Aber die bestehenden Bindungen zwischen Berlin (West) und der Bundesrepublik Deutschland im wirtschaftlichen, finanziellen, rechtlichen und kulturellen Bereich werden aufrechterhalten und entwickelt. Der Bund leistet einen beträchtlichen Zuschuß zum Haushalt des Landes Berlin.

Berlin (West) entsendet 22 Abgeordnete in den Bundestag und drei Abgeordnete in das Europäische Parlament, die aber nicht von der Bevölkerung, sondern vom Stadtparlament, dem Abgeordnetenhaus, gewählt werden. Im Plenum des Bundestages haben sie bei Gesetzgebung und Kanzlerwahl kein Stimmrecht. Ähnliches gilt für die Berliner Vertreter im Bundesrat. In den Ausschüssen des Bundestags und des Bundesrats – wie auch im Europäischen Parlament – haben die Berliner Vertreter jedoch volles Stimmrecht, und in der Bundesversammlung nehmen sie an der Wahl des Bundespräsidenten teil. Der Regierende Bürgermeister von Berlin (West) ist im Wechsel mit den Regierungschefs der Bundesländer jedes elfte Jahr Präsident des Bundesrates und damit Stellvertreter des Bundespräsidenten. Der Bundespräsident hat in der Stadt einen Amtssitz. Ebenso befinden sich hier viele Behörden und Einrichtungen des Bundes.

Das Viermächteabkommen hat keineswegs alle Streitpunkte aus der Welt geschafft. Auch nach Abschluß dieses Abkommens gibt es noch Auseinandersetzungen mit der Sowjetunion – und der

DDR – über die Auslegung einzelner Bestimmungen. Alles in allem hat aber das Abkommen die Zukunft von Berlin (West) sicherer gemacht.

Es ist seitdem intensiv darüber nachgedacht worden, wie diese Zukunft aussehen soll. Berlin (West) mußte seine Rolle neu bestimmen, nachdem es nicht mehr Hauptstadt und auch nicht mehr »Frontstadt« im »Kalten Krieg« war. Viel ist inzwischen auf wirtschaftlichem Gebiet geschehen, aber manches bleibt noch zu tun. Infolge der jahrzehntelangen Unsicherheit hat die Stadt in der Wirtschaftsentwicklung mit dem durchschnittlichen Wachstum der Bundesrepublik nicht Schritt halten können. Zahlreiche Menschen im arbeitsfähigen Alter sind abgewandert, so daß die Stadt eine ungünstige Altersstruktur aufweist. Hier sucht der Bund zu helfen: er gewährt für Investitionen in Berlin (West) Steuervorteile und ermuntert durch finanzielle Vergünstigungen junge Leute, dorthin überzusiedeln. Auf kulturellem Gebiet ist die Stadt ein wichtiges Zentrum geblieben; seine Theater, Orchester, Museen und Bibliotheken genießen Weltruf.

Was immer die künftige Entwicklung für Berlin bringen mag, eines steht fest: Nirgends ist das Bewußtsein der deutschen Teilung so lebendig wie dort. Im Schatten der Mauer kann man nicht vergessen, daß die nationale Frage noch immer ungelöst ist.

**Die nationale Frage.** In der nationalen Frage bestehen unüberbrückbare Gegensätze zwischen den beiden Staaten in Deutschland. Die Bundesrepublik Deutschland hält daran fest, daß die Deutschen in Ost und West eine einheitliche Nation bilden. Für diese Auffassung gibt es gute Gründe. Fast 40 Prozent aller Einwohner der Bundesrepublik haben Verwandte oder Bekannte in der DDR; führende Politiker der Bundesrepublik sind auf dem Gebiet der heutigen DDR geboren, führende Politiker der DDR auf dem Gebiet der heutigen Bundesrepublik. Das ist ein Grad persönlicher Verflechtung, wie er zwischen fremden Nationen nicht vorkommt. Vor allem aber fühlen sich die Bewohner der Bundesrepublik und der DDR nach wie vor als Angehörige der einen deutschen Nation, verbunden durch gemeinsame Sprache und Geschichte und durch viele andere Gemeinsamkeiten, die sich nicht von heute auf morgen auslöschen lassen. Deshalb kommt für die Bundesrepublik Deutschland eine völkerrechtliche Anerkennung der DDR als Ausland nicht in Betracht. Ein Einwohner der DDR ist nach dem Grundgesetz genauso deutscher Staatsbürger wie jeder Einwohner der Bundesrepublik. Im Warenverkehr erhebt die Bundesrepublik für Einfuhren aus der DDR keine Zölle; für Postsendungen nach der

DDR wird Inlandsporto berechnet. Vom Standpunkt der Bundesrepublik aus betrachtet, besteht zwischen den beiden deutschen Staaten ein Verhältnis ganz eigener Art: sie sind als Teilstaaten in Deutschland voneinander unabhängig, aber füreinander nicht Ausland. Das Bundesverfassungsgericht hat diese Grundsätze ausdrücklich bestätigt. Es hat entschieden, daß der Grundlagenvertrag zwischen der Bundesrepublik Deutschland und der DDR mit dem Grundgesetz vereinbar ist, und zugleich die Pflicht aller staatlichen Organe der Bundesrepublik betont, auf die Wiederherstellung der staatlichen Einheit hinzuwirken und alles zu unterlassen, was die Wiedervereinigung vereiteln würde.

Ganz anders ist der Standpunkt der DDR. Sie sträubt sich, von besonderen Beziehungen zwischen den beiden deutschen Staaten zu sprechen; für sie besteht zwischen ihnen das gleiche völkerrechtliche Verhältnis wie zwischen beliebigen anderen Staaten. Inzwischen ist die DDR sogar vom Begriff der gemeinsamen deutschen Nation abgerückt. Während sie sich in ihrer Verfassung von 1968 noch als »sozialistischen Staat deutscher Nation« bezeichnete und als Ziel »die schrittweise Annäherung der beiden deutschen Staaten bis zu ihrer Vereinigung« proklamierte, strich sie 1974 aus der Verfassung alle Hinweise auf den Fortbestand der deutschen Nation und behauptet seither, in den beiden deutschen Staaten seien zwei völlig getrennte Nationen entstanden. Diese abrupte Meinungsänderung findet keine Grundlage in der Realität. Die schroffe Abgrenzung dient offenbar dem Zweck, Hoffnungen der DDR-Bevölkerung auf eine Wiedervereinigung oder wenigstens eine Annäherung der beiden deutschen Staaten im Keime zu ersticken.

Die »deutsche Frage«, d. h. die gesamte Problematik des geteilten Deutschland, ist in letzter Zeit wieder in die Schlagzeilen nicht nur der deutschen Publizistik gerückt. Wenn auch die östliche Seite fälschlich behauptet, die »deutsche Frage« sei längst abgeschlossen, so ist sie für die Deutschen noch immer schmerzliche Wirklichkeit, und sie wird auf der Tagesordnung bleiben, bis das ganze deutsche Volk die Möglichkeit erhält, sein Recht auf Selbstbestimmung im Rahmen einer europäischen Friedensordnung zu verwirklichen.

# Die Bundesrepublik Deutschland
## von 1949 bis heute

Aus der Bundestagswahl vom 14. August 1949 gingen CDU/CSU einerseits und SPD andererseits fast gleich stark hervor; zusammen erhielten sie über 60% der Stimmen. Vielfach wurde erwartet und gewünscht, daß sie angesichts der schwierigen Lage des Landes eine »Große Koalition« eingehen und gemeinsam regieren würden. Dem standen jedoch schwerwiegende politische Differenzen entgegen und mehr noch vielleicht die eigenwilligen Persönlichkeiten der beiden Parteiführer, Konrad Adenauer und Kurt Schumacher. So wurde die schon im Frankfurter Wirtschaftsrat praktizierte Koalition zwischen CDU/CSU, FDP und Deutscher Partei (einer kleineren, rechts von der Mitte stehenden Partei) fortgesetzt. Diese Konstellation hatte 17 Jahre lang Bestand; sie hielt sich bis 1966. Die CDU/CSU regierte mit einem oder zwei kleineren Partnern, die SPD stand in Opposition.

**Entscheidung für den Westen.** Das Amt des Bundeskanzlers übernahm der 73jährige Konrad Adenauer. Er blieb 14 Jahre lang an der Spitze der Regierung; seine Amtszeit dauerte länger als die ganze Weimarer Republik.

Die Bundesrepublik Deutschland war, als sie ins Leben trat, kein souveräner Staat. In einem Besatzungsstatut behielten sich die drei Westmächte die Entscheidungsgewalt auf vielen Gebieten vor. Adenauer sah sein wichtigstes Ziel darin, dem neuen deutschen Staat allmählich die Handlungsfreiheit zurückzugewinnen. Als bestes Mittel dazu erschien ihm die möglichst weitgehende Eingliederung der Bundesrepublik Deutschland in die sich formierende westliche Gemeinschaft.

Die weltpolitische Lage war diesem Vorgehen günstig: der Ost-West-Gegensatz verschärfte sich immer mehr und erreichte mit dem Ausbruch des Korea-Krieges im Sommer 1950 seinen Höhepunkt. Im gleichen Jahr trat die Bundesrepublik dem Europarat bei, begannen Verhandlungen über eine westeuropäische Kohle-und-Stahl-Gemeinschaft und machte Adenauer den Westmächten das Angebot, deutsche Truppen für eine gemeinsame westeuropäische Armee aufzustellen. In mehreren Etappen und nicht ohne Rückschläge vollzog sich nun die Integration der Bundesrepublik in das westliche Bündnissystem. Durch die Pariser Verträge von 1954 wurde sie in die NATO aufgenommen. Mit dem Inkrafttreten dieser

Verträge am 5. Mai 1955 endete die Besatzungsherrschaft; aus Besatzungstruppen wurden Stationierungstruppen mit vertraglich geregeltem Status; die Bundesrepublik Deutschland war souverän.

Die Politik der Wiederbewaffnung und Westintegration war leidenschaftlich umstritten. Von der Opposition wurde sie vor allem mit der Begründung abgelehnt, sie verhindere die Wiedervereinigung Deutschlands (siehe S. 74). Adenauer konnte jedoch auf eine breite Zustimmung der Bevölkerung verweisen: bei der Bundestagswahl 1953 erzielte seine Partei enorme Stimmengewinne, und 1957 gewann sie sogar die absolute Mehrheit.

**Das »Wirtschaftswunder«.** Diese Wahlerfolge waren freilich nicht in erster Linie der Außenpolitik zuzuschreiben. Entscheidend war wohl der erstaunliche wirtschaftliche Aufschwung, den die Wirtschaftspolitik der Regierung Adenauer ermöglichte. Mehrere Faktoren wirkten zusammen, dieses sogenannte »Wirtschaftswunder« herbeizuführen.

Adenauers Wirtschaftsminister Ludwig Erhard förderte nach den Prinzipien der Marktwirtschaft energisch die private Initiative. Als Initialzündung wirkte die Wirtschaftshilfe, die die USA im Rahmen des Marshallplans gewährten. Von Bedeutung war auch, daß die Bundesrepublik anfangs keine Militärausgaben hatte und daß sie in den Vertriebenen und Flüchtlingen ein großes Reservoir von Menschen besaß, die bereit waren, hart zu arbeiten.

Die Produktionszahlen und die Gewinne stiegen schnell, aber auch die Löhne. Anfang der fünfziger Jahre war die Vollbeschäftigung erreicht. Der Lebensstandard breiter Schichten hob sich merklich, und damit wuchs die Bereitschaft, sich in dem zunächst nur als Provisorium gegründeten westdeutschen Staatswesen auf Dauer einzurichten.

Gestützt auf solide Mehrheiten, setzte Adenauer seine Westpolitik fort. Neben der westeuropäischen Einigung lag ihm besonders die Aussöhnung mit dem »Erbfeind« Frankreich am Herzen. Ihr zuliebe war er bereit, einer »europäischen« Lösung für das Saargebiet zuzustimmen, das Frankreich 1946 aus seiner Besatzungszone herausgelöst und eng an sich gebunden hatte. Aber die Saarbevölkerung lehnte 1955 das vorgesehene Statut, das von der Westeuropäischen Union garantiert werden sollte, in einer Volksabstimmung ab. 1957 wurde das Saarland ein Land der Bundesrepublik Deutschland. Ein großer Schritt zur westeuropäischen Einigung gelang mit den Römischen Verträgen von 1957, durch die sechs Staaten – inzwischen sind noch sechs hinzugekommen – die Europäische Wirtschaftsgemeinschaft gründeten.

**Nach Adenauer.** In den späten fünfziger Jahren begann Adenauers Stern zu sinken. Innenpolitische Krisen und Stimmenverluste bei der Wahl von 1961 ließen Kritik in der eigenen Partei laut werden. 1963 trat er im Alter von 87 Jahren zurück. Zum Nachfolger erkor die Partei Ludwig Erhard. Der legendäre Mann des »Wirtschaftswunders« war an der Spitze der Regierung weniger erfolgreich. 1965 errang er zwar einen überzeugenden Wahlsieg; als aber ein Jahr darauf eine wirtschaftliche Rezession einsetzte, kam es zu Meinungsverschiedenheiten im Regierungslager, die ihn zum Rücktritt nötigten.

Zwischen den Parteien wurden Verhandlungen aufgenommen, die zu einer völlig neuen Konstellation führten: es wurde eine Große Koalition aus CDU/CSU und SPD gebildet, mit Kurt Georg Kiesinger (CDU) als Kanzler und Willy Brandt (SPD) als Außenminister. Der FDP mit nur 49 Abgeordneten fiel die Rolle der Opposition zu; andere Parteien waren schon seit 1961 nicht mehr im Bundestag vertreten.

Die Große Koalition überwand die Rezession mit Hilfe gezielter Maßnahmen rasch. Außenpolitisch setzte sie den Kurs der Westintegration fort, auf den die SPD inzwischen eingeschwenkt war. Das wichtigste innenpolitische Unternehmen der Großen Koalition war die Schaffung einer gesetzlichen Regelung für den Notstand, die im Grundgesetz bisher fehlte. An diesem Vorhaben entzündete sich eine heftige öffentliche Auseinandersetzung, weil manche davon eine Beschneidung der bürgerlichen Freiheiten befürchteten. Im Laufe der Diskussion wurden die Gesetzentwürfe stark modifiziert. 1968 wurden die Notstandsgesetze vom Bundestag verabschiedet.

**Die sozial-liberale Koalition.** Nach der Bundestagswahl 1969 kam es zu einer Umkehrung der parteipolitischen Fronten. SPD und FDP, die zusammen nur eine schwache Mehrheit besaßen, bildeten eine Koalitionsregierung mit Willy Brandt als Kanzler und Walter Scheel (FDP) als Außenminister. Die CDU/CSU mußte erstmals in ihrer Geschichte in die Opposition gehen. Die neue Regierung nahm ein umfangreiches innenpolitisches Reformprogramm in Angriff. Vor allem aber setzte sie neue Akzente in der Außen- und Deutschlandpolitik. Während sie an der Zugehörigkeit der Bundesrepublik Deutschland zum westlichen Bündnissystem festhielt, verstärkte sie gleichzeitig die bisher nur zaghaften Bemühungen, mit den östlichen Nachbarn zu einer Regelung der seit dem Zweiten Weltkrieg offenen Fragen zu kommen. Diesem Ziel diente ein ganzes Bündel von Verträgen, die in den Jahren 1970-1973 geschlossen wurden. Sie stellten das Verhältnis zur Sowjetunion, zu Polen, zur ČSSR und zur DDR auf eine neue Grundlage und stärkten die Lebensfähigkeit von Berlin (West) (siehe S. 75/76 und 137).

Die neue Ostpolitik war in der Bundesrepublik sehr umstritten; die Auseinandersetzungen um sie gehörten zu den dramatischsten seit 1949. Im Frühjahr 1972 verlor die Regierung ihre parlamentarische Mehrheit, doch gelang es der Opposition nicht, sie durch ein Mißtrauensvotum zu stürzen. Aus vorgezogenen Neuwahlen im Herbst des gleichen Jahres ging die Koalition gestärkt hervor.

Im Mai 1974 stellte sich heraus, daß ein enger Mitarbeiter von Bundeskanzler Brandt im Dienst der DDR-Spionage stand. Brandt übernahm die politische Verantwortung für die Affäre und trat zurück. Neuer Bundeskanzler wurde Helmut Schmidt (SPD), Außenminister Hans-Dietrich Genscher (FDP). Die Koalition wurde auch nach den Wahlen von 1976 und denen von 1980 fortgesetzt.

Während in den ersten Jahren der sozial-liberalen Koalition die Außenpolitik im Vordergrund gestanden hatte, wandte sich das öffentliche Interesse seit 1973 immer stärker der Wirtschafts- und Sozialpolitik zu. Die Ölpreisexplosion, die Rezession der Weltwirtschaft und die unaufhaltsam steigende Zahl der Arbeitslosen machten auch der Bundesrepublik schwer zu schaffen. Das Sozialprodukt nahm nicht mehr zu, die Firmenzusammenbrüche häuften sich, die Finanzierung der sozialen Leistungen stieß auf immer größere Schwierigkeiten, und die Gesamtverschuldung der öffentlichen Haushalte nahm einen bedrohlichen Umfang an. Über den richtigen Weg zur Überwindung der Krise und auch über außen- und sicherheitspolitische Fragen kam es zu wachsenden Meinungsverschiedenheiten zwischen SPD und FDP, aber auch innerhalb der SPD, an denen schließlich die sozial-liberale Koalition zerbrach. Die Wege der Koalitionspartner trennten sich.

**Die Koalition der Mitte.** Am 1. Oktober 1982 sprachen die CDU/CSU-Fraktion und die Mehrheit der FDP-Fraktion im Deutschen Bundestag Bundeskanzler Helmut Schmidt das Mißtrauen aus und wählten den CDU-Vorsitzenden Helmut Kohl zum neuen Bundeskanzler. Er bildete eine Regierung aus CDU, CSU und FDP, in der Hans-Dietrich Genscher wieder das Amt des Außenministers und Vizekanzlers übernahm. Die neue Bundesregierung verkündete ein Dringlichkeitsprogramm mit den Schwerpunkten: Sanierung des Staatshaushalts, Schaffung von Arbeitsplätzen und Anpassung der sozialen Leistungen an die wirtschaftlichen Möglichkeiten. Mit diesem Programm und nach Einleitung der dringendsten Maßnahmen stellte sie sich in vorgezogenen Bundestagsneuwahlen im März 1983 dem Urteil der Wähler. Sie erhielt eine deutliche Mehrheit.

*Regierungsviertel in Bonn*

Die Regierung Kohl setzte die von der NATO 1979 beschlossene Nachrüstung gegen erheblichen innerpolitischen Widerstand durch. Die deswegen von vielen vorausgesagte »Eiszeit« im Ost-West-Verhältnis blieb aus. Im Gegenteil, die Nachrüstung trug entscheidend dazu bei, daß es 1987 zum Abschluß des sowjetisch-amerikanischen Abkommens über die Beseitigung der landgestützten Mittelstreckenwaffen in Europa kam.

In Verhandlungen mit der DDR wurden weitere menschliche Erleichterungen vereinbart. Noch nie zuvor durften so viele, auch junge Deutsche aus der DDR die Bundesrepublik Deutschland besuchen.

Ein weiteres Anwachsen der Staatsverschuldung konnte gebremst werden. Eine große Steuerreform wurde – trotz kontroverser Diskussion – in Angriff genommen. Ihr erklärtes Ziel waren beträchtliche Entlastungen für die Bürger. Die Wirtschaft verzeichnete Jahr für Jahr wieder einen Zuwachs, wobei die Preise stabil blieben. Auch die Beschäftigung nahm zu: 1,3 Millionen neue Arbeitsplätze wurden seit 1983 geschaffen; trotzdem waren 1989 noch knapp zwei Millionen Menschen ohne Arbeit.

Die Bundestagswahlen vom Jahr 1987 bestätigten den Kurs der Regierung. Die Koalition aus CDU, CSU und FDP wurde fortgesetzt. Ziele ihrer Politik sind: die Fortentwicklung der sozialen Marktwirtschaft; Förderung von Eigeninitiative sowie der Innovations- und Investitionsbereitschaft der Wirtschaft; eine langfristige Sicherung des Gesundheitswesens durch Begrenzung der Kosten; eine Rentenreform mit dem Ziel, die Rentenversicherung an den veränderten Altersaufbau anzupassen; Stärkung der Leistungsfähigkeit der deutschen Wirtschaft und der Attraktivität der Bundesrepublik Deutschland für den EG-Binnenmarkt 1992 und im internationalen Wettbewerb; nachhaltige Impulse für die politische Einigung Europas; Stärkung des europäischen Pfeilers der NATO im Sinne der gemeinsamen Verteidigungs- und Sicherheitsanstrengungen; verstärkte Bemühungen um Ausgleich und Verständigung mit den ost- und südosteuropäischen Nachbarn.

Die Bundesrepublik Deutschland bemüht sich vor allem aber auch um eine Entschärfung des Ost-West-Gegensatzes. Ein wichtiger Schritt auf diesem Wege sind umfassende Vorschläge zur Abrüstung und Rüstungskontrolle, die eine NATO-Gipfelkonferenz im Mai 1989 dem Warschauer Pakt unterbreitete und an deren Formulierung die Bundesregierung einen wesentlichen Anteil hatte. Der amerikanische Präsident George Bush, der anschließend an die Konferenz nach Bonn kam, bezeichnete die Bundesrepublik als »Partner in einer Führungsrolle«. Von großer Bedeutung war auch, wenig später, der Besuch des sowjetischen Staats- und Parteichefs Michail Gorbatschow, der damit einen Besuch von Bundeskanzler Helmut Kohl in Moskau im Herbst 1988 erwiderte. Höhepunkt dieses Treffens war die Unterzeichnung einer gemeinsamen Erklärung, der »Bonner Erklärung«, und einer Reihe von Abkommen, die die neue Qualität der Beziehungen und den gemeinsamen Willen kennzeichnen, die Zusammenarbeit zum gegenseitigen Vorteil weiterzuentwickeln und umfassend zu gestalten.

Mit der Verbesserung der Beziehungen zwischen West und Ost verbindet sich der Wille, zusätzliche geistige und materielle Ressourcen für die Bewältigung des Nord-Süd-Gegensatzes freizumachen. Den Schuldnerländern der Dritten Welt hat die Bundesrepublik Deutschland verstärkt Schulden erlassen. Sie wirbt dafür, daß die Drittweltländer bei ihrer Entwicklungspolitik auch die Anliegen des internationalen Umweltschutzes berücksichtigen.

# Staat
# Politik
# Recht

Das Grundgesetz
Die Verfassungsorgane
Die Rechtsordnung
Parteien und Wahlen
Föderalismus und Selbstverwaltung
Raumordnung und Gebietsreform
Die Bundesrepublik Deutschland in der Welt
Die öffentlichen Finanzen
Der öffentliche Dienst
Innere Sicherheit
Äußere Sicherheit

# Das Grundgesetz

Das Grundgesetz für die Bundesrepublik Deutschland wurde 1949 geschaffen, »um dem staatlichen Leben für eine Übergangszeit eine neue Ordnung zu geben«. Seither sind fast vier Jahrzehnte vergangen. Aus dem Provisorium ist auf vorerst nicht absehbare Zeit ein Dauerzustand geworden, und das Grundgesetz hat sich als tragfähiges Fundament eines stabilen demokratischen Gemeinwesens erwiesen.

Die Väter des Grundgesetzes hatten erlebt, wie von der Hitler-Diktatur Recht und Menschenwürde mit Füßen getreten wurden, und sie erinnerten sich, wie in der Endphase der Weimarer Republik eine schwache Demokratie fast widerstandslos der heraufkommenden Gewaltherrschaft erlegen war. Diese Erfahrungen standen ihnen bei der Arbeit vor Augen. An vielen Stellen des Grundgesetzes wird das Bestreben sichtbar, Fehler zu vermeiden, die zum Untergang der ersten deutschen Republik beigetragen hatten.

**Die Grundrechte.** Die ersten siebzehn Artikel des Grundgesetzes enthalten die wichtigsten Grundrechte. Daß der Grundrechtsteil an der Spitze steht, ist keine Äußerlichkeit. Damit wird zum Ausdruck gebracht, daß der Staat um der Menschen willen da ist und nicht umgekehrt, daß er nicht herrschen, sondern dienen soll.

Zu den Grundrechten gehören die klassischen Freiheitsrechte wie Glaubens-, Gewissens-, Meinungs- und Versammlungsfreiheit, Freizügigkeit, Briefgeheimnis und das Recht auf Eigentum. Hinzugefügt haben die Verfassungsväter das Recht, den Wehrdienst aus Gewissensgründen zu verweigern, und das Verfassungsgebot der Gleichberechtigung von Mann und Frau. Einzelne Grundrechte dürfen in engen Grenzen durch Gesetze eingeschränkt werden. Niemals aber darf ein Gesetz den Wesensgehalt eines Grundrechts antasten.

Ein Katalog läßt immer Lücken offen. Diese Lücken schließen die ersten drei Artikel des Grundgesetzes, die ganz umfassend die Würde und die Handlungsfreiheit des Menschen sowie die Gleichheit aller vor dem Gesetz garantieren.

Die Grundrechte sind unmittelbar geltendes Recht. In dieser Feststellung liegt eine der wichtigsten Neuerungen des Grundgesetzes gegenüber früheren Verfassungen, deren Grundrechtskataloge mehr den Charakter unverbindlicher Programmerklärungen

*Unterzeichnung des Grundgesetzes 1949.
Am Tisch: Reinhold Maier; vom Mikrofon halb verdeckt: Theodor Heuss;
links von ihm: Paul Löbe, Carlo Schmid*

hatten. Die Parlamente als Gesetzgeber sind ebenso strikt an die Grundrechte gebunden wie die Regierungen, die Gerichte, die Verwaltung, die Polizei und die Streitkräfte.

Hier ein berühmt gewordenes Beispiel dafür, wie die Respektierung eines Grundrechts durchgesetzt wurde: Artikel 6 des Grundgesetzes bestimmt unter anderem, daß den unehelichen Kindern durch die Gesetzgebung die gleichen Bedingungen für ihre leibliche und seelische Entwicklung und ihre Stellung in der Gesellschaft zu schaffen sind wie den ehelichen Kindern. Ein solches Gesetz war bis 1969 noch nicht erlassen. Daraufhin erhob ein Betroffener Klage vor dem Bundesverfassungsgericht. Das Gericht forderte den Bundestag auf, innerhalb einer bestimmten Frist dem Auftrag des Grundgesetzes nachzukommen. Wenig später wurde das entsprechende Gesetz vom Bundestag verabschiedet.

Vor allem durch ihren Beitritt zur Europäischen Konvention zum Schutze der Menschenrechte und Grundfreiheiten im Jahre 1952 hat sich die Bundesrepublik Deutschland zum Prinzip der internationalen Kontrolle der Menschenrechte bekannt. Artikel 25 dieser

Konvention gibt den Bürgern der Unterzeichnerstaaten das Recht
zur Beschwerde auch gegen den eigenen Staat vor der Europäischen Kommission und dem Europäischen Gerichtshof. 1973 hat
die Bundesrepublik auch die Internationalen Menschenrechtspakte
der UN ratifiziert.

**Die Grundlagen der Staatsordnung.** Vier Prinzipien bestimmen die
Staatsordnung der Bundesrepublik Deutschland: sie ist eine Demokratie, ein Rechtsstaat, ein Sozialstaat und ein Bundesstaat.

Das demokratische Prinzip bedeutet, daß das Volk der Souverän
ist. Diesen Verfassungsgrundsatz hat das Grundgesetz in der Form
der repräsentativen Demokratie verwirklicht: Das Volk übt die
Staatsgewalt mittelbar, nämlich durch gewählte Vertreter, aus. Alle
über 18 Jahre alten Bürger wählen in allgemeiner, unmittelbarer,
freier, gleicher und geheimer Wahl die Abgeordneten des Deutschen Bundestages, die ihrerseits den Bundeskanzler wählen.
Demgegenüber haben die Formen unmittelbarer Demokratie wie
Volksbegehren und Volksentscheid auf Bundesebene keine Bedeutung mehr (wohl aber in einigen Bundesländern).

Das Prinzip des Rechtsstaates besagt, daß alles staatliche Handeln an Gesetz und Recht gebunden ist. Damit ist staatliches Handeln für den Bürger vorhersehbar und überprüfbar. Es ist aber zugleich einer materiellen Gerechtigkeit verpflichtet, der auch der Gesetzgeber unterworfen ist: Unrecht bleibt Unrecht, auch wenn es
Gesetz geworden ist. Ein solches Gesetz wäre verfassungswidrig
und könnte vom Bundesverfassungsgericht aufgehoben werden.

Die Funktionen der Staatsgewalt sind nach dem Grundsatz der
Gewaltenteilung voneinander unabhängigen Organen der Gesetzgebung, der vollziehenden Gewalt und der Rechtsprechung anvertraut. Alle Akte staatlicher Gewalt können von unabhängigen Richtern auf ihre Rechtmäßigkeit geprüft werden, wenn ein Betroffener
Klage erhebt.

Einen Aufruf gegen jede Form von Gewaltherrschaft enthält eine
Verfassungsbestimmung, die jedem Deutschen das Recht zum Widerstand verleiht gegen Versuche, die verfassungsmäßige Ordnung zu beseitigen, soweit andere Abhilfe nicht möglich ist.

Das Prinzip des Sozialstaates ist eine moderne Ergänzung zum
überlieferten Rechtsstaatsgedanken. Es verpflichtet den Staat zum
Schutz des sozial Schwächeren und zum ständigen Bemühen um
soziale Gerechtigkeit. Soziale Grundrechte – etwa das Recht auf
Arbeit, auf Ausbildung und Bildung, auf Wohnung, auf Erholung und
soziale Fürsorge – werden zwar im Grundrechtskatalog nicht ausdrücklich erwähnt. Aber mit dem Prinzip des Sozialstaates ergeht

## Das Deutschlandlied

Die Nationalhymne der Bundesrepublik Deutschland ist das
»Lied der Deutschen« oder »Deutschlandlied«. Der Text dieses dreistrophigen Liedes stammt von August Heinrich Hoffmann (1798–1874); die Melodie ist die der »Kaiserhymne«
von Joseph Haydn (1732–1809). Bei staatlichen Veranstaltungen wird die dritte Strophe gesungen:

> *Einigkeit und Recht und Freiheit*
> *Für das deutsche Vaterland!*
> *Danach laßt uns alle streben*
> *Brüderlich mit Herz und Hand!*
> *Einigkeit und Recht und Freiheit*
> *Sind des Glückes Unterpfand –*
> *Blüh im Glanze dieses Glückes,*
> *Blühe, deutsches Vaterland!*

August Heinrich Hoffmann (meist Hoffmann von Fallersleben genannt) war Professor für deutsche Sprache und Literatur an der Universität Breslau und zu seiner Zeit ein be-
kannter Dichter. Er schrieb das Lied 1841. Deutschland war
damals ein zerrissenes Land; es bestand aus über dreißig
selbständigen Staaten, die zum großen Teil noch im Geiste
des Absolutismus regiert wurden. Das liberale Bürgertum
erstrebte die Einheit Deutschlands unter einer freiheitlichen
Verfassung. Dieser Sehnsucht gab Hoffmann in seinem Lied
und in anderen Gedichten Ausdruck. Die preußische Regierung sah in ihm einen gefährlichen Umstürzler und entließ ihn
1842 ohne Pension aus seinem Lehramt.

Die erste Strophe des Liedes beginnt mit den Worten
»Deutschland, Deutschland über alles«. Hoffmann meinte
damit, daß er sich dem ganzen Deutschland mehr verbunden
fühle als einem der vielen deutschen Einzelstaaten, und so
verstanden ihn auch seine Zeitgenossen. Später allerdings
wurden die Worte »über alles« häufig als Ausdruck nationaler Überheblichkeit und imperialistischen Machtstrebens
mißverstanden und auch mißbraucht. Solche Fehldeutungen
sollen ausgeschlossen werden, deshalb wird bei feierlichen
Anlässen die dritte Strophe gesungen.

*Bundeswappen*

*Bundesflagge*

an Gesetzgebung und Rechtsprechung das Verfassungsgebot, auch die soziale Gerechtigkeit zu verwirklichen. Erhebliche Erfolge in diesem Bestreben werden durch zahlreiche Bundesgesetze und Gerichtsurteile dokumentiert. Auf eine bestimmte Sozial- und Wirtschaftsordnung haben sich die Schöpfer des Grundgesetzes bewußt nicht festgelegt; das Grundgesetz ist wirtschaftspolitisch weitgehend neutral.

Das Prinzip des Bundesstaates ermöglicht es, regionale Besonderheiten zur Geltung zu bringen. Es schafft Raum für Initiativen, die in einem zentralisierten Einheitsstaat kaum Chancen hätten. Schließlich verteilt es Macht und beugt damit dem möglichen Mißbrauch durch zentrale Organe vor.

**Änderungen des Grundgesetzes.** Das Grundgesetz kann nur mit der Zustimmung von zwei Dritteln der Mitglieder des Bundestages

und zwei Dritteln der Stimmen des Bundesrates geändert werden.
Da eine Partei oder Parteienkoalition nur ganz selten sowohl im
Bundestag als auch im Bundesrat über eine Zweidrittelmehrheit
verfügt – bisher war das nur einmal, zur Zeit der Großen Koalition in
den Jahren 1966–1969, der Fall –, ist für eine Änderung des Grundgesetzes ein sehr breiter Konsens erforderlich, der in der Regel
auch einen Teil der Opposition einschließt. Meistens wird dieser
Konsens erst nach langwierigen Verhandlungen erzielt. Die bisher
einschneidendsten Änderungen des Grundgesetzes waren die
»Wehrergänzungen« von 1954/56 und die »Notstandsverfassung«
von 1968. Die Wehrergänzungen regelten die verfassungsrechtliche Stellung der Streitkräfte, die mit dem Anschluß der Bundesrepublik an das westliche Bündnissystem aufgestellt wurden. Die
Notstandsverfassung schuf den Rahmen für erweiterte Befugnisse
der Exekutive im Falle des inneren oder äußeren Notstands. Sie trat
an die Stelle von Ausnahmevollmachten der westlichen Alliierten
aus der Besatzungszeit.

Einige Bestimmungen des Grundgesetzes dürfen überhaupt
nicht geändert werden, auch nicht mit Zweidrittelmehrheit. Es sind
dies die bundesstaatliche Ordnung, die Gewaltenteilung, die Prinzipien der Demokratie, des Rechtsstaates und des Sozialstaates sowie das Bekenntnis zur Würde des Menschen und zu einem System
unveräußerlicher Menschenrechte. Diese Bestimmungen sind in
der Tat so fundamental, daß ihre Aufhebung das ganze Gebäude
des Grundgesetzes zum Einsturz brächte.

Nach fast vier Jahrzehnten seines Bestehens sind die Gedanken
des Grundgesetzes weitgehend gesellschaftliche Wirklichkeit geworden. Wie keine frühere deutsche Verfassung ist es in das Bewußtsein der Bürger eingegangen. Es hat einen Staat ins Leben gerufen, dem Verfassungskrisen bis heute erspart geblieben sind.
Diese Stabilität trägt entscheidend bei zur politischen Über-
zeugungskraft des Gemeinwesens und zum Wohlergehen seiner
Bürger.

# Die Verfassungsorgane

Die Ausübung staatlicher Gewalt hat das Grundgesetz besonderen Organen der Gesetzgebung, der vollziehenden Gewalt und der Rechtsprechung anvertraut. In ihrer Gesamtheit verkörpern sie die rechtsstaatliche, demokratische und bundesstaatliche Ordnung des Grundgesetzes.

**Der Bundespräsident.** Staatsoberhaupt der Bundesrepublik Deutschland ist der Bundespräsident. Er wird von der Bundesversammlung gewählt, einem Verfassungsorgan, das nur zu diesem Zweck zusammentritt. Es besteht aus den Bundestagsabgeordneten – einschließlich der Abgeordneten von Berlin (West) – und einer gleichen Anzahl von Mitgliedern, die von den Volksvertretungen der Länder gewählt werden. Der Bundespräsident wird auf fünf Jahre gewählt; einmalige Wiederwahl ist zulässig.

Der Bundespräsident vertritt die Bundesrepublik völkerrechtlich. Im Namen des Bundes schließt er Verträge mit ausländischen Staaten ab. Er beglaubigt und empfängt die Botschafter. Die Bundesrichter, Bundesbeamten, Offiziere und Unteroffiziere werden von ihm ernannt und entlassen. Der Bundespräsident kann Straftäter begnadigen. Er prüft das verfassungsmäßige Zustandekommen der Gesetze und verkündet sie im Bundesgesetzblatt. Er schlägt dem Bundestag einen Kandidaten für das Amt des Bundeskanzlers vor und ernennt und entläßt auf Vorschlag des Kanzlers die Minister. Findet ein Antrag des Bundeskanzlers, ihm das Vertrauen auszusprechen, nicht die Zustimmung des Bundestages, so kann der Bundespräsident auf Vorschlag des Kanzlers den Bundestag auflösen. 1972 und 1983 sind auf diese Weise vorzeitig Neuwahlen herbeigeführt worden.

Die Aufgaben des Bundespräsidenten sind überwiegend repräsentativer Natur. Im übrigen kann er raten, warnen und ermutigen – dies auch durch die Verleihung von Orden. Für die im wesentlichen nur repräsentative Ausgestaltung seines Amtes waren Erfahrungen der Weimarer Zeit bestimmend: Die verfassungsmäßig sehr starke Stellung des Reichspräsidenten hatte in der Endphase der Weimarer Republik zum Niedergang der parlamentarischen Demokratie beigetragen. Das Amt des Bundespräsidenten verlangt von seinem Inhaber besonderes politisches Gespür und die Fähigkeit zum Ausgleich. Fast alle bisherigen Präsidenten haben kraft ihrer Persönlichkeit auch einen nicht zu unterschätzenden politischen Einfluß ausgeübt.

**Der Bundestag.** Der Deutsche Bundestag ist die Volksvertretung der Bundesrepublik Deutschland. Er wird vom Volk auf vier Jahre nach einem »personalisierten Verhältniswahlrecht« gewählt (siehe S. 121). Seine wichtigsten Aufgaben sind die Gesetzgebung, die Wahl des Bundeskanzlers und die Kontrolle der Regierung. Im Plenum des Bundestages werden die großen Fragen der Innen- und Außenpolitik diskutiert. Fernsehübertragungen erhöhen die Aufmerksamkeit der Bürger. Ob sie die Sachlichkeit der Parlamentsdebatten beeinträchtigen, ist umstritten.

Die umfangreiche Vorarbeit für ein Gesetz vollzieht sich nicht im Plenum, sondern in den Ausschüssen. Das hängt mit der Vielfalt der anstehenden Sachfragen zusammen; das Plenum wäre mit der Behandlung der unzähligen Details fachlich und zeitlich überfordert. Ausschüsse hat der Bundestag in Anlehnung an die Ressorteinteilung der Bundesregierung eingerichtet. Der Budgethoheit des Parlaments entsprechen Ansehen und Bedeutung des Haushaltsausschusses. An den Petitionsausschuß kann sich jeder Bürger mit Bitten und Beschwerden wenden.

Gesetzentwürfe können aus der Mitte des Bundestages, durch den Bundesrat oder – was am häufigsten der Fall ist – durch die

*Sitzung des Bundestages*

*Theodor Heuss*

*Heinrich Lübke*

*Gustav Heinemann*

*Walter Scheel*

*Karl Carstens*

*Richard von Weizsäcker*

**Die Bundespräsidenten**

| | | |
|---|---|---|
| Theodor Heuss (FDP) | 1. Amtsperiode | 1949–1954 |
| | 2. Amtsperiode | 1954–1959 |
| Heinrich Lübke (CDU) | 1. Amtsperiode | 1959–1964 |
| | 2. Amtsperiode | 1964–1969 |
| Gustav Heinemann (SPD) | | 1969–1974 |
| Walter Scheel (FDP) | | 1974–1979 |
| Karl Carstens (CDU) | | 1979–1984 |
| Richard von Weizsäcker (CDU) | 1. Amtsperiode | 1984–1989 |
| | 2. Amtsperiode | 1989– |

Konrad Adenauer    Ludwig Erhard    Kurt Georg Kiesinger

Willy Brandt    Helmut Schmidt    Helmut Kohl

## Die Bundeskanzler

| | | |
|---|---|---|
| Konrad Adenauer (CDU) | 1. Kabinett | 1949–1953 |
| | 2. Kabinett | 1953–1957 |
| | 3. Kabinett | 1957–1961 |
| | 4. Kabinett | 1961–1963 |
| Ludwig Erhard (CDU) | 1. Kabinett | 1963–1965 |
| | 2. Kabinett | 1965–1966 |
| Kurt Georg Kiesinger (CDU) | | 1966–1969 |
| Willy Brandt (SPD) | 1. Kabinett | 1969–1972 |
| | 2. Kabinett | 1972–1974 |
| Helmut Schmidt (SPD) | 1. Kabinett | 1974–1976 |
| | 2. Kabinett | 1976–1980 |
| | 3. Kabinett | 1980–1982 |
| Helmut Kohl (CDU) | 1. Kabinett | 1982–1983 |
| | 2. Kabinett | 1983–1987 |
| | 3. Kabinett | 1987– |

Bundesregierung eingebracht werden. Sie durchlaufen im Bundestag drei Lesungen und werden in der Regel einmal dem zuständigen Ausschuß zugeleitet. In der dritten Lesung wird endgültig abgestimmt; ein Gesetz (sofern es nicht verfassungsändernd ist) ist angenommen, wenn es die Mehrheit der abgegebenen Stimmen erhält. Bei zustimmungsbedürftigen Gesetzen muß allerdings noch der Bundesrat zustimmen.

Die Abgeordneten sind an Aufträge und Weisungen nicht gebunden und nur ihrem Gewissen verantwortlich. Entsprechend ihrer Parteizugehörigkeit schließen sie sich zu Fraktionen zusammen. Gewissensfreiheit und Solidarität mit den Fraktionskollegen können gelegentlich miteinander kollidieren. Selbst dann, wenn der Abgeordnete die Politik seiner Partei nicht mehr mittragen kann und seine Partei verläßt, verliert er sein Abgeordnetenmandat nicht. Hier zeigt sich am deutlichsten die Unabhängigkeit des Abgeordneten.

Die Stärke der Fraktionen bestimmt die zahlenmäßige Zusammensetzung der Ausschüsse. Der Präsident des Bundestages wird nach altem deutschem Verfassungsbrauch aus der stärksten Fraktion gewählt. Die beiden christlichen Parteien CDU und CSU haben seit 1949 im Bundestag stets eine gemeinsame Fraktion gebildet, die meist die stärkste Fraktion des Hauses war.

Die Bundestagsabgeordneten erhalten eine Entschädigung, die der Bedeutung des Abgeordnetenamtes entspricht. Wer mindestens sechs Jahre lang dem Parlament angehört hat, erhält nach Erreichen der Altersgrenze eine Pension. Die Abgeordneten können die Züge der Deutschen Bundesbahn und die Flugzeuge der Lufthansa auf Inlandsstrecken kostenlos benutzen.

**Der Bundesrat.** Der Bundesrat, die Vertretung der Länder, wirkt an der Gesetzgebung mit. Er wird nicht gewählt, sondern besteht aus Mitgliedern der Landesregierungen oder deren Bevollmächtigten. Jedes Land hat mindestens drei Stimmen, Länder mit größerer Bevölkerung vier oder fünf Stimmen. Die Stimmen eines Landes können nur einheitlich abgegeben werden.

Gesetze bedürfen der förmlichen Zustimmung des Bundesrates in den vom Grundgesetz ausdrücklich vorgesehenen Fällen, vor allem dann, wenn die Interessen der Länder in besonderem Maße berührt sind. Das gilt für mehr als die Hälfte aller Gesetze, vor allem für Gesetze, die in die Finanzen oder die Verwaltungshoheit der Länder eingreifen. In den übrigen Fällen – wenn also die Zustimmung nicht erforderlich ist – hat der Bundesrat das Recht zum Einspruch, den der Bundestag überstimmen kann. In jedem Fall aber muß, wenn sich Bundesrat und Bundestag nicht einigen können, der aus Mitgliedern beider Häuser zusammengesetzte Vermittlungsausschuß tätig werden, der meist einen Kompromiß aushandeln kann. In der 10. Wahlperiode (1983–1987) wurde der Vermittlungsausschuß bei sechs Gesetzesvorhaben angerufen.

Da die einzelnen Länder unterschiedliche Interessen haben, wird im Bundesrat oft mit wechselnden Mehrheiten abgestimmt. Die Mitglieder des Bundesrates sind aber nicht nur Minister ihrer Länder, sondern zugleich Vertreter politischer Parteien, so daß Parteiinteressen neben das Landesinteresse treten. Deshalb verlaufen Abstimmungen im Bundesrat häufig so, als ob es in ihm Parteifraktionen gäbe. Für die Bundesregierung können sich Schwierigkeiten ergeben, wenn die Partei, die im Bundestag die Opposition stellt, im Bundesrat die Mehrheit besitzt.

Der Bundesrat wählt aus dem Kreis der Regierungschefs der Länder nach einem feststehenden Turnus für jeweils ein Jahr seinen Präsidenten. Der Präsident des Bundesrates nimmt die Befugnisse des Bundespräsidenten wahr, wenn dieser verhindert ist.

**Die Bundesregierung.** Die Bundesregierung (häufig auch »Kabinett« genannt) besteht aus dem Bundeskanzler und den Bundesministern. Der Bundeskanzler wird vom Bundestag auf Vorschlag

*Sitzung des Bundeskabinetts*

## Staatlicher Aufbau in der Bundesrepublik Deutschland

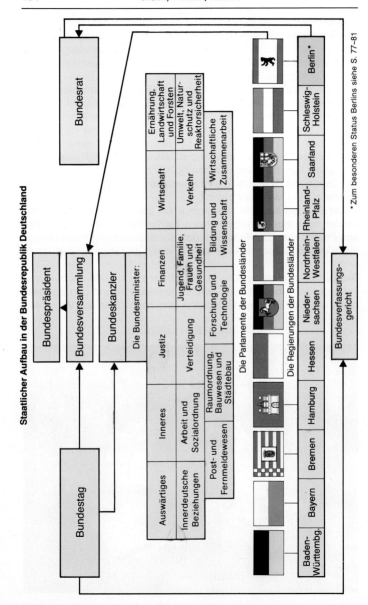

des Bundespräsidenten gewählt. Der Bundespräsident berücksichtigt bei seinem Vorschlag die Mehrheitsverhältnisse im Bundestag. Er wird nur einen Kandidaten benennen, der Aussicht hat, gewählt zu werden. Die Bundesminister werden vom Bundespräsidenten auf Vorschlag des Bundeskanzlers ernannt.

Der Bundeskanzler hat eine starke Stellung; nicht zu Unrecht wird das Regierungssystem der Bundesrepublik als »Kanzlerdemokratie« bezeichnet. Der Kanzler ist das einzige vom Parlament gewählte Kabinettsmitglied, und er allein ist ihm verantwortlich. Er bestimmt die Richtlinien der Regierungspolitik. Die Bundesminister leiten innerhalb dieser Richtlinien ihren Geschäftsbereich selbständig und in eigener Verantwortung.

Aufgrund der Erfahrungen der Weimarer Republik ist vom Grundgesetz das »konstruktive Mißtrauensvotum« eingeführt worden. Es soll verhindern, daß Oppositionsgruppen, die sich nur in der Ablehnung der Regierungspolitik, nicht aber in einem eigenen Alternativprogramm einig sind, die Regierung stürzen können. Vielmehr muß der Bundestag, der dem Kanzler das Mißtrauen aussprechen will, zugleich mit der Mehrheit seiner Stimmen einen Nachfolger wählen. Ein Kanzlersturz mit Hilfe des konstruktiven Mißtrauensvotums ist bisher zweimal versucht worden, jedoch nur einmal gelungen: Durch das 1982 dem damaligen Bundeskanzler Schmidt ausgesprochene Mißtrauen wurde Helmut Kohl zum Bundeskanzler gewählt. Mißtrauensvoten gegen einzelne Bundesminister kennt das Grundgesetz nicht.

**Das Bundesverfassungsgericht.** Eine Institution, zu der es im deutschen Verfassungsleben vor der Gründung der Bundesrepublik kein vergleichbares Gegenstück gegeben hat, ist das Bundesverfassungsgericht.

Seine Aufgabe ist es, über die Einhaltung des Grundgesetzes zu wachen. Das Bundesverfassungsgericht entscheidet beispielsweise in Streitigkeiten zwischen Bund und Ländern oder zwischen einzelnen Bundesorganen. Nur dieses Gericht kann feststellen, daß eine Partei darauf ausgeht, die freiheitliche demokratische Grundordnung der Bundesrepublik zu beseitigen, und deshalb verfassungswidrig ist; in diesem Fall ordnet es die Auflösung der Partei an. Es prüft Bundes- und Landesgesetze auf ihre Vereinbarkeit mit dem Grundgesetz; erklärt es ein Gesetz für verfassungswidrig, so darf dieses nicht mehr angewendet werden. In diesen und zahlreichen anderen Angelegenheiten wird das Bundesverfassungsgericht nur tätig, wenn es von bestimmten Organen (Bundesregierung, Landesregierungen, Parlament, Gerichten usw.) angerufen wird.

Darüber hinaus hat aber jeder Bürger das Recht, sich mit einer Verfassungsbeschwerde an das Bundesverfassungsgericht zu wenden, wenn er sich durch den Staat in seinen Grundrechten verletzt fühlt. Zuvor muß er allerdings in der Regel die zuständigen Gerichte erfolglos angerufen haben.

Das Bundesverfassungsgericht hat bisher in weit über 65 000 Verfahren entschieden. Einige Fälle sind in der Öffentlichkeit auf größtes Interesse gestoßen. Wichtige Gesetze sind vom Gericht zu Fall gebracht, auswärtige Verträge mit einschränkenden Interpretationen versehen worden. Gleichwohl hat das Gericht in seinen Entscheidungen immer wieder betont, daß es seine Aufgabe nicht darin sieht, den staatlichen Organen ein bestimmtes politisches Handeln vorzuschreiben.

In hohem Maße hat das Bundesverfassungsgericht dazu beigetragen, den Buchstaben des Grundgesetzes mit Leben zu erfüllen. Besonders die Ausgestaltung des Grundrechtsteils ist sein Werk.

Das Bundesverfassungsgericht hat seinen Sitz in Karlsruhe. Es besteht aus zwei Senaten mit je acht Richtern. Die Richter werden je zur Hälfte vom Bundestag (durch einen Wahlmännerausschuß) und vom Bundesrat gewählt. Ihre Amtszeit dauert zwölf Jahre; eine Wiederwahl ist nicht zulässig.

# Die Rechtsordnung

Das Recht der Bundesrepublik Deutschland ist ganz überwiegend geschriebenes Recht. Der größte Teil davon ist Bundesrecht; dieses umfaßt über 4000 Gesetze und Rechtsverordnungen. Daneben gibt es Landesgesetze, die vor allem auf kulturellem Gebiet, z. B. im Schulwesen, Regelungen treffen. Andere Rechtsquellen sind das Gewohnheitsrecht und das Richterrecht.

Präjudizien haben auch in der Bundesrepublik Bedeutung für die Rechtspraxis. Es erscheint meist nicht sinnvoll, einen Prozeß zu beginnen, wenn die höchste zuständige Gerichtsinstanz in ständiger Rechtsprechung in gleichartigen Fällen anders entschieden hat, als es der Kläger anstrebt. Grundsätzlich ist aber kein Richter an die Entscheidung eines Präzedenzfalls durch ein Gericht einer höheren Instanz gebunden – mit Ausnahme bestimmter Entscheidungen des Bundesverfassungsgerichts, die für alle Gerichte bindend sind.

**Der Rechtsstaat.** Historisch gesehen, geht das Recht der Bundesrepublik Deutschland auf das teilweise übernommene Römische Recht und zahlreiche Rechtsquellen der deutschen Einzelgebiete zurück. Im 19. Jahrhundert wurde zum erstenmal ein einheitliches Privatrecht für das gesamte Deutsche Reich geschaffen. Das Bürgerliche Gesetzbuch und das Handelsgesetzbuch bewahren bis heute den liberalen Geist, in dem dies geschah. Sie sind beherrscht vom Grundsatz der Vertragsfreiheit.

Die rechtsstaatliche Überlieferung wird vor allem im Strafrecht und im Strafverfahren deutlich. Hier gilt der Satz, daß eine Tat (Handlung oder Unterlassung) nur bestraft werden darf, wenn die Strafbarkeit gesetzlich bestimmt war, bevor die Tat begangen wurde (nulla poena sine lege). Dem Strafrichter ist darum eine Bestrafung in analoger Anwendung geltender Rechtsvorschriften verboten.

Die Rechtsprechung ist unabhängigen, grundsätzlich unabsetzbaren und nicht gegen ihren Willen versetzbaren Richtern anvertraut, die nur dem Gesetz unterworfen sind.

Diese Fundamente der Rechtssicherheit wurden fast vollständig schon durch die aus dem 19. Jahrhundert stammenden Justizgesetze gelegt: das Gerichtsverfassungsgesetz (das Aufbau, Organisation und Zuständigkeit der Gerichte regelt), die Zivilprozeßordnung und die Strafprozeßordnung. Im Ausland ist es weithin unbemerkt geblieben, daß sowohl das Bürgerliche Gesetzbuch (das am 1. Januar 1900 in Kraft trat) als auch die Zivil- und die Strafprozeßordnung (beide ursprünglich von 1877) im letzten Drittel des vorigen Jahrhunderts der kaiserlichen Regierung durch die liberalen und demokratischen Kräfte in zähen parlamentarischen Reformkämpfen abgerungen worden sind.

Einige deutsche Kodifikationen haben auch in ausländische Rechtsordnungen Eingang gefunden. So hat das Bürgerliche Gesetzbuch bei der Bearbeitung der Zivilgesetzbücher in Japan und Griechenland Pate gestanden.

**Bürger und öffentliche Verwaltung.** Während die rechtsstaatlichen Grundsätze in den Straf- und Zivilverfahren schon verwirklicht waren, dominierte im Verhältnis des Bürgers zur öffentlichen Verwaltung noch lange Zeit obrigkeitsstaatliches Denken. Dies zu überwinden, bedurfte es einer mehr als hundert Jahre dauernden rechtspolitischen Entwicklung, die erst nach dem Zweiten Weltkrieg ihren Abschluß fand.

Verwaltungsgerichte wurden im 19. Jahrhundert in mehreren deutschen Ländern zur gerichtlichen Kontrolle der öffentlichen Verwaltung im Interesse des Rechtsschutzes des einzelnen Bürgers geschaffen, so in Hessen 1832, in Baden 1863, in Württemberg 1876, in Bayern 1879, in Preußen erst 1883. Vor diesen Gerichten konnten jedoch nur bestimmte, gesetzlich aufgezählte Arten von Verwaltungsakten vom Betroffenen angefochten werden.

Erst das Grundgesetz von 1949 gab dem Bürger in allen Ländern der Bundesrepublik die Möglichkeit, jeden ihn betreffenden Verwaltungsakt mit der Behauptung gerichtlich anzufechten, dieser sei rechtswidrig oder unter Mißbrauch des Ermessensspielraums zustande gekommen und verletze somit ihn, den Bürger, in seinen Rechten.

Dies gilt für Verwaltungsakte jeglicher Art, sei es der Steuerbescheid oder die Entscheidung über die Versetzung in der Schule, sei es die Entziehung einer Fahrerlaubnis oder die Versagung einer Baugenehmigung. Bedingung ist allerdings, daß der Klagende selbst von dem Verwaltungsakt betroffen ist. Es ist nicht möglich, für einen anderen zu klagen, ohne selbst betroffen zu sein.

Gekrönt wird die rechtsstaatliche Ordnung durch das Grundgesetz und die seine Beachtung sichernde Verfassungsgerichtsbarkeit. Das Grundgesetz garantiert allen Deutschen (und teilweise auch den in der Bundesrepublik lebenden Ausländern) einen über die klassischen Menschenrechte weit hinausgehenden Katalog von Grundrechten als unmittelbar geltendes Recht. Es gewährleistet

**Zivilgerichte**

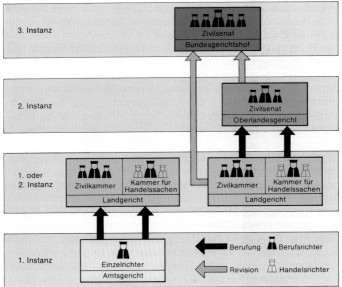

außerdem die Grundsätze des modernen Rechtsstaates wie das Verbot rückwirkender Strafbarkeit und die Abschaffung der Todesstrafe.

Jedermann hat die Möglichkeit, sich mit einer Verfassungsbeschwerde an das Bundesverfassungsgericht zu wenden, wenn er sich in seinen Grundrechten verletzt fühlt, vorausgesetzt, daß er alle Rechtsmittel bereits erschöpft hat oder die Einhaltung des Rechtsweges keinen wirksamen Rechtsschutz bieten würde. Das Bundesverfassungsgericht kann auf eine solche Beschwerde mit Gesetzeskraft die Nichtigkeit eines Gesetzes feststellen, wenn es mit dem Grundgesetz nicht vereinbar ist.

**Recht im Sozialstaat.** Im 20. Jahrhundert wurde es eine unabweisbare Notwendigkeit, sozialen Bedürfnissen in der Gesetzgebung viel stärker als vorher Rechnung zu tragen. Das Grundgesetz gebietet durch Artikel 20 und 28, die sozialstaatliche Ordnung auszubauen. In diesem Sinne wurde seit der Gründung der Bundesrepublik eine Fülle von Gesetzen auf den Gebieten des Arbeits- und Sozialrechts beschlossen, die dem einzelnen bei unverschuldeter Not

(Krankheit, Unfall, Invalidität, Alter, Arbeitslosigkeit) finanzielle Hilfe sichern, aber auch dem, der seine Notlage ganz oder teilweise selbst verschuldet hat, Chancen zum Neubeginn eröffnen.

Ein sehr eindrucksvolles Beispiel für die rechtliche Ausfüllung des Sozialstaats-Prinzips ist das Arbeitsrecht. Es war ursprünglich in nur 20 Paragraphen des Bürgerlichen Gesetzbuchs über den »Dienstvertrag« geregelt. Heute umfaßt das Arbeitsrecht der Bundesrepublik eine Vielzahl von Gesetzen und Tarifverträgen. Von besonderer Bedeutung sind das Arbeitsgerichtsgesetz, das Tarifvertragsgesetz sowie das Betriebsverfassungsgesetz und die Mitbestimmungsgesetze.

**Die Organisation der Rechtspflege.** Die Gerichtsbarkeit der Bundesrepublik Deutschland ist gekennzeichnet durch Lückenlosigkeit des Rechtsschutzes und weitgehende Spezialisierung. Sie besteht aus fünf Zweigen:

☐ Die sogenannten ordentlichen Gerichte sind zuständig für Strafsachen, Zivilsachen mit Ausnahme des Arbeitsrechts und das Gebiet der Freiwilligen Gerichtsbarkeit (dazu gehören z. B. Grundbuch-, Nachlaß- und Vormundschaftssachen). Es gibt vier Ebenen: Amtsgericht – Landgericht – Oberlandesgericht – Bundesgerichtshof. In Strafsachen kann je nach Art des Falles jedes der drei zuerst genannten Gerichte, in Zivilsachen entweder das Amts- oder das Landgericht als Eingangsinstanz mit bis zu zwei weiteren Instanzen für Berufung und Revision in Betracht kommen.

☐ Die Arbeitsgerichte (mit den drei Instanzen Arbeitsgericht – Landesarbeitsgericht – Bundesarbeitsgericht) sind zuständig für Streitigkeiten aus dem Arbeitsverhältnis, zwischen Gewerkschaften und Arbeitgebern sowie in Angelegenheiten der Betriebsverfassung und Mitbestimmung.

☐ Die Verwaltungsgerichte (Verwaltungsgericht – Verwaltungsgerichtshof bzw. Oberverwaltungsgericht – Bundesverwaltungsgericht) sind zuständig für alle Prozesse im Verwaltungsrecht, wenn sie nicht unter die Kompetenz der Sozial- und Finanzgerichte fallen oder wenn nicht eine verfassungsrechtliche Streitigkeit vorliegt.

☐ Die Sozialgerichte (Sozialgericht – Landessozialgericht – Bundessozialgericht) entscheiden in Streitigkeiten aus dem Gesamtbereich der Sozialversicherung.

☐ Die Finanzgerichte (Finanzgericht – Bundesfinanzhof) befassen sich mit Steuer– und Abgabesachen.

Außerhalb dieser fünf Zweige steht das Bundesverfassungsgericht, das nicht nur das höchste Gericht des Bundes, sondern zugleich ein Verfassungsorgan ist.

**Strafgerichte**

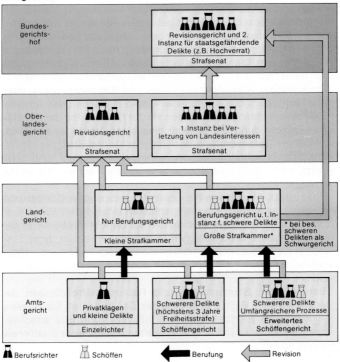

Das System der Rechtsmittel ist vielfältig und eröffnet zahlreiche Möglichkeiten der Überprüfung. Grundsätzlich bestehen zwei Rechtsmittelinstanzen. Die Berufung eröffnet eine Kontrolle in rechtlicher und tatsächlicher Hinsicht. Vor der Berufungsinstanz können also auch neue Tatsachen vorgebracht werden. Die Revision, das übliche zweite Rechtsmittel, führt dagegen nur zu der Prüfung, ob das geltende Recht richtig angewandt und die wesentlichen Verfahrensförmlichkeiten beachtet wurden. Die Bürger nehmen die Gerichte und die Rechtsmittel in steigendem Maße in Anspruch. Das hat zur Folge, daß die Gerichte überlastet sind und die Prozesse immer länger dauern. Deshalb wird erwogen, die Verfahren aller Gerichtszweige zu straffen und zu vereinfachen.

Die Rechtsprechung wird in der Bundesrepublik Deutschland von über 17 000 Berufsrichtern wahrgenommen, von denen mehr als drei Viertel in der ordentlichen Gerichtsbarkeit tätig sind. Die Richter sind auf Lebenszeit bestellt und sind in ihrer Rechtsprechung nur an Gesetz und Recht gebunden. Bei den Amtsgerichten werden die Aufgaben der Freiwilligen Gerichtsbarkeit hauptsächlich von Rechtspflegern wahrgenommen, das sind Justizbeamte des gehobenen Dienstes mit einer besonderen Ausbildung, die aber keine Richter sind. In mehreren Gerichtszweigen wirken Laienrichter mit. Als Kenner der jeweiligen Lebensverhältnisse oder durch fachspezifische Kenntnisse – etwa in Sachen der Arbeits- und Sozialgerichtsbarkeit – tragen sie zur Lebensnähe der gerichtlichen Entscheidung bei. Darüber hinaus verkörpern sie ein Stück unmittelbare Verantwortung des Bürgers für den Staat.

Die Staatsanwälte (Anklagevertreter), deren Anzahl rund 3700 beträgt, sind – im Gegensatz zu den Richtern – als Beamte an die Weisungen ihrer Vorgesetzten gebunden.

Etwa 50 000 Rechtsanwälte üben als unabhängige Berater und Vertreter in allen Rechtsangelegenheiten einen freien Beruf aus. Durch die Vertretung ihrer Mandanten vor Gericht wirken sie an der Rechtspflege mit. Sie unterliegen besonderen Pflichten, deren Einhaltung von Ehrengerichten überwacht wird. Die neuere Gesetzgebung hat die verantwortungsvolle Stellung der Rechtsanwälte verdeutlicht.

Berufsrichter, Staatsanwälte und Rechtsanwälte müssen die »Befähigung zum Richteramt« besitzen. Das bedeutet: Sie müssen ein juristisches Studium an einer Universität und eine anschließende praktische Ausbildung absolviert und mit je einer staatlichen Prüfung erfolgreich abgeschlossen haben.

**Datenschutz.** Die Entwicklung der elektronischen Datenverarbeitung hat neue Probleme für das Rechtsleben und die Rechtsordnung entstehen lassen. In der modernen Industriegesellschaft werden fast auf allen Gebieten Computer eingesetzt. Ob es sich um die Kontenführung der Banken handelt, die Platzreservierung bei einer Fluggesellschaft, die Ausfertigung der Steuerbescheide durch das Finanzamt oder die Sammlung von Angaben über Straftäter durch die Polizei – überall ist die elektronische Datenverarbeitung unentbehrlich geworden. Sie erlaubt es, riesige Mengen von Daten so zu speichern, daß sie jederzeit abrufbar sind. Diese moderne Technik hat die Arbeit vieler Firmen und Behörden sehr erleichtert und beschleunigt. Zum Beispiel kann die staatliche Rentenversicherung heute die Rentenanträge viel schneller bearbeiten als früher, und die Polizei hat mit Hilfe des Computers große Erfolge bei der Fahndung nach Verbrechern erzielt. Zugleich ist aber sichtbar geworden, daß die moderne Datentechnik auch Gefahren birgt. Die gespeicherten Daten können mißbräuchlich verwendet werden und in die Hände von Unbefugten gelangen. Wer im Besitz hinreichender Datenmengen ist, gewinnt Einblick in die Privatsphäre der Bürger, die unantastbar bleiben muß.

Um diesen Gefahren vorzubeugen, hat man in der Bundesrepublik Deutschland im Jahre 1977 begonnen, den Datenschutz durch Bundes- und Landesgesetze zu regeln. Diese Gesetze bestimmen, in welchen Fällen Behörden und Wirtschaftsunternehmen personenbezogene Daten speichern dürfen. In allen anderen Fällen ist die Speicherung solcher Daten unzulässig. Die Mitarbeiter von Stellen, die Daten verarbeiten, sind zur Geheimhaltung verpflichtet. Der Bürger hat einen Anspruch darauf, von jeder datenverarbeitenden Stelle Auskunft über die zu seiner Person gespeicherten Daten zu erhalten. Er kann die Berichtigung falscher, die Sperrung strittiger und die Löschung unzulässig erhobener Daten verlangen. Zur Kontrolle der öffentlichen Datenverarbeitung ernennt der Bundespräsident auf Vorschlag der Bundesregierung den Bundesbeauftragten für den Datenschutz. Dieser übt seine Überwachungsaufgaben unabhängig von anderen Behörden aus. Jeder Bürger, der sich durch öffentliche Stellen in seinen Datenschutzinteressen verletzt fühlt, kann sich mit einer Beschwerde an ihn wenden. Jährlich erstattet der Bundesbeauftragte dem Deutschen Bundestag einen Tätigkeitsbericht. Die Bundesländer haben ebenfalls Beauftragte für den Datenschutz. Auch Wirtschaftsbetriebe, die Daten verarbeiten, sind verpflichtet, einen Datenschutzbeauftragten zu benennen. Sie unterliegen zudem der Aufsicht der zuständigen Behörden in den einzelnen Bundesländern, die im Einzelfall die Einhaltung der Datenschutzvorschriften überwachen.

Die verfassungsrechtliche Dimension hat das Bundesverfassungsgericht in einem Urteil aus dem Jahre 1983 deutlich gemacht. Es leitete aus Artikel 2 des Grundgesetzes ein Recht des Bürgers auf Selbstbestimmung über seine persönlichen Daten ab. Die Schlußfolgerungen dieses Urteils haben ihren Niederschlag im Volkszählungsgesetz von 1987 gefunden, das dem Schutz der Persönlichkeit voll Rechnung trägt.

Die Datenschutzgesetzgebung der Bundesrepublik ist weltweit eine der modernsten und umfassendsten. Sie hat dazu beigetragen, das öffentliche Bewußtsein für die Notwendigkeit des Datenschutzes zu schärfen. Als Reaktion auf eine technische Entwicklung, die auch künftig einem schnellen Wandel unterliegen wird, muß sie wie kaum eine andere Gesetzgebung für Anpassungen offen bleiben.

# Parteien und Wahlen

In der modernen Demokratie gehören die Parteien zu den wichtigsten politischen Einrichtungen. Dieser Tatsache trägt das Grundgesetz Rechnung, indem es ihnen – im Gegensatz zu früheren deutschen Verfassungen, die sie kaum erwähnten – einen eigenen Artikel widmet (Art. 21). Als Aufgabe der Parteien bezeichnet das Grundgesetz die Mitwirkung bei der politischen Willensbildung des Volkes. Die Parteien müssen nach demokratischen Grundsätzen aufgebaut sein und über die Herkunft und Verwendung ihrer Mittel sowie über ihr Vermögen öffentlich Rechenschaft geben. Einzelheiten regelt das Parteiengesetz von 1984.

**Die Parteien.** Im Bundestag sind heute fünf Parteien vertreten: die Sozialdemokratische Partei Deutschlands (SPD), die Christlich-Demokratische Union Deutschlands (CDU), die Christlich-Soziale Union in Bayern (CSU), die Freie Demokratische Partei (FDP) und Die Grünen. Die CDU hat keinen bayerischen Landesverband, während die CSU nur in Bayern beheimatet ist. Im Bundestag bilden die beiden Parteien eine gemeinsame Fraktion.

*Der CDU-Vorsitzende, Bundeskanzler Helmut Kohl,*
*beim Deutschlandtreffen seiner Partei in Dortmund 1987*

*Der CSU-Vorsitzende Theodor Waigel
bei einer Veranstaltung seiner Partei*

Die vier Parteien SPD, CDU, CSU und FDP entstanden 1945 bis 1947 in den deutschen Ländern. Die SPD war eine Wiedergründung der gleichnamigen, hauptsächlich von Arbeitnehmern gewählten Partei, die 1933 vom Hitler-Regime verboten worden war. Die ande-

*Der FDP-Vorsitzende Otto Graf Lambsdorff
bei einer Rede im Deutschen Bundestag*

*Der SPD-Vorsitzende Hans-Jochen Vogel*
*auf einer Wahlveranstaltung seiner Partei*

ren Parteien verstanden sich als Neugründungen. CDU und CSU
sprachen – im Unterschied zur katholischen Zentrumspartei der
Weimarer Zeit – Wähler aus beiden christlichen Konfessionen an.
Die FDP beanspruchte das Erbe des deutschen Liberalismus, in
das sich vor 1933 mehrere Parteien geteilt hatten.

**Die Parlamente der Länder**

| Land | Wahl-jahr | Abge-ordnete | CDU* | SPD | FDP | Grüne** | Son-stige |
|---|---|---|---|---|---|---|---|
| Baden-Württemberg | 1988 | 125 | 66 | 42 | 7 | 10 | – |
| Bayern | 1986 | 204 | 128 | 61 | – | 15 | – |
| Bremen | 1987 | 100 | 25 | 54 | 10 | 10 | 1 |
| Hamburg | 1987 | 120 | 49 | 55 | 8 | 8 | – |
| Hessen | 1987 | 110 | 47 | 44 | 9 | 10 | – |
| Niedersachsen | 1986 | 155 | 69 | 66 | 9 | 11 | – |
| Nordrhein-Westfalen | 1985 | 227 | 88 | 125 | 14 | – | – |
| Rheinland-Pfalz | 1987 | 100 | 48 | 40 | 7 | 5 | – |
| Saarland | 1985 | 51 | 20 | 26 | 5 | – | – |
| Schleswig-Holstein | 1988 | 74 | 27 | 46 | – | – | 1 |
| Berlin (West)*** | 1989 | 138 | 55 | 55 | – | 17 | 11 |

\* in Bayern CSU
\*\* in einigen Ländern unter anderen Bezeichnungen, z.B. Alternative Liste (AL)
\*\*\* Zum besonderen Status Berlins siehe S. 77–81

In den vier Jahrzehnten seit ihrer Gründung haben alle Parteien bedeutende Wandlungen durchgemacht. Sie verstehen sich heute sämtlich als Volksparteien, die alle Schichten der Bevölkerung repräsentieren. SPD, CDU und FDP haben ausgeprägte rechte und linke Flügel. Das ist nicht nur parteigeschichtlich zu erklären; es kommt vielmehr hinzu, daß in einer parlamentarischen Demokratie mit nur wenigen großen Parteien vielfältige Auffassungen und Positionen sich in diesen Volksparteien zu integrieren suchen.

Als vierte Fraktion sind 1983 zum ersten Mal »Die Grünen« in den Bundestag eingezogen, die vorher bereits in den Landtagen mehrerer Bundesländer vertreten waren. Die Partei »Die Grünen« ist aus einer radikalen Umweltschutzbewegung hervorgegangen; sie vereinigt Atomkraftgegner und andere Protestgruppen und vertritt pazifistische Tendenzen. Organisatorisch und programmatisch ist die neue Partei noch wenig gefestigt. Ihre Anhängerschaft findet sie hauptsächlich in der jungen Generation. Auf Bundesebene besteht die Partei erst seit 1979.

Das Auftreten der Grünen hat Auswirkungen auf das bisherige Parteiengefüge. Im Bundestag bestand seit über zwanzig Jahren praktisch ein Dreiparteiensystem (CDU und CSU bildeten stets eine gemeinsame Fraktion), und jede dieser Parteien ist schon einmal oder mehrmals Koalitionspartner jeder der beiden anderen gewesen. Jetzt gibt es eine vierte Parteigruppierung. Die erste Koalition mit den Grünen ging 1985 auf Landesebene die SPD in Hessen ein. Dieses Regierungsbündnis brach schon nach vierzehn Mona-

*Parteitag der Grünen in Hannover 1986*

ten auseinander. In Berlin (West) hat die SPD 1989 mit der Alternativen Liste (AL), die dort die Politik der Grünen vertritt, eine Koalition geschlossen.

**Die kleinen Parteien und die Fünfprozentklausel.** Um den Einzug in die Parlamente hat sich auch immer eine schwankende Anzahl kleinerer Parteien bemüht. Bei der ersten Bundestagswahl 1949 erhielten diese kleinen Parteien zusammen 27,9% der Stimmen, bei der 11. Bundestagswahl 1987 nur noch 1,3%. Dieser auffallende Rückgang ist nicht zuletzt eine Folge der Fünfprozent-Sperrklausel, die jetzt in allen Landeswahlgesetzen und im Bundeswahlgesetz enthalten ist. Sie besagt, daß nur solche Parteien Abgeordnete ins Parlament entsenden können, die im jeweiligen Wahlgebiet mindestens 5% der Stimmen erhalten haben. Das Bundesverfassungsgericht hat diese Klausel ausdrücklich als mit dem Grundgesetz vereinbar bezeichnet.

Rechts- oder linksradikalen Parteien ist es nur selten gelungen, diese Sperrklausel zu überwinden. Die Kommunistische Partei Deutschlands (KPD) war ein einziges Mal im Bundestag vertreten: 1949–1953 mit 15 Abgeordneten. Den heute bestehenden kommunistischen Gruppierungen ist der Einzug in den Bundestag oder in Landtage bisher nicht geglückt; nur in einigen Kommunalparlamenten sind sie vertreten. Von den rechtsradikalen Parteien hatte die Deutsche Reichspartei 1949–1953 mit 5 Abgeordneten eine schwache Vertretung im Bundestag. Nach Einführung der Fünfprozentklausel ist rechtsradikalen Parteien das Überspringen dieser Hürde bei Bundestagswahlen nicht mehr gelungen. Die weit rechts stehende Nationaldemokratische Partei (NPD) war zwischen 1966 und 1972 in einigen Landtagen vertreten.

Bei der Vertretung von nationalen Minderheiten wird auf die Anwendung der Fünfprozentklausel verzichtet. Deshalb hat der Südschleswigsche Wählerverband, die Vertretung der dänischen Minderheit, einen Abgeordneten im Landtag von Schleswig-Holstein, obwohl er weniger als 5% der Stimmen auf sich vereinigt.

Ein von den Bundes- und Landtagswahlen stark abweichendes Bild bieten mitunter die Kommunalwahlen. Auf der kommunalen Ebene spielen sogenannte »Rathausparteien«, das sind unabhängige Wählergemeinschaften außerhalb der etablierten Parteien, häufig eine wichtige Rolle.

**Parteiverbote.** »Parteien, die nach ihren Zielen oder nach dem Verhalten ihrer Anhänger darauf ausgehen, die freiheitliche demokratische Grundordnung zu beeinträchtigen oder zu beseitigen oder

den Bestand der Bundesrepublik Deutschland zu gefährden«
(Art. 21 Abs. 2 des Grundgesetzes), können auf Antrag vom Bundesverfassungsgericht für verfassungswidrig erklärt und daraufhin
aufgelöst werden. Nach diesen Vorschriften wurde bereits 1952 die
Sozialistische Reichspartei, die wohl extremste Rechtspartei der
Nachkriegszeit, verboten. 1956 wurde auch die KPD für verfassungswidrig erklärt. Die 1968 gegründete Deutsche Kommunistische Partei (DKP) hat ihr politisches Erbe angetreten, ohne die Bedeutung der früheren KPD zu erlangen. Weder die Bundesregierung noch der Bundestag oder der Bundesrat haben bisher von

**Stimmenanteile bei den Bundestagswahlen**

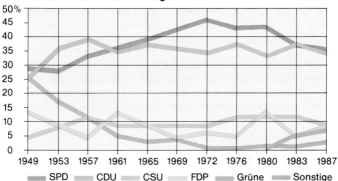

**Sitzverteilung im Deutschen Bundestag***

| Jahr | SPD | CDU | CSU | FDP | Grüne | Sonstige |
|------|-----|-----|-----|-----|-------|----------|
| 1949 | 136 | 118 | 24 | 53 | | 79 |
| 1953 | 162 | 197 | | 52 | 53 | 45 |
| 1957 | 181 | 222 | | 55 | 43 | 18 |
| 1961 | 203 | 201 | | 50 | | 67 |
| 1965 | 217 | 202 | | 49 | | 50 |
| 1969 | 237 | 201 | | 49 | | 31 |
| 1972 | 242 | 186 | | 48 | | 42 |
| 1976 | 224 | 201 | | 53 | | 40 |
| 1980 | 228 | 185 | | 52 | | 54 |
| 1983 | 202 | 202 | | 53 | 35 | 28 |
| 1987 | 193 | 185 | 49 | 48 | | 44 |

*jeweils zu Beginn der Legislaturperiode; einschl. der Abgeordneten von Berlin (West)

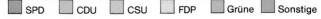

ihrem Recht Gebrauch gemacht, beim Bundesverfassungsgericht das Verbot der DKP oder anderer kommunistischer Parteien, die sich inzwischen neben ihr gebildet haben, zu beantragen.

**Mitglieder und Finanzen.** 1986 hatten die im Bundestag vertretenen Parteien folgende Mitgliederzahlen: SPD 919000, CDU 719000, CSU 183000, FDP 67000, die Grünen 39000. Von den übrigen bundesweit auftretenden Parteien erreichten nennenswerte Mitgliederzahlen nur die DKP mit 57000 und die NPD mit 6000 Mitgliedern.

Alle Parteien erheben von ihren Mitgliedern Beiträge; aus diesen können sie aber ihren finanziellen Bedarf nur zu einem kleinen Teil decken. Auch Spenden, die den Parteien von politischen Sympathisanten zufließen, reichen nicht aus. Sie bergen zudem die Gefahr in sich, daß der Spender die Willensbildung der Partei zu beeinflussen sucht oder auf Gegenleistungen spekuliert. Das Parteiengesetz schreibt daher vor, daß Spenden, deren Gesamtwert in einem Jahr 20000 DM übersteigt, offenzulegen sind. Über ihre Eigenmittel hinaus erhalten die Parteien staatliche Zuschüsse zu ihren Wahlkampfkosten. Allen Parteien, die in einer Wahl mindestens 0,5% der Stimmen gewonnen haben – also auch vielen Kleinparteien –, erstattet die Staatskasse pro Stimme einen Betrag von 5 DM als Ersatz ihrer Wahlkampfkosten.

**Bundestagswahl 1987**

| Partei | Gültige Zweitstimmen | Prozent | Abgeordnete (in Klammern zusätzlich die Berliner Abgeordneten) |
|--------|---------------------|---------|-----------|
| SPD | 14 025 763 | 37,0 | 186 (7) |
| CDU | 13 045 745 | 34,5 | 174* (11) |
| CSU | 3 715 827 | 9,8 | 49 — |
| FDP | 3 440 911 | 9,1 | 46 (2) |
| Grüne | 3 126 256 | 8,3 | 42 (2**) |
| Sonstige | 512 817 | 1,3 | — — |
| *Insgesamt* | 37 867 319 | 100,0 | 497 (22) |

\* einschließlich eines Überhangmandats in Baden-Württemberg
\*\* Abgeordnete der Alternativen Liste (AL)

**Das Wahlsystem.** Die Wahlen zu allen Volksvertretungen sind grundsätzlich allgemein, unmittelbar, frei, gleich und geheim. Wahlberechtigt und wählbar ist jeder Deutsche, der das 18. Lebensjahr

vollendet hat. In der Bundesrepublik Deutschland gibt es keine Vor-
wahlen. Die Kandidaten für Wahlen werden von den Mitgliedern der
Parteien – und nur von diesen – gewählt.

Das Wahlsystem für die Wahlen zum Deutschen Bundestag ist
kompliziert. Es ist ein sogenanntes »personalisiertes Verhältniswahlrecht«. 248 Abgeordnete, das ist die Hälfte der Bundestags-
mitglieder (ohne die Berliner Abgeordneten), werden in Wahlkreisen nach relativem Mehrheitswahlrecht gewählt. Die übrigen
248 Abgeordneten werden über Landeslisten der Parteien gewählt.
Die Verrechnung aller Stimmen erfolgt aber so, daß der Bundestag
nahezu proportional zur Stimmenverteilung zusammengesetzt ist
(mit der Einschränkung durch die erwähnte Fünfprozent-Sperrklausel). Hat eine Partei in den Wahlkreisen mehr Mandate errungen, als
ihr nach ihrem Stimmenanteil bei der Landesliste zustehen würden,
so darf sie diese »Überhangmandate« behalten. In solchen Fällen
hat der Bundestag mehr als 496 voll stimmberechtigte Mitglieder.
Die (nicht voll stimmberechtigten) Bundestagsabgeordneten des
Landes Berlin werden vom Berliner Abgeordnetenhaus aus seiner
Mitte gewählt.

Bei allen Wahlen beweist die Bevölkerung ein starkes politisches
Interesse. Bei der Bundestagswahl 1987 betrug die Wahlbeteiligung 84,3%. Selbst bei Kommunalwahlen erreicht sie bis zu 80%.

Sozialdemokratische Partei Deutschlands
Ollenhauerstr. 1
5300 Bonn 1

Christlich-Demokratische Union Deutschlands
Friedrich-Ebert-Allee 73–75
5300 Bonn 1

Christlich-Soziale Union in Bayern
Nymphenburger Str. 64
8000 München 2

Freie Demokratische Partei
Baunscheidtstr. 15
5300 Bonn 1

Die Grünen
Colmantstr. 36
5300 Bonn 1

# Föderalismus und Selbstverwaltung

Schon im Staatsnamen »Bundesrepublik Deutschland« wird die föderative Struktur des westlichen deutschen Staates zum Ausdruck gebracht. Die Bundesrepublik besteht aus den Bundesländern (Näheres über sie siehe S. 24–44). Die Länder sind nach 1945 zum Teil wiedergegründet, zum Teil neu geschaffen worden. Sie sind keine bloßen Provinzen, sondern Staaten mit eigener Staatsgewalt. Jedes Land hat eine eigene Landesverfassung, die den Grundsätzen des republikanischen, demokratischen und sozialen Rechtsstaats im Sinne des Grundgesetzes entsprechen muß. Im übrigen sind die Länder in der Gestaltung ihrer Verfassungen frei.

**Deutsche Traditionen.** Die föderative Struktur ist eine alte deutsche Verfassungstradition, die nur durch das Hitler-Regime unterbrochen wurde. Der deutsche Föderalismus hat historische Wurzeln und wurde in der Vergangenheit oft als Ausdruck nationaler Zerrissenheit oder sogar als nationales Unglück beklagt. In der Gegenwart erweist es sich, daß der bundesstaatliche Aufbau unseres Landes ein großer Vorzug ist. Er macht es möglich, regionalen Eigenheiten, Wünschen und Sonderproblemen weitgehend gerecht zu werden.

In mehreren Staaten hat sich die Konzentration von Verwaltung, Wirtschaft und kulturellen Einrichtungen in der Hauptstadt oder in wenigen großen Zentren als Nachteil erwiesen. Der Ruf nach Regionalisierung ist weltweit immer stärker geworden. Der traditionelle deutsche Föderalismus hat dazu beigetragen, daß der Bundesrepublik derartige Schwierigkeiten erspart geblieben sind.

Aber auch die häufig als Nachteil des Föderalismus genannten zentrifugalen Tendenzen sind in der Bundesrepublik kaum in Erscheinung getreten. Der Fläche nach ohnehin klein, ist die Bundesrepublik durch Verkehrsmittel aller Art gut erschlossen und in ihrer Bevölkerung einheitlicher als viele andere Staaten. Die früher sehr ausgeprägten Stammesunterschiede sind durch die großen Bevölkerungsverschiebungen der Nachkriegszeit und durch die hohe Mobilität, die das moderne Wirtschaftsleben mit sich bringt, etwas verwischt worden.

**Wozu Föderalismus?** Der Sinn des Föderalismus muß daher heute, so paradox es klingt, im Fall der Bundesrepublik Deutschland stärker vom Gesamtstaat her gesehen werden. Die Demokratie wird lebendiger, wenn der Bürger auch im leichter überschaubaren Bereich seines Bundeslandes durch Wahlen und Abstimmungen am demokratischen Prozeß teilnehmen kann. Die staatliche Verwaltung arbeitet im Rahmen eines Bundeslandes lebensnäher. Sie erscheint dem Bürger näher und vertrauter als die Verwaltung in der Bundeshauptstadt. Die Landesverwaltung ihrerseits kann sich ihre Kenntnisse der regionalen Verhältnisse zunutze machen. So kann sie zur Erhaltung kultureller Eigenart und landsmannschaftlicher Besonderheiten beitragen. Auch kann ein einzelnes Bundesland auf einem bestimmten Gebiet, etwa im Bildungswesen, Neues erproben und Modelle für Reformen liefern.

Parteien, die auf Bundesebene in Opposition stehen, sind oft gleichzeitig in mehreren Ländern Regierungsparteien. So haben alle Parteien die Chance, in demokratischer Weise Verantwortung zu tragen und ihre Regierungsfähigkeit zu beweisen.

Vor allem aber können die Länder, besonders über ihre Mitwirkung an der Bundesgesetzgebung durch den Bundesrat, ein Element der Machtbalance bilden. Das Grundgesetz betrachtet denn auch die Gliederung des Bundes in Länder und die grundsätzliche Mitwirkung der Länder an der Bundesgesetzgebung als so fundamental, daß diese beiden Regelungen sogar jeder verfassungsrechtlichen Änderung entzogen sind.

**Die Befugnisse der Länder.** Die Kompetenzen des Bundes bei der Gesetzgebung und Verwaltung erscheinen nach dem ursprünglichen Text des Grundgesetzes aus dem Jahre 1949 als sehr eingeschränkt zugunsten der Länder. Die wirtschaftliche und soziale Entwicklung der Bundesrepublik hat es jedoch mit sich gebracht, daß das Grundgesetz immer mehr Lebensbereiche wegen ihrer überregionalen Bedeutung der Gesetzgebung des Bundes zugewiesen hat.

Gleichwohl haben die Länder wichtige Gesetzgebungsbereiche behalten. Dazu zählen das Gemeinderecht, Teilbereiche des Umweltschutzes (diese Landeskompetenz ist gegenwärtig heftig umstritten) und der größte Teil des Polizeiwesens. Das Polizeirecht soll aber künftig durch übereinstimmende Polizeigesetze der Länder einheitlich geregelt werden, um die Kriminalität noch besser als bisher über die Landesgrenzen hinaus bekämpfen zu können.

Die größte Bedeutung haben Landesgesetze jedoch im kulturellen Bereich. Für die Grund- und Hauptschulen, die Realschulen, die Gymnasien sowie die Sonderschulen (für Behinderte) gilt Landesrecht, ebenso für die immer wichtiger werdende Erwachsenenbildung. Auch die wesentlichen Aspekte des Berufsschul- und Hochschulwesens sind durch Landesgesetze geregelt. Für diese beiden Gebiete und für die berufliche Weiterbildung hat allerdings auch der Bundesgesetzgeber gewisse Teilkompetenzen. Alles in allem aber wirkt sich die Eigenständigkeit der Länder im kulturellen Leben am stärksten aus (siehe auch S. 330/331).

Den Schwerpunkt der Tätigkeit der Länder bildet indessen die Verwaltung. Sieht man von den wenigen Bundesbehörden mit eigenem Verwaltungsunterbau ab (Beispiele: die Zoll- und die Bundeswehrverwaltung), so liegt die Ausführung der Bundesgesetze ganz in den Händen der Länderbehörden. Das entspricht deutscher Tradition. Die Länder führen die Bundesgesetze weitgehend selbständig und frei von fachlichen Weisungen durch den Bund aus. Die Bundesregierung übt lediglich die Aufsicht darüber aus, ob die Ausführung der Bundesgesetze dem geltenden Recht entspricht. Nur einige, im Grundgesetz besonders aufgeführte Verwaltungsaufgaben werden von den Ländern im Auftrag des Bundes wahrgenommen. Bei den Auftragsangelegenheiten unterstehen die Länder den Weisungen der Bundesregierung auch hinsichtlich der Zweckmäßigkeit der Gesetzesausführung.

In den Bundesländern Baden-Württemberg, Bayern, Hessen, Niedersachsen, Nordrhein-Westfalen und Rheinland-Pfalz liegt zwischen dem Land und den Kreisen (Land- und Stadtkreisen) die Verwaltungsebene der Regierungsbezirke. An der Spitze eines Regierungsbezirks steht der von der Landesregierung ernannte Regierungspräsident.

**Kommunale Selbstverwaltung.** Die kommunale Selbstverwaltung als Ausdruck der Bürgerfreiheit hat in Deutschland eine lange und große Tradition. Man mag sie letztlich auf die Privilegien der freien Städte im Mittelalter zurückführen, als das Stadtbürgerrecht die Menschen von den Fesseln der feudalen Leibeigenschaft befreite (»Stadtluft macht frei«, sagte ein deutsches Sprichwort). In der Neuzeit verbindet sich die kommunale Selbstverwaltung aber in erster Linie mit den großen Reformen des Freiherrn vom Stein, insbesondere der Städteordnung von 1808.

Diese Tradition staatsbürgerlicher Freiheit manifestiert sich in der vom Grundgesetz und allen Länderverfassungen ausdrücklich garantierten Selbstverwaltung der Städte, Gemeinden und Kreise. Zweierlei schreibt das Grundgesetz vor: Die Länder müssen den Gemeinden das Recht gewährleisten, alle Angelegenheiten der örtlichen Gemeinschaft – im Rahmen der Gesetze – in eigener Verantwortung zu regeln; alle Städte, Gemeinden und Kreise müssen de-

*Rathaus in Schwalenberg (Weserbergland)*

*Neues Rathaus in Mainz*

mokratisch organisiert sein. Aus historischen Gründen weichen die Kommunalverfassungen von Land zu Land stark voneinander ab. Die kommunale Verwaltungspraxis jedoch ist in allen Bundesländern weitgehend gleichartig.

In allen örtlichen Angelegenheiten verwaltet sich jede Gemeinde selbst. Dazu gehören vor allem der örtliche öffentliche Nahverkehr, der örtliche Straßenbau, die Elektrizitäts-, Wasser- und Gasversorgung, der Wohnungsbau, der Bau und die Unterhaltung von Grund-, Haupt- und Realschulen, von Theatern und Museen, Krankenhäusern, Sportstätten und öffentlichen Bädern sowie die Erwachsenenbildung und die Jugendpflege. In diesem »eigenen Wirkungskreis« unterliegen die Kommunalverwaltungen nur einer staatlichen Rechtskontrolle. Der Staat darf also lediglich die Einhaltung der Gesetze überwachen; die Zweckmäßigkeit ihres Handelns bestimmt jede Gemeinde selbst.

Viele der hier aufgezählten örtlichen Aufgaben überfordern die finanzielle und organisatorische Kraft der Gemeinden und kleinen Städte; diese Angelegenheiten können dann vom Kreis, der nächsthöheren Gebietseinheit, übernommen werden. Auch der Kreis ist ein Teil der kommunalen Selbstverwaltung. Der Kreistag, das »Parlament« des Kreises, wird ebenso wie die Vertretungen der Städte und Gemeinden direkt von der Bevölkerung gewählt.

In einer Vielzahl von Fällen führen die Gemeinden und Kreise auch Landes- und Bundesgesetze aus. Hier unterliegen die Kommunalverwaltungen nicht nur einer staatlichen Rechtskontrolle, sondern erhalten unter Umständen von den Landesbehörden bis ins einzelne gehende Anweisungen zur Durchführung dieser Aufgaben.

**Aktuelle Probleme der Selbstverwaltung.** Kommunale Selbstverwaltung und kommunale Autonomie müssen verkümmern, wenn den Gemeinden das Geld fehlt, das sie zur Erfüllung ihrer Aufgaben brauchen. Deshalb steht die Frage einer angemessenen finanziellen Ausstattung der Gemeinden im Mittelpunkt vieler Diskussionen. Die wichtigsten Einnahmequellen der Kommune sind die Steuern. Die Gemeinden haben einen verfassungsrechtlich gesicherten Anspruch auf die Einnahmen aus bestimmten Steuern. Dazu gehören vor allem die Gewerbesteuer und die Grundsteuer sowie verschiedene Steuern geringeren Gewichts wie Hundesteuer und Getränkesteuer. Außerdem erhalten die Gemeinden vom Bund und von den Ländern Anteile anderer Steuereinnahmen, z. B. aus der Lohn- und Einkommensteuer. Dafür müssen sie allerdings einen Teil ihrer Einnahmen aus der Gewerbesteuer an Bund und Länder abführen.

Durch verschiedene gesetzgeberische Maßnahmen des Bundes zur Steuerentlastung sind in den letzten Jahren gerade die Einnahmen aus der Gewerbesteuer, der für die Kommunen wichtigsten Steuerart, stark zurückgegangen. Bei den meisten Städten und Gemeinden reichen daher die eigenen Steuereinnahmen zur Erfüllung ihrer Aufgaben nicht mehr aus. Deshalb fordern die Kommunen eine durchgreifende Reform des Systems der Gemeindesteuern. Die Länder haben dieses Anliegen aufgegriffen und eine Arbeitsgruppe eingesetzt, die eine Konzeption der Neuordnung entwickkeln soll.

Einvernehmen besteht darüber, daß die kommunale Selbstverwaltung erhalten bleiben und gestärkt werden muß. Sie gibt dem Bürger auf einfache Weise beinahe Tag für Tag die Möglichkeit der Mitwirkung und Kontrolle, etwa durch das Gespräch mit seinen gewählten Gemeindevertretern, durch Einsichtnahme in Bebauungspläne oder in den Haushaltsplan seiner Gemeinde. So sind Städte und Gemeinden gewissermaßen die kleinsten politischen Zellen des Staates, deren selbständiges und demokratisches Funktionieren eine Voraussetzung ist für den Bestand von Freiheit und Recht in Staat und Gesellschaft.

# Raumordnung und Gebietsreform

In der Bundesrepublik Deutschland bestehen nicht überall gleiche Arbeits- und Lebensbedingungen. In einem dichtbesiedelten Industriegebiet lebt man anders als in einer menschenarmen ländlichen Gegend. Das ist unvermeidlich. Aber wenn die Verhältnisse auch zwangsläufig ungleich sind, so sollte doch jeder Bürger eine Umwelt vorfinden, in der er seine elementaren Lebensbedürfnisse befriedigen kann. Das bedeutet: Für die verschiedenen menschlichen Daseinsbereiche – Wohnen, Arbeiten, Versorgung, Erholung, Bildung, Verkehr – muß ausreichend gesorgt sein; Gesellschaft, Wirtschaft und Lebensraum müssen in einem optimalen Verhältnis zueinander stehen.

**Aufgaben der Raumordnung.** Ein solches Verhältnis entsteht nicht von selbst. Der Staat muß dazu beitragen, eine möglichst gute räumliche Verteilung von Wohnungen, Arbeitsstätten und Erholungsgebieten, von kulturellen und sozialen Einrichtungen sowie deren Verknüpfung durch ein gut funktionierendes Verkehrs- und Nachrichtenwesen zu erreichen. Diese Aufgabe nennt man Raumordnung.

Die Grundsätze und Ziele der Raumordnung sind im Bundesraumordnungsgesetz von 1965 geregelt. Verantwortlich für die Durchführung sind Bund, Länder und Gemeinden. Die Bundesregierung veröffentlicht alle vier Jahre – zuletzt 1986 – einen Raumordnungsbericht, in dem sie Rechenschaft über die wichtigsten räumlichen Entwicklungen und das bisher Geleistete ablegt. Leitfaden der Raumordnungspolitik sind das Bundesraumordnungsprogramm von 1975 und die im Jahre 1985 beschlossenen »Programmatischen Schwerpunkte der Raumordnung«, deren Durchführung grundsätzlich den Ländern überlassen wird, da sie für die konkrete Ausgestaltung der Raum- und Siedlungspolitik zuständig sind. An der Regionalplanung sind auch Gemeinden und Gemeindeverbände beteiligt. Die Schwerpunkte der Raumordnungspolitik liegen in den überlasteten Verdichtungsräumen, den wirtschaftlich zurückgebliebenen Gebieten und dem Grenzgebiet zur DDR und zur ČSSR (Zonenrandgebiet).

Mit der Ausweitung der besiedelten Fläche und den stetig ansteigenden Schadstoffbelastungen der Luft, des Bodens und der Gewässer gewinnen Umweltversorgung, Umwelt- und Naturschutz an

Bedeutung. Die wichtigen Grundwasservorkommen und die Rohstofflagerstätten müssen gesichert werden. Auch Randgebiete sind durch den natürlichen großräumigen Luft- und Wasseraustausch mehr und mehr von Umweltbelastungen betroffen, die vor allem von den Industriegebieten ausgehen.

Insgesamt beträgt die besiedelte Fläche nur etwa 12% der Gesamtfläche des Bundesgebietes, jedoch schwankt der Anteil regional erheblich. Große Probleme bereitet die Ausdehnung der ohnehin dichtbesiedelten Regionen, da die hier noch vorhandenen Erholungsgebiete und Grünzonen unverzichtbar sind. Zu den besonders wichtigen Aufgaben der Raumordnungsplanung gehört daher der Schutz dieser Gebiete. Notwendige Maßnahmen sollten deshalb so ausgeführt werden, daß möglichst wenige dieser Grünzonen verlorengehen und möglichst viele neu geschaffen werden.

In dünner besiedelten Gebieten vertiefen sich die Unterschiede zwischen zentralen Orten und dörflichen Siedlungen. In den ländlichen Regionen verringert sich die Bevölkerungszahl weiter, die jungen Bewohner wandern in die Ballungsgebiete ab.

In den zurückgebliebenen Gebieten sind die Lebens- und Arbeitsbedingungen insgesamt schlechter als im Bundesdurchschnitt. Dies gilt besonders für Gebiete, die einseitig auf Landwirtschaft ausgerichtet sind. Hier gibt es zuwenig außerlandwirtschaftliche Arbeitsplätze, zuwenig soziale und kulturelle Einrichtungen. Die Ansiedlung von Industrie- und Dienstleistungsbetrieben, der Bau von Universitäten, Krankenhäusern und Verkehrseinrichtungen sind die vordringlichsten Maßnahmen zur Verbesserung der Lebens- und Arbeitsbedingungen.

Aber auch die Gebiete mit einseitiger und teilweise veralteter Industriestruktur – dazu zählen Teile des Ruhrgebietes und des Saarlandes wie auch die Werftstandorte an der Küste – zeigen seit einigen Jahren große Strukturprobleme. Hohe Umweltbelastungen durch die Schwerindustrie, eine schlechtere Wohnqualität und der Mangel an Grünflächen für die Naherholung treffen zusammen. Zudem ist die Arbeitslosenquote dort oftmals so hoch wie in strukturschwachen ländlichen Regionen. Durch die Ansiedlung neuer Industrien und die Einführung moderner Technologien und Dienstleistungen soll wieder eine breitere, funktionsfähige wirtschaftliche Basis geschaffen werden.

Bevorzugt gefördert wird das Zonenrandgebiet. Das ist ein 30 bis 50 km breiter Gebietsstreifen an der Grenze zur DDR und zur ČSSR. In dieser Region steht die Raumordnung vor besonderen Schwierigkeiten, weil die gewaltsame Grenzziehung hier frühere Verkehrs-, Wirtschafts- und kulturelle Einheiten willkürlich zer-

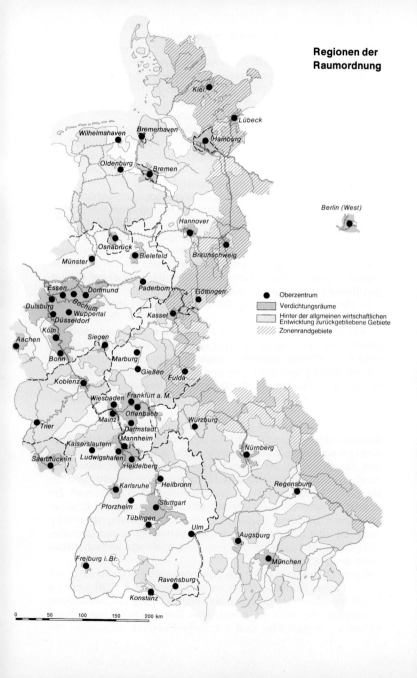

**Regionen der
Raumordnung**

Berlin (West)

● Oberzentrum
▨ Verdichtungsräume
▨ Hinter der allgmeinen wirtschaftlichen
Entwicklung zurückgebliebene Gebiete
▨ Zonenrandgebiete

Kiel
Lübeck
Wilhelmshaven
Bremerhaven
Hamburg
Oldenburg
Bremen
Hannover
Osnabrück
Bielefeld
Braunschweig
Münster
Essen  Dortmund  Paderborn  Göttingen
Duisburg  Bochum  Kassel
Wuppertal
Düsseldorf
Köln  Siegen
Aachen
Bonn  Marburg
Koblenz  Gießen  Fulda
Wiesbaden  Frankfurt a. M.
Mainz  Offenbach  Würzburg
Trier  Darmstadt
Mannheim  Nürnberg
Kaiserslautern
Saarbrücken  Ludwigshafen  Regensburg
Heidelberg
Karlsruhe  Heilbronn
Pforzheim  Stuttgart
Tübingen
Ulm  Augsburg
Freiburg i. Br.  München
Ravensburg
Konstanz

0    50    100    150    200 km

schnitten hat. Viele Orte haben ihr Hinterland verloren, das jetzt jenseits der Grenze liegt. Die Vielzahl der bisherigen Förderungsmaßnahmen hat eine leichte Verbesserung der Lebens- und Wirtschaftsverhältnisse im Zonenrandgebiet erbracht. Ein weiterer Schwerpunkt liegt in der Förderung von Berlin (West). Da die Stadt ihres natürlichen Hinterlandes beraubt ist, bedarf es besonderer Anstrengung, ihre Attraktivität zu erhalten und zu verbessern. Dazu gehört vor allem eine verstärkte wirtschaftliche und verkehrstechnische Anbindung an das Bundesgebiet.

**Strukturprobleme.** Bei aller Planung und Steuerung darf nicht übersehen werden, daß Gesellschaft und Wirtschaft nur begrenzt gestaltbar sind. Die Raum- und Siedlungsstruktur der Bundesrepublik ist insgesamt – auch im internationalen Maßstab – als zufriedenstellend zu bezeichnen. Die Infrastrukturausstattung der Gemeinden und Regionen ist mit massiver Hilfe des Bundes wesentlich verbessert worden. Dennoch besteht immer noch ein beträchtlicher Abstand zwischen den wachstumsstarken Verdichtungsräumen und den peripheren ländlichen Regionen. Neu hinzugekommen sind die Probleme in den sogenannten »altindustrialisierten Regionen« und den Werftstandorten. Dadurch macht sich in der wirtschaftlichen Leistungskraft der Teilräume der Bundesrepublik ein Süd-Nord-Gefälle bemerkbar.

Eine Herausforderung an die Raumordnungspolitik sind der Bevölkerungsrückgang und die Verschiebung im Altersaufbau. Der Rückgang der Bevölkerung zeichnet sich besonders in den ländlichen Regionen und in den Kernbereichen der Verdichtungsräume deutlich ab. Deshalb sind verstärkte Anstrengungen erforderlich, um eine angemessene Versorgung mit Infrastruktur, vor allem im Verkehr, in der sozialen Sicherung und im Gesundheitswesen, zu gewährleisten.

**Gebietsreform.** Planungs- und Entwicklungsaufgaben sind nur dann sinnvoll zu lösen, wenn Verwaltungs-, Wirtschafts- und Lebensraum weitgehend identisch sind. Die historisch gewachsenen Verwaltungsgebietsstrukturen stammen zumeist noch aus vorindustrieller Zeit. Um sie den Erfordernissen der heutigen Gesellschaft anzupassen, sind in den Jahren 1968 bis 1978 in allen Bundesländern mit Ausnahme der Stadtstaaten Hamburg, Bremen und Berlin (West) umfangreiche Maßnahmen zur Gebietsreform durchgeführt worden. Dabei ist die Zahl der selbständigen Gemeinden um fast zwei Drittel reduziert worden. Vor Beginn der Reform zählte man in der Bundesrepublik Deutschland über 24 000 Gemeinden; nach ihrem Abschluß gibt es nur noch etwa 8500. Die Zahl der kreisfreien Städte verringerte sich von 139 auf 91, die der Kreise von 425 auf 237. Durch Eingemeindungen stieg die Zahl der Großstädte (über 100 000 Einwohner) von 57 auf 64.

Eines der wichtigsten Ziele der Reform, die Reduzierung der Zahl der Planungsträger und die Schaffung leistungsfähiger Verwaltungseinheiten, ist im wesentlichen erreicht worden. Der Gewinn an Effektivität ist aber oftmals zu Lasten der »Bürgernähe« gegangen: Die Verwaltung ist dem Bürger räumlich und auch gefühlsmäßig ferner gerückt; er fühlt sich weniger als früher zu unmittelbarer Beteiligung aufgerufen. Dennoch hat die Gebietsreform insgesamt eine Stärkung der kommunalen Selbstverwaltung bewirkt. In den ländlichen Gebieten ist z. B. eine hauptamtliche Verwaltung eingerichtet worden, und die kommunalen Leistungen für die Bürger konnten verbessert werden.

# Die Bundesrepublik Deutschland in der Welt

Die Bundesrepublik Deutschland liegt im Herzen Europas, an der Nahtstelle zwischen West und Ost. Ihr östlicher Nachbar ist der andere deutsche Staat, die DDR. Die Trennungslinie zwischen ihnen teilt nicht nur Deutschland, sondern markiert auch die Grenze zweier unterschiedlicher Gesellschaftssysteme. Nirgendwo ist der Gegensatz zwischen West und Ost deutlicher als in diesem geteilten Land.

Die Bundesrepublik Deutschland ist einer der bedeutendsten Industrie- und Handelsstaaten mit weltweiten wirtschaftlichen Verflechtungen. Sie ist auf ein stabiles und funktionierendes Weltwirtschaftssystem angewiesen und wird daher von allen Konflikten zwischen Nord und Süd, zwischen Industrie- und Entwicklungsländern unmittelbar in Mitleidenschaft gezogen.

Nicht nur wegen der geopolitischen Lage und der wirtschaftlichen Interessen der Bundesrepublik Deutschland, sondern vor allem auch im Hinblick auf das nationale Anliegen der Deutschen und die aus der jüngeren Geschichte gewonnenen Erfahrungen muß deutsche Politik zuallererst Friedenspolitik sein.

Grundlage dieser Außenpolitik ist und bleibt die dauerhafte Einordnung der Bundesrepublik Deutschland in den Kreis der freiheitlichen Demokratien, ihre Mitgliedschaft in der Europäischen Gemeinschaft und im Atlantischen Bündnis. Daraus ergeben sich vier außenpolitische Grundziele: die Fortführung des europäischen Einigungswerkes, die Erhaltung und Stärkung des Atlantischen Bündnisses, die Stabilisierung der Beziehungen mit dem Osten und die Festigung der Zusammenarbeit mit den Ländern der Dritten Welt.

Die Bundesrepublik Deutschland unterhält gegenwärtig diplomatische Beziehungen zu 161 Staaten. Sie verfügt über insgesamt 202 Auslandsvertretungen, davon 128 Botschaften.

**Die europäische Einigung.** Die Bundesrepublik Deutschland verfolgt seit ihrer Entstehung das Ziel der europäischen Einigung. Zusammen mit Belgien, Frankreich, Italien, Luxemburg und den Niederlanden gründete sie 1952 die Europäische Gemeinschaft für Kohle und Stahl und 1957 die Europäische Wirtschaftsgemeinschaft sowie die Europäische Atomgemeinschaft, die heute zumeist als Europäische Gemeinschaft (EG) bezeichnet werden. 1970

*Tagung des Europäischen Rates in Brüssel 1987*

wurde die Europäische Politische Zusammenarbeit (EPZ) begonnen, sie ist inzwischen zum Kernstück der Außenpolitik der Mitgliedstaaten und zu einer zweiten Säule des europäischen Einigungswerkes geworden. Durch den Beitritt von Dänemark, Irland und Großbritannien (1973), Griechenland (1981) sowie Portugal und Spanien (1986) wurde die Gemeinschaft auf zwölf Mitgliedstaaten erweitert. Die 1986 unterzeichnete Einheitliche Europäische Akte, die am 1. Juli 1987 in Kraft trat, markiert eine entscheidende Etappe auf dem Wege zur Verwirklichung der Europäischen Union.

Die Akte ist die Grundlage

☐ für die Vollendung des Binnenmarktes in der Gemeinschaft bis Ende 1992;

☐ für die Schaffung einer Technologie- und Forschungsgemeinschaft;

☐ für die Zusammenarbeit bei der Erhaltung und Verbesserung der natürlichen Lebensgrundlagen;

☐ für die institutionelle Weiterentwicklung der Gemeinschaft;

☐ für den Ausbau der Europäischen Politischen Zusammenarbeit zu einer europäischen Außen- und Sicherheitspolitik.

Seit Mitte der siebziger Jahre treffen sich die Staats- und Regierungschefs und deren Außenminister sowie der Präsident der Kommission mindestens zweimal jährlich im Europäischen Rat, um die Leitlinien für die weitere Entwicklung der Gemeinschaft festzulegen. Das Europäische Parlament, das die Bürger in den Ländern der Gemeinschaft 1984 zum zweiten Mal direkt gewählt haben, gibt dem Einigungsprozeß zusätzliche Impulse.

Zwischen den Mitgliedstaaten sind fast alle Zoll- und Handelsschranken gefallen. Damit ist ein Gemeinsamer Markt entstanden, in dem über 300 Millionen Menschen Freizügigkeit genießen und sich ein freier Güteraustausch vollzieht. Bis 1992 soll dieser Binnenmarkt durch Beseitigung aller Hindernisse für den Verkehr nicht nur von Waren, sondern auch von Dienstleistungen vollendet werden. Nach außen betreibt die Europäische Gemeinschaft eine weltoffene Handelspolitik, die für eine marktwirtschaftlich orientierte Weltwirtschaftsordnung eintritt und sich protektionistischen Tendenzen widersetzt. Ihre Wirtschafts- und Handelsbeziehungen zu Drittländern gestaltet sie auf der Grundlage eines dichten Netzes von Handels-, Kooperations- und Assoziierungsabkommen. Richtungweisend für die partnerschaftliche Zusammenarbeit mit den Entwicklungsländern ist das mit 66 afrikanischen, karibischen und pazifischen Staaten (den sogenannten AKP-Staaten) bestehende Abkommen von Lomé.

Die Europäische Gemeinschaft trägt zur Stärkung der Freiheit und Demokratie in Europa bei. Sie beruht auf der Solidarität ihrer Mitglieder. Die Bundesrepublik Deutschland leistet als das wirtschaftlich stärkste Mitglied zum Ausbau der Gemeinschaft erhebliche finanzielle Beiträge. Auch künftig wird sie die weitere Entwicklung und Integration der Gemeinschaft nach Kräften fördern.

**Das Atlantische Bündnis und die Bündnispartner.** Das Atlantische Bündnis (NATO) ist die unerläßliche Grundlage für die Sicherheit der freiheitlich-demokratischen Staaten Westeuropas. Unter seinem Schutz wurden sie nach dem Kriege wieder aufgebaut. Nur unter seinem Schutz können sie sich weiterentwickeln.

Um die Freiheit und Unabhängigkeit des Landes und seiner Bürger vor militärischem und politischem Druck zu sichern, ist die Bundesrepublik Deutschland 1955 Mitglied der NATO geworden. Dabei hat sie von Anfang an ihre gesamten Streitkräfte dem NATO-Oberbefehl unterstellt. Nur das Gleichgewicht der Kräfte zwischen der NATO und den Staaten des Warschauer Paktes kann auf Dauer den Frieden und den Fortbestand der freiheitlichen Demokratien gewährleisten. Zur Aufrechterhaltung dieses Gleichgewichts ist die Präsenz amerikanischer und kanadischer Streitkräfte in Europa unverzichtbar.

Mit den Vereinigten Staaten verbinden die Bundesrepublik enge und vertrauensvolle Beziehungen, die für ihre Sicherheit von vitaler Bedeutung sind. Sie haben eine in über drei Jahrzehnten organisch

*Pariser Verträge 1954.*
*Von links: Mendès-France, Adenauer, Eden, Dulles*

gewachsene Freundschaft entstehen lassen und beruhen auf der
festen Grundlage gemeinsamer Wertvorstellungen und langfristiger Interessenidentität. Dieses Einvernehmen bestimmt die enge
Zusammenarbeit sowohl in der Bündnis- und Sicherheitspolitik und
in allen Berlin betreffenden Fragen als auch in der Außen-, Weltwirt-
schafts- und Währungspolitik sowie auf internationalen Konferenzen, an denen beide Länder teilnehmen.

Zwischen der Bundesrepublik und Frankreich haben die von
Adenauer begonnene Aussöhnung und der von ihm und de Gaulle
im Jahre 1963 unterzeichnete Freundschaftsvertrag eine vertrauensvolle Partnerschaft entstehen lassen. Sie ist die treibende
Kraft im europäischen Einigungsprozeß. Das in dem Vertrag vorgesehene Netz gegenseitiger Konsultationen ist ständig fester geknüpft worden. Besondere Bedeutung haben die halbjährlichen
Gipfeltreffen der Staats- und Regierungschefs unter Beteiligung
von Fachministern. Diese Partnerschaft umfaßt die politischen,
wirtschaftlichen, technologischen und kulturellen Aktivitäten, eine
sehr weitgehende Konzeption von europäischer Sicherheit und
eine gemeinsame Vision von der Zukunft Europas.

Auch mit den anderen westlichen Staaten unterhält die Bundesrepublik Deutschland freundschaftliche Beziehungen. Insbesondere die Zusammenarbeit mit Großbritannien ist ständig weiter ausgebaut und vertieft worden. Die Regierungschefs beider Länder

treffen sich ebenfalls halbjährlich zu Gipfelgesprächen. In gleicher Weise ist die Bundesrepublik mit ihren übrigen westlichen Nachbarn und Verbündeten durch ein dichtes Geflecht von Verträgen, Konsultationen und gegenseitigen Besuchen eng verbunden.

**Friedenssicherung und Entspannung.** Das Verhältnis der Bundesrepublik Deutschland zu den osteuropäischen Staaten war zunächst durch die Konfrontation der Blöcke in West und Ost bestimmt. 1955 hat sie diplomatische Beziehungen zur Sowjetunion aufgenommen. Mit Beginn der weltweiten Entspannungsbemühungen zeichnete sich die Möglichkeit ab, die Politik der dauerhaften Einordnung der Bundesrepublik in das westliche Bündnissystem durch eine auf Normalisierung und gute Nachbarschaft gerichtete Politik nach Osten zu ergänzen. Einer der ersten Schritte in dieser Richtung war die Aufnahme diplomatischer Beziehungen mit Rumänien im Jahre 1967.

1970 wurde in Moskau ein Vertrag zwischen der Bundesrepublik Deutschland und der Union der Sozialistischen Sowjetrepubliken unterzeichnet, in dem beide Staaten den gegenseitigen Gewaltverzicht vereinbarten und sich verpflichteten, Streitigkeiten ausschließlich mit friedlichen Mitteln zu lösen. Die gegenwärtig in Europa bestehenden Grenzen wurden als unverletzlich bezeichnet. In einem anläßlich der Vertragsunterzeichnung übergebenen »Brief zur deutschen Einheit« stellte die Bundesregierung fest, »daß dieser Vertrag nicht im Widerspruch zu dem politischen Ziel der Bundesrepublik Deutschland steht, auf einen Zustand des Friedens in Europa hinzuwirken, in dem das deutsche Volk in freier Selbstbestimmung seine Einheit wiedererlangt«.

Ebenfalls 1970 wurde in Warschau ein Vertrag zwischen der Bundesrepublik Deutschland und der Volksrepublik Polen unterzeichnet, in dem festgestellt wurde, daß die bestehende Grenzlinie an Oder und Neiße die westliche Staatsgrenze Polens bildet (siehe S. 67). Mit diesem Vertrag ist die Grundlage für die Normalisierung und Entwicklung der Beziehungen zwischen den beiden Ländern gelegt worden. Im Jahre 1973 wurde mit der ČSSR ein Vertrag über die gegenseitigen Beziehungen abgeschlossen. In ihm wird festgestellt, daß beide Seiten das Münchner Abkommen von 1938 im Hinblick auf ihre gegenseitigen Beziehungen nach Maßgabe des Vertrags als nichtig ansehen. Auch mit Bulgarien und Ungarn wurde die Aufnahme diplomatischer Beziehungen vereinbart.

In einer gemeinsamen Entschließung vom 17. Mai 1972 betonte der Deutsche Bundestag, daß die Verträge von Moskau und Warschau eine friedensvertragliche Regelung für Deutschland nicht

*Unterzeichnung des Moskauer Vertrages 1970*

vorwegnehmen und keine Rechtsgrundlage für die heute bestehenden Grenzen schaffen. Der Bundestag stellte fest, daß das un-
veräußerliche Recht auf Selbstbestimmung durch die Verträge
nicht berührt wird und die Bundesrepublik Deutschland keine Ge-
biets- oder Grenzänderungsansprüche erhebt. Das Bundesverfassungsgericht unterstrich in einer Entscheidung zu beiden Verträgen, daß die Bundesrepublik Deutschland mit ihnen nicht über den
territorialen Status Deutschlands oder über die Vermögensrechte
früherer Bewohner dieser Gebiete verfügt hat.

Die Verträge von Moskau und Warschau ebneten den Weg für
das Viermächte-Abkommen über Berlin von 1971 (siehe S. 80/81)
und den Vertrag über die Grundlagen der Beziehungen zwischen
der Bundesrepublik Deutschland und der DDR von 1972 (siehe S.
75/76). Die Beziehungen zwischen den beiden deutschen Staaten
sind zwar kein Bestandteil der Außenpolitik, weil die DDR für die
Bundesrepublik nicht Ausland ist. Aber sie können nicht unabhängig von der Außenpolitik gestaltet werden und sind in die Entwicklung der Beziehungen zwischen West und Ost eingebettet.

Die Bundesrepublik Deutschland und die DDR sind Mitglieder
verschiedener Bündnissysteme. Die Grenze zwischen ihnen ist zugleich Trennlinie zwischen den beiden großen Militärbündnissen
und zwischen gegensätzlichen Gesellschaftssystemen. Nachdem
über zwei Jahrzehnte keine Beziehungen zwischen ihnen bestanden hatten, hat der Grundlagenvertrag die Basis für ein geregeltes
Nebeneinander, für menschliche Erleichterungen und mehr Kontakte zwischen den Bürgern in beiden Teilen Deutschlands geschaffen. Die Bundesrepublik verfolgt damit das Ziel, das Zusam-

mengehörigkeitsgefühl aller Deutschen lebendig zu erhalten und die Folgen der Teilung zu mildern.

Die Bundesrepublik Deutschland hält gegenüber dem Osten an einer Politik fest, die auf zwei Grundsätzen beruht: Gewährleistung der Sicherheit des Westens durch ausreichende Verteidigungsfähigkeit und zugleich Bereitschaft zu Dialog und Zusammenarbeit mit der Sowjetunion und den anderen Ländern Mittel- und Osteuropas. Diese Politik ist auf lange Sicht angelegt und nutzt alle Möglichkeiten für politische Kontakte und eine wirtschaftliche, wissenschaftliche und kulturelle Zusammenarbeit. Ihr Ziel ist eine dauerhafte, auf realistischer Einschätzung beruhende Entspannung.

Mit ihrer Politik hat die Bundesrepublik Deutschland auch den Weg für das Zustandekommen der Konferenz über Sicherheit und Zusammenarbeit in Europa (KSZE) geebnet. In der Schlußakte von Helsinki (1975) haben sich alle europäischen Staaten (außer Albanien), die USA und Kanada über einen Verhaltenskodex für eine Verbesserung ihrer Beziehungen und die Fortführung des KSZE-Prozesses verständigt. Für die Bundesrepublik stehen dabei die Achtung der Menschenrechte, die Entwicklung von Vertrauen zwischen den Völkern, die Vertiefung der wirtschaftlichen und wissenschaftlichen Zusammenarbeit, die Zusammenführung getrennter Familien und die Erleichterung von Kontakten zwischen den Menschen im Vordergrund ihrer Politik. Inzwischen haben drei KSZE-Folgetreffen in Belgrad, Madrid und Wien stattgefunden. Beim letzten Treffen in Wien ging es erneut darum, Fortschritte in allen KSZE-Bereichen zu erzielen, eine zweite Phase der Konferenz über vertrauens- und sicherheitsbildende Maßnahmen und Abrüstung in Europa (KVAE) einzuleiten und zur Fortsetzung des KSZE-Prozesses ein weiteres Folgetreffen zu vereinbaren.

Voraussetzung für eine tragfähige Entspannung ist der Abbau der Konfrontation auf militärischem Gebiet. Die Bundesrepublik Deutschland hat schon in der Vergangenheit konkrete Beiträge zur Friedenssicherung, Abrüstung und Rüstungskontrolle geleistet, so insbesondere durch Verzicht auf ABC-Waffen, Unterzeichnung des Atomteststoppvertrages, Beitritt zum Atomwaffensperrvertrag und Verzicht auf den Export von Waffen in Spannungsgebiete. Die Bundesrepublik Deutschland leistet aktive Beiträge zu allen Bemühungen, die Gefahr militärischer Konfrontation zu verhindern und ein stabiles Kräfteverhältnis zwischen Ost und West zu erreichen. Rüstungskontrolle ist ein integraler Bestandteil ihrer Sicherheitspolitik. Sie nimmt an den verschiedenen multilateralen Verhandlungsforen aktiven Anteil.

Für die Sicherheit unseres Kontinents besonders wichtig ist die

Herstellung konventioneller Stabilität in Europa. Im Bereich der chemischen Waffen setzt sich die Bundesregierung für den baldigen Abschluß eines verifizierbaren und weltweiten Verbotsabkommens ein. Bei den nuklearen Waffen ist 1987 ein erstes Abkommen zwischen den USA und der UdSSR über die Beseitigung der Mittelstreckenraketen zustande gekommen. Als weiterer Schritt in diesem Bereich unterstützt die Bundesregierung das bei den Genfer Verhandlungen angestrebte Ziel einer Halbierung des amerikanischen und sowjetischen Potentials an strategischen Offensivwaffen. Ihr rüstungspolitisches Ziel bei den nuklearen Kurzstreckenwaffen der USA und der UdSSR ist eine deutliche, überprüfbare Reduzierung auf gleiche Obergrenzen.

**Die Politik gegenüber der Dritten Welt.** Die Zusammenarbeit mit den Ländern in Nah- und Mittelost, Afrika, Lateinamerika und Asien ist ein immer wichtigeres Element der deutschen Außenpolitik geworden. Diese Hinwendung zur Dritten Welt ist Ausdruck der gewachsenen Verantwortung der Bundesrepublik in der Welt, ihrer weltweiten wirtschaftlichen Verflechtungen und ihres vitalen Interesses an einer globalen Friedensordnung.

Für die Bundesrepublik Deutschland ist die Achtung vor der Selbstbestimmung und der Gleichberechtigung der Nationen wesentliche Grundlage ihrer Politik. Mit den Staaten der Dritten Welt unterhält sie Beziehungen auf der Basis gleichberechtigter und ausgewogener Partnerschaft. Dabei stellt sie sich voll hinter deren Anspruch auf Unabhängigkeit und eigenständige Entwicklung. Sie strebt nicht nach Einflußsphären und will keine Ideologien exportieren; vielmehr arbeitet sie für eine Welt, in der alle Nationen ihre politische, wirtschaftliche und kulturelle Lebensform selbst bestimmen und in der sie partnerschaftlich zusammenarbeiten.

Damit dieses Ziel erreicht werden kann, muß das Wohlstandsgefälle zwischen Industrie- und Entwicklungsländern in Nord und Süd verringert werden. Die Bundesrepublik stellt sich der Mitverantwortung für die Lösung dieser bedeutendsten internationalen Aufgaben unserer Zeit, insbesondere gegenüber den am wenigsten entwickelten Ländern. Gemeinsam mit ihren EG-Partnern leistet sie konstruktive Beiträge zum Dialog zwischen Industrie- und Entwicklungsländern: Sie wirkt im Kampf gegen Hunger und Verelendung, um eine Verbesserung der Lebensbedingungen und eine Verstärkung der Ressourcenübertragung an Entwicklungsländer mit.

Die Effizienz der Zusammenarbeit und verstärkten Hilfe wird durch eine gut funktionierende Weltwirtschaft, insbesondere durch einen möglichst freien Warenverkehr gefördert; alle Staaten und

*Weltwirtschaftsgipfel in Bonn 1985*

Staatengruppen sind daher aufgerufen, sich ungeachtet ihrer Wirtschafts- und Gesellschaftsordnung an dem kontinuierlichen Dialog und dem Interessenausgleich zwischen Nord und Süd mit substantiellen Beiträgen zu beteiligen.

Vor wenigen Jahrzehnten, nach den Verheerungen des Zweiten Weltkrieges, brauchte das deutsche Volk dringend Hilfe von außen, um sein Land wiederaufbauen zu können, und es erhielt diese Hilfe. Deshalb ist es selbstverständlich, daß heute die Bundesrepublik Deutschland Länder unterstützt, die Hilfe für ihre Entwicklung benötigen. Seit ihrem Bestehen hat sie ständig steigende Beiträge für Entwicklungshilfe aufgewendet. Bis 1986 sind von ihr insgesamt fast 280 Milliarden DM an öffentlichen und privaten Mitteln für die Entwicklungsländer aufgebracht worden. Für die nächsten Jahre hat sie noch eine weitere Erhöhung ihrer öffentlichen Leistungen vorgesehen (siehe auch S. 217–221).

**Mitgliedschaft in den Vereinten Nationen.** Seit 1973 ist die Bundesrepublik Deutschland Mitglied der Vereinten Nationen, an deren Unter- und Sonderorganisationen sie aber schon lange vorher mitgearbeitet hatte. Sie beteiligt sich aktiv an der internationalen multilateralen Zusammenarbeit in der Weltorganisation. Die Bundesrepublik Deutschland ist für die Periode 1987/88 zum zweiten Mal Mitglied des Sicherheitsrates der Vereinten Nationen. In Übereinstimmung mit der Charta der Vereinten Nationen unterstützt sie die weltweiten Bemühungen um die Sicherung des Friedens, den wirtschaftlichen und sozialen Fortschritt und die Verwirklichung der Menschenrechte und des Selbstbestimmungsrechts der Völker. Sie verurteilt auf das schärfste jede Art von Rassismus und Kolonialismus und widersetzt sich entschieden der Entstehung neuer Macht- und Einflußzonen.

**Die auswärtige Kulturpolitik** hat eine dreifache Aufgabe:
☐ die Kenntnis und Verbreitung der deutschen Sprache in der Welt zu fördern;
☐ im Ausland ein umfassendes, die demokratische Meinungsvielfalt widerspiegelndes Bild der Bundesrepublik Deutschland und ihrer kulturellen Leistungen zu vermitteln und
☐ in der Bundesrepublik Deutschland die Kenntnis fremder Kulturen zu verbreiten.

Kultur wird dabei in einem weiteren Sinne als die Gesamtheit der Lebens- und Denkformen der Völker einschließlich ihrer zivilisatorischen und gesellschaftlichen Probleme verstanden. Ungeachtet der unterschiedlichen wissenschaftlichen und technischen Entwicklung setzt Kulturaustausch die gleiche Würde aller Kulturen voraus.

Ziel der auswärtigen Kulturpolitik ist es, Vorurteile abzubauen und die wechselseitige Achtung der Völker zu stärken. Damit dient sie auch der wirtschaftlichen und politischen Zusammenarbeit. Die Verantwortung für diesen Teil der Außenpolitik liegt beim Auswärtigen Amt, das mit den Länderregierungen zusammenarbeitet.

Die Bundesrepublik Deutschland hat mit 50 Staaten Kulturabkommen abgeschlossen. Ein Kulturabkommen ist jedoch nicht Voraussetzung für einen engen kulturellen Austausch. Die Durchführung des Kulturaustausches liegt weitgehend in den Händen von Fachorganisationen (»Mittlerorganisationen«), die im Rahmen der außenpolitischen Vorgaben der Bundesregierung selbständig tätig sind. Vier von ihnen sind besonders wichtig:
☐ Das Goethe-Institut mit 155 Zweigstellen in 66 Ländern hat zwei Hauptaufgaben: Pflege der deutschen Sprache im Ausland und Förderung der internationalen kulturellen Zusammenarbeit.
☐ Der Deutsche Akademische Austauschdienst (DAAD) ist für den Austausch von Wissenschaftlern und Studenten zuständig.
☐ Inter Nationes betreut ausländische Gäste und informiert durch Filme, Tonbänder und Druckschriften umfassend über die Bundesrepublik Deutschland.
☐ Das Institut für Auslandsbeziehungen organisiert insbesondere deutsche Ausstellungen in fremden Ländern und ausländische in der Bundesrepublik Deutschland.

# Die öffentlichen Finanzen

In vielen Staaten ist zu beobachten, daß mehr und mehr Aufgaben, die früher privaten Charakter hatten, von der öffentlichen Hand übernommen worden sind. Im gleichen Maße ist die Bedeutung der öffentlichen Finanzen gewachsen. Das gilt auch für die Bundesrepublik Deutschland.

Der öffentliche Gesamthaushalt der Bundesrepublik umfaßt nicht nur den Bundeshaushalt, sondern auch die Haushalte der Bundesländer und der 8500 Gemeinden und Gemeindeverbände, ferner einige Sonderrechnungen. Das muß man immer im Auge behalten, wenn man Vergleiche anstellen will. Beispielsweise sind die Militärausgaben der Bundesrepublik leicht festzustellen, denn die Verteidigung ist eine Bundesangelegenheit, und die sie betreffenden Ausgaben erscheinen als geschlossener Block im Bundeshaushalt. Hingegen ist es nicht einfach, die Gesamtausgaben für kulturelle Zwecke – Bildung, Wissenschaft, Kunst usw. – zu ermitteln, weil sie auf die Haushalte des Bundes, der Länder, der Gemeinden und vieler nichtstaatlicher Institutionen verteilt sind.

**Die Verteilung der Aufgaben.** Die unterste Ebene, auf der öffentliche Leistungen erbracht werden, ist die Gemeinde. Ihr ist die Erledigung aller örtlichen Angelegenheiten vorbehalten. Dabei handelt

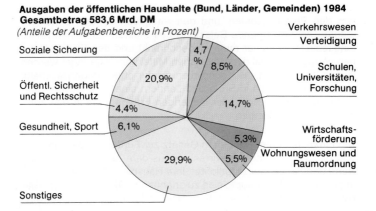

**Ausgaben der öffentlichen Haushalte (Bund, Länder, Gemeinden) 1984**
**Gesamtbetrag 583,6 Mrd. DM**
*(Anteile der Aufgabenbereiche in Prozent)*

Verkehrswesen
Verteidigung

Soziale Sicherung — 20,9%

Öffentl. Sicherheit und Rechtsschutz — 4,4%

Gesundheit, Sport — 6,1%

Sonstiges — 29,9%

4,7% / 8,5%

14,7%

5,3% Schulen, Universitäten, Forschung

Wirtschaftsförderung

5,5% Wohnungswesen und Raumordnung

es sich um vielfältige Grundbedürfnisse der Bürger wie die Versorgung mit Wasser, Gas und Strom, die Müllabfuhr, die Instandhaltung der Gemeindestraßen sowie – gemeinsam mit den Ländern – das Schulwesen und andere kulturelle Aufgaben.

Die Aufgaben der Länder erstrecken sich vorwiegend auf das Gebiet der Kultur, in erster Linie das Schul- und Bildungswesen. Außerdem obliegt ihnen die Polizei und das öffentliche Gesundheitswesen.

Die größte Aufgabenlast trägt der Bund. Zwei große Bereiche stehen im Vordergrund: die soziale Sicherheit und – wie schon erwähnt – die Verteidigung. Darüber hinaus hat der Bund wichtige Aufgaben auf zahlreichen anderen Gebieten: Verkehrs- und Nachrichtenwesen (Bundesbahn, Post und Fernstraßenbau), Bildung und Ausbildung, Wissenschaft und Forschung, Energie und Wirtschaftsförderung, Landwirtschaft, Wohnungs- und Städtebau, Gesundheitswesen, Umweltschutz, innere Sicherheit sowie Entwicklungshilfe.

Außerdem gibt es noch die Gemeinschaftsaufgaben, die vom Bund und den Ländern gemeinsam geplant und finanziert werden. Dazu gehören der Ausbau und Neubau von wissenschaftlichen Hochschulen, die Verbesserung der regionalen Wirtschaftsstruktur, der Agrarstruktur und des Küstenschutzes sowie die Zusammenarbeit bei der Bildungsplanung und Wissenschaftsförderung.

Die Finanzierung der öffentlichen Haushalte war seit Mitte der siebziger Jahre immer problematischer geworden. Besonders die Ausgaben für die soziale Sicherheit, aber auch die Zahlungen der Bundesrepublik Deutschland an die Europäische Gemeinschaft sind seitdem enorm angestiegen. Schwer tragen Bund, Länder und Gemeinden auch an den wachsenden Verwaltungskosten, vor allem den Personalkosten, und den Ausgaben für den Schuldendienst. Die zunehmende Belastung des Staates hat seinen Handlungsspielraum immer mehr eingeschränkt und den für Investitionen verfügbaren Teil der öffentlichen Mittel immer geringer werden lassen. Deshalb ist die Konsolidierung der öffentlichen Haushalte für die Regierungen in Bund und Ländern eine vordringliche Aufgabe und wird es trotz aller bisherigen Erfolge auch in den kommenden Jahren bleiben.

**Die Finanzplanung.** Nach dem Gesetz zur Förderung der Stabilität und des Wachstums der Wirtschaft aus dem Jahre 1967 sind der Bund und die Länder verpflichtet, ihre Haushaltspolitik an den wirtschaftspolitischen Hauptzielen zu orientieren. Diese Ziele sind: Stabilität des Preisniveaus, hoher Beschäftigungsgrad, außenwirt-

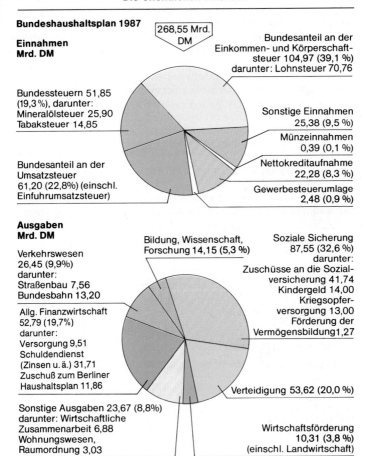

**Bundeshaushaltsplan 1987**

**Einnahmen**
**Mrd. DM**

268,55 Mrd. DM

Bundesanteil an der Einkommen- und Körperschaftsteuer 104,97 (39,1 %)
darunter: Lohnsteuer 70,76

Bundessteuern 51,85 (19,3 %), darunter:
Mineralölsteuer 25,90
Tabaksteuer 14,85

Sonstige Einnahmen 25,38 (9,5 %)

Münzeinnahmen 0,39 (0,1 %)

Bundesanteil an der Umsatzsteuer 61,20 (22,8 %) (einschl. Einfuhrumsatzsteuer)

Nettokreditaufnahme 22,28 (8,3 %)

Gewerbesteuerumlage 2,48 (0,9 %)

**Ausgaben**
**Mrd. DM**

Verkehrswesen 26,45 (9,9 %) darunter:
Straßenbau 7,56
Bundesbahn 13,20

Allg. Finanzwirtschaft 52,79 (19,7 %) darunter:
Versorgung 9,51
Schuldendienst (Zinsen u. ä.) 31,71
Zuschuß zum Berliner Haushaltsplan 11,86

Sonstige Ausgaben 23,67 (8,8 %) darunter: Wirtschaftliche Zusammenarbeit 6,88
Wohnungswesen, Raumordnung 3,03

Bildung, Wissenschaft, Forschung 14,15 (5,3 %)

Soziale Sicherung 87,55 (32,6 %) darunter:
Zuschüsse an die Sozialversicherung 41,74
Kindergeld 14,00
Kriegsopferversorgung 13,00
Förderung der Vermögensbildung 1,27

Verteidigung 53,62 (20,0 %)

Wirtschaftsförderung 10,31 (3,8 %) (einschl. Landwirtschaft)

schaftliches Gleichgewicht und stetiges, angemessenes Wirtschaftswachstum. Der Bund und die Länder müssen für ihre Bereiche eine Finanzplanung aufstellen, in der die Einnahmen und Ausgaben dieser Haushalte für einen Zeitraum von fünf Jahren einander gegenübergestellt werden. Diese mehrjährige Finanzplanung soll vor allem dazu dienen, die öffentlichen Einnahmen und Ausgaben mit den volkswirtschaftlichen Möglichkeiten und Erfordernissen abzustimmen. Die Ausgaben der öffentlichen Haushalte sollen in einer nach Dringlichkeit geordneten Rangfolge mit den gesamtwirtschaftlich vertretbaren Finanzierungsmöglichkeiten in Einklang gebracht werden. Nach den Gemeindeordnungen der Länder haben auch die Gemeinden mittelfristige Finanzplanungen zu erstellen.

Die große Bedeutung der öffentlichen Haushalte erfordert eine enge Abstimmung der Haushaltsgestaltung aller Verwaltungsebenen. Das wichtigste Organ einer solchen freiwilligen Zusammenarbeit ist der 1968 geschaffene Finanzplanungsrat, an dem Bund, Länder, Gemeinden sowie die Deutsche Bundesbank beteiligt sind. Auch der Konjunkturrat für die öffentliche Hand hat koordinierende und beratende Funktionen (siehe S. 165).

**Die Verteilung der Einnahmen.** Damit der Bund, die Länder und die Gemeinden ihre Aufgaben erfüllen können, müssen sie über die entsprechenden finanziellen Mittel verfügen. Ihre wichtigste Einnahmequelle sind die Steuern. Es gibt über zwei Dutzend verschie-

**Kassenmäßige Steuereinnahmen im Bundesgebiet** *(in Mill. DM)*

| Steuerart | 1970 | 1980 | 1986 |
|---|---|---|---|
| *Gemeinschaftsteuern* | 99 949 | 267 300 | 333 675 |
| Lohnsteuer | 35 086 | 111 559 | 152 233 |
| Veranlagte Einkommensteuer | 16 001 | 36 796 | 29 881 |
| Kapitalertragsteuer | 2 021 | 4 175 | 8 121 |
| Körperschaftsteuer | 8 716 | 21 322 | 32 301 |
| Umsatzsteuer, Einfuhrumsatzsteuer | 38 125 | 93 448 | 111 139 |
| *Bundessteuern einschl. EG-Anteile* | 27 396 | 46 053 | 56 351 |
| Zölle | 2 871 | 4 603 | 5 239 |
| Tabak-, Kaffee-, Zuckersteuer | 7 718 | 12 906 | 16 282 |
| Branntweinmonopol | 2 228 | 3 885 | 4 065 |
| Mineralölsteuer | 11 512 | 21 351 | 25 644 |
| Sonstige Verbrauchsteuern | 451 | 780 | 934 |
| Ergänzungsabgabe | 948 | 39 | 9 |
| Sonstige Bundessteuern | 1 667 | 2 490 | 4 177 |
| *Ländersteuern* | 9 531 | 16 072 | 21 255 |
| Vermögensteuer | 2 877 | 4 664 | 4 396 |
| Kraftfahrzeugsteuer | 3 830 | 6 585 | 9 356 |
| Biersteuer | 1 175 | 1 262 | 1 263 |
| Sonstige Landessteuern | 1 650 | 3 560 | 6 239 |
| *Gemeindesteuern* | 15 679 | 35 736 | 41 155 |
| Grundsteuer A und B | 2 683 | 5 804 | 7 636 |
| Gewerbesteuer (Ertrag und Kapital) | 10 728 | 27 091 | 31 987 |
| Sonstige Gemeindesteuern | 2 267 | 2 597 | 1 532 |
| *Insgesamt* | 152 555 | 364 918 | 452 437 |

dene Steuern. Aber fünf von ihnen – Einkommen-, Körperschaft-, Umsatz-, Mineralöl- und Gewerbesteuer – erbringen zusammen mehr als vier Fünftel des gesamten Steueraufkommens. Vor 1914 erhielten das Reich, die Länder und die Gemeinden je etwa ein Drittel der Steuereinnahmen. Mit dem Gewicht der Aufgaben hat sich auch der Anteil an den Einnahmen zum Zentralstaat hin verschoben. Heute verfügt der Bund über knapp die Hälfte des gesamten Steueraufkommens.

Die Verteilung der Steuereinnahmen auf die drei Ebenen ist kompliziert. Einkommen-, Körperschaft- und Umsatzsteuer sind »Gemeinschaftsteuern«; sie werden nach festgelegten (und bei der Umsatzsteuer in Abständen neu auszuhandelnden) Schlüsseln zwischen Bund und Ländern aufgeteilt. Einen Teil der Einkommensteuer erhalten auch die Gemeinden. Sie müssen dafür einen Teil der Gewerbesteuer – die früher eine reine Gemeindesteuer war – an Bund und Länder abführen. Einen weiteren Teil der Umsatzsteuer erhält die EG.

Andere Steuern stehen jeweils einer einzigen Verwaltungsebene zu. Bundeseinkünfte sind die Zölle (nach Abzug des EG-Anteils), Einkünfte aus Finanzmonopolen (z. B. aus dem Branntweinmonopol) und einige Verbrauch- und Verkehrsteuern (z. B. die Mineralölsteuer, die Tabaksteuer und die Kapitalverkehrsteuern). Die Länder verfügen über das Aufkommen aus der Kraftfahrzeugsteuer, der Vermögensteuer, der Erbschaftsteuer und der Biersteuer sowie aus einigen kleineren Steuern. Die Gemeinden erhalten die Mittel aus der Grundsteuer und den örtlichen Verbrauch- und Aufwandsteuern.

Die höchsten Einnahmen erbringt die Einkommensteuer. Sie berührt auch den Durchschnittsbürger am stärksten. Unselbständig Beschäftigten, d. h. den Arbeitern, Angestellten und Beamten, wird sie als Lohnsteuer vom Lohn oder Gehalt bereits durch den Arbeitgeber abgezogen, der sie an das Finanzamt abführt. Der Steuersatz steigt mit dem Einkommen; er beträgt zur Zeit – nach Abzug bestimmter, nicht der Besteuerung unterliegender Beträge – mindestens 22% und höchstens 56%.

Neben den Steuereinnahmen ist die Kreditaufnahme eine wesentliche Quelle zur Finanzierung der öffentlichen Ausgaben. Die öffentlichen Haushalte der Bundesrepublik waren 1986 mit insgesamt 792,6 Mrd. DM verschuldet; das waren pro Einwohner etwa 13 000 DM. Die öffentliche Verschuldung hatte damit einen hohen Stand erreicht. In den letzten Jahren konnte allerdings die Neuverschuldung der drei nationalen Haushaltsebenen durch eine konsequente Sparpolitik gesenkt werden. An diesem Konsolidierungskurs soll grundsätzlich weiter festgehalten werden, um die Schuldenlast weiter absenken zu können.

**Der Finanzausgleich.** Die Steuerkraft der einzelnen Bundesländer ist sehr unterschiedlich, weil sich die Länder in ihren natürlichen Bedingungen und ihrer Wirtschaftsstruktur stark unterscheiden. So stehen den finanzstarken Ländern wie Baden-Württemberg, Hamburg und Hessen finanzschwächere Länder wie Niedersachsen, Rheinland-Pfalz, Saarland, Schleswig-Holstein und Bremen gegenüber. Die Unterschiede in der Finanzkraft werden durch einen »horizontalen Finanzausgleich« weitgehend gemildert. Zum Teil wird er durch eine differenzierte Aufteilung des Umsatzsteueranteils der Länder herbeigeführt, zum Teil durch Ausgleichszahlungen der finanzstarken an die finanzschwachen Bundesländer. Außerdem unterstützt der Bund finanzschwache Länder, um deren Finanzkraft noch weiter zu verbessern.

Ein »vertikaler Finanzausgleich« findet zwischen Ländern und Gemeinden statt. Die Steuer- und sonstigen Einnahmen der Gemeinden reichen zur Erfüllung ihrer Aufgaben nicht aus. Die Gemeinden sind deshalb auf Zuschüsse der Bundesländer angewiesen. Diese Zuweisungen sind zum Teil zweckgebunden, zum Teil können die Gemeinden frei über sie verfügen. Dieser kommunale Finanzausgleich ist so gestaltet, daß er die Unterschiede zwischen steuerstarken und steuerschwachen Gemeinden abmildert.

# Der öffentliche Dienst

Für den Durchschnittsbürger ist der Staat ein abstrakter Begriff. Fleisch und Blut gewinnt er erst in Gestalt seiner Diener. In der Bundesrepublik Deutschland stehen rund 4,6 Millionen Menschen, davon 3,6 Millionen Vollbeschäftigte, im öffentlichen Dienst, d. h. im Dienst des Bundes, der Länder, der Gemeinden sowie der Körperschaften und Anstalten des öffentlichen Rechts. Nur ein Teil von ihnen ist mit Verwaltungsarbeit im engeren Sinne beschäftigt. Zum öffentlichen Dienst gehören unterschiedliche Gruppen, so z. B. Ministerialbeamte und Müllfahrer, Bademeister und Professoren, Richter und Krankenschwestern, Lehrer und Lokomotivführer, aber auch die Soldaten der Bundeswehr.

**Das Berufsbeamtentum.** Etwa 40% der im öffentlichen Dienst Beschäftigten sind Beamte. Das Berufsbeamtentum ist eine deutsche Besonderheit. Das Grundgesetz hat an dieser bewährten Institution festgehalten, die sich im demokratischen Rechtsstaat der Bundesrepublik als objektiver Sachwalter des Gemeinwohls erwiesen hat. Es schreibt ausdrücklich vor, das Recht des öffentlichen Dienstes »unter Berücksichtigung der hergebrachten Grundsätze des Berufsbeamtentums zu regeln«. Durch das Berufsbeamtentum soll jederzeit die von sachfremden Einflüssen unbehinderte, zuverlässige Erfüllung der öffentlichen Aufgaben gewährleistet werden.

Vom Grundgesetz wird der Beamte mit der »Ausübung hoheitsrechtlicher Befugnisse« betraut. Derartige Befugnisse übt der Beamte beispielsweise aus, wenn er den Abbruch eines einsturzgefährdeten Hauses verfügt, den Verkehr regelt, einen Bußgeldbescheid erläßt oder einen Räuber mit der Waffe verfolgt. Zu seinem Dienstherrn steht der Beamte in einem »öffentlich-rechtlichen Dienst- und Treueverhältnis«. Der Beamte ist zu einer besonderen Treue gegenüber seinem Dienstherrn verpflichtet. Es wird von ihm die Bereitschaft verlangt, jederzeit für die freiheitliche demokratische Grundordnung, wie sie vom Grundgesetz bestimmt ist, einzutreten. Er muß sein Handeln stets an den Grundsätzen des Gemeinwohls und der Gesetzmäßigkeit der Verwaltung ausrichten; auch wenn er einen Entscheidungsspielraum hat, darf er nie nach völlig freiem Ermessen tätig werden, sondern immer nur nach pflichtgemäßem Ermessen. Seine Vorgesetzten können von ihm Gehorsam verlangen; trotzdem bleibt er für die Rechtmäßigkeit seines Handelns selbst verantwortlich. Sogar in seinen Grundrechten ist er gewissen Einschränkungen unterworfen. Zwar haben Beamte wie alle Staatsbürger das Recht auf politische Betätigung, doch müssen sie dabei Mäßigung und Zurückhaltung üben. Sie besitzen auch das Koalitionsrecht – d.h. das Recht, sich zu Berufsverbänden zusammenzuschließen –, dürfen aber nicht streiken.

Den besonderen Pflichten der Beamten stehen auch Rechte gegenüber. Beamte werden in der Regel auf Lebenszeit ernannt. Für die Zeit ihres aktiven Dienstverhältnisses und auch im Ruhestand haben sie mit ihren Familien Anspruch auf Fürsorge durch ihre Dienstherren. Bei Dienstunfähigkeit oder bei Erreichen der Altersgrenze erhalten sie eine Pension.

Die Beamtenschaft ist nach Status und Bezahlung hierarchisch gegliedert. Jeder Beamte gehört einer von vier »Laufbahngruppen« an: dem einfachen, dem mittleren, dem gehobenen oder dem höheren Dienst. Für den Zugang zu den einzelnen Gruppen sind unterschiedliche Bildungsabschlüsse maßgebend; so braucht man für den höheren Dienst in der Regel ein abgeschlossenes Hochschulstudium. Der Übergang aus einer niederen in eine höhere Laufbahngruppe ist nur unter bestimmten Voraussetzungen möglich, er ist aber im Rahmen der Dienstrechtsreform in den letzten Jahren verbessert worden. Innerhalb der einzelnen Laufbahngruppen gibt es mehrere Ämter mit unterschiedlicher Besoldung.

**Arbeiter und Angestellte im öffentlichen Dienst.** Etwa 60% der im öffentlichen Dienst Tätigen sind Arbeiter und Angestellte. Diese sind in vielerlei Hinsicht ihren Kollegen in der Privatwirtschaft gleichgestellt. So müssen sie Beiträge zur Sozialversicherung entrichten und sind auch nicht von vornherein auf Lebenszeit angestellt; erst nach fünfzehnjähriger Dienstzeit und Vollendung des vierzigsten Lebensjahres wird ihre Stellung unkündbar. Allerdings ist ihr Arbeitsverhältnis im Laufe der Zeit dem Beamtenverhältnis immer mehr angenähert worden. Dennoch verbleiben erhebliche Unterschiede in der Rechtsstellung. Gelegentlich versehen aber Angestellte im öffentlichen Dienst die gleichen oder ganz ähnliche Aufgaben wie Beamte.

**Das Extremistenproblem.** Die Angehörigen des öffentlichen Dienstes, vor allem aber die Beamten, führen Verfassung und Gesetz aus. Sie verwirklichen damit die Ordnung des Staates. Aus diesem Grunde erlegen die meisten Staaten ihren Beamten erhöhte Treuepflichten auf. Sie verlangen ihre Bereitschaft, jederzeit für die verfassungsmäßige Ordnung einzutreten. Unterschiedlich allerdings sind die Verfahren, nach denen die Beamten ausgewählt werden. Viele Staaten haben sehr pragmatische Wege eingeschlagen. Für die Bundesrepublik Deutschland hat das Bundesverfassungsgericht festgestellt, daß die Gewähr für die Verfassungstreue eines Bewerbers als eine der Einstellungsvoraussetzungen zu prüfen ist, daß aber eine Ablehnung mit Tatsachen begründet werden muß, die von einem unabhängigen Gericht nachgeprüft werden können.

Die Einstellungspraxis in Bund und Ländern war und ist nicht einheitlich. Ein Beschluß der Regierungschefs von Bund und Ländern aus dem Jahre 1972, der sogenannte Radikalenerlaß, hat seinerzeit keine Klärung bewirkt. Je nach politischem Standpunkt wurden einzelne Ablehnungsfälle als Argumente in der zeitweise heftigen Auseinandersetzung um ein allen rechtsstaatlichen Geboten genügendes Einstellungsverfahren vorgetragen. Inzwischen haben höchstrichterliche Urteile den Weg für ein rechtsstaatliches Verfahren gewiesen. Die Bundesregierung hat die Folgerung daraus gezogen und 1979 für die Verwaltung des Bundes neue »Grundsätze für die Prüfung der Verfassungstreue« beschlossen.

# Innere Sicherheit

Die Aufrechterhaltung der öffentlichen Sicherheit und Ordnung ist eine der wichtigsten Aufgaben des Staates. In der Bundesrepublik Deutschland wird diese Aufgabe von Organen der Länder und des Bundes wahrgenommen.

**Die Polizei der Länder.** Die Polizei ist grundsätzlich ein Organ der einzelnen Bundesländer. Die Länder haben auf diesem Gebiet die Gesetzgebungsbefugnis, und so gibt es elf verschiedene, in vielen wichtigen Fragen allerdings einander ähnliche Landespolizeigesetze. Eine enge Zusammenarbeit der Länderpolizeien ist durch regelmäßig stattfindende Konferenzen der Innenminister der Länder, an denen der Bundesinnenminister teilnimmt, gesichert.

Die Aufgaben der Polizei sind vielfältig. Das Polizeiorgan, mit dem der Bürger am häufigsten in Berührung kommt, ist die Verkehrspolizei. Nicht minder wichtig für die innere Sicherheit sind die allgemeine Schutz-, Bereitschafts- und Wasserschutzpolizei sowie die Kriminalpolizei, die als einziger Teil der polizeilichen Exekutive nicht uniformiert ist. Bei der Verbrechensbekämpfung gilt das besondere Augenmerk der Gewaltkriminalität, der Wirtschaftskriminalität, der Jugendkriminalität und der Rauschgiftkriminalität, außerdem in zunehmendem Maße dem politischen Extremismus und dem politisch motivierten Terror.

Zur Heranbildung des polizeilichen Nachwuchses, zur Unterstützung des Polizei-Einzeldienstes bei polizeilichen Großeinsätzen und zur Bewältigung außergewöhnlicher Situationen unterhalten die Länder kasernierte und einheitlich ausgebildete Bereitschaftspolizeien mit 25000 Beamten. Die Bereitschaftspolizei wird durch den Bund einheitlich ausgestattet und auf ihre Einsatzfähigkeit ständig überprüft.

**Der Bundesgrenzschutz.** Der Bundesgrenzschutz (BGS) ist eine Polizei des Bundes; er untersteht dem Bundesminister des Innern. Die Gesamtstärke des BGS beträgt 22600 Mann. Die Hauptaufgabe des BGS ist die polizeiliche Überwachung der Grenzen. Er kontrolliert den die Grenzen überschreitenden Verkehr. Im Grenzgebiet hat er Gefahren abzuwehren und Störungen zu beseitigen. Der BGS sorgt auch für den Schutz von Bundesorganen (z. B. Bundespräsidialamt und Bundeskanzleramt). Er wird ferner zu Sicherheits-

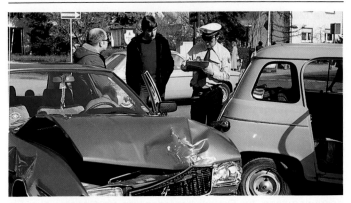

*Die Polizei bei der Aufnahme eines Verkehrsunfalls*

aufgaben bei Staatsbesuchen und ähnlichen Ereignissen eingesetzt. Weltweite Anerkennung gewann die seit 1973 einsatzbereite
Grenzschutzgruppe 9, die im Oktober 1977 in Mogadischu (Somalia) 86 in einer Lufthansa-Maschine entführte Geiseln aus der Gewalt von Terroristen befreite.

Im Fall eines inneren Notstands können dem Bundesgrenzschutz besondere Aufgaben zufallen. Insbesondere kann er zur
Abwehr einer drohenden Gefahr für den Bestand oder die freiheitliche demokratische Grundordnung des Bundes oder eines Landes
eingesetzt werden. Im Fall eines äußeren Notstands (Verteidigungsfall), also bei einem bewaffneten Angriff auf das Bundesgebiet von außen, kann die Bundesregierung, wenn es erforderlich ist,
den Bundesgrenzschutz im gesamten Bundesgebiet einsetzen.

**Das Bundeskriminalamt.** Das Bundeskriminalamt (BKA) mit Sitz in
Wiesbaden und einer Hauptabteilung in der Nähe von Bonn ist die
Zentralstelle für die Zusammenarbeit von Bund und Ländern bei der
Verbrechensbekämpfung. Es sammelt Nachrichten und Unterlagen
für die kriminalpolizeiliche Verbrechensbekämpfung und wertet
diese aus. Das BKA unterhält kriminaltechnische und erkennungs-
dienstliche Einrichtungen und fungiert als Nationales Zentralbüro
der Internationalen Kriminalpolizeilichen Organisation (INTERPOL).
In Fällen schwerer Kriminalität nimmt das BKA die Strafverfolgung
selbst wahr, z. B. bei international organisiertem Rauschgifthandel
oder auf Ersuchen eines Bundeslandes. Die Sicherungsgruppe
Bonn des BKA schützt die Verfassungsorgane des Bundes und
ihre Gäste.

Die Mitarbeiterzahl des BKA wurde seit 1969 fast vervierfacht und beträgt nunmehr 3500. Dies war ein wichtiger Beitrag zur Stärkung der inneren Sicherheit in der Bundesrepublik Deutschland, insbesondere zur Bekämpfung von Gewaltverbrechen terroristischer Gruppen und zur Eindämmung der schweren Kriminalität überhaupt.

**Die Verfassungsschutzbehörden.** Der Schutz der freiheitlichen demokratischen Grundordnung gegen ihre Beseitigung und Unterwanderung wird vom Grundgesetz als Verfassungsschutz definiert. Um den Verfassungsschutz wirksam gewährleisten zu können, sammeln die Verfassungsschutzbehörden des Bundes und der Länder Informationen über extremistische und sicherheitsgefährdende Bestrebungen und werten diese für die Bundes- und Landesregierungen, für Exekutivbehörden und für Gerichte aus. Ein weiteres Betätigungsfeld der Verfassungsschutzbehörden ist die Spionageabwehr, die Bekämpfung geheimdienstlicher Aktivitäten fremder Mächte auf dem Hoheitsgebiet der Bundesrepublik Deutschland.

Verfassungsschutzbehörde des Bundes und gleichzeitig Zentralstelle zur Sammlung von Unterlagen für Zwecke des Verfassungsschutzes ist das Bundesamt für Verfassungsschutz (BfV) in Köln. Das BfV untersteht dem Bundesminister des Innern. Es arbeitet mit den Landesbehörden für Verfassungsschutz zusammen. Der Verfassungsschutz ist ein reiner Nachrichtendienst. Er hat keine polizeilichen Exekutivbefugnisse.

Eine Kontrolle der Verfassungsschutzbehörden in Bund und Ländern findet in mehrfacher Hinsicht statt. Sie wird durch die verantwortlichen Minister, die Parlamente und die Datenschutzbeauftragten wahrgenommen. Daneben unterliegt der Verfassungsschutz der Kontrolle durch die Gerichte sowie durch die öffentliche Meinung, die Presse und den Rundfunk.

# Äußere Sicherheit

Die Sicherheitspolitik der Bundesrepublik Deutschland ist darauf gerichtet, Frieden, Freiheit und Unabhängigkeit unseres Landes zu schützen. Dazu gehört auch die Fähigkeit, jede politische Erpressung abzuwehren und jeden Versuch der militärischen Gewaltanwendung zum untragbaren Risiko für einen Aggressor zu machen.

Verteidigungsfähigkeit und Entspannungsbereitschaft sind die beiden Komponenten dieser Sicherheitspolitik. Deshalb ist die Bundesrepublik Deutschland Mitglied der Organisation des Nordatlantikpaktes (NATO) und zugleich aktiv beteiligt an internationalen Entspannungsbestrebungen. Sie läßt sich von dem Grundsatz leiten, keine Nuklearmacht zu werden.

**Der Auftrag der Streitkräfte.** Die Bundeswehr – dies ist die offizielle Bezeichnung der Streitkräfte – dient der Friedenssicherung; ihre Existenz ist eine Voraussetzung für die Entspannungspolitik. Sie stellt das größte konventionelle Truppenkontingent der NATO in Europa.

*NATO-Manöver*

Die Bundeswehr hat den Auftrag,

☐ im Frieden gemeinsam mit den Truppen der Bündnispartner durch ständige Einsatzbereitschaft einen Gegner von der Androhung oder Anwendung militärischer Gewalt abzuhalten;

☐ in Krisen dazu beizutragen, daß die politische Führung verhandeln kann, ohne sich einem fremden politischen Willen unterwerfen zu müssen;

☐ im Verteidigungsfall gemeinsam mit den Bündnispartnern durch grenznahe Verteidigung die Unversehrtheit des Territoriums der Bundesrepublik zu erhalten oder wiederherzustellen (Vorneverteidigung).

Aufgrund ihrer hohen Bevölkerungsdichte und ihrer ausgeprägten Industrialisierung ist die Bundesrepublik gegen jeden Angriff hochempfindlich. In einem nur 100 Kilometer breiten Streifen westlich der Grenze zu den Staaten des Warschauer Paktes leben 30% ihrer Bevölkerung und sind 25% ihrer Industriekapazität angesiedelt.

Ein länger andauernder Kampf auf dem Territorium der Bundesrepublik würde das zerstören, was verteidigt werden soll; deshalb ist das Prinzip der Vorneverteidigung lebenswichtig.

**Die Organisation der Bundeswehr.** In der Bundesrepublik Deutschland besteht allgemeine Wehrpflicht für Männer. Der Grundwehrdienst dauert derzeit 15 Monate. Die Bundeswehr ist keine reine Wehrpflichtarmee. Als hochtechnisierte Streitmacht ist sie auf Soldaten angewiesen, die ihr länger zur Verfügung stehen. Zur Zeit dienen in der Bundeswehr 495 000 Soldaten, Unteroffiziere

**Personalumfang der Bundeswehr**

| | |
|---|---|
| 340 000 | Heer |
| 110 700 | Luftwaffe |
| 38 300 | Marine |
| 6 000 | Wehrübende |

**Kräftevergleich Mitteleuropa** *(Soldaten, Kampfpanzer, Kampfflugzeuge)*

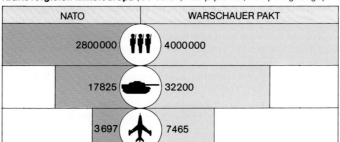

| NATO | WARSCHAUER PAKT |
|---|---|
| 2 800 000 | 4 000 000 |
| 17 825 | 32 200 |
| 3 697 | 7 465 |

und Offiziere. Ungefähr die Hälfte von ihnen sind Wehrpflichtige; die übrigen sind Berufssoldaten oder längerdienende Soldaten mit einer Verpflichtungszeit bis zu 15 Jahren.

Die Bundeswehr besteht aus den Teilstreitkräften Heer, Luftwaffe und Marine. Sie gehört heute unbestritten zu den gut ausgerüsteten Streitkräften im Nordatlantischen Bündnis. Die Kampfkraft und die Leistungsfähigkeit von Heer, Luftwaffe und Marine sind durch Einführung neuer und Modernisierung vorhandener Waffensysteme und Rüstungselemente verbessert und verstärkt worden. Hier wird es auch künftig keinen Stillstand geben.

Längerdienende Soldaten können während ihrer Dienstzeit an zahlreichen Lehrgängen teilnehmen und Prüfungen ablegen, die ihnen später im Berufsleben zugute kommen. Seit 1973 hat die Bundeswehr eigene Universitäten, an denen künftige Offiziere ein Studium in verschiedenen Fachrichtungen absolvieren können, das auch im zivilen Bereich anerkannt wird. Die Führungsakademie der Bundeswehr bildet Offiziere für höhere Verwendungen aus.

**Bundeswehr und Gesellschaft.** Die Bundeswehr steht unter dem Primat der Politik. Der Vorrang des Parlaments und der politischen Führung ist dadurch garantiert, daß die Befehls- und Kommandogewalt im Frieden beim Bundesverteidigungsminister und im Verteidigungsfall beim Bundeskanzler liegt. Die parlamentarische Kontrolle der Bundeswehr wird von den Ausschüssen des Bundestages, insbesondere dem Verteidigungsausschuß, wahrgenommen. Eine parlamentarische Kontrollfunktion hat auch der Wehrbeauftragte des Deutschen Bundestages, der auf fünf Jahre vom Bundestag gewählt wird. Er wacht über die verfassungsmäßigen Rechte der Soldaten. Jeder Soldat hat das Recht, sich mit Beschwerden ohne Einhaltung des Dienstweges unmittelbar an ihn zu wenden. Der Wehrbeauftragte kann von den militärischen Dienststellen Auskunft und Akteneinsicht verlangen und unangemeldet alle Einrichtungen der Bundeswehr besuchen.

Der staatsbürgerlichen Pflicht zum Wehrdienst steht das Grundrecht des einzelnen zur Kriegsdienstverweigerung aus Gewissensgründen gegenüber. Nach Artikel 4 des Grundgesetzes darf niemand gegen sein Gewissen zum Kriegsdienst mit der Waffe gezwungen werden. Bei Anerkennung als Kriegsdienstverweigerer erlischt die Pflicht, Wehrdienst zu leisten. Statt dessen muß ein 20 Monate dauernder ziviler Ersatzdienst in sozialen Einrichtungen, z. B. Krankenhäusern, geleistet werden.

Die Bürger der Bundesrepublik Deutschland sind bereit, ihre demokratische Wert- und Lebensordnung notfalls unter Einsatz der Streitkräfte zu verteidigen. Sie wünschen militärisches Gleichgewicht gegenüber dem Osten und bewerten den Zustand des Friedens in Europa seit über vierzig Jahren auch als Erfolg deutscher Sicherheitspolitik in der Nordatlantischen Allianz. Wesentlich für die breite Zustimmung der Bürger ist dabei der erklärte Wille aller Partner des westlichen Bündnisses, ihre Waffen niemals einzusetzen, es sei denn als Antwort auf einen Angriff.

**Die zivile Verteidigung.** Die zivile Verteidigung umfaßt die Vorbereitung und Durchführung aller Verteidigungsmaßnahmen im nichtmilitärischen Bereich. Sie liegt ausschließlich in den Händen ziviler Behörden. Zur zivilen Verteidigung gehören vor allem: die Aufrechterhaltung der Staats- und Regierungsfunktionen; der Schutz von Leben und Gesundheit der Bevölkerung vor Kriegseinwirkungen (Zivilschutz); die Versorgung mit lebens- und verteidigungswichtigem Bedarf; die Unterstützung der Streitkräfte.

Der wichtigste Teilbereich der zivilen Verteidigung ist der Zivilschutz. Die zentrale Behörde für diesen Bereich ist das Bundesamt für Zivilschutz. Es ist unter anderem zuständig für den Warn- und Alarmdienst, für Luftrettungsdienst sowie für den Schutzraumbau in Wohngebäuden, Schulen und Krankenhäusern. Dem Bundesverband für den Selbstschutz obliegt die Aufklärung der Bevölkerung über die Wirkung von Angriffswaffen und über Schutzmöglichkeiten. An Lehrgängen des Bundesverbands für den Selbstschutz haben bisher über 5,5 Millionen Bürger der Bundesrepublik teilgenommen.

# Wirtschaft

Das Wirtschaftssystem
Der Arbeitsmarkt
Einkommen und Preise
Verbraucherschutz
Land- und Forstwirtschaft, Fischerei
Die Industrie
Rohstoffversorgung und Energiewirtschaft
Das Handwerk
Der Handel
Der innerdeutsche Handel
Die Außenwirtschaft
Zusammenarbeit mit Entwicklungsländern
Geld- und Bankwesen
Messen und Ausstellungen
Der Verkehr
Die Deutsche Bundespost
Die Bundesrepublik Deutschland
als Reiseland

# Das Wirtschaftssystem

Die Bundesrepublik Deutschland gehört zu den großen Industrieländern. Ihrer wirtschaftlichen Gesamtleistung nach steht sie in der Welt an vierter Stelle; im Welthandel nimmt sie sogar den zweiten Platz ein. Der reale Wert ihres Bruttosozialprodukts – d. h. der Wert aller für den Markt erzeugten Güter und Dienstleistungen – hat sich zwischen 1960 und 1986 mehr als verdoppelt. (In Preisen von 1980 ausgedrückt, ist er von 731,7 Mrd. DM auf 1618,4 Mrd. DM gestiegen. Legt man die jeweiligen Marktpreise zugrunde, hat sich das Bruttosozialprodukt von 303 auf 1949 Mrd. DM erhöht.)

Da in diesem Zeitraum die Zahl der Erwerbstätigen und die durchschnittliche Arbeitszeit zurückgegangen sind, ist der Anstieg des Sozialprodukts einer gewaltigen Steigerung der Produktivität zu verdanken. Von der weltweiten Rezession, die 1974 einsetzte, wurde auch die Bundesrepublik betroffen. Für sie waren die Verlangsamung des Wirtschaftswachstums und die ansteigende Arbeitslosigkeit die größten Probleme. Durch eine Neuorientierung der Wirtschafts- und Finanzpolitik sind inzwischen die Wachstumskräfte wiederbelebt worden.

**Soziale marktwirtschaftliche Ordnung.** Das Wirtschaftssystem in der Bundesrepublik hat sich seit dem Zweiten Weltkrieg zu einer sozialen marktwirtschaftlichen Ordnung mit globaler Steuerung des Wirtschaftsablaufs entwickelt. Dieses Wirtschaftssystem bedeutet ebenso Abkehr vom Laissez-faire alter Art wie Vermeidung von staatlichem Dirigismus. Es verbindet die freie Initiative des einzelnen mit den Grundsätzen des sozialen Fortschritts. Das Grundgesetz, das die Freiheit der privaten Initiative und das Privateigentum garantiert, unterwirft diese Grundrechte sozialen Bindungen. Unter dem Stichwort »So wenig Staat wie möglich, so viel Staat wie nötig« fällt dem Staat in der Marktwirtschaft in erster Linie eine Ordnungsaufgabe zu. Er setzt die Rahmenbedingungen, unter denen sich die Marktvorgänge abspielen. Die Frage, welche und wie viele Güter erzeugt werden und wer wieviel davon erhält, wird vor allem auf den Märkten entschieden. Der Staat verzichtet fast vollständig auf direkte Eingriffe in die Preis- und Lohnbildung.

**Marktwirtschaft.** Voraussetzung für das Funktionieren des Marktmechanismus ist der Wettbewerb. Ohne Konkurrenz kann es keine

Marktwirtschaft geben. Aber Wettbewerb ist anstrengend. Es ist daher verständlich, wenn von Unternehmern immer wieder versucht wird, den Wettbewerb auszuschalten, sei es durch Vereinbarung zwischen den Konkurrenten, sei es durch den Zusammenschluß von Firmen. Solche Versuche soll das Gesetz gegen Wettbewerbsbeschränkungen (Kartellgesetz) von 1957 unterbinden, das inzwischen wesentlich verbessert wurde. Es verbietet Abreden und Verträge, die die Marktverhältnisse durch Beschränkung des Wettbewerbs beeinflussen. Die Einhaltung des Gesetzes überwachen das Bundeskartellamt in Berlin und die Kartellbehörden der Länder.

Die Triebkraft der Marktwirtschaft ist das Streben nach Gewinn. Deshalb muß sie überall dort versagen, wo keine Gewinne erzielt werden sollen oder können. Aus diesem Grund waren einige Bereiche der deutschen Wirtschaft nie ganz dem marktwirtschaftlichen System unterworfen, zum Beispiel die Landwirtschaft, Teile des Verkehrswesens und der Steinkohlenbergbau. Die Landwirtschaft kann vor allem aus sozialen Gründen nicht vollständig dem Wettbe-

**Bruttoinlandsprodukt wichtiger Industriestaaten 1985**

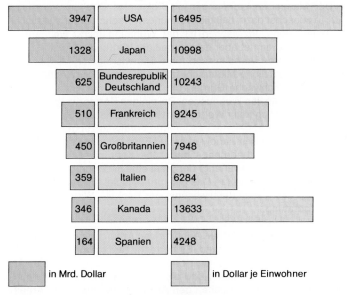

| in Mrd. Dollar | | in Dollar je Einwohner |
|---|---|---|
| 3947 | USA | 16495 |
| 1328 | Japan | 10998 |
| 625 | Bundesrepublik Deutschland | 10243 |
| 510 | Frankreich | 9245 |
| 450 | Großbritannien | 7948 |
| 359 | Italien | 6284 |
| 346 | Kanada | 13633 |
| 164 | Spanien | 4248 |

*Quelle: OECD, Main Economic Indicators, März 1987*

**Entstehung des Bruttoinlandsprodukts 1986 (1944 Mrd. DM)**

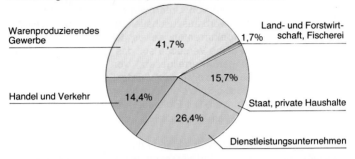

Warenproduzierendes Gewerbe 41,7%

Land- und Forstwirtschaft, Fischerei 1,7%

15,7%

Handel und Verkehr 14,4%

Staat, private Haushalte

26,4%

Dienstleistungsunternehmen

werb auf dem Markt ausgesetzt werden. Außerdem unterliegt sie den Bestimmungen der EG-Agrarmarktordnungen. Die Deutsche Bundesbahn und die Deutsche Bundespost gehören zum Besitz der öffentlichen Hand. Sie können ihre Tätigkeit nicht ausschließlich am Gewinn orientieren, sondern müssen der Allgemeinheit dienen. Die Bahn muß zum Beispiel soziale Tarife anbieten, und die Post kann entlegene Dörfer nicht von ihren Diensten ausschließen.

Der Mangel an Wohnungen als Folge des Zweiten Weltkriegs führte zunächst dazu, daß die Wohnungswirtschaft unter staatlicher Lenkung stand. Inzwischen ist der Wohnungsmarkt weitgehend frei. Der Staat achtet aber darauf, daß der Wettbewerb nicht zu sozial untragbaren Verhältnissen führt. Die wichtigsten Maßnahmen sind der gesetzliche Mieterschutz, die Zahlung von Wohngeld an einkommensschwache Bürger, die Förderung des Baus und der Modernisierung von Wohnungen. Bei einigen Berufszweigen, in denen grundsätzlich freier Wettbewerb herrscht, hat der Gesetzgeber den Zutritt zum Markt von bestimmten Voraussetzungen abhängig gemacht. So müssen Handwerker und Einzelhändler vor der Errichtung eines Gewerbebetriebs berufliche Kenntnisse nachweisen. Bei anderen Berufen verlangt der Staat eine besondere Ausbildung und ein bestimmtes Alter. Das gilt zum Beispiel für Berufe auf den Gebieten des Gesundheitswesens, der Rechts-, Wirtschafts- und Steuerberatung.

**Die Rolle der Sozialpartner.** Auch für den Arbeitsmarkt ist das freie Spiel der Kräfte bestimmend. Es herrscht Tarifautonomie; das bedeutet: Tarifverträge, die die Höhe der Löhne, die Länge der Arbeitszeit, die Urlaubsdauer und die allgemeinen Arbeitsbedingungen regeln, werden zwischen den Arbeitnehmern und den Arbeitgebern – den Sozialpartnern, wie man sie häufig nennt – frei ausge-

**Verwendung des Bruttosozialprodukts 1986 (1949 Mrd. DM)**

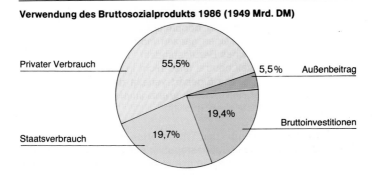

Privater Verbrauch — 55,5%    5,5% Außenbeitrag

19,4% Bruttoinvestitionen

Staatsverbrauch — 19,7%

handelt. Den Organisationen der Sozialpartner, den Gewerkschaften und den Arbeitgeberverbänden, kommt daher im Wirtschaftsleben eine große Bedeutung zu. Gewiß ist es ihre Hauptaufgabe, die Interessen ihrer Mitglieder entschieden und gelegentlich mit Härte zu vertreten. Aber zugleich tragen sie eine hohe gesamtwirtschaftliche Verantwortung. Ihr Verhalten in den tarifpolitischen Auseinandersetzungen kann das Funktionieren des Wirtschaftssystems tiefgehend beeinflussen.

Die Sozialpartner in der Bundesrepublik haben sich dieser Verantwortung gewachsen gezeigt. Die Stabilität des Wirtschaftssystems ist zum nicht geringen Teil ihr Verdienst. Das realitätsbewußte Handeln der Gewerkschaften hat dazu beigetragen, daß die Auswirkungen der Ölpreiskrisen auf die Arbeitnehmer der Bundesrepublik in Grenzen gehalten werden konnten.

Hier bewährt sich vor allem jene besondere Form gewerkschaftlicher Organisation, die in Westdeutschland nach dem Zweiten Welt-

**Verteilung des Volkseinkommens 1986 (1514,2 Mrd. DM)**

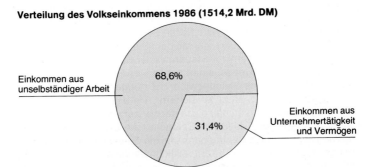

Einkommen aus unselbständiger Arbeit — 68,6%

31,4% Einkommen aus Unternehmertätigkeit und Vermögen

krieg entstanden ist. Die Gewerkschaften der Bundesrepublik sind »Einheitsgewerkschaften« in doppeltem Sinne: Sie vertreten jeweils die Arbeitnehmer eines ganzen Industriezweigs (also nicht nur die Angehörigen eines Berufsstandes), und sie sind parteipolitisch und konfessionell neutral (also nicht in verschiedene »Richtungen« gespalten). Diese Eigenart verleiht den Gewerkschaften ihre Stärke, entlastet sie von Konkurrenzkämpfen und macht sie so zu Säulen gesellschaftlicher Stabilität.

**Die soziale Komponente des Wirtschaftssystems.** Ein wichtiger Grund dafür, daß in der Bundesrepublik der soziale Friede bisher besser gewährleistet war als in manchen anderen Ländern, ist die Tatsache, daß ein dichtes Netz der sozialen Sicherheit die Bundesbürger umgibt.

Besonders für die Arbeitnehmer in der Bundesrepublik ist der soziale Schutz beträchtlich. Ob ein Arbeitnehmer alt oder krank ist, ob unfallgeschädigt oder arbeitslos, ob vom Konkurs des Betriebs betroffen oder zur Umschulung in einen aussichtsreicheren Beruf entschlossen – das Sozialsystem fängt die finanziellen Folgen weitgehend ab. Dabei handelt es sich aber nicht etwa um milde Gaben, sondern um Leistungen einer solidarischen Gemeinschaft. Wer aktiv im Arbeitsleben steht, zahlt Abgaben an die verschiedenen Zweige der Sozialversicherung. Er hat die Gewißheit, das Nötige zu erhalten, wenn er es braucht.

Das Sozialsystem reicht weit über die Arbeitnehmer hinaus. Es umfaßt Kindergeld für jedes Kind, Wohngeld, Sozialhilfe für Bedürftige und Entschädigungen für Kriegsopfer. Der gesamte öffentliche und private Aufwand für soziale Leistungen macht etwa ein Drittel des Sozialprodukts aus.

**Gesamtwirtschaftliche Entwicklung.** Auch in der Marktwirtschaft können unerwünschte Entwicklungen eintreten. Der Staat muß versuchen, ihnen durch seine Haushalts-, Steuer-, Sozial- und Wettbewerbspolitik entgegenzuwirken. Mit dem Stabilitätsgesetz von 1967 besitzt er ein Instrument zur Steuerung der Konjunktur. Es gilt, die Stabilität des Preisniveaus, einen hohen Beschäftigungsstand und außenwirtschaftliches Gleichgewicht bei stetigem und angemessenem Wirtschaftswachstum zu sichern. Allerdings kann der Staat nicht allein dafür sorgen, daß diese schwer zu vereinbarenden Ziele verwirklicht werden. Die für die Geldpolitik zuständige, von der Regierung unabhängige Bundesbank und die Gewerkschaften und Arbeitgeberverbände, die die Tarifpolitik bestimmen, tragen ebenfalls entscheidende Verantwortung für die wirtschaftliche Entwicklung.

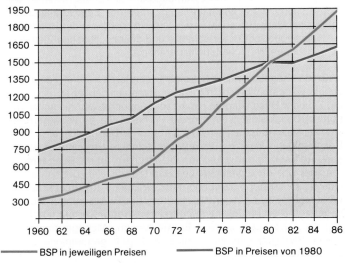

**Bruttosozialprodukt der Bundesrepublik Deutschland
in jeweiligen Preisen und in Preisen von 1980** *(in Mrd. DM)*

————— BSP in jeweiligen Preisen      ————— BSP in Preisen von 1980

Folgende Gremien wirken an der Koordinierung der Wirtschafts- und Finanzpolitik mit:

Der Konjunkturrat für die öffentliche Hand besteht aus den Bundesministern für Wirtschaft und Finanzen, je einem Mitglied jeder Landesregierung und Vertretern der Gemeinden und Gemeindeverbände. Die Deutsche Bundesbank kann an den Beratungen teilnehmen, die mindestens zweimal jährlich stattfinden. Der Konjunkturrat bemüht sich um ein möglichst einheitliches Vorgehen aller Beteiligten in der Konjunkturpolitik.

Dem ähnlich zusammengesetzten Finanzplanungsrat obliegt die Aufgabe, die Finanzplanung von Bund, Ländern und Gemeinden zu koordinieren. Bund und Länder sind verpflichtet, eine mehrjährige Finanzplanung aufzustellen, damit die öffentlichen Einnahmen und Ausgaben mit den volkswirtschaftlichen Möglichkeiten und Erfordernissen in Einklang gebracht werden können.

1963 wurde der Sachverständigenrat zur Begutachtung der gesamtwirtschaftlichen Entwicklung ins Leben gerufen. Dieses Gremium von fünf unabhängigen Sachverständigen (volkstümlich »die fünf Weisen« genannt) erstellt im Herbst jedes Jahres ein Gutachten über die gesamtwirtschaftliche Entwicklung, das die Urteilsfindung bei den verantwortlichen Instanzen erleichtern soll.

Im Januar eines jeden Jahres legt die Bundesregierung dem Bundestag und dem Bundesrat den Jahreswirtschaftsbericht vor, der eine Stellungnahme zum Jahresgutachten des Sachverständigenrates, eine Darlegung der für das laufende Jahr von der Bundesregierung angestrebten wirtschafts- und finanzpolitischen Ziele und der geplanten Wirtschaftspolitik enthält.

**Aktuelle Aufgaben.** Zwar hat sich in den letzten Jahren das Wirtschaftswachstum belebt, die Preise sind stabil geblieben, und auch die Zahl der Beschäftigten nimmt zu; dennoch bleibt die anhaltend hohe Arbeitslosigkeit ein ernstes Problem. Sie zu verringern, ist eine zentrale Aufgabe der Wirtschaftspolitik. Der Schlüssel zu mehr Beschäftigung liegt in höheren Investitionen. Um eine angemessene Rentabilität der Investitionen zu sichern, ist die Bundesregierung bemüht, die Eigenkräfte des Marktes, vor allem die Anreize für individuelle Leistung, zu verstärken. Der Einfluß des Staates auf die Wirtschaft wird eingeschränkt, marktwidrige Regulierungen werden abgebaut. Das ermöglicht einen freieren Wettbewerb und erleichtert die Anpassung an neue Entwicklungen. Wichtige Impulse in dieser Richtung gibt die bereits in Angriff genommene große Steuerreform.

Dem Abbau der Arbeitslosigkeit dienen auch Umschulungs- und Weiterbildungsmöglichkeiten, damit die Erwerbstätigen den ständig wechselnden Anforderungen gewachsen bleiben. Die Mittelstandspolitik der Bundesregierung hilft kleinen und mittleren Betrieben, ihre Leistungsfähigkeit zu verbessern, und trägt damit gleichfalls zur Erhaltung und Schaffung von Arbeitsplätzen bei.

Die Bundesrepublik Deutschland bejaht den freien Welthandel und wendet sich gegen jede Form von Protektionismus. Da sie ein Drittel ihres Bruttosozialprodukts exportiert, ist sie auf offene Märkte angewiesen. Für die Wirtschaft der Bundesrepublik ist es lebenswichtig, den europäischen Binnenmarkt auszubauen und sich außerhalb der Europäischen Gemeinschaft alte Märkte zu erhalten und neue zu erschließen. Dem marktwirtschaftlichen Kurs nach innen entspricht nach außen das beharrliche Eintreten für offene Märkte und freien Welthandel.

# Der Arbeitsmarkt

Die Lage auf dem Arbeitsmarkt der Bundesrepublik Deutschland wurde im ersten Jahrzehnt ihres Bestehens vor allem durch den Zustrom von Vertriebenen aus den Ostgebieten und von Flüchtlingen aus der DDR geprägt. Es gelang trotz großer ökonomischer Schwierigkeiten, diese Menschen in den Arbeitsprozeß einzugliedern. Sie trugen wesentlich zum wirtschaftlichen Aufstieg der Bundesrepublik bei.

**Beschäftigung.** Die Zahl der Erwerbstätigen stieg von 20,4 Millionen (1950) auf 27,2 Millionen (1965) an. Seit etwa 1960 wurde der Anstieg hauptsächlich durch die ausländischen Arbeitnehmer bewirkt, die in immer größerer Zahl in die Bundesrepublik Deutschland strömten. 1965 überstieg die Zahl der Gastarbeiter bereits eine Million; 1973 – auf dem Höhepunkt der Ausländerbeschäftigung – waren es über 2,6 Millionen. Seither ist die Anwerbung ausländischer Arbeitskräfte – mit Ausnahme solcher aus der Europäischen Gemeinschaft – gedrosselt worden. 1986 gab es noch 1,6 Millionen ausländische Arbeitnehmer in der Bundesrepublik. Das größte Kontingent stellen die Türken, gefolgt von Jugoslawen, Italienern, Griechen, Österreichern und Spaniern.

**Erwerbstätige nach der Stellung im Beruf**

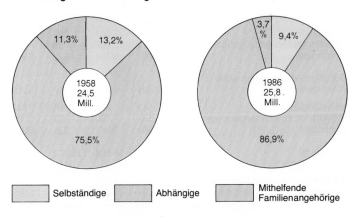

Anderthalb Jahrzehnte lang, vom Ende der fünfziger bis in die frühen siebziger Jahre, bestand in der Bundesrepublik Vollbeschäftigung. Die Zahl der Arbeitslosen erreichte 1970 mit rund 150 000 im Jahresdurchschnitt ihren tiefsten Stand. Gleichzeitig gab es fast 800 000 offene Stellen. Danach sank die Zahl der Erwerbstätigen allmählich, und die der Arbeitslosen stieg seit 1974 an. Schon 1975 überschritt sie die Millionengrenze, und seit 1982 gab es in der Bundesrepublik über zwei Millionen Arbeitslose. Erst 1989 sank die Zahl wieder unter zwei Millionen.

Die hohe Arbeitslosigkeit hat mehrere Gründe. Sicherlich war die internationale Wirtschaftskrise der siebziger Jahre ein wichtiger Grund. Die inflationäre Entwicklung, die in allen westlichen Indu-

**Erwerbstätige**
**nach Wirtschaftsbereichen und Stellung im Beruf** *(in 1000)*

| Wirtschaftsbereich, Stellung im Beruf | 1960 | 1970 | 1980 | 1986 |
|---|---|---|---|---|
| *Land- und Forstwirtschaft, Tierhaltung und Fischerei* | 3 623 | 2 262 | 1 436 | 1 345 |
| Selbständige | 1 159 | 767 | 513 | 486 |
| Mithelfende Familienangehörige | 1 931 | 1 200 | 680 | 610 |
| Abhängige | 533 | 295 | 243 | 249 |
| *Produzierendes Gewerbe* | 12 518 | 13 024 | 11 633 | 10 544 |
| Selbständige | 808 | 653 | 565 | 544 |
| Mithelfende Familienangehörige | 248 | 145 | 83 | 69 |
| Abhängige | 11 462 | 12 226 | 10 985 | 9 931 |
| *Handel und Verkehr* | 4 515 | 4 655 | 4 841 | 4 678 |
| Selbständige | 776 | 664 | 623 | 647 |
| Mithelfende Familienangehörige | 272 | 207 | 96 | 79 |
| Abhängige | 3 467 | 3 784 | 4 122 | 3 952 |
| *Sonstige Wirtschaftsbereiche (Dienstleistungen)* | 5 591 | 6 727 | 8 392 | 9 219 |
| Selbständige | 541 | 606 | 660 | 747 |
| Mithelfende Familienangehörige | 181 | 180 | 96 | 89 |
| Abhängige | 4 869 | 5 941 | 7 636 | 8 383 |
| *Insgesamt* | 26 247 | 26 668 | 26 302 | 25 786 |
| Selbständige | 3 284 | 2 690 | 2 361 | 2 424 |
| Mithelfende Familienangehörige | 2 632 | 1 732 | 955 | 847 |
| Abhängige | 20 331 | 22 246 | 22 986 | 22 515 |

**Arbeitslose und offene Stellen** *(in Mill., Jahresdurchschnitt)*

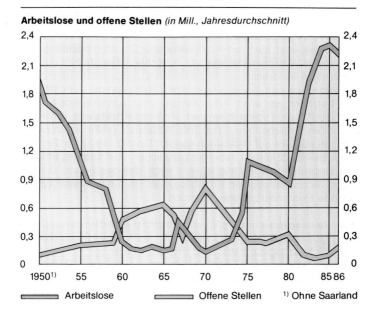

Arbeitslose          Offene Stellen          1) Ohne Saarland

strieländern auftrat, wurde durch die Explosion der Erdöl- und Rohstoffpreise verstärkt. Wachstumsschwäche und Arbeitslosigkeit haben ihre Ursachen aber auch im eigenen Lande. Der Verbrauchsanteil des Bruttosozialprodukts nahm bis 1982 stetig zu. Das ging zu Lasten der Investitionen und damit des Wachstums und der Beschäftigung. Diese Entwicklung wurde durch die hohe Staatsverschuldung und immer mehr bürokratische staatliche Hemmnisse zu Lasten der Industrie weiter nachteilig beeinflußt.

Durch die seit 1982 betriebene Politik, die wieder stärker auf eine Verbesserung der Wachstumsbedingungen und auf den Abbau von Beschäftigungshemmnissen ausgerichtet ist, hat sich in den letzten Jahren die Beschäftigungslage spürbar entspannt. Während sich die Zahl der Erwerbstätigen von 1980 bis 1984 um fast eine Million verringert hatte, sind von 1984 bis 1986 über 400 000 neue Arbeitsplätze entstanden. Der weitere Anstieg der Arbeitslosigkeit konnte dadurch gestoppt werden; ein nennenswerter Rückgang war allerdings nicht zu verzeichnen. Der Grund für die anhaltende Arbeitslosigkeit liegt vor allem in der Bevölkerungsentwicklung: Während die Gesamtbevölkerung zurückgeht, nimmt die Zahl der Arbeitsfähigen zu. Hinzu kommt, daß heute viel mehr Frauen eine

Erwerbstätigkeit anstreben und Arbeit suchen. Außerdem gehen durch Rationalisierung und den Einsatz von Robotern, Computern und Chips, aber auch aufgrund weltweiter Strukturveränderungen in einigen Wirtschaftszweigen (z. B. Kohle, Stahl, Schiffbau) Arbeitsplätze verloren.

Einige Gruppen sind in besonderem Maße von der Arbeitslosigkeit betroffen, vor allem Arbeitnehmer ohne ausreichende berufliche Qualifikation sowie ältere und langfristig Arbeitslose. Um ihnen zu helfen, unternehmen Staat und Wirtschaft große Anstrengungen. Im Hinblick auf den zunehmenden Einsatz moderner Technik am Arbeitsplatz kommt dabei der beruflichen Qualifizierung erhebliche Bedeutung zu. Wichtig ist aber auch, daß das System der sozialen Sicherheit den von Arbeitslosigkeit Betroffenen eine ausreichende Existenzgrundlage garantiert.

**Arbeitslosenversicherung.** Eine gesetzliche Arbeitslosenversicherung gibt es in Deutschland seit 1927. Heute ist sie durch das Arbeitsförderungsgesetz von 1969 geregelt. Träger der Versicherung ist die Bundesanstalt für Arbeit in Nürnberg; zu ihr gehören rund 150 Arbeitsämter mit vielen Nebenstellen. Versicherungspflichtig sind alle Arbeitnehmer (mit Ausnahme der Beamten), ganz gleich, wieviel sie verdienen. Die Mittel für die Versicherung werden durch Beiträge der Arbeitnehmer und der Arbeitgeber aufgebracht. Arbeitslosengeld kann beanspruchen, wer arbeitslos wird, wenn er eine bestimmte Zeit beitragspflichtig gewesen und bereit ist, eine ihm vom Arbeitsamt angebotene zumutbare Beschäftigung anzunehmen. Das Arbeitslosengeld beträgt bis zu 68% des Nettolohns. Es wird im Regelfall höchstens ein Jahr, bei älteren Arbeitslosen maximal 32 Monate lang gezahlt. Wer dann immer noch arbeitslos

**In der Bundesrepublik Deutschland beschäftigte
ausländische Arbeitnehmer**

| Land der Staatsangehörigkeit | 1973 | 1976 | 1979 | 1986 |
|---|---|---|---|---|
| *Ausländer insgesamt* davon aus: | 2 595 000 | 1 921 000 | 1 934 000 | 1 592 000 |
| Griechenland | 250 000 | 173 000 | 140 000 | 102 000 |
| Italien | 450 000 | 279 000 | 300 000 | 193 000 |
| Jugoslawien | 535 000 | 387 000 | 367 000 | 295 000 |
| Portugal | 85 000 | 62 000 | 59 000 | 35 000 |
| Spanien | 190 000 | 108 000 | 90 000 | 66 000 |
| Türkei | 605 000 | 521 000 | 540 000 | 513 000 |
| übrige Länder | 480 000 | 391 000 | 438 000 | 388 000 |

*Ausländische Arbeitnehmer auf einer Zeche im Ruhrgebiet*

ist, kann Arbeitslosenhilfe beantragen. Sie kann bis zu 58% des Nettolohns ausmachen. Allerdings wird dabei berücksichtigt, ob der Arbeitslose oder seine Familienangehörigen noch andere Einkünfte beziehen.

**Arbeitsförderung.** Der Bundesanstalt für Arbeit obliegen noch viele andere Aufgaben, z. B. die Arbeitsvermittlung und die Berufsberatung. Eine besonders wichtige Aufgabe ist die Förderung der beruflichen Bildung. Die Bundesanstalt gewährt Jugendlichen und Erwachsenen Zuschüsse und Darlehen für die Berufsausbildung, wenn sie die Mittel nicht selbst aufbringen können. Sie fördert auch die Berufsfortbildung und Umschulung. Ist die Teilnahme an einer Fortbildungs- oder Umschulungsmaßnahme notwendig, um z. B. Arbeitslosigkeit zu beenden oder einen fehlenden beruflichen Abschluß zu erwerben, so übernimmt die Bundesanstalt unter bestimmten Voraussetzungen die durch die Teilnahme entstehenden notwendigen Kosten und zahlt zur Bestreitung des Lebensunterhalts ein Unterhaltsgeld. Darüber hinaus fördert die Bundesanstalt auch den beruflichen Aufstieg durch Gewährung von Unterhaltsgeld-Darlehen und Übernahme der Kosten während der Bildungsmaßnahmen. (Siehe auch S. 355/356.)

Zu den Aufgaben der Bundesanstalt für Arbeit gehört schließlich auch die Arbeitsmarkt- und Berufsforschung. Die Bundesanstalt beobachtet ständig Art und Umfang der Beschäftigung sowie Lage und Entwicklung des Arbeitsmarktes, der Berufe und der beruflichen Bildungsmöglichkeiten. Die Forschungsergebnisse werden dem Bundesminister für Arbeit und Sozialordnung vorgelegt, der auf dieser Grundlage seine Entscheidungen fällen kann.

# Einkommen und Preise

**Einkommen.** Das Einkommen der Bundesbürger stammt aus den verschiedensten Quellen. Den wichtigsten Posten bildet das Einkommen aus unselbständiger Arbeit, also Löhne und Gehälter. Daneben gibt es Gewinnausschüttungen der Unternehmen, Einkünfte aus Vermögen und öffentliche Zahlungen wie Kindergeld, Arbeitslosenunterstützung oder Renten und Pensionen. Zieht man von der Summe dieser Einkommen die öffentlichen Abgaben (Steuern und Sozialversicherungsbeiträge) ab, so erhält man das verfügbare Einkommen der privaten Haushalte.

In der Bundesrepublik Deutschland ist das verfügbare Einkommen der privaten Haushalte von 188 Mrd. DM im Jahr 1960 auf 1228 Mrd. DM 1986 gestiegen. Diese Versechsfachung des Einkommens bedeutet allerdings nicht, daß die privaten Haushalte 1986 im Vergleich zu 1960 die sechsfache Menge an Gütern und Dienstleistungen kaufen konnten, weil man die Preiserhöhungen abziehen muß. Von dem 1960 verfügbaren Einkommen wurden 91% für den privaten Verbrauch ausgegeben und 9% gespart. 1986 wurden hingegen 12% gespart.

Die Einkommenssteigerung ermöglichte es den Bundesbürgern, einen ständig wachsenden Teil des Einkommens für Güter und Dienstleistungen des höherwertigen Bedarfs auszugeben, d. h. für

**Arbeitszeit für Erwerb von Bedarfsgütern**

Um die genannten Waren kaufen zu können, mußte ein Industriearbeiter an Arbeitszeit aufwenden:

| | 1950 Stunden | Minuten | 1960 Stunden | Minuten | 1985 Stunden | Minuten |
|---|---|---|---|---|---|---|
| 1 kg Zucker | 0 | 56 | 0 | 30 | 0 | 10 |
| 1 kg Butter | 4 | 24 | 2 | 40 | 0 | 49 |
| 1 kg Kotelett | 3 | 25 | 2 | 39 | 1 | 01 |
| 1 kg Kaffee | 23 | 02 | 7 | 12 | 2 | 06 |
| Herrenschuhe | 19 | 36 | 12 | 29 | 8 | 09 |
| Herrenfahrrad | 121 | 36 | 69 | 48 | 30 | 53 |

Dinge, die das Leben erleichtern und verschönern, wie z. B. Autos, arbeitssparende Küchengeräte, komfortablere Möbel, Freizeit, Erholung und Urlaub. 1964 betrug das verfügbare Monatseinkommen eines Vier-Personen-Arbeitnehmerhaushalts 904 DM. Für den privaten Verbrauch wurden 823 DM ausgegeben, davon 64% für Nahrung, Kleidung und Wohnung. 1985 verfügte der gleiche Haushaltstyp über ein Monatseinkommen von 3599 DM. Er gab für den privaten Verbrauch 2865 DM aus, davon nur noch rund die Hälfte für Nahrung, Kleidung und Wohnung. Der finanzielle Spielraum hat sich also vergrößert. Allerdings sind andere Ausgaben beträchtlich gestiegen, z. B. die für Verkehr, Telefon und Postgebühren.

**Preise und Verbrauch.** Der Lebensstandard hängt nicht nur von der Höhe des Einkommens, sondern auch von der Höhe der Preise ab. In der Bundesrepublik Deutschland ist die Entwicklung der Verbraucherpreise eines der wichtigsten innenpolitischen Themen. Meinungsumfragen haben immer wieder gezeigt, daß die Bürger von der Regierung vor allem die Stabilerhaltung der Preise erwarten. Das liegt wohl vor allem daran, daß die Deutschen am eigenen Leibe erfahren haben, was Geldentwertung bedeutet. In diesem Jahrhundert hat es in Deutschland schon zwei große Inflationen gegeben, die jeweils zum Zusammenbruch der Währung und zu großen Vermögensverlusten geführt haben.

Von der weltweiten Tendenz steigender Preise blieb die Bundesrepublik Deutschland allerdings nicht verschont; doch ist es den für die Wirtschaftspolitik zuständigen Instanzen besser als in vielen an-

**Durchschnittliche Bruttomonatsverdienste der männlichen Arbeitnehmer in der Industrie** *(in DM)*

| Industriezweig | Arbeiter | | Männl. Angestellte | |
| --- | --- | --- | --- | --- |
| | 1970 | 1986 | 1970 | 1986 |
| Industrie insgesamt | 1269 | 3168 | 1612 | 4690 |
| Energiewirtschaft | 1304 | 3537 | 1573 | 4487 |
| Bergbau | 1212 | 3280 | 1720 | 5115 |
| Eisen- und Stahlindustrie | 1347 | 3111 | 1585 | 4574 |
| Mineralölverarbeitung | 1343 | 4028 | 1827 | 5902 |
| Chemische Industrie | 1325 | 3376 | 1739 | 4891 |
| Maschinenbau | 1282 | 3237 | 1601 | 4684 |
| Straßenfahrzeugbau | 1351 | 3411 | 1720 | 5110 |
| Elektrotechnische Industrie | 1169 | 3007 | 1539 | 4825 |
| Textilgewerbe | 1099 | 2759 | 1522 | 4054 |
| Nahrungs- und Genußmittelindustrie | 1196 | 3105 | 1495 | 4257 |

**Preisindex für die Lebenshaltung in verschiedenen Ländern**
*(1980 = 100)*

| Land | 1976 | 1981 | 1986 |
|---|---|---|---|
| Australien | 68,6 | 109,7 | 162,4 |
| Belgien | 80,2 | 107,6 | 142,3 |
| Dänemark | 66,4 | 111,7 | 151,7 |
| Deutschland, Bundesrepublik | 85,6 | 106,3 | 120,7 |
| Frankreich | 66,7 | 113,4 | 162,2 |
| Griechenland | 53,3 | 124,5 | 314,8 |
| Großbritannien | 59,6 | 111,9 | 146,3 |
| Irland | 61,1 | 120,4 | 185,2 |
| Italien | 54,8 | 117,8 | 201,5 |
| Japan | 79,7 | 104,9 | 115,2 |
| Kanada | 70,7 | 112,5 | 149,0 |
| Niederlande | 80,8 | 106,7 | 122,7 |
| Österreich | 83,0 | 106,8 | 129,0 |
| Portugal | 44,4 | 120,0 | 317,4 |
| Schweiz | 90,7 | 106,5 | 124,2 |
| Spanien | 50,2 | 114,5 | 193,6 |
| USA | 69,1 | 110,4 | 133,1 |

deren Ländern gelungen, den Preisauftrieb in Grenzen zu halten.
Die Gesamtkosten der Lebenshaltung in der Bundesrepublik sind
seit den siebziger Jahren zeitweise um mehr als 6% jährlich gestiegen. Inzwischen hat sich aber die Steigerungsrate mehr und mehr
abgeflacht, und im Dezember 1986 waren die Lebenshal-

**Durchschnittliche Bruttomonatsverdienste der weiblichen
Arbeitnehmer in der Industrie** *(in DM)*

| Industriezweig | Arbeiterinnen | | Weibl. Angestellte | |
|---|---|---|---|---|
| | 1970 | 1986 | 1970 | 1986 |
| Industrie insgesamt | 795 | 2 229 | 1 009 | 3 108 |
| Energiewirtschaft | 884 | 2 591 | 1 114 | 3 200 |
| Bergbau | — | — | 1 084 | 3 307 |
| Eisen- und Stahlindustrie | 858 | 2 353 | 1 012 | 2 983 |
| Mineralölverarbeitung | 875 | 2 830 | 1 205 | 4 107 |
| Chemische Industrie | 836 | 2 440 | 1 164 | 3 500 |
| Maschinenbau | 832 | 2 353 | 974 | 2 996 |
| Straßenfahrzeugbau | 997 | 2 721 | 1 062 | 3 382 |
| Elektrotechnische Industrie | 789 | 2 253 | 985 | 3 200 |
| Textilgewerbe | 797 | 2 096 | 954 | 2 790 |
| Nahrungs- und Genußmittelindustrie | 741 | 2 035 | 970 | 2 959 |

tungskosten zum ersten Mal seit fast dreißig Jahren niedriger – um 1,1% – als im gleichen Monat des Vorjahres. Dies war vor allem auf die drastisch gesunkenen Ölpreise zurückzuführen.

**Preispolitik.** Nach Auffassung der Bundesregierung kann erfolgreiche Preispolitik nur mit solchen Maßnahmen betrieben werden, die den Marktmechanismus nicht beeinträchtigen. Dirigistische Maßnahmen würden das System der Selbststeuerung der Wirtschaft, das sich gegenüber anderen Systemen als wirksamer erwiesen hat, empfindlich stören. Abgesehen von einigen wenigen Bereichen direkter staatlicher Einflußnahme (insbesondere Verkehr und Landwirtschaft), bilden sich daher die Preise frei am Markt. Staatliche Preispolitik wird vor allem mit den Mitteln der Kredit-, Finanz- und Steuerpolitik sowie der Wettbewerbspolitik betrieben.

# Verbraucherschutz

In der Marktwirtschaft sind Angebot und Nachfrage die bestimmenden Kräfte. Anbieter und Verbraucher stehen sich gleichberechtigt gegenüber. Dem Unternehmer steht es frei, beliebige Güter herzustellen und anzubieten, und dem Verbraucher steht es frei, diese Güter zu kaufen oder zurückzuweisen. Über Wahlmöglichkeiten verfügen die Verbraucher beim Kauf in Hülle und Fülle. Das Warenangebot ist bei allen Gütern von einer kaum zu überschauenden Vielfalt. Erzeugnisse aus heimischer Produktion konkurrieren mit Waren aus aller Herren Ländern. Ein solch großes Warenangebot birgt für den Verbraucher aber auch Gefahren in sich. Kaum jemand kann Qualität und Preiswürdigkeit der Produkte richtig einschätzen. Die Werbung liefert zwar auch Information und damit Entscheidungshilfe. Aber in erster Linie soll sie den Verbraucher zum Kauf anreizen. Hinzu kommt die Überlegenheit der Anbieter. Denn im Konsumalltag steht der Verbraucher meist einem versierten Geschäftsmann gegenüber, der sich im Warenangebot besser auskennt.

Diese Nachteile der Verbraucher sollen durch den Verbraucherschutz ausgeglichen werden. Das geschieht sowohl durch Information und Beratung als auch durch Maßnahmen des Gesetzgebers. So hat die Bundesregierung 1964 die »Stiftung Warentest« mit Sitz in Berlin (West) gegründet. Sie bewertet und prüft Gebrauchs- und Verbrauchsgüter jeder Art – vom Kugelschreiber bis zum Fertighaus – nach verschiedenen Qualitätseigenschaften und hinsichtlich des Verhältnisses zwischen Preis und Leistung und geht auf Fragen der Umweltverträglichkeit ein. Die Stiftung gibt die Monatszeitschrift »test« heraus, in der alle für die Verbraucher interessanten Ergebnisse dieser Tests veröffentlicht werden.

Außerdem stehen die staatlich unterstützten Verbraucherverbände dem Bürger mit Rat und Tat zur Seite. Daneben dienen der Verbraucherinformation auch eine Reihe gesetzlicher Kennzeichnungspflichten, zum Beispiel für Lebensmittel. Lebensmittelpackungen müssen so gekennzeichnet sein, daß Haltbarkeitsdatum, Konservierungsstoffe, Hersteller und Inhalt daraus ersichtlich werden. Die Deutsche Gesellschaft für Produktinformation organisiert die Zusammenarbeit von Industrie, Handel und Verbrauchern bei der Gestaltung standardisierter Produktinformationen für viele Haushaltsgeräte. Das geschieht aufgrund einer freiwilligen Übereinkunft der beteiligten Gruppen und, soweit wie möglich, im Rahmen der Europäischen Gemeinschaft.

Darüber hinaus wurden wichtige gesetzliche Maßnahmen zum Schutz der Verbraucher getroffen. Aus der Fülle dieser Regelungen sollen hier einige dargestellt werden.

Besonders häufig verfing sich der Verbraucher in den komplizierten Bedingungen bei Ratenzahlungsgeschäften. Das Abzahlungsgesetz von 1970, vier Jahre später nochmals verbessert, verschafft dem Käufer Klarheit über die besonderen Verpflichtungen, die er mit der Ratenzahlung eingeht. Entsteht Streit, kann er nur noch an seinem Wohnort verklagt werden, denn nur hier hat er die Chance, sich zu verteidigen. Oft wurde gerade der »kleine Mann« auf der Straße oder an seiner Wohnungstür mit Ratenzahlungsgeschäften überrumpelt. Der Gesetzgeber hat ihm für eine Woche ein Rücktrittsrecht eingeräumt: Zeit, um sich über die oft langfristigen Verpflichtungen (etwa beim Abonnement einer Zeitschrift oder bei der Bestellung eines vielbändigen Nachschlagewerks) klarzuwerden. Eine einwöchige Überlegungsfrist hat der Verbraucher seit 1986 auch bei sogenannten »Haustürgeschäften«.

Seit 1974 ist die sogenannte »Preisbindung der zweiten Hand«, d. h. die Festlegung der Einzelhandelspreise durch Herstellerfirmen oder durch den Großhandel, allgemein verboten. Ausnahmen sind gegenwärtig nur noch traditionelle Verlagserzeugnisse wie Bücher, Zeitungen, Zeitschriften, Noten und Landkarten.

1977 trat eine Neuregelung des Rechts der »Allgemeinen Geschäftsbedingungen« in Kraft. Es handelt sich dabei um formularmäßig bereitliegende Vertragsbestandteile oder Rahmenverträge, die vom Unternehmer (Verkäufer, Inhaber einer Reparaturwerkstatt oder chemischen Reinigung usw.) festgelegt sind und die jeweiligen Einzelverträge ergänzen und vor allem vereinheitlichen sollen. Oft haben ganze Branchen derartige »Allgemeine Geschäftsbedingungen«. Durch die Neuregelung von 1977 sind die meisten bisherigen Mißbräuche verboten worden. Besonders wichtig für die Praxis ist die Bestimmung des neuen Gesetzes, nach der es eine stillschweigende Unterwerfung des Kunden unter die »Allgemeinen Geschäftsbedingungen« ohne ausdrücklichen Hinweis auf sie und ohne die Möglichkeit der Kenntnisnahme durch den Kunden am Ort und zum Zeitpunkt des Vertragsabschlusses nicht mehr geben darf.

Die seit langem geltende Pflicht der Geschäftsleute zur Preisauszeichnung von Waren in den Schaufenstern oder in den Verkaufsräumen wurde 1973 auch auf Dienstleistungen (z. B. beim Friseur) ausgedehnt.

Das Reisevertragsgesetz schützt Teilnehmer von Pauschalreisen (d. h. organisierten Reisen, die eine Gesamtheit von Leistungen wie Beförderung, Unterbringung und Betreuung einschließen) vor unbilligen Geschäftspraktiken des Reiseveranstalters. Für Verbraucherschutz sorgt auch das Fernunterrichtsschutzgesetz, das die Teilnehmer an Fernkursen vor falschen Werbeversprechungen, unsachgemäßen Werbemethoden und finanzieller Übervorteilung schützen soll.

Besonders wichtig ist der Schutz des Verbrauchers vor Gefahren für seine Gesundheit und Sicherheit. Das Arzneimittelgesetz soll im Interesse einer ordnungsgemäßen Arzneimittelversorgung für die erforderliche Sicherheit im Verkehr mit Arzneimitteln sorgen, insbesondere die erforderliche Qualität, Wirksamkeit und Unbedenklichkeit der Arzneimittel gewährleisten. In diesem Zusammenhang ist auch das Gerätesicherheitsgesetz zu erwähnen. Nach diesem Gesetz darf der Hersteller oder Importeur nur solche Geräte und Maschinen in den Verkehr bringen, die sicherheitstechnisch einwandfrei und so beschaffen sind, daß die Benutzer gegen Gesundheitsgefahren geschützt sind. Das Lebensmittel- und Bedarfsgegenständegesetz dient auf einem Gebiet, das immer mehr an Bedeutung gewinnt, ebenfalls dem gesundheitlichen Schutz des Verbrauchers.

Der staatliche Verbraucherschutz wird von privaten Verbraucherschutzverbänden unterstützt und ergänzt. Die »Arbeitsgemeinschaft der Verbraucherverbände« (AgV) und die Verbraucherzentralen in den Ländern mit ihren mehr als 150 örtlichen Verbraucherberatungsstellen beraten und informieren den Verbraucher. Dort werden unentgeltlich alle nur denkbaren Fragen nach Warenqualität und -preisen beantwortet. Die Verbraucherschutzverbände genießen staatliche Hilfe. Die Massenmedien widmen der Arbeit dieser Verbände mehr und mehr Raum. Bei der Vorbereitung von Gesetzen zur Verbesserung des Verbraucherschutzes finden die Verbände vor dem Parlament Gehör. Mehrere Verbraucherschutzgesetze gewähren ihnen eine eigene gerichtliche Klagebefugnis.

Arbeitsgemeinschaft der Verbraucherverbände
Heilsbachstr. 20
5300 Bonn 1

# Land- und Forstwirtschaft, Fischerei

Die Bundesrepublik Deutschland ist nicht nur ein hochentwickeltes Industrieland, sondern sie verfügt auch über eine leistungsfähige Landwirtschaft, die etwa 80% des Inlandsbedarfs an Nahrungsmitteln deckt.

**Landwirtschaft.** Seit dem Ende des Zweiten Weltkriegs hat die deutsche Landwirtschaft einen tiefgreifenden Wandel durchgemacht. Eine große Zahl von Landwirten wanderte in Industrie- und Dienstleistungsbetriebe ab. Während 1950 noch 20 von 100 Erwerbstätigen in der Landwirtschaft arbeiteten, sind es jetzt nur noch 5. In der gleichen Zeit sank die Zahl der landwirtschaftlichen Betriebe mit einer Nutzfläche von einem Hektar und mehr von 1,6 Millionen auf etwas über 700 000.

Trotz dieses Wandels bestimmen nach wie vor bäuerliche Familienbetriebe das Bild der Landwirtschaft in der Bundesrepublik. 95% aller Betriebe bewirtschaften eine Fläche von weniger als 50 Hektar. Fast die Hälfte davon wird im Nebenerwerb bewirtschaftet, das heißt, das Haupteinkommen der Familien, die auf diesen Höfen sitzen, kommt aus einer Tätigkeit außerhalb der Landwirtschaft. Eine ungleich wichtigere Rolle für die Versorgung der Bevölkerung spielen jedoch die Haupterwerbsbetriebe. Ihre wichtigsten Anbauprodukte sind Brot- und Futtergetreide, Kartoffeln, Zuckerrüben, Gemüse, Obst und Wein. Die meisten Betriebe halten Nutzvieh, wo-

## Landwirtschaftliche Betriebe

| Landwirtschaftliche Nutzfläche | 1949 | 1960 | 1971 | 1986 |
|---|---|---|---|---|
| von  1 bis unter  2 ha | 305 723 | 230 368 | 138 255 | 88 011 |
| von  2 bis unter  5 ha | 553 061 | 387 069 | 225 420 | 131 324 |
| von  5 bis unter  10 ha | 403 699 | 343 017 | 213 417 | 126 251 |
| von  10 bis unter  15 ha | 171 819 | 188 172 | 146 951 | 87 019 |
| von  15 bis unter  20 ha | 84 436 | 98 298 | 105 822 | 68 032 |
| von  20 bis unter  30 ha | 72 170 | 79 162 | 108 214 | 91 800 |
| von  30 bis unter  50 ha | 40 251 | 42 853 | 58 478 | 76 561 |
| von  50 bis unter 100 ha | 12 621 | 13 672 | 17 899 | 33 255 |
| 100 ha und mehr | 2 971 | 2 639 | 3 241 | 5 405 |
| insgesamt | 1 646 751 | 1 385 250 | 1 017 697 | 707 658 |

**Feldfruchternte** *(in 1000 t)*

| Feldfruchtart | 1970 | 1975 | 1986 |
|---|---|---|---|
| Weizen | 5662 | 7014 | 10407 |
| Roggen | 2665 | 2125 | 1818 |
| Gerste | 4754 | 6971 | 9377 |
| Hafer | 2484 | 3445 | 2687 |
| Körnermais | 507 | 531 | 1302 |
| Kartoffeln | 16250 | 10853 | 7390 |
| Zuckerrüben | 13329 | 18203 | 20260 |

**Viehbestand** *(in 1000)*

| | 1970 | 1975 | 1986 |
|---|---|---|---|
| Pferde | 253 | 341 | 368 |
| Rinder | 14026 | 14493 | 15305 |
| Schweine | 20969 | 19805 | 24503 |
| Schafe | 843 | 1087 | 1383 |
| Hühner | 98608 | 88705 | 72124 |
| Enten | 1610 | 892 | 1093 |

bei noch immer die traditionelle, bodengebundene Tierhaltung überwiegt. Allerdings gibt es auch Hühnerfarmen sowie Schweine- und Rindermästereien, die eher rationellen Industriebetrieben gleichen; sie stoßen bei Tierfreunden auf viel Kritik. Kennzeichnend für die zunehmende Mechanisierung der Landwirtschaft ist die Zahl der Mähdrescher, die von einigen hundert im Jahre 1950 auf 150000 angestiegen ist. Welche Produktionsfortschritte insgesamt durch moderne Wirtschaftsmethoden erzielt worden sind, ist daran zu ersehen, daß ein deutscher Landwirt 1950 zehn Personen ernährte, heute aber siebzig.

Neben der Nahrungsmittelproduktion hat die Landwirtschaft noch andere Aufgaben, die in einer modernen Industriegesellschaft immer mehr an Bedeutung gewinnen:

☐ Erhaltung der Naturgüter und der natürlichen Lebensgrundlagen;

☐ Sicherung und Pflege einer vielfältigen Landschaft als Lebens-, Freizeit- und Erholungsraum;

☐ Lieferung agrarischer Rohstoffe für industrielle Zwecke.

Der bäuerliche Familienbetrieb ist besonders geeignet, sich der Entwicklung anzupassen, und er wird auch in Zukunft diese verschiedenartigen Funktionen am besten erfüllen können.

*Landarbeit vor industriellem Hintergrund*

**Der Gemeinsame Agrarmarkt.** Die Bundesrepublik Deutschland ist Mitglied der Europäischen Gemeinschaft. Mit der Schaffung des Gemeinsamen Agrarmarktes ist die Agrarpolitik in ihren wichtigsten Bereichen in die Verantwortung der europäischen Institutionen übergegangen, vor allem auf den Gebieten der Außenhandels-, Markt- und Preispolitik sowie weitgehend auf dem Gebiet der Strukturpolitik. Als Ziele der gemeinsamen Agrarpolitik wurden die Steigerung der Produktivität der Landwirtschaft und damit eine Erhöhung ihrer Einkommen, die Stabilisierung der Märkte sowie die Sicherstellung der Versorgung und die Belieferung der Verbraucher zu angemessenen Preisen festgelegt. Vieles wurde in den zwei Jahrzehnten gemeinsamer Agrarpolitik erreicht. Aber durch die gewaltige Steigerung der Produktion aufgrund garantierter Preise bei vielen Produkten (z. B. Butter, Fleisch, Wein) hat das Nahrungsmittelangebot die Nachfrage weit überschritten. Die Entlastung der Agrarmärkte ist daher ein vordringliches Ziel. Mit der Festlegung von Quoten für die Milcherzeugung ist bereits ein erster Schritt getan worden. Weitere Maßnahmen zur Drosselung der Überschußproduktion werden unvermeidbar sein.

**Nationale Agrarpolitik.** Für die nationale Agrarpolitik bleibt wegen der Kompetenzverlagerung auf die EG nur ein begrenzter Bereich an Zuständigkeiten. Dazu gehören die landwirtschaftliche Struktur- und Sozialpolitik. Aber auch Regional-, Steuer- und Umweltpolitik sind wichtige Schwerpunkte. Vorrangiges Ziel ist die Sicherung einer möglichst großen Zahl leistungsfähiger bäuerlicher Familienbetriebe. Dabei soll die vielfältige Mischung von Voll- und Nebenerwerbsbetrieben erhalten bleiben. Auf diese Weise kann ein wirksamer Beitrag geleistet werden, um die Lebens- und Entwicklungsfähigkeit der ländlichen Räume zu fördern, die Kultur- und Erholungslandschaft zu erhalten, Umweltbelastungen zu verringern und den Schutz der natürlichen Lebensgrundlage zu verbessern. Hierzu gehört es auch, den Trend zu großen, industriemäßig wirtschaftenden Betrieben aufzuhalten.

Die staatliche Förderung ist vorrangig auf den Einzelbetrieb ausgerichtet. Hierzu gehören Zuschüsse für die soziale Sicherung der Landwirte und ihrer Familien, Einkommenshilfen in benachteiligten Gebieten und Hilfen für Junglandwirte. Schwerpunkte der überbetrieblichen Förderung sind Dorferneuerung, Flurbereinigung und Maßnahmen der Wasserwirtschaft.

*Forstwirtschaft*

**Forstwirtschaft.** Fast ein Drittel der Fläche der Bundesrepublik Deutschland – 7,4 Millionen Hektar – ist von Wald bedeckt. Das waldreichste Bundesland ist Hessen, das waldärmste (abgesehen von den Stadtstaaten) Schleswig-Holstein. 4 Millionen Hektar Wald sind im Besitz des Staates und der Gemeinden, 3,4 Millionen Hektar sind Privatforste.

Insgesamt werden in der Bundesrepublik Deutschland jährlich etwa 30 Millionen Festmeter Holz eingeschlagen. Damit wird nur die Hälfte des Inlandbedarfs gedeckt; der Rest muß eingeführt werden.

Nicht nur als Lieferant des Rohstoffs Holz ist der Wald von Bedeutung, sondern auch als Erholungsgebiet für die Menschen in den industriellen Ballungsräumen. Außerdem hat der Wald einen günstigen Einfluß auf Boden, Luft und Klima, indem er den Wasserabfluß verzögert, den Wind abschwächt, die Luft reinigt und Schutz gegen Bodenerosion und Lawinen bietet. Der Wald ist daher von außerordentlich großer Bedeutung für den Umweltschutz und die Landschaftspflege.

1975 wurde das »Gesetz zur Erhaltung des Waldes und zur Förderung der Forstwirtschaft« erlassen. Es bestimmt, daß Wald nur mit Genehmigung der zuständigen Landesbehörde gerodet und in eine andere Nutzungsart umgewandelt werden darf. Waldbesitzer werden durch das Gesetz verpflichtet, kahlgeschlagene Waldflächen wiederaufzuforsten. Um das natürliche Bild der Wälder zu erhalten oder wiederherzustellen, werden in letzter Zeit zunehmend staatliche Waldgebiete aus der forstwirtschaftlichen Nutzung herausgenommen. Man sorgt in diesen Wäldern für gemischten Bewuchs und überläßt alles weitere der natürlichen Entwicklung.

Seit Anfang der achtziger Jahre sind in der Bundesrepublik Deutschland zunehmende Schäden in den Wäldern festgestellt worden. Die Bäume verlieren ihre Nadeln oder Blätter, ihr Wachstum läßt nach, schließlich sterben sie ab. 1986 war über die Hälfte der Waldfläche der Bundesrepublik von diesen Schäden betroffen. Der Verdacht hat sich erhärtet, daß für dieses »Waldsterben« in hohem Grade die Luftverschmutzung durch Industrieanlagen, Autoabgase und Hausbrand verantwortlich ist. Ein Teil der Schadstoffe wird mit dem Wind aus den Nachbarländern herübergetragen.

Die Bundesregierung bemüht sich, durch nationale und internationale Maßnahmen zu einer Verringerung der Schadstoffbelastung der Luft zu kommen; daneben werden zahlreiche Verfahren erprobt, um den Bestand der Wälder auch für die Zukunft zu sichern.

**Fischerei.** Nicht nur in der Landwirtschaft, sondern auch in der Fischerei hat sich in den letzten Jahrzehnten ein Strukturwandel voll-

*Heringsfang in der Ostsee*

zogen. Die Küstenländer haben weltweit ihre Fischereizonen auf 200 Seemeilen ausgedehnt; traditionell wichtige Fischbestände wurden durch Überfischung dezimiert. Die starke Einschränkung ihrer Fangmöglichkeiten hat dazu geführt, daß die Hochseefischereiflotte der Bundesrepublik seit 1970 von 110 auf 15 Schiffe geschrumpft ist; bei der Kutterfischerei hat sich die Fangkapazität um 15% verringert.

Nur im Rahmen der Europäischen Gemeinschaft bestand für die Bundesrepublik Deutschland eine Chance, die durch die internationale Seerechtsentwicklung entstandene existenzbedrohende Lage ihrer Fischwirtschaft zu überwinden. Zusätzlich hat die Bundesregierung durch Start- und Überbrückungshilfen zum Fortbestand einer eigenen Hochseefischerei beigetragen. Die gemeinsame Fischereipolitik der EG hat sich weitgehend eingespielt. Die Gesamtfangmengen und die Fangquoten der Mitgliedstaaten werden unter

**Fangmengen der Hochsee- und Küstenfischerei** *(in t)*

| Fischarten | 1970 | 1976 | 1986 |
|---|---|---|---|
| Fangmenge insgesamt | 591 400 | 425 800 | 161 300 |
| davon: Hering | 166 300 | 22 800 | 13 200 |
| Kabeljau | 174 300 | 106 400 | 40 800 |
| Seelachs | 60 400 | 102 000 | 26 400 |
| Rotbarsch | 71 600 | 54 700 | 15 200 |

Beachtung wissenschaftlicher Empfehlungen jährlich rechtzeitig festgesetzt. Als Erfolg mehrjähriger scharfer Fangrestriktionen bestehen wieder bessere Fangmöglichkeiten beim Nordseehering. Die technischen Erhaltungsmaßnahmen und Fischereikontrollen sind verbesert worden.

Die Bundesrepublik hat sich erfolgreich für einen möglichst liberalen fischwirtschaftlichen Außenhandel eingesetzt. Dadurch sind die Fischimporte kräftig gestiegen, und die Versorgung des inländischen Marktes ist trotz des starken Rückganges der eigenen Anlandungen besser als zuvor.

**Ernährung.** Ziel der Ernährungspolitik der Bundesregierung ist es, eine nach Menge und Vielfalt ausreichende Versorgung der Bevölkerung mit qualitativ hochwertigen Ernährungsgütern zu angemessenen Preisen zu sichern. Da zwischen landwirtschaftlicher Produktion und Ernährung ein enger Zusammenhang besteht, sind diese beiden Aufgabenbereiche in einem Ministerium zusammengefaßt. Das Bundesministerium für Ernährung, Landwirtschaft und Forsten muß in jeder Legislaturperiode einen Ernährungsbericht vorlegen, in dem – gestützt auf neueste wissenschaftliche Erkenntnisse – die Ernährungslage und damit zusammenhängende Probleme umfassend dargestellt werden, um der Bundesregierung und den Ländern bei ihren gesundheits- und agrarpolitischen Maßnahmen Entscheidungshilfen zu geben. Zugleich bildet der Bericht die Grundlage für die Aufklärung der Verbraucher über die richtige Ernährung, während Erzeuger und Hersteller Hinweise für eine Anpassung der Produktion an ernährungsphysiologische Notwendigkeiten erhalten.

Die Bundesregierung unterstützt die Gewinnung und Verbreitung von wissenschaftlichen Erkenntnissen über richtige Ernährung ebenso wie Informationen über Angebote und Preise, günstige Einkaufsmöglichkeiten und private Vorratshaltung, die auf verschiedene Weise – über die Massenmedien bis zur persönlichen Beratung – an den Verbraucher herangetragen werden.

Der durchschnittliche Nahrungsmittelverbrauch je Einwohner der Bundesrepublik hat sich in den letzten 25 Jahren beträchtlich verändert: Der Verbrauch von Kartoffeln, Getreideprodukten, Hülsenfrüchten und Milch ging spürbar zurück, eine erhebliche Verbrauchszunahme wurde dagegen bei Obst, Gemüse, Käse, Eiern und Fleisch, insbesondere Schweinefleisch, festgestellt.

Deutscher Bauernverband
Godesberger Allee 142–148
5300 Bonn 2

# Die Industrie

Die Schwerpunkte der Industrie der Bundesrepublik Deutschland liegen in Nordrhein-Westfalen, Bayern, Baden-Württemberg, Niedersachsen, Hessen und im Saarland. Die Industrie der Bundesrepublik hat nach dem Zweiten Weltkrieg einen raschen Aufschwung genommen. Heute tragen Industrie und Handwerk zusammen fast die Hälfte zur wirtschaftlichen Gesamtleistung bei.

**Industriepolitik.** Ein entscheidender Faktor für diese Entwicklung war der Übergang von der gelenkten Wirtschaft zur sozialen marktwirtschaftlichen Ordnung im Jahre 1948. Zu den Grundpfeilern der Marktwirtschaft gehört die Eigenverantwortlichkeit des Unternehmers, der selbst für das Wachstum seines Unternehmens und dessen Anpassung an sich verändernde Verhältnisse zu sorgen hat. Die staatliche Wirtschaftspolitik beschränkt sich darauf, günstige Bedingungen für die Wirtschaft zu schaffen. Nach Auffassung der Bundesregierung ist der Wettbewerb zwischen den Unternehmen

**Die größten Industrie-Firmen in der Bundesrepublik Deutschland** *(1986)*

| Firma, Sitz | Wirtschaftszweig | Umsatz (Mill. DM) | Beschäftigte |
|---|---|---|---|
| 1. Daimler-Benz AG, Stuttgart | Kraftfahrzeuge, Elektrotechnik | 65 498 | 320 000 |
| 2. Volkswagenwerk AG, Wolfsburg | Kraftfahrzeuge | 52 794 | 281 700 |
| 3. Siemens AG, Berlin–München | Elektrotechnik | 47 023 | 363 000 |
| 4. BASF AG, Ludwigshafen | Chemie | 43 083 | 131 500 |
| 5. Bayer AG, Leverkusen | Chemie | 40 749 | 173 000 |
| 6. Veba AG, Düsseldorf | Energie, Öl, Chemie | 40 138 | 69 700 |
| 7. Hoechst AG, Frankfurt | Chemie | 38 014 | 181 200 |
| 8. Thyssen AG, Duisburg | Eisen und Stahl | 31 997 | 127 400 |
| 9. Rheinisch-Westfälisches Elektrizitätswerk AG, Essen | Energiewirtschaft | 28 789 | 70 300 |
| 10. Bosch GmbH, Stuttgart | Elektrotechnik | 21 719 | 147 400 |
| 11. Ruhrkohle AG, Essen | Bergbau | 20 923 | 132 600 |
| 12. Bayerische Motorenwerke AG, München | Kraftfahrzeuge | 17 515 | 58 100 |

am besten geeignet, der deutschen Wirtschaft auf dem Weltmarkt in technologischer und struktureller Hinsicht die Konkurrenzfähigkeit zu sichern.

**Die Struktur der Industrie.** Die Zahl der Industriebetriebe in der Bundesrepublik nimmt seit einigen Jahren ab. Gab es 1966 noch über 100000 Betriebe des verarbeitenden Gewerbes, so waren es 1986 nur noch etwa 44000. Über die Hälfte dieser Betriebe sind Kleinbetriebe mit weniger als 50 Beschäftigten, 43% mit 50 bis 500 Beschäftigten können als Mittelbetriebe bezeichnet werden, und nur etwa 5% aller Betriebe sind Großbetriebe mit mehr als 500 Beschäftigten. Allerdings arbeiten mehr als die Hälfte aller in der Industrie Beschäftigten in Großbetrieben, und auf diese entfällt auch über die Hälfte vom Gesamtumsatz der Industrie. Die Betriebsgröße ist in den einzelnen Industriezweigen verschieden. Großbetriebe herrschen in der Kohle-, Stahl- und Mineralölverarbeitung, in der chemischen und in der Automobilindustrie vor.

Fast alle Großunternehmungen in der Bundesrepublik Deutschland haben die Rechtsform der Aktiengesellschaft (AG). 1986 gab es insgesamt 2190 Aktiengesellschaften mit 116 Mrd. DM Grundkapital. Davon entfielen 845 Aktiengesellschaften mit 73 Mrd. DM Grundkapital auf das verarbeitende Gewerbe.

Im folgenden sollen einige der wichtigsten Industriezweige kurz vorgestellt werden.

Die **eisenschaffende Industrie** war im Verbund mit dem Steinkohlenbergbau bis zur Mitte der siebziger Jahre einer der wichtigsten Faktoren im Wirtschaftsleben der Bundesrepublik. Danach geriet sie durch ein Überangebot auf dem Weltmarkt in eine Absatzkrise. Der Staat hat mit öffentlichen Mitteln die Modernisierung der Stahlindustrie und zugleich die Ansiedlung neuer Industriezweige gefördert. Da die Nachfrage nach Stahl weiterhin rückläufig ist, bleibt die Lage der eisenschaffenden Industrie kritisch.

Die **Maschinenbauindustrie** zählt trotz ihrer mittelständischen Struktur zu den größten Industriezweigen. 1986 beschäftigte sie eine Million Menschen und erzielte einen Umsatz von 165 Mrd. DM. Dank ihrer großen Flexibilität und technologischen Leistungsfähigkeit nimmt sie auch weltweit eine Spitzenposition ein. Dies wird an ihren Exporterfolgen deutlich: 1986 wurde ein Rekord-Außenhandelsüberschuß von 58 Mrd. DM erzielt, und in 21 von 37 Maschinenbau-Fachzweigen belegte die Bundesrepublik den ersten Platz in der Rangfolge der wichtigsten Exporteure.

*Chemiewerk*

Die **chemische Industrie** ist der wichtigste Zweig der Grund-
stoff- und Produktionsgüterindustrie in der Bundesrepublik und
nimmt dank modernster Technologien weltweit eine führende Position ein. Von ihren 586 000 Beschäftigten sind fast ein Drittel in drei
Großunternehmen beschäftigt, die zu den sieben größten Industrieunternehmen der Bundesrepublik gehören. Daneben gibt es aber
auch zahlreiche mittelständische Unternehmen. 1986 erzielte die
chemische Industrie einen Umsatz von 168 Mrd. DM; von ihren Er-
zeugnissen wurden 52% exportiert. Die chemische Industrie unternimmt große Anstrengungen, um den Herausforderungen des Umweltschutzes zu genügen; in vielen Bereichen hat sie dabei eine
Vorreiterrolle übernommen.

Der **Straßenfahrzeugbau** ist, gemessen am Umsatz, der größte
Industriezweig der Bundesrepublik Deutschland. Mit seinen
845 000 Beschäftigten erzielte er 1986 einen Umsatz von 195 Mrd.
DM. Der weitaus größte Teil davon entfällt auf die Automobilindu-
strie, die oft als »Schlüsselindustrie«, »Konjunkturmotor« und
»Wirtschaftsbarometer« bezeichnet wird. Nach Japan und den USA

ist die Bundesrepublik der drittgrößte Automobilproduzent der Welt. 1986 wurden in der Bundesrepublik 4,3 Millionen Personenkraftwagen und 300 000 Nutzfahrzeuge (Lastkraftwagen und Busse) hergestellt, außerdem 66 000 Motorräder und 3,3 Millionen Fahrräder. Fast 60% der erzeugten Autos wurden exportiert.

Die **Luft- und Raumfahrtindustrie** erzielte mit 76 000 Beschäftigten einen Umsatz von 14,6 Mrd. DM. Im Vergleich zu anderen Industrien ist sie klein, aber in technologischer Hinsicht hat sie große Bedeutung. Sie stellt höchste technische Anforderungen an Zulieferer und Mitfertiger und wirkt so auf vielen Gebieten als Pionier moderner Technologie. Die Entwicklung ziviler Flugzeuge wird in der Bundesrepublik Deutschland seit 1963 durch öffentliche Darlehen und Zuschüsse gefördert. Im Mittelpunkt steht dabei das Großraum-Passagierflugzeug »Airbus«, ein Beispiel für eine gelungene Zusammenarbeit zwischen europäischen Industrieunternehmen. Die europäische und internationale Zusammenarbeit wird mit dem Ausbau der Airbus-Familie und mit gemeinsamen Weltraumprojekten fortgesetzt.

*Automobilfabrik*

*Maschinenbau*

Die **Schiffbauindustrie** der Bundesrepublik befindet sich –
ebenso wie die anderer europäischer Länder – infolge der Konkurrenz Japans und Südkoreas in einer Krise. Den Herausforderungen
dieser Krise sucht sie durch Rationalisierung, Verringerung der
Neubaukapazitäten und vor allem durch konsequente Hinwendung
zum Bau von Spezialschiffen zu begegnen. Nach wie vor sind deutsche Werften führend in der Schiffbautechnologie. 1986 betrug der
Umsatz dieses Industriezweigs 6,1 Mrd. DM. Obwohl das nicht einmal ein Prozent des Gesamtumsatzes der Industrie ist, hat der
Schiffbau doch große wirtschaftliche Bedeutung für die Bundesländer Hamburg, Bremen, Niedersachsen und Schleswig-Holstein.

Überwiegend mittelständisch strukturiert ist die **feinmechani-
sche und optische Industrie** sowie die **Uhrenindustrie.** Mit 130 000
Beschäftigten zählt sie zu den kleineren Branchen, nimmt aber international eine Spitzenstellung ein. Das zeigt sich daran, daß 1986

über 70% ihres Umsatzes von knapp 15 Mrd. DM in den Export gingen. Die Branche investiert jährlich zwischen 6 und 15% ihres Umsatzes in Forschung und Entwicklung und sichert sich so ihre internationale Wettbewerbsfähigkeit.

Die **elektrotechnische Industrie** gehört mit einem Umsatz von knapp 162 Mrd. DM und über einer Million Beschäftigten ihrer gesamtwirtschaftlichen Bedeutung nach zur Spitzengruppe der Industriezweige. Die **Herstellung von Büromaschinen und Datenverarbeitungsanlagen** erzielte 1986 mit knapp 90 000 Beschäftigten einen Umsatz von 26 Mrd. DM. Diese beiden Industriezweige weisen ein überdurchschnittliches Wachstum auf und verfügen über eine Fülle von neuen Technologien. Insbesondere die Mikroelektronik und die Informations- und Kommunikationstechniken spielen eine Schlüsselrolle für Innovation, Rationalisierung und Leistungssteigerung in vielen Bereichen von Wirtschaft und Verwaltung.

Der Gesamtumsatz der **Verbrauchsgüterindustrien** in der Bundesrepublik Deutschland betrug 1986 200 Mrd. DM. Die wichtigsten Industriezweige in diesem Bereich sind die Textil- und die Bekleidungsindustrie, die zusammen über 418 000 Menschen beschäftigen. Die **Nahrungs- und Genußmittelindustrien** der Bundesrepublik erzielten 1986 einen Gesamtumsatz in Höhe von 176 Mrd. DM. Daran hatte die Ernährungsindustrie den größten Anteil, zu der zum Beispiel die Molkereien und die Bierbrauereien gehören.

Bundesverband der Deutschen Industrie
Gustav-Heinemann-Ufer 84–88
5000 Köln 51

# Rohstoffversorgung und Energiewirtschaft

Die Bundesrepublik Deutschland ist, gemessen an ihrer internationalen Stellung als Industrienation, ein ausgeprägt rohstoffarmes Land. Bei der Versorgung mit Rohstoffen und Energiequellen ist sie weitgehend auf Einfuhren angewiesen. Die Auslandsabhängigkeit ist bei mineralischen Rohstoffen besonders groß (beispielsweise bei Kupfer, Bauxit, Mangan, Titan, Rohphosphat, Wolfram und Zinn). In bescheidenen Mengen verfügt die Bundesrepublik über Eisenerz und Erdöl. Der Erdgasverbrauch kann bis zu einem Drittel aus einheimischen Quellen gedeckt werden. Die Lagerstätten von Steinkohle, Braunkohle und Salz sind reich und noch für viele Jahrzehnte abbauwürdig.

**Rohstoffe und Bergbau.** Die wichtigsten Steinkohlenreviere sind das rheinisch-westfälische Steinkohlengebiet und das Saarkohlenbecken. Die geschätzten abbauwürdigen Steinkohlenvorräte belaufen sich auf etwa 24 Mrd. Tonnen, die der Braunkohle auf 35 Mrd. Tonnen. Braunkohlenvorkommen befinden sich hauptsächlich im Harzvorland (bei Helmstedt) und in der Niederrheinischen Bucht (Ville bei Köln).

Während sich die Braunkohle als relativ krisenfest erwiesen hat, ist die Steinkohlenförderung seit längerem rückläufig, da der Absatz an die Stahlindustrie und die Elektrizitätswirtschaft zurückging. Ihre einst dominierende Position als Energiequelle hat sie an

**Primärenergieverbrauch**
*(in Millionen t Steinkohleneinheiten; Anteile in Prozent)*

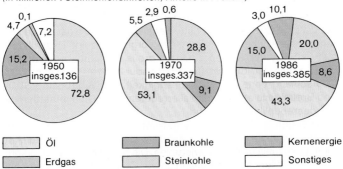

*Schaufelradbagger im Braunkohlentagebau*

Erdöl, Erdgas und Kernenergie abtreten müssen. So sank der Anteil der Steinkohle am Energierverbrauch von 73% (1950) auf 20% (1986). Aber auch der Beitrag des Mineralöls ist rückläufig. Wegen der hohen Ölpreise auf dem Weltmarkt und der Förderung anderer Energiequellen sank der Anteil von 55% (1973) auf 43% (1986). Besonders die Erdölkrise seit Mitte der siebziger Jahre hat die Bedeutung einer reibungslosen Energieversorgung gezeigt. Deshalb wird auch künftig der Kohleproduktion große Bedeutung zukommen, denn Kohle ist die einzige Energiequelle der Bundesrepublik Deutschland ohne Auslandsabhängigkeit. Die verarbeitete Stein- und Braunkohle stammt zum allergrößten Teil aus Lagerstätten der Bundesrepublik Deutschland.

Hingegen muß nahezu das gesamte Rohöl importiert werden. Hauptlieferländer sind Großbritannien, Libyen, Nigeria, Saudi-Arabien, Venezuela und die Sowjetunion. Die heimischen Erdölvorkommen im Norddeutschen Tiefland, in der Oberrheinischen Tiefebene und im Alpenvorland werden auf 68 Mill. Tonnen geschätzt. Die inländische Förderung ist seit vielen Jahren rückläufig. Die Hoffnungen auf Erdölvorkommen im deutschen Sektor der Nordsee haben sich bisher nicht bestätigt.

Günstiger sieht die Situation bei dem nächstwichtigen Energieträger Erdgas aus. Die Erdgasvorräte betragen nach der Entdekkung neuer Felder im Emsland und in der Nordsee etwa 300 bis 500 Mrd. Kubikmeter. Am Gesamtenergieverbrauch in der Bundesrepublik Deutschland ist Erdgas mit 15,2% beteiligt. Dieser Anteil kann zu etwa einem Drittel aus heimischen Quellen zur Verfügung gestellt werden. Bedeutende ausländische Lieferanten sind die Niederlande, Norwegen und die Sowjetunion.

In der Bundesrepublik gibt es geringe Mengen an Uranreserven. Das für die Kernenergie notwendige angereicherte Uran muß allerdings zu 100% importiert werden.

**Rohstoffpolitik.** Obwohl an der Sicherheit der Rohstoffversorgung der Bundesrepublik im Augenblick kein Zweifel besteht, gibt die Gesamtversorgungslage doch Anlaß, nicht nur neue Lagerstätten im In- und Ausland zu erforschen, sondern zugleich der Verschwendung von Rohstoffen entgegenzuwirken. Wachsende Bedeutung erlangt die Rückgewinnung (Recycling), d. h. die Nutzung von Rückständen und die Wiedereingliederung von Altmaterial in den Wirtschaftskreislauf. Ähnliches gilt für die Substitution, d. h. den Ersatz eines Rohstoffs durch einen andern.

Gegen vorübergehende Versorgungsstörungen, die durch Streiks, Sperrung von Transportwegen oder Unterbrechung der Importe entstehen können, unterhält die rohstoffverbrauchende Wirtschaft ein Sicherheitspolster in Form von Vorratslagern.

Als beste Voraussetzung für eine sichere Rohstoffversorgung betrachtet die Bundesregierung die Aufrechterhaltung funktionierender Märkte. In ihrem Bestreben, dem freien Handel auch weiter-

**Gewinnung, Einfuhr und Ausfuhr bergbaulicher Erzeugnisse** *(in 1000 t)*

| Erzeugnis | Gewinnung | | Einfuhr | | Ausfuhr | |
|---|---|---|---|---|---|---|
| | 1970 | 1986 | 1970 | 1986 | 1970 | 1986 |
| Steinkohle | 111271 | 80801 | 9138 | 9999 | 15906 | 7176 |
| Braunkohle | 107766 | 114310 | 1103 | 2493 | 968 | 924 |
| Erdöl | 7535 | 4017 | 98786 | 66569 | 134 | — |
| Eisenerz (effektiv) | 6762 | 717 | 48128 | 42045 | 10 | 5 |
| Kalirohsalze | 21030 | 24775 | — | — | 48 | 43 |

hin freie Bahn zu lassen, findet die Bundesregierung bei den marktwirtschaftlich ausgerichteten Ländern des Westens Unterstützung.

Die Bundesregierung unterstützt die Bemühungen der deutschen Unternehmen, durch Beteiligung an Explorationsprojekten im Ausland die Versorgung mit mineralischen Rohstoffen langfristig zu sichern. Im Rahmen des Explorationsförderprogramms wurden seit 1971 dafür 580 Millionen DM bereitgestellt.

Die Zusammenarbeit mit den rohstoffreichen, aber wenig industrialisierten Ländern der Welt stellt die Bundesrepublik Deutschland auf folgende Grundsätze:

☐ Erhaltung der Funktionsfähigkeit und des Wachstums der Weltwirtschaft;

☐ Stabilisierung der Rohstoffexporterlöse, vor allem in den am wenigsten entwickelten Ländern, und Sicherung einer kontinuierlichen Rohstoffversorgung;

☐ Beschleunigung der Industrialisierung der Entwicklungsländer und Erleichterung des technologischen Transfers von Industrieländern in Entwicklungsländer;

☐ Öffnung der Märkte der Industrieländer für die Einfuhr von Halb- und Fertigwaren aus den Entwicklungsländern;

☐ Förderung eines kontinuierlichen Kapitaltransfers in die Entwicklungsländer und Schutz der Investoren vor Enteignung;

☐ Steigerung der Ressourcenübertragung zugunsten der Entwicklungsländer durch verstärkte Hilfe von seiten *aller* Länder, die dazu in der Lage sind.

**Energiewirtschaft.** Eine sichere, umweltgerechte und wettbewerbsfähige Energieversorgung ist einer der Grundvoraussetzungen für die Funktionsfähigkeit der modernen Wirtschaft und für die Befriedigung grundlegender Bedürfnisse der Bürger.

In der Bundesrepublik Deutschland liegt die Energieversorgung größtenteils in der Hand privatwirtschaftlich geführter Unternehmen. Aufgabe des Staates ist es, einen geeigneten Ordnungsrahmen für die wirtschaftliche Tätigkeit zu schaffen und zu erhalten. Hierzu gehören das Energiewirtschaftsgesetz, die Regelungen für Krisenvorsorge und Bevorratung sowie die Gesetzgebung über den Umweltschutz.

Seit 1973 haben sich die Verhältnisse auf den internationalen Energiemärkten mehrfach grundlegend geändert. Zwei sprunghafte Steigerungen des Ölpreises haben die Weltwirtschaft erschüttert; der rapide Preisverfall zu Beginn des Jahres 1986 hat die Unsicherheit über die Preisentwicklung beim wichtigsten Energieträger verstärkt. Zugleich ist in den letzten Jahren deutlich gewor

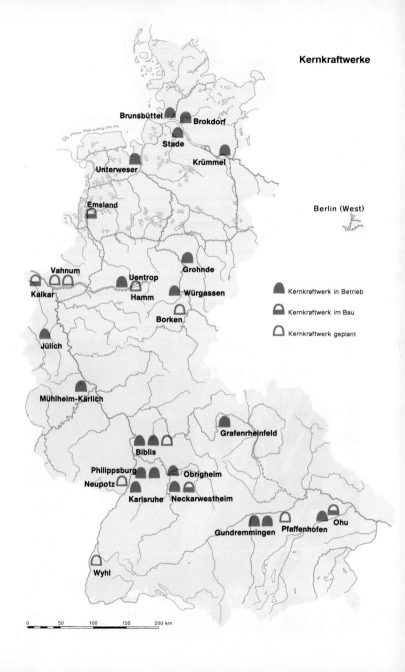

Kernkraftwerke

Brunsbüttel
Brokdorf
Stade
Krümmel
Unterweser
Emsland
Berlin (West)
Vahnum
Uentrop
Grohnde
Kalkar
Hamm
Würgassen
Borken
Jülich
Mühlheim-Kärlich
Grafenrheinfeld
Biblis
Philippsburg
Obrigheim
Neupotz
Karlsruhe
Neckarwestheim
Ohu
Gundremmingen
Pfaffenhofen
Wyhl

Kernkraftwerk in Betrieb
Kernkraftwerk im Bau
Kernkraftwerk geplant

0    50    100    150    200 km

den, daß man bei der Erzeugung und beim Verbrauch von Energie stärker als bisher auf den Schutz der Umwelt achten muß.

Die Energiewirtschaft der Bundesrepublik hat sich diesen Anforderungen gestellt und hohe Flexibilität bewiesen. Damit hat sie auch zur Entspannung der Versorgungslage beigetragen. Auf längere Sicht sind jedoch erneute Verknappungen und entsprechende Preissteigerungen insbesondere beim Mineralöl nicht auszuschließen. Deshalb ist Anpassungsfähigkeit des energiewirtschaftlichen Versorgungssystems auch in Zukunft notwendig.

**Energiepolitik.** Die Bundesregierung hat ihre energiepolitischen Vorstellungen zuletzt im Energiebericht von 1986 umfassend dargestellt. Er nennt folgende Schwerpunkte:

☐ Fortführung einer marktwirtschaftlichen Politik, um eine zugleich sichere, wettbewerbsfähige, ressourcenschonende und umweltgerechte Energieversorgung zu sichern;

☐ weitere Anstrengungen für einen sparsamen Energieverbrauch und für die Erforschung und Förderung von langfristigen Alternativen der Energiegewinnung;

*Beschickung eines Kernreaktors*

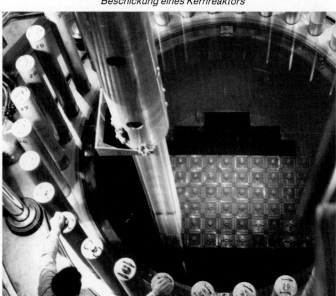

*Sonnenkollektorenanlage zur Beheizung eines Freibades*

☐ weitere Verminderung der Umweltbelastung bei der Energienutzung;

☐ Bemühungen um einen möglichst weitgehenden Konsens in der Bevölkerung hinsichtlich der Nutzung von Kohle und Kernenergie.

Auf den Bau von Kernkraftwerken, die bereits 35% des Stroms für die öffentliche Versorgung liefern, kann nicht verzichtet werden. Gegenwärtig arbeiten in der Bundesrepublik Deutschland 21 Kernkraftwerke, davon zwei hauptsächlich für Forschungszwecke. Weitere befinden sich im Bau. Bau und Betrieb der Kernkraftwerke sind seit langem Gegenstand der öffentlichen Diskussion. Viele Bürger befürchten Schädigungen der Umwelt und Katastrophen. Der Reaktorunfall im sowjetischen Tschernobyl hat diese Befürchtungen verstärkt. Die Bundesregierung nimmt diese Bedenken sehr ernst. Die Bevölkerung hat Anspruch auf eine sorgfältig abgewogene Darstellung der Energiepolitik der Bundesregierung, insbesondere auf eine Begründung, warum die weitere Nutzung der Kernenergie auch in Zukunft verantwortbar und geboten ist.

Die Kernreaktoren in der Bundesrepublik haben einen anerkannt hohen Sicherheitsstand. Seit Beginn der friedlichen Nutzung der Kernenergie wird der Sicherheit der Anlagen absoluter Vorrang vor wirtschaftlichen Aspekten gegeben. Die Nutzung der Kernenergie verlangt Vorsorge für den Verbleib der bei der Kernspaltung entstehenden radioaktiven Abfälle. Es ist vorgesehen, diese Abfallprodukte in einem der großen Salzstöcke in Norddeutschland zu lagern.

Die bisherigen Erfolge der Energiepolitik der Bundesrepublik sind international anerkannt, z. B. durch die jährlichen Länderprüfungen der Internationalen Energie-Agentur (IEA). Der Ölanteil am Energieverbrauch ist, wie schon erwähnt, stark gesenkt worden. Auch die Umweltbelastung durch die Energieversorgung hat merklich abgenommen und wird sich weiter vermindern. Alle Vorausschätzungen lassen erwarten, daß der Primärenergieverbrauch auch bei weiterem Wirtschaftswachstum auf absehbare Zeit nicht mehr stark zunehmen wird.

# Das Handwerk

Ein altes deutsches Sprichwort sagt: »Handwerk hat goldenen Boden.« Dieser Spruch stammt aus dem Mittelalter, als das deutsche Handwerk in hoher Blüte stand. Noch heute zeugen kunstvoll verzierte Zunfthäuser und mächtige Dome in vielen Städten der Bundesrepublik Deutschland von der Leistungsfähigkeit und kulturellen Bedeutung des mittelalterlichen Handwerks.

**Handwerk im Industriezeitalter.** Mit der industriellen Revolution und der Einführung der Gewerbefreiheit im 19. Jahrhundert begann ein Konkurrenzkampf zwischen Handwerk und Industrie, der das Handwerk ernsthaft zu bedrohen schien. Insbesondere in den Produktionszweigen, in denen der niedrigere Preis der maschinell erzeugten Massenware den Verbraucher stärker anzog, mußte das Handwerk seine Tätigkeit einstellen. Anderen Handwerkszweigen wurden die Produktionsaufgaben entzogen, so daß sich ihre Tätigkeit nur noch auf die Ausführung von Reparaturen beschränkt, z. B. bei Schuhmachern und Uhrmachern. Auf weiten Gebieten hat sich jedoch das Handwerk trotz des industriellen Fortschritts halten können, vor allem dort, wo Spezialbedarf und persönlichkeitsbestimmte Leistung maßgebend sind. Auch da, wo eine enge Verbindung zum Kunden entscheidend ist, z. B. bei Fleischern und Bäckern, konnte das Handwerk eine gute Position bewahren.

Darüber hinaus hat die industrielle Entwicklung selbst neue Handwerkszweige hervorgebracht, z. B. das Handwerk des Elektroinstallateurs und des Kraftfahrzeugmechanikers. Besonders die Einführung des Elektromotors hat für die Wettbewerbsfähigkeit des Handwerks eine große Rolle gespielt, und die Gründung von Einkaufs- und Kreditgenossenschaften hat seine Lage verbessert. Insgesamt hat das Handwerk große Anpassungsfähigkeit gezeigt. Es behauptet seinen Platz neben den übrigen Wirtschaftszweigen.

**Volkswirtschaftliche Bedeutung.** Die Zahl der Handwerksbetriebe in der Bundesrepublik Deutschland ist von 902 800 im Jahr 1949 auf 492 600 im Jahr 1986 zurückgegangen. Die Zahl der in diesen Betrieben Beschäftigten ist dagegen gestiegen: 1949 waren es 3,2 Millionen gegenüber 3,8 Millionen 1986. Das bedeutet, daß die Zahl der Beschäftigten je Betrieb zugenommen hat. Gegenwärtig liegt die durchschnittliche Betriebsgröße bei 8 Personen. Mit ei-

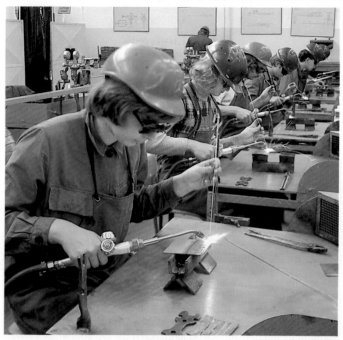

*Lehrlingsausbildung*

nem Anteil von rund 9% am Bruttoinlandsprodukt hat das Handwerk in der Bundesrepublik Deutschland ein beachtliches wirtschaftliches Gewicht; es ist nach Industrie und Handel der drittgrößte Wirtschaftsbereich.

Der bedeutendste Handwerkszweig, gemessen an der Zahl der Beschäftigten, ist das Handwerk der Maurer, Beton- u. Stahlbetonbauer. Es folgen die Handwerke der Gebäudereiniger, der Kraftfahrzeugmechaniker, der Bäcker, der Fleischer, der Friseure, der Tischler, der Maler und Lackierer und der Elektroinstallateure. Wenn man den Umsatz als Maßstab wählt, liegen das Maurerhandwerk, das Kraftfahrzeugreparaturhandwerk und das Fleischerhandwerk an der Spitze.

Einen Überblick über die Vielfalt der handwerklichen Produktion gibt die in jedem Frühjahr in München veranstaltete Internationale Handwerksmesse. Sie ist mit über 2400 Ausstellern und weit über 400 000 Besuchern weltweit die größte Messe dieser Art.

**Beschäftigte und Umsatz im Handwerk** *(1986)*

| Handwerkszweig | Beschäftigte | Gesamtumsatz Mill. DM |
|---|---|---|
| Handwerk insgesamt | 3 631 000 | 340 731 |
| Maurer, Beton- und Stahlbetonbauer | 529 000 | 50 649 |
| Gebäudereiniger | 405 000 | 4 623 |
| Kraftfahrzeugmechaniker | 249 000 | 55 716 |
| Bäcker | 219 000 | 16 693 |
| Fleischer | 197 000 | 29 249 |
| Friseure | 197 000 | 5 817 |
| Tischler | 180 000 | 17 446 |
| Maler und Lackierer | 179 000 | 11 259 |
| Elektroinstallateure | 175 000 | 15 157 |
| Klempner, Gas- und Wasserinstallateure | 118 000 | 10 526 |
| Schlosser | 113 000 | 12 711 |
| Radio- und Fernsehtechniker | 28 000 | 3 977 |

**Förderung des Handwerks.** Die Bundesregierung unterstützt mittelständische Unternehmen bei der Sicherung und Stärkung ihrer Leistungs- und Wettbewerbsfähigkeit und erleichtert ihnen die Anpassung an strukturelle Veränderungen (»Hilfe zur Selbsthilfe«). Die Förderung umfaßt Steuererleichterungen, Unternehmensberatung sowie die Gewährung zinsgünstiger Kredite mit langen Laufzeiten. 1987 wurden rund 100 Millionen DM für Maßnahmen zur Leistungssteigerung zur Verfügung gestellt.

**Organisation des Handwerks.** Die Ausübung eines Handwerks und die handwerkliche Berufsausbildung sind in der Bundesrepublik Deutschland nur den in der Handwerksrolle (dem Verzeichnis

**Anteil des Handwerks an wichtigen Wirtschaftsdaten**

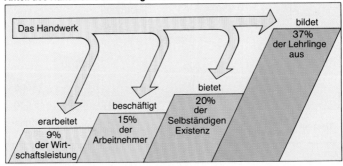

Das Handwerk
erarbeitet 9% der Wirtschaftsleistung
beschäftigt 15% der Arbeitnehmer
bietet 20% der Selbständigen Existenz
bildet 37% der Lehrlinge aus

**Wachsende und schrumpfende Handwerke**
*(nach der Zahl der Beschäftigten)*

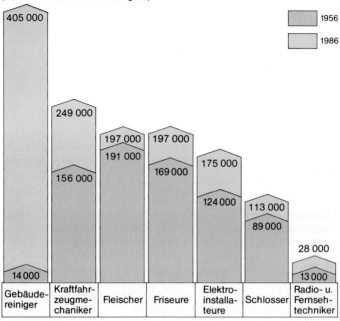

1956

1986

| | Gebäudereiniger | Kraftfahrzeugmechaniker | Fleischer | Friseure | Elektroinstallateure | Schlosser | Radio- u. Fernsehtechniker |
|---|---|---|---|---|---|---|---|
| 1956 | 405 000 | 249 000 | 197 000 | 197 000 | 175 000 | 113 000 | 28 000 |
| 1986 | 14 000 | 156 000 | 191 000 | 169 000 | 124 000 | 89 000 | 13 000 |

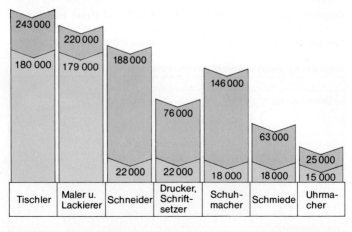

| | Tischler | Maler u. Lackierer | Schneider | Drucker, Schriftsetzer | Schuhmacher | Schmiede | Uhrmacher |
|---|---|---|---|---|---|---|---|
| 1956 | 243 000 | 220 000 | 188 000 | 76 000 | 146 000 | 63 000 | 25 000 |
| 1986 | 180 000 | 179 000 | 22 000 | 22 000 | 18 000 | 18 000 | 15 000 |

der selbständigen Handwerker im Bezirk einer Handwerkskammer) eingetragenen Personen gestattet. Es ist dafür ein »großer Befähigungsnachweis« erforderlich, der in der Regel durch Ablegung der Meisterprüfung erbracht wird. Zur Ausbildung ist ein Handwerksmeister erst berechtigt, wenn er das 24. Lebensjahr vollendet hat. Für die Ausbildung von Nachwuchskräften hat das Handwerk der Bundesrepublik Deutschland große Bedeutung. 1985 gab es rund 700 000 Auszubildende im Handwerk, das sind annähernd zwei Fünftel aller Lehrlinge in der Bundesrepublik Deutschland überhaupt.

Die Betriebe eines Handwerkszweigs in einem Stadt- oder Landkreis sind zu einer Innung zusammengeschlossen. Die Innungen sind vor allem für Ausbildung und berufliche Fortbildung zuständig; sie können auch Tarifverträge abschließen und für ihre Mitglieder Krankenkassen einrichten.

Selbstverwaltungsorgane und Interessenvertretungen des gesamten Handwerks sind die Handwerkskammern. Zu ihren Aufgaben gehören die Führung der Handwerksrolle und der Lehrlingsrolle (Verzeichnis der Lehrverträge), die Überwachung der Berufsausbildung und das Prüfungswesen.

Die Organisation der Innungen und der Handwerkskammern ist an der Spitze im Zentralverband des Deutschen Handwerks zusammengefaßt.

Zentralverband des Deutschen Handwerks
Johanniterstr. 1
5300 Bonn 1

# Der Handel

Der Handel hat sich in den letzten hundert Jahren zu einem wichtigen Bereich der Volkswirtschaft entwickelt, der in der Erfüllung seiner Distributionsaufgaben erst das Entstehen der heutigen arbeitsteiligen Volkswirtschaft ermöglichte. In der Bundesrepublik Deutschland sind rund 3,6 Millionen Menschen in den etwa 510 000 Unternehmen des Handels (Groß- und Einzelhandel sowie Handelsvermittlung) beschäftigt.

**Großhandel.** Die Unternehmen des Großhandels haben ihre wirtschaftliche Tätigkeit im Umsatz von Gütern (Handelswaren) an Wiederverkäufer, Weiterverarbeiter, gewerbliche Verwender oder Großverbraucher. Der Großhandel beliefert Produktionsbetriebe mit Investitionsgütern, Roh-, Hilfs- und Betriebsstoffen und den Einzelhandel mit kurz- und langlebigen Gebrauchs- und Verbrauchsgütern.

*Modernes Einkaufszentrum*

**Index der Einzelhandelspreise** *(1980 = 100)*

| Wirtschaftsgruppen | 1984 | 1986 |
|---|---|---|
| Einzelhandel insgesamt | 115,6 | 117,3 |
| Nahrungs- und Genußmittel | 115,6 | 116,9 |
| Bekleidung, Wäsche, Schuhe | 115,2 | 119,7 |
| Eisen- und Metallwaren, Hausrat und Wohnbedarf | 118,3 | 122,1 |
| Elektrotechnische, feinmechanische und optische Erzeugnisse, Schmuck-, Leder-, Galanterie- und Spielwaren | 103,9 | 102,2 |
| Papierwaren und Druckerzeugnisse | 115,2 | 121,0 |
| Pharmazeutische und kosmetische Artikel | 113,7 | 118,4 |
| Kohlen, sonstige feste Brennstoffe und Mineralölerzeugnisse | 118,0 | 103,0 |
| Fahrzeuge, Maschinen und Büroeinrichtungen | 123,3 | 130,7 |
| Sonstige Waren | 113,9 | 112,1 |

Der Umsatz des Großhandels stieg von etwa 50 Mrd. DM im Jahre 1949 auf 792 Mrd. DM 1986. Der Wettbewerb in diesem Wirtschaftszweig sowie auch der Kostendruck hat sich in den letzten Jahren, wenn auch in den einzelnen Branchen unterschiedlich, verstärkt. Kleinere und nicht leistungsfähige Unternehmen schieden aus dem Wettbewerb aus. Durch die Rationalisierungsmaßnahmen ist die Zahl der Beschäftigten im Großhandel in den letzten Jahren stärker abgebaut worden. Sie betrug 1986 etwas über eine Million.

**Einzelhandel.** Der Einzelhandel als letztes Glied der Distributionskette und als verbrauchernächste Handelsform hat im letzten Vierteljahrhundert eine bemerkenswerte Entwicklung vollzogen. In der Angebotsform und der Zusammensetzung der Sortimente sowie in der Entwicklung der Betriebsformen erlebte der Einzelhandel einen revolutionären Wandel.

Vor allem die Durchsetzung der Selbstbedienung, die im Lebensmitteleinzelhandel begann, erlaubte eine starke Rationalisierung. Neue Betriebsformen, wie die Discounter und Verbrauchermärkte, entstanden. Sie versuchten, durch eine eigene Marketingpolitik den sich stets wandelnden Bedürfnissen und Vorstellungen der Verbraucher auf neuartige Weise Rechnung zu tragen.

Der Umsatz des Einzelhandels stieg von 28 Mrd. DM (1949) auf 519 Mrd. DM (einschließlich Mehrwertsteuer) im Jahre 1986. Gleichzeitig sank durch den scharfen Wettbewerb die Zahl der Unternehmen von 445 000 (1962) auf 340 000 (1986). Die Zahl der Beschäftigten im Einzelhandel hat sich – vor allem durch Rationalisie-

*Der »Laden an der Ecke«*

rung – in den letzten Jahren verringert. Sie betrug 1986 etwa 2,4 Millionen.

Die wachsende Motorisierung breiter Bevölkerungsschichten, die Tendenzen zum Verbund- und Großeinkauf sowie das Vordringen problemloser Artikel begünstigten die Verbrauchermärkte und Selbstbedienungswarenhäuser. Es hat sich aber in der Vergangenheit recht deutlich gezeigt, daß der mittelständische Einzelhandel dort seine Chancen gegenüber den Großbetrieben hat, wo der Verbraucher ein individuelles Angebot, Sortimentstiefe, fachliche Beratung und Service wünscht. Auch die Mitgliedschaft in einer Kooperationsform hat vielen mittelständischen Unternehmen dabei geholfen, ihre Marktstellung zu halten oder sogar auszubauen. In der Zukunft wird es aber entscheidend darauf ankommen, daß diese Unternehmen bereit und willens sind, sich den in ständigem Wandel begriffenen Marktgegebenheiten anzupassen.

Hauptgemeinschaft des Deutschen Einzelhandels
Sachsenring 89
5000 Köln 1

Bundesverband des Deutschen Groß- und Außenhandels
Kaiser-Friedrich-Str. 13
5300 Bonn 1

# Der innerdeutsche Handel

Der Handel zwischen der Bundesrepublik Deutschland und der Deutschen Demokratischen Republik ist weder Binnen- noch Außenhandel, da die DDR für die Bundesrepublik zwar ein souveräner Staat, aber kein Ausland ist. Wegen dieses besonderen Charakters weist der innerdeutsche Handel zahlreiche Eigentümlichkeiten auf.

Grundlage des innerdeutschen Handels ist das Berliner Abkommen, das 1951, lange vor der Aufnahme offizieller Regierungskontakte, geschlossen wurde. Dieses Abkommen schließt Berlin (West) ein. Es gibt zwischen den Währungen der beiden deutschen Staaten keine offizielle Kursrelation. Die Zahlungen im Rahmen dieses Handels werden über Verrechnungskonten bei der Deutschen Bundesbank und bei der Staatsbank der DDR abgewickelt. Zahlungseinheit ist die »Verrechnungseinheit« (VE), deren Wert einer DM gleichgesetzt werden kann. Der DDR ist bei der Deutschen Bundesbank ein »Swing«, das heißt ein zinsloser Verrechnungskredit, von 850 Millionen Verrechnungseinheiten eingeräumt worden. 1986 nahm die DDR den »Swing« mit 185 Millionen VE in Anspruch. Der innerdeutsche Handel ist frei von Zöllen und Abschöpfungen (Abgaben zum Ausgleich von Preisunterschieden).

Die Bundesrepublik bezieht aus der DDR vor allem Mineralölerzeugnisse, chemische Erzeugnisse, landwirtschaftliche Erzeugnisse, Textilien und Bekleidung. Der DDR werden aus der Bundesrepublik in erster Linie chemische Erzeugnisse, landwirtschaftliche Erzeugnisse, Erzeugnisse des Maschinen- und Fahrzeugbaus sowie Eisen und Stahl geliefert.

Zwischen 1951 und 1986 stieg der Wert der Bezüge des Bundesgebiets aus der DDR von etwa 120 Millionen VE auf 7,3 Milliarden VE, der Wert der Lieferungen an die DDR von 150 Millionen VE auf 7,8 Milliarden VE. Gegenüber 1985 ist ein wertmäßiger Rückgang des Handelsvolumens zu verzeichnen. Er ist hauptsächlich durch die Preisentwicklung auf den internationalen Ölmärkten verursacht worden.

Wirtschaftlich hat der innerdeutsche Handel für die DDR weit größeres Gewicht als für die Bundesrepublik. Sein Wert entspricht weniger als 1,5% des Außenhandelsvolumens der Bundesrepublik, der Handel mit der Bundesrepublik macht jedoch knapp 10% des Außenhandelsvolumens der DDR aus. Wegen der ökonomischen Vorteile, die sie aus ihm zieht, akzeptiert die DDR den Sondercha-

**Der innerdeutsche Handel**

| Lieferungen in die DDR (in Mrd. VE) | Jahr | Bezüge aus der DDR (in Mrd. VE) |
|---|---|---|
| 2,5 | 1970 | 2,1 |
| 2,7 | 1971 | 2,6 |
| 3,0 | 1972 | 2,4 |
| 3,0 | 1973 | 2,7 |
| 3,7 | 1974 | 3,2 |
| 4,0 | 1975 | 3,4 |
| 4,5 | 1976 | 4,0 |
| 4,7 | 1977 | 4,1 |
| 4,8 | 1978 | 4,1 |
| 5,1 | 1979 | 4,8 |
| 5,9 | 1980 | 5,9 |
| 6,1 | 1981 | 6,3 |
| 7,1 | 1982 | 7,0 |
| 7,7 | 1983 | 7,6 |
| 7,3 | 1984 | 8,2 |
| 8,6 | 1985 | 8,2 |
| 7,8 | 1986 | 7,3 |

rakter des innerdeutschen Handels, obwohl sie sonst das Bestehen besonderer Beziehungen zwischen den beiden deutschen
Staaten strikt verneint. Die Bundesrepublik hingegen fördert den
innerdeutschen Handel vor allem aus politischen Gründen. Besonders wichtig erscheint ihr die Tatsache, daß Berlin (West) von Anfang an in das innerdeutsche Handelsabkommen einbezogen ist.
Darüber hinaus dient der Handel als eine Klammer zwischen den
beiden deutschen Staaten, und seine Entwicklung trägt dazu bei,
die bestehenden politischen Gegensätze zu vermindern. Durch
verstärkte Zusammenarbeit im Umweltschutz und in der Energieversorgung, aber auch durch Ausweitung bereits bestehender viel-
fältiger Formen betrieblicher Kooperation erhält der innerdeutsche
Handel zur Zeit zusätzliche Impulse.

# Die Außenwirtschaft

Die Außenwirtschaft spielt eine entscheidende Rolle im Wirtschaftsleben der Bundesrepublik Deutschland. Von Anfang an entschied sich die Bundesrepublik für die Integration in die Weltwirtschaft und bekannte sich zum Prinzip der internationalen Arbeitsteilung. Dieser Einstellung entspricht eine liberale Außenhandelspolitik, die stets auf den Abbau von Zöllen und anderen Handelsbeschränkungen hingewirkt hat.

**Außenwirtschaftliches Gleichgewicht und Exportabhängigkeit.**
Der Gesamtwert der Ein- und Ausfuhr der Bundesrepublik stieg von 19,7 Mrd. DM (1950) auf 940,1 Mrd. DM (1986). Damit steht die Bundesrepublik nach den USA an zweiter Stelle im Welthandel. Ein

**Ein- und Ausfuhr der Bundesrepublik Deutschland** *(tatsächliche Werte)*

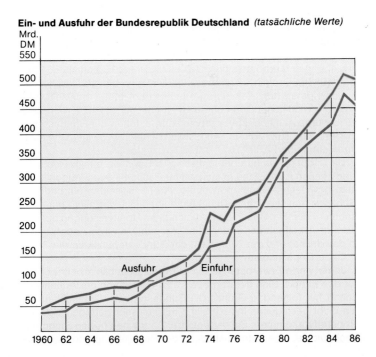

**Außenhandel der Bundesrepublik Deutschland 1986**

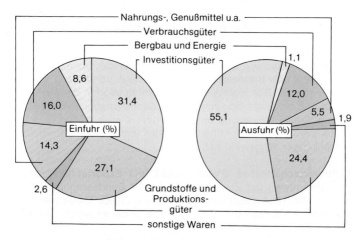

besonderes Kennzeichen des deutschen Außenhandels ist dabei, daß seit 1952 die Ausfuhr die Einfuhr übersteigt, und dies trotz erheblicher DM-Aufwertungen. Der Ausfuhrüberschuß stieg von Jahr zu Jahr an und erhöhte sich von 706 Mill. DM (1952) auf 112,6 Mrd. DM (1986). Für einige Jahre war die Bilanz durch die kräftig gestiegenen Kosten der Öleinfuhren erheblich belastet. Aber seit 1982 konnten wieder deutlich höhere Überschüsse erzielt werden, und 1986 wurde das höchste Ergebnis seit Bestehen der Bundesrepublik erreicht. Auch die Leistungsbilanz schloß mit einem Rekordüberschuß von 77,8 Mrd. DM ab.

Die großen Ausfuhrüberschüsse der Bundesrepublik Deutschland stießen im Ausland manchmal auf Kritik. Sie sind jedoch in einem gewissen Ausmaß notwendig, um Passivsalden auf anderen Gebieten auszugleichen. Dabei handelt es sich vor allem um Ausgaben deutscher Urlauber im Ausland, um Überweisungen ausländischer Arbeitnehmer in der Bundesrepublik an ihre Angehörigen in der Heimat und um Zahlungen der Bundesrepublik an die Europäische Gemeinschaft.

Jeder vierte Erwerbstätige in der Bundesrepublik arbeitet direkt für den Export. Eine derart große Abhängigkeit von der Außenwirtschaft hat folgenden Grund: Die Bundesrepublik Deutschland ist ein dicht besiedeltes Industrieland mit nur sehr geringen eigenen Rohstoffvorkommen. Sie verfügt aber über einen hohen Stand der Technologie, eine gute Ausbildung der Bevölkerung und einen leistungsfähigen Produktionsapparat. Diese Aktivposten müssen im Außenhandel eingesetzt werden, um die Einfuhr von Nahrungsmitteln, Rohstoffen und Energieträgern, aber auch von Industrieerzeugnissen, die in anderen Ländern besser oder billiger hergestellt werden können, zu bezahlen.

An der Spitze der Ausfuhrgüter der Bundesrepublik stehen Kraftfahrzeuge, Maschinen aller Art, chemische und elektrotechnische Erzeugnisse. Auf der Einfuhrseite haben Nahrungs- und Genußmittel das größte Gewicht. Früher standen Erdöl und Erdgas an der Spitze; ihr Anteil an der Gesamteinfuhr ist jedoch von über 17% (1981) auf weniger als 7% (1986) zurückgegangen. Ursachen dafür sind der Verfall des Ölpreises und der Rückgang des Dollarkurses.

Die enge Verflochtenheit der deutschen Wirtschaft mit dem Ausland bringt aber auch Abhängigkeiten mit sich. Die Bundesrepublik ist anfällig gegen alle Störungen des Welthandels, weil Arbeitsplätze, Investitionen, Erträge und Lebensstandard von seiner Entwicklung abhängig sind. Stabile Weltwirtschaft, freier Handel und ein geordnetes Währungssystem sind deshalb wichtige Lebensbedingungen für die deutsche Volkswirtschaft.

*Containerhafen in Hamburg*

**Die größten Handelspartner der Bundesrepublik Deutschland 1986**

| Mrd. DM | Einfuhr aus: | Ausfuhr nach: | Mrd. DM |
|---|---|---|---|
| 47,8 | Niederlande | Frankreich | 62,3 |
| 47,1 | Frankreich | USA | 55,2 |
| 38,1 | Italien | Niederlande | 45,5 |
| 29,8 | Großbritannien | Großbritannien | 44,6 |
| 29,2 | Belgien/Luxemburg | Italien | 42,9 |
| 26,4 | USA | Belgien/Luxemburg | 37,2 |
| 24,0 | Japan | Schweiz | 31,0 |
| 18,5 | Schweiz | Österreich | 28,1 |
| 16,4 | Österreich | Schweden | 14,7 |
| 10,0 | Schweden | Dänemark | 12,2 |
| 9,3 | UdSSR | Spanien | 12,1 |
| 7,7 | Dänemark | UdSSR | 9,4 |

Herstellungsländer      Verbrauchsländer

**Handelspartner.** Die Mitgliedstaaten der Europäischen Gemeinschaft haben seit dem Inkrafttreten des EG-Vertrags im Jahr 1958 schrittweise die angestrebte Zollunion verwirklicht: sie haben den Handelsaustausch untereinander von allen Zöllen und mengenmäßigen Beschränkungen befreit. Der Handel der Bundesrepublik Deutschland mit den anderen EG-Staaten hat dadurch einen Aufschwung genommen, der den mit den übrigen Ländern weit übertrifft. 1986 kamen 52% der Gesamteinfuhr in die Bundesrepublik aus den EG-Staaten, während die Bundesrepublik 51% ihrer Ausfuhr an die EG-Staaten lieferte. Die beiden größten Handelspartner der Bundesrepublik sind Frankreich und die Niederlande. Auf der Lieferantenliste der deutschen Importeure nehmen die Niederlande den ersten Platz ein, und Frankreich steht an zweiter Stelle. Bei der Ausfuhr belegte Frankreich den ersten Rang, gefolgt von den USA. Die Ausfuhr in die Vereinigten Staaten, die in den Jahren zuvor stark gestiegen war, ging infolge der DM-Aufwertung zurück.

Die Bundesrepublik war mit ihren Importen eine bedeutende Wachstumsstütze für ihre Handelspartner. Davon profitieren besonders die Entwicklungsländer, die kein Öl fördern. Ihre Exporte an Fertigwaren in die Bundesrepublik nahmen in den achtziger Jahren überdurchschnittlich zu. Die Ölimporte aus den OPEC-Ländern sind merklich zurückgegangen; hier machen sich der Ölpreisverfall und die Dollarabwertung der letzten Jahre bemerkbar. Im Warenaustausch mit den Staatshandelsländern erzielt die Bundesrepublik traditionell Handelsbilanzüberschüsse. Der Anteil des Handels mit diesen Ländern beträgt seit 1980 praktisch unverändert 5%.

**Einfuhr und Ausfuhr nach Ländergruppen** *(in Mill. DM)*

| Ländergruppe | Einfuhr 1970 | 1986 | Ausfuhr 1970 | 1986 |
|---|---|---|---|---|
| *Industrialisierte westliche Länder* | 87 427 | 339 539 | 104 715 | 443 495 |
| davon: | | | | |
| EG-Länder | 48 437 | 216 020 | 50 259 | 267 454 |
| Andere europäische Länder | 16 634 | 64 221 | 28 344 | 98 029 |
| USA und Kanada | 13 917 | 30 235 | 12 618 | 60 491 |
| Übrige Länder | 8 439 | 29 062 | 13 494 | 17 521 |
| *Entwicklungsländer* | 17 684 | 52 796 | 14 904 | 55 913 |
| davon: | | | | |
| Afrika | 6 688 | 13 748 | 3 494 | 11 919 |
| Amerika | 5 343 | 13 716 | 5 114 | 10 988 |
| Asien | 5 611 | 24 493 | 6 224 | 32 848 |
| Ozeanien | 43 | 839 | 72 | 158 |
| *Staatshandelsländer* | 4 394 | 21 157 | 5 400 | 25 892 |
| davon: | | | | |
| Europa | 4 036 | 18 277 | 4 760 | 19 564 |
| *Welt insgesamt* | 109 606 | 423 744 | 125 276 | 526 363 |

**Auslandsinvestitionen.** Vor dem Hintergrund des internationalen Strukturwandels in der Wirtschaft gewinnen private Auslandsinvestitionen immer größere Bedeutung für die Erschließung oder Sicherung der Außenmärkte. Das gilt nicht nur für das Verhältnis der Industrieländer untereinander, sondern auch für die wirtschaftlichen Beziehungen zwischen den Industrie- und den Entwicklungsländern. Die Gründe, aus denen sich ein deutscher Investor für Auslandsinvestitionen entscheidet, sind vielfältig; marktspezifische Überlegungen, Standortvorteile, Sicherung und Erweiterung von Absatzmärkten sowie der Wettbewerb um modernste Technologien können eine Rolle spielen. Der Wert der gesamten Auslandsinvestitionen der Bundesrepublik Deutschland belief sich Ende 1985 auf 148 Mrd. DM; davon entfielen 80% auf die westlichen Industrieländer und 15% auf die Entwicklungsländer. Die wichtigsten Anlageländer sind die USA und die europäischen Nachbarländer.

Für die Entwicklungsländer sind ausländische Direktinvestitionen wichtig beim wirtschaftlichen und industriellen Aufbau. Es wird nicht nur langfristiges Investitionskapital übertragen, sondern gleichzeitig Technologie, Managementwissen und unternehmerische Erfahrung. Um die wirtschaftlichen Nachteile und das erhöhte politische Risiko bei Investitionen in Entwicklungsländern auszugleichen, hat die Bundesregierung ein besonderes Förderinstrumentarium geschaffen. Insbesondere hat sie bisher mit über 60 Entwicklungsländern Investitionsförderungs- und Schutzverträge geschlossen, die den deutschen Auslandsinvestitionen völkerrechtlichen Schutz im jeweiligen Anlageland zusichern, wie z. B. Inländerbehandlung und Meistbegünstigung, freien Transfer von Kapital und Erträgen, wertentsprechende Entschädigung bei Enteignung, unabhängige internationale Schiedsgerichtsbarkeit. Zum Schutz gegen das politische Risiko gewährt der Bund bei förderungswürdigen Investitionen in Entwicklungsländern Kapitalanlagegarantien. Die vom Bund gegründete Deutsche Finanzierungsgesellschaft für Beteiligungen in Entwicklungsländern (DEG) fördert Direktinvestitionen deutscher Unternehmen in Entwicklungsländern. Deutschen mittelständischen Unternehmen werden für Niederlassungen und den Technologietransfer in Entwicklungsländern zinsgünstige Darlehen und Zuschüsse gewährt.

Die Direktinvestitionen des Auslands in der Bundesrepublik Deutschland nehmen ebenfalls zu, sind jedoch seit Mitte der siebziger Jahre hinter den deutschen Auslandsinvestitionen zurückgeblieben. Der Wert der ausländischen Direktinvestitionen in der Bundesrepublik betrug Ende 1985 88 Mrd. DM. Neun Zehntel dieser Investitionen stammten aus den USA und den europäischen Industrieländern.

Bundesverband des Deutschen Groß- und Außenhandels
Kaiser-Friedrich-Str. 13
5300 Bonn 1

# Zusammenarbeit mit Entwicklungsländern

Die wirtschaftlichen und sozialen Verhältnisse in der Dritten Welt sind von Land zu Land unterschiedlich. Aber so gut wie alle Entwicklungsländer weisen die folgenden Merkmale auf: ungenügende Versorgung mit Nahrungsmitteln, schlechter Gesundheitszustand der Bevölkerung, unzureichende Bildungsmöglichkeiten, Arbeitslosigkeit, niedriger Lebensstandard bei oft extrem ungleicher Verteilung der vorhandenen Güter und Dienstleistungen. In den meisten Entwicklungsländern wächst die Bevölkerung besonders schnell. Dies führt dazu, daß Bevölkerungsentwicklung und Wirtschaftswachstum nicht miteinander Schritt halten.

**Entwicklungspolitik der Bundesrepublik Deutschland.** Entwicklungspolitik ist Teil der weltweiten Friedenspolitik der Bundesregierung. In einer Zeit wachsender Spannungen und Krisen ist es ein wichtiges entwicklungspolitisches Ziel, zur politischen Stabilität durch wirtschaftliche und soziale Entwicklung in der Dritten Welt beizutragen.

Angesichts von Krankheit, Hunger und Elend in vielen Entwicklungsländern ist der Kampf gegen die absolute Armut – und zwar im staatlichen wie im privaten Bereich – oberstes Ziel der Entwicklungspolitik der Bundesrepublik Deutschland. Daher hat die Befriedigung von Grundbedürfnissen (Deckung des Mindestbedarfs an Nahrung, Unterkunft und Kleidung; Zugang zu lebenswichtigen öffentlichen Dienstleistungen, insbesondere einwandfreiem Trinkwasser, sanitären Anlagen, öffentlichen Verkehrsmitteln, Gesundheits- und Bildungseinrichtungen) besonders hohen Stellenwert.

Entwicklungshilfe kann immer nur Hilfe zur Selbsthilfe sein. Sie kann die Eigenanstrengungen der Entwicklungsländer ergänzen, aber nicht ersetzen. Entscheidend dafür, ob ein Land sich entwickkelt, sind die politischen und wirtschaftlichen Voraussetzungen, die es selbst schafft. Eine Politik, die die Entfaltung der schöpferischen Kraft des einzelnen fördert, statt sie durch staatliche Bevormundung zu ersticken, die auf sozialen Ausgleich und Wahrung der Menschenrechte hinwirkt, eine Agrarpolitik, die den Bauern über vernünftige Erzeugerpreise Anreize zur Produktion gibt – das sind wesentliche Voraussetzungen für die Entwicklung. Im ständigen Gespräch mit den Partnerländern in der Dritten Welt wirkt die Bundesrepublik darauf hin, Rahmenbedingungen zu schaffen, die es ermöglichen, daß die Entwicklungszusammenarbeit vollen Nutzen bringt.

**Öffentliche Entwicklungshilfe.** Die Bundesrepublik Deutschland arbeitet mit den Entwicklungsländern bilateral und multilateral zusammen. Zur multilateralen Zusammenarbeit gehören die Beiträge an die Sonderorganisationen der UNO, an die Weltbank und an den Entwicklungsfonds der EG. Die bilaterale Zusammenarbeit umfaßt alle direkten Leistungen an ein Entwicklungsland oder eine Gruppe von Entwicklungsländern.

Man unterscheidet die finanzielle Zusammenarbeit, d. h. die Einräumung von Krediten zu Vorzugsbedingungen, und die technische Zusammenarbeit, d. h. die für das Entwicklungsland kostenlose Entsendung von Fachkräften und Beratern, die Lieferung von Investitionsgütern und Waren sowie die Bereitstellung von Ausbildungsplätzen. Kredite werden in erster Linie für Projekte der Infrastruktur und der Industrialisierung gewährt. Landwirtschaft und ländliche Entwicklung werden überwiegend im Rahmen der technischen Zusammenarbeit, die nur Zuschüsse kennt, gefördert.

Eine besondere Form der Hilfe ist der Schuldenerlaß. Die Bundesrepublik Deutschland hat bisher 24 der am wenigsten entwickelten Länder (LDC) die Schulden aus früheren Entwicklungskrediten erlassen. Sie hat auf mehr als 4,2 Mrd. DM an Zins- und Tilgungsleistungen verzichtet, das sind 60% der weltweit erlassenen Schulden. Die gesamte bilaterale öffentliche Hilfe für die am wenigsten entwickelten Länder besteht nunmehr nur noch aus Zuschüssen.

**Private Entwicklungshilfe.** Viele Projekte zur Verbesserung der Sozialinfrastruktur und Sozialfürsorge, der Bildung, der Gesundheit u. a. werden von privaten oder halbstaatlichen Organisationen der Bundesrepublik Deutschland unterstützt. Diese privaten Träger arbeiten mit Partnern in den Entwicklungsländern zusammen, die oft besser als staatliche Stellen die Bevölkerung zur Selbsthilfe mobilisieren können. Zu ihnen gehören vor allem die Kirchen, Gewerkschaften, Stiftungen und Freiwilligendienste. Die Kirchen sind insbesondere im Erziehungs- und Gesundheitswesen tätig und unterhalten zahlreiche Sozialzentren in den Entwicklungsländern. Ihre Projekte werden zum Teil durch Spenden und zum Teil durch staatliche Mittel finanziert. In der gesellschaftspolitischen Bildung arbeiten mehrere Stiftungen, die zum Teil politischen Parteien nahestehen. Daneben sind in der privaten Entwicklungshilfe u. a. das Deutsche Rote Kreuz, die Deutsche Welthungerhilfe, der Deut-

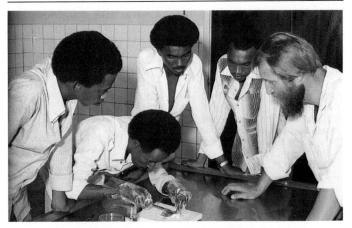

*Mitarbeiter des Technischen Instituts in Burao (Somalia)
mit einem deutschen Experten*

sche Volkshochschulverband, das Kolpingwerk, Medico International, das Deutsche Aussätzigen-Hilfswerk, Terre des hommes, die
Andheri-Hilfe und viele andere tätig.

Die 1963 in Bonn gegründete gemeinnützige Gesellschaft »Deutscher Entwicklungsdienst GmbH«, deren Gesellschafter die Bundesrepublik Deutschland und der Arbeitskreis »Lernen und Helfen
in Übersee e. V.« sind, entsendet Entwicklungshelfer, die unter Verzicht auf besondere finanzielle und berufliche Vergünstigungen zur
Entwicklung des betreffenden Landes beitragen. Freiwillige Helfer
entsenden u. a. auch die kirchlichen Dienste »Arbeitsgemeinschaft
für Entwicklungshilfe« (AGEH) und »Dienste in Übersee« (DÜ).

Direktinvestitionen deutscher Unternehmen und Privatpersonen
in Entwicklungsländern sind von großer Bedeutung für die wirtschaftliche Entwicklung der Länder, in die sie fließen. Sie schaffen
dort Arbeitsplätze, ermöglichen Deviseneinnahmen oder Devisen-
ersparnisse, erhöhen das Steueraufkommen und tragen zur Vermittlung technischer Fertigkeiten und technischen Wissens auf
breiter Grundlage bei. Die Bundesregierung fördert Investitionen
privater Unternehmen in den Entwicklungsländern auf vielfältige
Weise, z. B. durch die Entsendung von Beratern zur Anbahnung
der Zusammenarbeit zwischen deutschen Firmen und Partnern in
Entwicklungsländern, Bundesgarantien für Kapitalanlagen und die
Arbeit der bundeseigenen Deutschen Finanzierungsgesellschaft
für Beteiligungen in Entwicklungsländern (DEG).

**Leistungen der Bundesrepublik Deutschland an Entwicklungsländer und multilaterale Stellen** *(in Mill. DM)*

|                                      | 1979  | 1986  | 1950–1986 |
|--------------------------------------|-------|-------|-----------|
| Öffentliche Entwicklungszusammenarbeit | 6 219 | 8 317 | 111 687 |
|   Bilateral                | 4 039 | 5 736 | 79 289 |
|   Multilateral             | 2 180 | 2 581 | 32 398 |
| Sonstige öffentliche Leistungen      | 204   | 2 465 | 21 899 |
| Private Entwicklungshilfe            | 714   | 1 183 | 11 783 |
| Private Leistungen der Wirtschaft    | 6 301 | 5 162 | 130 425 |
|   Bilateral                | 4 600 | 4 141 | 108 492 |
|   Multilateral             | 1 701 | 1 021 | 21 933 |
| **Gesamte Leistungen**               | 13 438 | 17 127 | 275 794 |

**Umfang der Leistungen.** Die nach international vereinbarten Kriterien anrechenbaren privaten und öffentlichen Leistungen der Bundesrepublik Deutschland an Entwicklungsländer und multilaterale Stellen erreichten im Jahre 1986 17,1 Mrd. DM. Ihr Anteil am Bruttosozialprodukt betrug 0,88%. Die gesamte öffentliche Entwicklungshilfe belief sich auf 8,3 Mrd. DM. Dies entspricht einem Anteil am Bruttosozialprodukt von 0,43%. Damit liegt die Bundesrepublik Deutschland, wie schon in den vorangegangenen Jahren, deutlich über dem Durchschnitt der Hilfe aller westlichen Industrieländer, der 0,35% beträgt.

Die private Entwicklungshilfe (Leistungen nichtstaatlicher Organisationen wie Kirchen, Stiftungen und Verbände) hat 1984 die Milliardengrenze überschritten und belief sich 1986 auf 1,2 Mrd. DM.

Über die öffentliche Entwicklungshilfe hinaus ist es jedoch unerläßlich, die Bedingungen für ein stärkeres wirtschaftliches Wachstum mit Hilfe von gesteigertem Warenaustausch zu verbessern. Eine wesentliche Voraussetzung hierfür ist die Öffnung der Märkte der Industrieländer für Einfuhren – insbesondere auch von Fertigwaren – aus den Entwicklungsländern. Bedauerlicherweise haben die weltweiten wirtschaftlichen Schwierigkeiten der letzten Jahre zum Aufbau von Handelsbarrieren (z. B. Schutzzöllen) geführt. Deshalb tritt die Bundesregierung immer wieder für Erleichterungen im Handel mit den Staaten der Dritten Welt ein.

Entwicklungsländer, die hinsichtlich ihrer Ausfuhrerlöse von wenigen Rohstoffen abhängig sind, werden durch Preisschwankungen an den internationalen Rohstoffmärkten besonders stark in Mitleidenschaft gezogen. Daher hat die Europäische Gemeinschaft im Dezember 1984 das dritte Abkommen von Lomé, dem inzwischen 66 Staaten des afrikanischen, pazifischen und karibischen Raums beigetreten sind, unterzeichnet. Es hat die Märkte der Europäischen Gemeinschaft für eine große Zahl von Produkten geöffnet und trägt dazu bei, daß für die Länder der Dritten Welt die Exporterlöse aus bestimmten Produkten stabil bleiben.

Die Europäische Gemeinschaft ist daneben über den Europäischen Entwicklungsfonds auch ein wichtiger Geber von Entwicklungshilfe für die mit ihr durch das Lomé-Abkommen zusammengeschlossenen Entwicklungsländer. Das Bekenntnis der Bundesrepublik Deutschland zu Europa und zur Verantwortung gegenüber der Dritten Welt kommt auch darin zum Ausdruck, daß sie mit einem bis 1985 gezahlten Beitrag von 5,9 Mrd. DM weiterhin den größten finanziellen Anteil am Europäischen Entwicklungsfonds trägt.

**Ausblick.** Entwicklungszusammenarbeit ist für die Menschen in den Industrieländern ein ständiger und schwieriger Lernprozeß. Der überwiegende Teil unserer Bevölkerung bejaht die Entwicklungshilfe und erkennt in zunehmendem Maße, welche Bedeutung die Entwicklung in der Dritten Welt auch für uns hat. Ihre Spendenbereitschaft und der Einsatz unzähliger Gruppen, vor allem jüngerer Menschen, ist ein Beweis für die Solidarität mit denen, die unter härtesten Bedingungen um ihre Existenz ringen.

Viele Menschen haben schnellere Fortschritte in der Entwicklungszusammenarbeit erwartet. Sie übersehen, was Menschen in den Entwicklungsländern in den letzten zwanzig Jahren erreicht haben. Sie machen sich nicht bewußt, daß die wirtschaftliche Entwicklung in den Industrieländern viele Generationen gebraucht hat. Übersteigerte Erwartungen und auch Wunschvorstellungen haben manchen resignieren oder zynisch werden lassen. Kritiker haben häufig einzelne Fehlentwicklungen und Mißerfolge in unzulässiger Weise verallgemeinert und sogar für innenpolitische Auseinandersetzungen mißbraucht. Sie erweisen damit den Menschen in den Entwicklungsländern einen schlechten Dienst.

Die Einstellung der Menschen in der Bundesrepublik Deutschland zur Entwicklungszusammenarbeit ist überwiegend positiv. Gewiß sind auch kritische Auseinandersetzungen über Wirkung und Erfolg der Entwicklungshilfe notwendig. Aber Fehlschläge sind kein ausreichender Beweis gegen die Entwicklungszusammenarbeit. Vielmehr ist die Entwicklungszusammenarbeit eine Aufgabe, die uns gestellt bleibt. Wie wir sie lösen, wird auch über unsere Zukunft mitentscheiden.

# Geld- und Bankwesen

Währungseinheit der Bundesrepublik Deutschland einschließlich Berlin (West) ist die Deutsche Mark (1 DM = 100 Pfennige). Sie ist frei konvertierbar, das heißt, sie kann jederzeit gegen jede fremde Währung zum jeweiligen Wechselkurs umgetauscht werden. Beschränkungen des Kapitalverkehrs mit dem Ausland bestehen nicht.

**Die Deutsche Bundesbank.** Die Notenbank der Bundesrepublik Deutschland ist die Deutsche Bundesbank in Frankfurt am Main. Ihr Grundkapital steht dem Bund zu. Bei der Ausübung ihrer Befugnisse ist sie von Weisungen der Bundesregierung unabhängig; sie hat jedoch die allgemeine Wirtschaftspolitik der Regierung zu unterstützen.

Die Bundesbank unterhält in jedem Bundesland eine Landeszentralbank sowie Zweiganstalten. Das Direktorium der Bundesbank besteht aus dem Präsidenten, dem Vizepräsidenten und weiteren Mitgliedern. Es wird vom Bundespräsidenten auf Vorschlag der Bundesregierung ernannt. Das Direktorium und die Präsidenten der elf Landeszentralbanken bilden zusammen den Zentralbankrat. Er bestimmt die Währungs- und Kreditpolitik der Bundesbank und stellt allgemeine Richtlinien für ihre Geschäftsführung und Verwaltung auf.

Die Bundesbank hat das alleinige Recht, Banknoten auszugeben. Sie regelt den Geldumlauf und die Kreditversorgung der Wirtschaft und sorgt für die bankmäßige Abwicklung des Zahlungsverkehrs im Inland und mit dem Ausland.

Mit der Steuerung der umlaufenden Geldmenge verfolgt die Bundesbank das Ziel, die Stabilität der Deutschen Mark zu sichern und gleichzeitig die notwendigen Zahlungsmittel zur Finanzierung des wirtschaftlichen Wachstums zur Verfügung zu stellen. Dazu benutzt sie die Mittel der Mindestreserven-, der Refinanzierungs- und der Offenmarktpolitik.

Die Kreditinstitute sind verpflichtet, einen bestimmten Prozentsatz ihrer Verbindlichkeiten – die Mindestreserve – zinslos bei der Bundesbank zu halten. Durch Veränderung dieses Prozentsatzes kann die Bundesbank die Kreditschöpfungsmöglichkeiten der Kreditinstitute beeinflussen.

Mit der Refinanzierungspolitik steuert die Bundesbank die Kre-

*Deutsche Banknoten und Münzen*

ditgewährung an Kreditinstitute. Dies geschieht durch Ankauf von Wechseln und Beleihung von Wertpapieren. Die Höhe des Diskontsatzes (für Wechsel) und des Lombardsatzes (für Wertpapiere) sind wichtige Steuerungsfaktoren.

Offenmarktgeschäfte darf die Bundesbank nur zur Regelung des Geldmarktes betreiben. Durch Ankauf von Wertpapieren läßt sie Geld in die Wirtschaft fließen, durch Verkauf von Wertpapieren zieht sie Geld aus der Wirtschaft heraus.

**Das Europäische Währungssystem.** Seit 1979 besteht das Europäische Währungssystem (EWS). Es löste den Europäischen Wechselkursverbund von 1972 (die sogenannte »Schlange«) ab und vereinigte bestehende und neue Regeln für die Währungsbeziehungen in der Europäischen Gemeinschaft. Mit der Errichtung des EWS wurde das Ziel verfolgt, die Wechselkurse zwischen den Währungen der EG-Länder zu stabilisieren.

Dem EWS gehören alle Mitgliedsländer der EG außer Spanien und Portugal an. Sonderregelungen gibt es für Großbritannien und Griechenland, deren Währungen nicht am Wechselkursmechanismus teilnehmen und daher an den Devisenmärkten frei schwanken können. Zur Stabilisierung der Wechselkurse hat jedes Mitgliedsland für seine Währung einen Leitkurs festgelegt, der in der Europäischen Währungseinheit (ECU) ausgedrückt wird. Der Wert der

ECU wird anhand eines »Korbes« der beteiligten Währungen er-
rechnet. Die Marktkurse jeder Währung können von den bilateralen
Leitkursen um 2,25% (bei der italienischen Lira um 6%) nach oben
oder unten abweichen. Steigen oder sinken die Marktkurse über
die festgelegten Bandbreiten, so greifen die Notenbanken ein und
halten die Kurse durch Währungsankauf oder -verkauf innerhalb
der festgelegten Bandbreite. Zur Vermeidung von Spannungen, die
sich z. B. aus den unterschiedlichen Inflationsraten der einzelnen
Mitgliedstaaten ergeben können, sieht das System die Möglichkeit
von Anpassungen der Leitkurse vor. Elf Leitkursänderungen sind
seit 1979 durchgeführt worden.

Das EWS bindet nur die Wechselkurse der teilnehmenden Währungen. Die Wechselkurse im Verhältnis zu Drittwährungen – beispielsweise zum US-Dollar und zum japanischen Yen – können sich
frei an den Devisenmärkten bilden.

**Kreditinstitute.** In der Bundesrepublik Deutschland sind öffentlich-
rechtliche, genossenschaftliche und private Kreditinstitute tätig.
Ende 1986 gab es 309 Kreditbanken, 12 Girozentralen, 599 Sparkassen, 7 genossenschaftliche Zentralbanken, 3597 Kreditgenossenschaften, 37 Hypothekenbanken und öffentlich-rechtliche
Grundkreditanstalten, 16 Kreditinstitute mit Sonderaufgaben und
20 Bausparkassen.

Zu den privaten Kreditbanken gehören große Banken in der
Rechtsform der Aktiengesellschaft. Girozentralen (Landesbanken)
sind die zentralen Kreditinstitute der öffentlich-rechtlichen Sparkassen in den einzelnen Bundesländern. Sie nehmen als Hausban-
ken der Länder mit Vorrang regionale Finanzierungsaufgaben wahr.
Sparkassen werden meist von Gemeinden oder Gemeindeverbän-
den betrieben. Der Rechtsform nach sind sie autonome öffentliche
Unternehmen; die Gemeinde haftet gegenüber der Sparkasse.
Zentralkassen sind regionale Spitzeninstitute der Raiffeisenkassen
und Volksbanken, d. h. der ländlichen und der gewerblichen Kreditgenossenschaften. Hypothekenbanken sind privatrechtliche Real-
kreditinstitute, die Hypothekarkredite und Kommunaldarlehen gewähren und sich die Mittel hierfür durch die Ausgabe von Pfand-
briefen und Kommunalobligationen beschaffen. Zu den Kreditinstituten mit Sonderaufgaben gehören u. a. die Kreditanstalt für Wiederaufbau und die Deutsche Ausgleichsbank (zur Durchführung
des Lastenausgleichs). Bausparkassen nehmen Spareinlagen von
Personen entgegen, die ein Eigenheim bauen oder erwerben wollen, und gewähren ihnen Darlehen für diesen Zweck, nachdem eine
bestimmte Summe angespart worden ist.

*Schalterraum einer Sparkasse*

Die Tätigkeit aller Kreditinstitute in der Bundesrepublik wird vom Bundesaufsichtsamt für das Kreditwesen in Berlin (West) überwacht. Wenn einmal ein Kreditinstitut in Schwierigkeiten gerät, dann treten die sogenannten »Feuerwehrfonds« des Kreditgewerbes für Verluste von Sparern ein.

**Finanzmärkte.** Die Gesamtsumme aller in der Bundesrepublik Deutschland von den Kreditinstituten an inländische Nichtbanken (also an Unternehmen, öffentliche Haushalte und Privatpersonen) gewährten Kredite nahm in den letzten Jahren ständig zu. Von 1462 Mrd. DM Ende 1980 stieg der Bestand an solchen Krediten auf 2115 Mrd. DM Ende 1986. Davon waren 472 Mrd. DM Kredite an öffentliche Haushalte.

Die Ersparnisse der privaten Haushalte in der Bundesrepublik sind laufend gestiegen. Von 491 Mrd. DM im Jahr 1980 stiegen die Spareinlagen auf 679 Mrd. DM Ende 1986. Davon liegt knapp die Hälfte bei Sparkassen und Girozentralen.

Der Kapitalmarkt in der Bundesrepublik zeichnet sich durch eine hohe Aufnahmebereitschaft für festverzinsliche Wertpapiere aus. Ihr Umlauf betrug Ende 1986 über 1 Billion DM. Davon entfiel die

Hälfte auf Schuldverschreibungen der Boden- und Kommunalkreditinstitute. Hierzu zählen mit 361 Mrd. DM die Kommunalobligationen und mit 144 Mrd. DM die Pfandbriefe. Kommunalobligationen werden nicht nur zur Finanzierung von Krediten an Gemeinden verwendet, sondern auch zur Gewährung von Darlehen an den Bund, die Bundesbahn, die Bundespost und die Länder. Durch Pfandbriefe wird ein erheblicher Teil der Mittel zur Finanzierung des Wohnungsbaus beschafft. Ein weiteres Drittel des Umlaufs inländischer festverzinslicher Wertpapiere entfällt auf Anleihen der öffentlichen Hand. Dieser Anteil hat in den letzten Jahren zugenommen. Im Vergleich mit dem Absatz festverzinslicher Wertpapiere hat der Absatz von Aktien ein geringeres, wenngleich in den letzten Jahren gestiegenes Gewicht.

Bundesverband deutscher Banken
Mohrenstr. 35–41
5000 Köln 1

Deutscher Sparkassen- und Giroverband
Simrockstr. 4
5300 Bonn 1

Bundesverband der deutschen
Volksbanken und Raiffeisenbanken e. V.
Heussallee 5
5300 Bonn 1

# Messen und Ausstellungen

**Geschichtliche Entwicklung.** Die Handelsmessen haben sich im frühen Mittelalter aus einzelnen Märkten entwickelt, und zwar vielfach im Zusammenhang mit kirchlichen Festen, wie der Name andeutet. Da die Messen günstige Handelsmöglichkeiten boten und die Wirtschaft des Landes förderten, standen sie unter dem Schutz der Fürsten, die einzelnen Städten das Recht einräumten, Messen abzuhalten. So wurde die Messe in Frankfurt am Main in einem Privileg Friedrichs II. von 1240 zum erstenmal erwähnt und erlebte von der Mitte des 15. Jahrhunderts bis zum Anfang des 17. Jahrhunderts ihre Blütezeit. Ein Privileg Kaiser Maximilians von 1507 begründete die Leipziger Messe, die seit dem 18. Jahrhundert große wirtschaftliche Bedeutung erlangte.

In der Bundesrepublik Deutschland ist die frühere Universalmesse von der Fachmesse für einen oder mehrere Wirtschaftszweige abgelöst worden. Die Fülle des weltweiten Angebots macht die Konzentration auf bestimmte Warengruppen notwendig. Das hohe Ansehen der in der Bundesrepublik Deutschland durchgeführten Messen und Ausstellungen hat seinen Grund vor allem in dieser Spezialisierung. Besucher und Aussteller kommen aus aller Welt. Das breite und differenzierte Dienstleistungsangebot der deutschen Messegesellschaften sowie ihre bewährte Zusammenarbeit mit Verbänden und Ausstellern sind ein Markenzeichen des deutschen Messewesens.

**Inlandsmessen und -ausstellungen.** Der Ausstellungs- und Messe-Ausschuß der Deutschen Wirtschaft (AUMA) in Köln nennt in seinem Veranstaltungskalender etwa 160 Messen und Ausstellungen in der Bundesrepublik von überregionaler oder internationaler Bedeutung. Die wichtigsten Messestädte sind Berlin (West), Düsseldorf, Essen, Frankfurt am Main, Hamburg, Hannover, Köln, München, Nürnberg und Stuttgart. Besondere Bedeutung hat die 1947 gegründete Hannover-Messe, die in jedem Frühjahr stattfindet. Mit 500 000 m² Ausstellungsfläche und 5 700 in- und ausländischen Ausstellern von Investitions- und Gebrauchsgütern ist sie die umfangreichste Messeveranstaltung der Welt. Seit 1986 wird in Hannover für die Bereiche Büro-, Informations- und Nachrichtentechnik eine eigene Veranstaltung (»CeBIT«) durchgeführt.

Die Frühjahrs- und die Herbstmesse in Frankfurt am Main sind

*Hannover-Messe*

Konsumgütermessen mit den Schwerpunkten Keramik, Porzellan, Glas, Kunstgewerbe, Schmuck und Papierwaren. In Frankfurt finden außerdem eine Reihe von Fachveranstaltungen statt wie die »interstoff«, Fachmesse für Bekleidungstextilien, die Internationale Automobilausstellung, eine Fachmesse für Sanitäranlagen, Heizung und Klima (»ISH«) und die »automechanika«, eine Fachmesse für die Ausrüstung von Autowerkstätten und Tankstellen. Die Frankfurter Buchmesse ist in jedem Herbst der Treffpunkt für Verleger, Buchhändler und literarisch Interessierte aus aller Welt.

Viele internationale Fachmessen und -ausstellungen für Konsumgüter werden in Köln veranstaltet. Dazu gehören vor allem die »ANUGA« (der Weltmarkt für Ernährung), die »photokina« (Weltmesse des Bildes), die Internationale Möbelmesse sowie Spezialmessen für Haushaltsgeräte, Fahr- und Motorräder und Eisenwaren.

In Düsseldorf werden zahlreiche Fachmessen und -ausstellungen zum Teil in mehrjährigem Turnus durchgeführt, z. B. »Drupa« (Druck und Papier), »GIFA« (Gießereifachmesse), »INTERKAMA« (Meßtechnik und Automatik), »INTERPACK« (Verpackungsmaschinen und -material). Viermal im Jahr findet in Düsseldorf die »IGEDO«, die Internationale Modemesse, statt.

In München haben es die »BAUMA« (Internationale Baumaschinen-Messe) und die Internationale Handwerksmesse zu hohem Ansehen gebracht. Von wachsender Bedeutung sind die Messen, die Computer, elektronische Bauelemente und Fertigungsverfahren in der Elektronik zeigen, wie die »Systems«, die »electronica« und die »PRODUCTRONICA«.

Zu den wichtigsten Ausstellungen in Berlin (West) gehören die »Grüne Woche« (eine land- und ernährungswirtschaftliche Ausstellung von weltweitem Interesse), die Internationale Tourismus-Börse, die Übersee-Import-Messe »Partner des Fortschritts« und die Internationale Funkausstellung. Das Internationale Congress-Centrum (ICC) bietet sich für Tagungen aller Art an.

**Auslandsmessen und -ausstellungen.** Seit ihrer Gründung bedient sich die Bundesrepublik des klassischen Mittels der Exportförderung durch die Beteiligung an Messen und Ausstellungen im Ausland. Dabei handelt es sich um Informationsstände der Exportwirtschaft, um Repräsentativausstellungen von Schaustücken, Mustern und Modellen oder um Gemeinschaftsbeteiligungen von Industriefirmen und Regierungsstellen. In unregelmäßigen Abständen veranstaltet die Bundesrepublik außerdem selbständige Industrieausstellungen im Ausland.

Ausstellungs- und Messe-Ausschuß der Deutschen Wirtschaft
Lindenstr. 8
5000 Köln 1

# Der Verkehr

Das Verkehrswesen in der Bundesrepublik Deutschland ist fest eingebunden in die Gesellschafts- und Wirtschaftspolitik. Es sichert den Bürgern die Freizügigkeit der Bewegung auch über die Staatsgrenze hinaus, erleichtert ihnen die Wahl des Wohnortes und des Arbeitsplatzes und trägt zum Abbau ungleicher Lebensbedingungen bei. Industrie, Gewerbe und Handel können nur bei einem funktionsfähigen Verkehrssystem ihre Leistungskraft und die notwendige Flexibilität voll entfalten. Dies ist für ein stark außenhandelsorientiertes Land wie die Bundesrepublik Deutschland besonders wichtig. Aber auch für den Arbeitsmarkt der Bundesrepublik Deutschland ist das Verkehrswesen ein wichtiger Wirtschaftsfaktor. In rund 80 000 meist mittelständischen Unternehmen sind 910 000 Arbeitnehmer beschäftigt.

**Die Deutsche Bundesbahn.** Das größte Transportunternehmen in der Bundesrepublik Deutschland ist die Deutsche Bundesbahn (DB). Sie gehört dem Staat. Gegenwärtig beschäftigt sie 264 000 Mitarbeiter. Ihr Schienennetz umfaßt 27 500 km; davon sind 11 400 km elektrifiziert. Auf diesen Strecken werden 85% der gesamten Verkehrsleistung der Bahn bewältigt. Auf den übrigen Strecken werden Dieseltriebfahrzeuge eingesetzt; Dampflokomotiven sind seit 1977 nicht mehr in Gebrauch.

Die Bahn ist vor allem für die Beförderung von Massengütern und schweren Lasten sowie für den Personenverkehr, besonders über große Entfernungen, unentbehrlich. Aus diesem Grunde ist man bestrebt, die neuesten Erkenntnisse der Eisenbahntechnik für die Praxis nutzbar zu machen. Hierzu zählen die Automatisierung der Signaltechnik, die automatischen Stellwerke und der rechnergesteuerte Rangierdienst. Hohe Zuggeschwindigkeiten sollen den Transport von Gütern und Personen beschleunigen.

Erhebliche Bedeutung hat der Personennahverkehr erlangt. Die Entwicklung begann in den 60er Jahren durch Änderungen der Besiedlungsstruktur und das Entstehen neuer Vorortgebiete. Daraus ergab sich ein starker Pendelverkehr, der leistungsfähige Schnellbahnverbindungen erforderte. Besonders betroffen waren die wirtschaftlichen Ballungsräume um Hamburg, das rheinisch-westfälische Industriegebiet, Frankfurt am Main, Stuttgart sowie die schnell angewachsene süddeutsche Metropole München.

*Intercity-Zug am Rhein*

Die Durchschnittsgeschwindigkeiten im Reiseverkehr auf der Schiene liegen bei 80 km/h (D-Züge) und 108 km/h für Intercity-Züge. Die Höchstgeschwindigkeit konnte in den letzten Jahren auf einem 440 km langen Teil des Streckennetzes auf 200 km/h angehoben werden. Weitere Strecken werden für diese Geschwindigkeit ausgebaut. Zur Zeit sind zwei ganz neue Strecken im Bau (Hannover–Würzburg, 327 km, und Mannheim–Stuttgart, 100 km), auf denen Geschwindigkeiten von 250 km/h möglich sein werden. Die Neubaustrecken der DB werden für gemischten Betrieb, d. h. schnelle Personen- und Güterzüge, eingerichtet.

Wie in anderen Ländern macht auch in der Bundesrepublik die Konkurrenz des Autos der Eisenbahn schwer zu schaffen. Trotz aller Anstrengungen steckt die DB tief in den roten Zahlen. Für 1985 weist sie einen Verlust von rund 3,3 Mrd. DM auf, obwohl die Bahn in diesem Jahr vom Bund mit 13,6 Mrd. DM unterstützt wurde. Davon entfielen 9,3 Mrd. DM aufgrund gesetzlicher Bestimmungen auf betriebsfremde Aufgaben (z. B. Pensionen).

Die Bundesbahn unternimmt viele Schritte, um ihr Wirtschaftsergebnis zu verbessern. Dazu gehören Rationalisierungsmaßnahmen, die Modernisierung von Streckennetzen und Fahrzeugen, der Abbau von Personal und die Stillegung unrentabler Strecken.

Der Schienenverkehr kann in den nächsten Jahren einen Aufschwung nehmen, da er sparsam im Energieverbrauch und weitgehend unabhängig vom Mineralöl ist. Die Bundesbahn muß aber alle Möglichkeiten zur Rationalisierung ausschöpfen, um ihre Wirtschaftlichkeit zu erhöhen.

**Straßenverkehr.** Im Wettlauf zwischen Straße und Schiene hat sich die Straße nach vorn geschoben. Das liegt vor allem daran, daß das gut ausgebaute Netz von Bundes-, Landes- und Gemeindestraßen einen Gütertransport ohne Umladung von Tür zu Tür erlaubt. Heute ist der Straßengüter-Nah- und -Fernverkehr mit knapp 80% am Transportaufkommen und mit mehr als 50% an der Verkehrsleistung – gemessen in Tonnenkilometern – beteiligt. Allein der Güter-Nahverkehr bewältigt gut zwei Drittel aller Aufgaben im Güterverkehr.

Es gibt jedoch viele Gebiete, wo Schiene und Straße nicht miteinander konkurrieren, sondern einander ergänzen. So beispielsweise im »Huckepackverkehr«, bei dem beladene oder unbeladene Lastkraftwagen auf Spezialwaggons der Deutschen Bundesbahn befördert werden und weite Fahrstrecken zurücklegen. Auch beim Containerverkehr, in dem die Bahn ein wichtiges Bindeglied in der Transportkette darstellt, wirken Schiene und Straße zusammen. Beide Arten des kombinierten Verkehrs haben in den letzten Jahren einen großen Aufschwung genommen.

Die rapide Entwicklung des Straßenverkehrs drückt sich in der Zahl der zugelassenen Kraftfahrzeuge aus. Sie stieg von 1,9 Millionen Fahrzeugen (1950) auf 31,7 Millionen (1986); davon sind 26,9 Millionen Personenkraftwagen. Knapp vier Fünftel des Personenverkehrs in der Bundesrepublik werden mit dem eigenen Wagen bewältigt, nur ein Fünftel mit öffentlichen Verkehrsmitteln. Für die meisten Bürger ist das Auto unentbehrlich für den Weg zur Arbeit. Beim Urlaubsreiseverkehr ist es mit 60% gegenüber Flugzeug, Schiff, Bahn und Bus absolut vorherrschend. Das Kraftfahrzeug bleibt auch in Zukunft Hauptverkehrsmittel.

In den Nachkriegsjahren wurde das Gesamtstraßennetz von 347 000 km (1951) auf insgesamt 491 000 km (1986) ausgedehnt. Die Länge der Bundesautobahnen beträgt 8350 km (1986). Damit hat die Bundesrepublik nach den USA das längste Autobahnnetz der Welt. Der weitere Ausbau ist hauptsächlich eine Ergänzung des

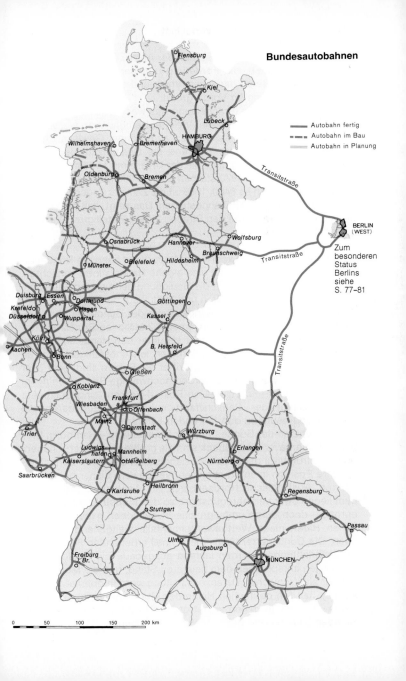

# Bundesautobahnen

──── Autobahn fertig
- - - - Autobahn im Bau
──── Autobahn in Planung

Transitstraße

BERLIN (WEST)

Zum besonderen Status Berlins siehe S. 77–81

Flensburg

Kiel

Lübeck

HAMBURG

Wilhelmshaven   Bremerhaven

Oldenburg   Bremen

Wolfsburg

Osnabrück   Hannover   Braunschweig

Münster   Bielefeld   Hildesheim

Duisburg   Essen   Dortmund

Krefeld   Hagen   Göttingen

Düsseldorf   Wuppertal

Köln   Kassel

Aachen

Bonn   B. Hersfeld

Gießen

Koblenz

Frankfurt a. M.

Wiesbaden   Offenbach

Mainz   Darmstadt   Würzburg

Trier   Erlangen

Ludwigs-hafen   Mannheim   Nürnberg

Kaiserslautern   Heidelberg

Saarbrücken   Regensburg

Karlsruhe   Heilbronn

Stuttgart   Passau

Ulm   Augsburg

Freiburg i. Br.   MÜNCHEN

0   50   100   150   200 km

bestehenden Netzes. Dabei stehen der Abbau von Engpässen und Unfallschwerpunkten, die Förderung und der Anschluß strukturschwacher Gebiete an das Gesamtnetz und die notwendige internationale Verbindung im Vordergrund.

Eine negative Begleiterscheinung des wachsenden Straßenverkehrs sind die Verkehrsunfälle. Vielerlei Bemühungen werden unternommen, die Verkehrssicherheit zu erhöhen. Gewisse Erfolge sind auch erzielt worden: Während die Gesamtzahl der Unfälle noch immer leicht ansteigt, ist die der Unfälle mit Todesfolge merklich zurückgegangen. 1970 starben über 19 000 Menschen auf den Straßen, 1985 waren es 8400. 1986 ist die Zahl der Todesopfer allerdings wieder auf fast 9000 angestiegen. Das zeigt, daß die Verbesserung der Sicherheit auf den Straßen für alle Beteiligten eine Daueraufgabe bleibt.

**Schiffahrt.** Als großes Export- und Importland kann die Bundesrepublik Deutschland nicht auf eine eigene Handelsflotte verzichten. Nur die eigene Flotte sichert die Bedienung der eigenen Seehäfen, die Versorgung in Krisenzeiten und Einfluß auf die Transportbedingungen im Seeverkehr. Die Handelsflotte der Bundesrepublik umfaßt über 1200 Schiffe mit zusammen 4,2 Millionen Bruttoregistertonnen. Mit dieser Tonnage steht sie unter den Handelsflotten an 20. Stelle. Sie gehört zu den modernsten, leistungsfähigsten und sichersten Flotten der Welt. Zwei Drittel der Schiffe sind nicht älter als zehn Jahre. Zunehmend werden hochwertige Spezialschiffe im Containerverkehr und im Roll-on-Roll-off-Verkehr eingesetzt. Auf diesem Gebiet der Seeschiffahrt gehört die Bundesrepublik Deutschland heute zu den führenden Ländern.

Die Seehäfen der Bundesrepublik Deutschland – Hamburg, Bremen, Bremerhaven und Lübeck sind die größten von ihnen – haben, obwohl strukturell gegenüber ausländischen Seehäfen benachteiligt, ihre Position im internationalen Wettbewerb bisher behaupten können. Ausländische Nordseehäfen wie Antwerpen und Rotterdam liegen zwar verkehrsgünstiger zu den Industriezentren Westeuropas; doch durch umfangreiche Investitionen haben die deutschen Häfen diese Wettbewerbsnachteile weitgehend ausgeglichen. Die Containerterminals mit schnell arbeitenden Förder- und Hebeeinrichtungen werden laufend ausgebaut, die Umschlageinrichtungen entsprechen dem neuesten Stand, und die Möglichkeiten der elektronischen Datenverarbeitung werden optimal genutzt. All dies hat den deutschen Häfen den Ruf eingebracht, »schnelle Häfen« zu sein, in denen selbst große Seeschiffe in nur wenigen Stunden beladen und gelöscht werden können.

*Bei Minden wird der Mittellandkanal über die Weser geleitet*

Die ständig wachsende Verwendung von Containern aller Art, nicht nur in der Seeschiffahrt, führte auch in der Bundesrepublik Deutschland zu einer Verzahnung der verschiedensten Transportmittel und damit zu einem starken Ausbau des kombinierten Verkehrs mit der für ihn typischen Bildung von Transportketten.

Der Ausbau der Hafenanlagen von Wilhelmshaven und der Zufahrt dorthin hat die Möglichkeit geschaffen, daß auch tiefgehende Großtanker ihre Ladung an der deutschen Nordseeküste löschen können.

Die Binnenschiffahrt in der Bundesrepublik Deutschland stützt sich auf ein leistungsfähiges Netz von Wasserstraßen. Die Gesamtlänge der regelmäßig von Binnenschiffen befahrenen Flüsse, Kanäle und Seen beträgt rund 4 400 Kilometer. Darunter sind so wichtige internationale Wasserstraßen wie der Rhein, auf dem allein zwei Drittel der deutschen Binnenschiffslasten befördert werden. Die Qualität des Wasserstraßennetzes wird weiterhin verbessert. Begonnene neue Wasserstraßen werden fertiggestellt. Das Saarland wird durch die Kanalisierung der Saar an das europäische Wasserstraßennetz angeschlossen. Die Verbindung zwischen dem

Rhein und der Donau wird über den Main-Donau-Kanal hergestellt. Die wichtigsten Binnenhäfen der Bundesrepublik sind Duisburg, Mannheim, Hamburg, Köln, Ludwigshafen, Wesseling, Gelsenkirchen und Karlsruhe.

Auf den Wasserstraßen können insbesondere Massengüter kostengünstig transportiert werden. 1985 wurden 222 Millionen Tonnen, darunter vor allem Baumaterial, Mineralölprodukte, Erze und Kohle, auf den Binnenwasserstraßen der Bundesrepublik befördert. Das sind etwa 25% der gesamten Güterfernverkehrsleistung der Bundesrepublik.

**Luftfahrt.** Die Deutsche Lufthansa gehört heute zu den erfolgreichsten international tätigen Luftverkehrsgesellschaften. 1985 hat sie 15,9 Millionen Passagiere und 548 000 Tonnen Fracht befördert. Im Ferienflugverkehr benutzen jährlich rund 10 Millionen deutsche Passagiere die Condor, LTU, Hapag Lloyd und eine Reihe kleinerer Unternehmen des Charterverkehrs sowie ausländische Gesellschaften für ihre Ferienreisen vor allem in die Mittelmeerländer. Die Verteuerung der Energiekosten und ein verstärktes Umweltbewußtsein haben die Einführung von sparsamen und umweltfreundlichen Großraumflugzeugen, wie z. B. dem Airbus, beschleunigt. Der Einsatz dieser Großraumflugzeuge führte zu einer spürbaren Konzentration des Luftverkehrs auf die größeren deutschen Verkehrsflughäfen. Dadurch hatten die übrigen Flughäfen einen vergleichsweise stärkeren Verkehrsrückgang zu verzeichnen. Insgesamt wurden 1985 auf den Flughäfen Berlin-Tegel, Bremen, Düsseldorf, Frankfurt, Hamburg, Hannover, Köln-Bonn, München, Nürnberg, Saarbrücken und Stuttgart 52,9 Millionen Fluggäste gezählt.

Am Luftverkehr zwischen den genannten Flughäfen und dem Ausland sind etwa 90 Linienfluggesellschaften und eine wechselnde Zahl von Charterfluggesellschaften beteiligt. Nach Berlin-Tegel – dieser Flughafen hat für den freien Zugang nach Berlin eine herausragende Stellung – unterhalten Air France, British Airways, Dan Air und PanAm Liniendienste. Die als privatrechtliche Gesellschaften betriebenen Flughäfen und die der Bundesanstalt für Flugsicherung obliegende Flugsicherung erfüllen die internationalen Sicherheitsnormen in hohem Maße; ihr Sicherheitsstandard und ihre Kapazitäten werden der Entwicklung fortlaufend angepaßt.

**Perspektiven der Verkehrspolitik.** Die Verkehrspolitik steht vor großen Aufgaben. Die rasche Motorisierung hat schwierige Probleme mit sich gebracht. Neben den Verkehrsunfällen ist hier vor allem die Belastung der Umwelt durch Abgase und Lärm zu nennen.

*Flughafen Frankfurt*

Auch die ständig wachsenden Kosten für den Straßenbau bereiten Sorgen. Das bedeutet jedoch nicht, daß die Entscheidungen in der Verkehrspolitik für oder gegen ein bestimmtes Verkehrsmittel fallen. Vielmehr muß jedes Verkehrsmittel dort eingesetzt werden, wo es am meisten leisten kann. Beispielsweise ist in Ballungsgebieten der Nahverkehr auf der Schiene zu fördern, während in dünner besiedelten Gebieten das Auto das geeignete Verkehrsmittel ist. Beim Gütertransport muß der kombinierte Verkehr mit Transportketten aus Schiff, Bahn und Lastkraftwagen zügig ausgebaut werden. Ziel der Verkehrspolitik ist es, die Leistungsfähigkeit des Verkehrssystems zu steigern, aber zugleich dafür zu sorgen, daß dieses System sicherer, für die Allgemeinheit kostengünstiger und umweltfreundlicher wird.

# Die Deutsche Bundespost

An jedem Werktag befördert die Deutsche Bundespost 44 Millionen Briefsendungen und 800 000 Pakete. Fast 15 500 Telegramme werden zugestellt, und 96 Millionen Telefongespräche laufen am Tag über das Fernsprechnetz. In neun von zehn Haushalten steht ein Telefon. Im Postgiro- und Postsparkassendienst werden Tag für Tag 6,5 Millionen Buchungen vorgenommen. Mit ihren nahezu 18 000 Niederlassungen nennt sich die Bundespost zu Recht »Europas größtes Dienstleistungsunternehmen«. Mit 94 000 Kraftfahrzeugen ist sie der größte zivile Kraftfahrzeughalter Europas.

Die Deutsche Bundespost wird vom Bund verwaltet, dem im Post- und Fernmeldewesen die ausschließliche Gesetzgebungsbefugnis zusteht. Die Post hat das alleinige Recht, gegen Entgelt Briefe zu befördern, und sie allein darf Fernmeldeanlagen zum Allgemeingebrauch errichten und betreiben. In allen übrigen Dienstzweigen steht sie im Wettbewerb mit privaten und staatlichen Unternehmen.

So betreibt die Post zum Beispiel umfangreiche Bankdienste. Fast jeder dritte Bundesbürger hat ein Postsparkonto. Einzahlungen und Abhebungen können an jedem Postschalter getätigt werden. Das gleiche gilt für den Postgirodienst, doch liegt seine Bedeutung vor allem im bargeldlosen Zahlungsverkehr.

Trotz gestiegener Personal- und Sachkosten kann die Post nach mehreren verlustreichen Jahren seit 1975 wieder Gewinne erwirtschaften. Sie gehen vor allem auf den Fernmeldedienst zurück, der

**Die Bundespost in Zahlen**

|  | 1965 | 1975 | 1980 | 1986 |
|---|---|---|---|---|
| Ortsgespräche (Mrd.) | 4,5 | 9,2 | 14,1 | 18,1 |
| Ferngespräche (Mrd.) | 1,2 | 4,8 | 7,8 | 10,9 |
| Telegramme (Mill.) | 23,1 | 15,0 | 7,6 | 5,4 |
| Briefsendungen (Mrd.) | 9,7 | 10,5 | 12,2 | 13,3 |
| Paketsendungen (Mill.) | 310 | 264 | 269 | 240 |
| Buchungen im Postgirodienst (Mill.) | 1173 | 1396 | 1610 | 2000 |
| Buchungen im Postsparkassendienst (Mill.) | 42,5 | 60,7 | 61,2 | 62,9 |
| Personalbestand | 431 199 | 468 739 | 476 761 | 490 314 |

*Erdefunkstelle Raisting*

im Inland vollständig im Selbstwählverkehr abgewickelt wird. In 180 Länder der Erde kann man gleichfalls ohne Vermittlung durch das Fernsprechamt telefonieren. Diese Gespräche werden zum großen Teil über die Erdefunkstellen Raisting, Usingen und Fuchsstadt und die mit ihnen in Verbindung stehenden Satelliten abgewickelt. Der Telefaxdienst – das Fernkopieren über die Telefonleitung – hat im In- und Ausland einen starken Zuwachs zu verzeichnen.

Das Fernschreibnetz der Bundespost ist mit 166 000 Anschlüssen das zweitgrößte der Welt. Neben dem herkömmlichen Telexdienst gewinnen neue Text- und Datendienste (z. B. Teletex, Bildschirmtext, Datex P und L) immer mehr an Bedeutung. Ein Glasfasernetz für Videokonferenzen, Bildtelefon und Hochgeschwindigkeits-Datenübertragung wird in den nächsten Jahren ausgebaut. Zum zweitgrößten Fernmeldedienst hat sich das Kabelfernsehen entwickelt. Von über 8 Millionen anschließbaren Haushalten sind 2,7 Millionen an das Kabelnetz angeschlossen.

# Die Bundesrepublik Deutschland als Reiseland

Ist die Bundesrepublik Deutschland ein »Reiseland«? Ganz gewiß ist sie es für die Deutschen selbst: Nahezu die Hälfte der Bundesbürger, die in den Ferien verreisen, tun es im eigenen Land. Die Deutschen stellen die große Mehrheit der Gäste in den Hotels, Pensionen und Privatquartieren der Bundesrepublik. Nur 13% aller Übernachtungen entfallen auf Ausländer. (Zum Vergleich: In Österreich und Spanien sind es über zwei Drittel.)

**Tourismus als Wirtschaftszweig.** In absoluten Zahlen sind diese 13% aber gar nicht so wenig: In der Saison 1986 entfielen fast 28 Millionen Übernachtungen auf Ausländer. Die ausländischen Gäste ließen 1986 rund 17 Milliarden DM im Land. Mit dieser Einnahme aus dem Ausländertourismus liegt die Bundesrepublik hinter den USA, Italien, Spanien, Frankreich und Großbritannien an sechster Stelle in der Welt. Sie kann es also, kommerziell gesehen, mit anderen Urlaubs- und Reiseländern durchaus aufnehmen.

Die volkswirtschaftliche Bedeutung des Fremdenverkehrs ist beträchtlich; mindestens anderthalb Millionen Arbeitsplätze hängen direkt oder indirekt von ihm ab. Das Hotel- und Gaststättengewerbe erzielte 1986 einen Umsatz von fast 60 Mrd. DM. In manchen landschaftlich reizvollen Gebieten ist der Fremdenverkehr die Haupterwerbsquelle der Bevölkerung. Ihn zu fördern liegt deshalb im öffentlichen Interesse. Der Massentourismus bringt jedoch auch Probleme mit sich. Die Natur einzelner Ferienregionen wird stark in Mitleidenschaft gezogen. Mit Mitteln des Landschafts- und Naturschutzes wird recht erfolgreich versucht, menschliche Eingriffe in die Natur so gering wie möglich zu halten. Eine besondere Rolle spielen hier Verordnungen, die die Bebauung der Landschaft mit Ferienhäusern und Hotels in Grenzen halten sollen.

**Was Deutschland zu bieten hat.** Welche touristischen Reize hat nun die Bundesrepublik zu bieten? Wegen ihrer landschaftlichen Schönheit üben Nord- und Ostsee, Mittelgebirge und Alpen, aber auch die Flußtäler von Rhein, Main, Mosel, Neckar und Donau auf den Besucher die größte Anziehungskraft aus. Sie sind die bevorzugten Urlaubsgebiete. Eindrücke anderer Art vermitteln die berühmten deutschen Kulturlandschaften. An der Romantischen Straße, in Rothenburg, Dinkelsbühl, Nördlingen, wird für den Besu-

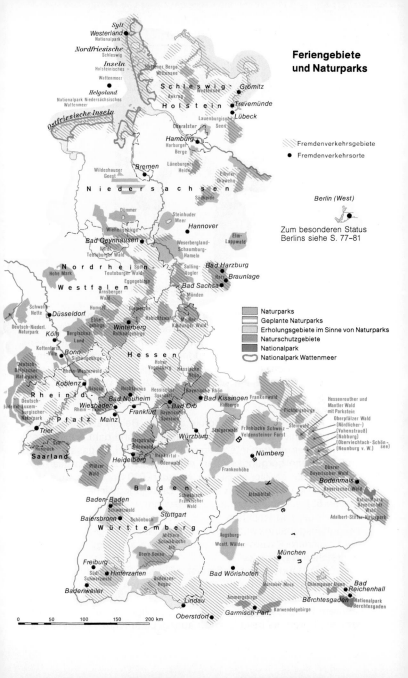

**Feriengebiete und Naturparks**

Fremdenverkehrsgebiete
● Fremdenverkehrsorte

Berlin (West)

Zum besonderen Status
Berlins siehe S. 77–81

Naturparks
Geplante Naturparks
Erholungsgebiete im Sinne von Naturparks
Naturschutzgebiete
Nationalpark
Nationalpark Wattenmeer

Sylt
Westerland
Nationalpark
Nordfriesische
Schleswig
Inseln
Holsteinisches
Wattenmeer
Helgoland
Nationalpark Niedersächsisches
Wattenmeer
Ostfriesische Inseln

Rüttkamer Berge
Wittensee
Schleswig-
Holstein
Ankrug
Westensee
Grömitz
Travemünde
Lübeck
Lauenburgische Seen
Oberalster

Hamburg
Harburger Berge
Lüneburger Heide
Elbufer-Drawehn
Südheide

Bremen
Wildeshauser Geest
Niedersachsen

Dümmer
Wiehengebirge
Steinhuder Meer
Hannover
Elm-Lappwald

Bad Oeynhausen
Nördl. Teutoburger Wald
Weserbergland-Schaumburg-Hameln
Bad Harzburg
Harz
Braunlage
Bad Sachsa
Münden

Nordrhein-
Westfalen
Hohe Mark
Südl. Teutoburger Wald
Solling-Vogler
Schwalm-Nette
Deutsch-Niederl. Naturpark
Düsseldorf
Arnsberger Wald
Homert
Bielefels
Habichtswald
Meißner Kaufunger Wald
Eggegebirge
Köln
Ebbegebirge
Bergisches Land
Winterberg
Rothaargebirge
Kottenforst-Ville
Bonn
Siebengebirge
Deutsch-Belgischer Naturpark
Rhein-Westerwald
Hessen
Hoher Vogelsberg
Hessische Rhön

Koblenz
Nassau
Hochtaunus
Hessischer Spessart
Bayerische Rhön
Frankenwald
Hessenreuther und Mantler Wald mit Parkstein
Bad Nauheim
Rhein-Taunus
Bad Orb
Haßberge
Fichtelgebirge
Steinwald
Oberpfälzer Wald (Nördlicher-) (Vohenstrauß) (Nabburg) (Oberviechtach-Schön-see) (Neunburg v. W.)
Wiesbaden
Bayerischer Spessart
Rheinl-
Pfalz
Mainz
Frankfurt
Würzburg
Steigerwald
Fränkische Schweiz
Veldensteiner Forst

Deutsch-Luxemburgischer Naturpark
Südeifel-
Trier
Saar-Hunsrück
Bergstraße-Odenwald
Nürnberg
Oberer Bayerischer Wald

Saarland
Pfälzer Wald
Heidelberg
Neckartal-Odenwald
Frankenhöhe
Bodenmais
Bayerischer Wald
Nationalpark Bayerischer Wald
Adalbert-Stifter-Naturpark

Baden-
Baden
Schwarzwald
Stromberg
Schönbuch
Fränkischer Alb
Altmühltal
Baiersbronn
Schönbuch
Stuttgart

Württemberg
Mittlere Schwäbische Alb
Augsburg-Westl. Wälder
Obere Donau
München

Freiburg
Südl. Schwarzwald
Hinterzarten
Bad Wörishofen
Murnauer Moos
Chiemgauer Alpen
Bad Reichenhall
Badenweiler
Bodensee-Hegau
Ammergebirge
Berchtesgaden
Nationalpark Berchtesgaden
Lindau
Garmisch-Part.
Karwendelgebirge
Oberstdorf

0    50    100    150    200 km

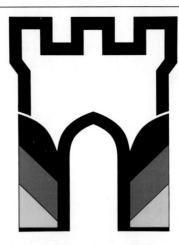

*Symbol der Deutschen Zentrale für Tourismus*

cher das Mittelalter lebendig; in Bayern umfängt ihn die Heiterkeit des Barocks, im Norden die Strenge der Backsteingotik. Überall – auch in Orten, die nicht im Reiseführer stehen – stößt man unversehens auf Spuren einer vielhundertjährigen Geschichte. Kosmopolitische Gegenwart bieten die modernen Großstädte. Deutsche Gemütlichkeit – ein schwer übersetzbares Wort – erlebt der Gast bei Heimat-, Trachten-, Wein- und zahlreichen anderen Volksfesten.

Das Angebot der Gastronomie und des Beherbergungsgewerbes ist reichhaltig. Es reicht vom Bauernhof und dem preiswerten Privatquartier bis zum internationalen Luxushotel. Insgesamt verfügen die Beherbergungsstätten einschließlich der Privatquartiere über mehr als 2 Millionen Betten. Nahezu 2000 Campingplätze sind über die Urlaubsgebiete verstreut. Dem jugendlichen Wanderer stehen 557 Jugendherbergen zur Verfügung.

Durch die Landschaften der Bundesrepublik Deutschland führt ein gut ausgebautes und engmaschiges Wanderwegenetz. Für den »Autowanderer« wurden Rundwanderwege angelegt, z. B. in den zahlreichen Naturparks.

Wer die Bundesrepublik bereist, dem steht ein weitverzweigtes Verkehrsnetz offen. Den Autofahrer erwarten vorzüglich ausgebaute Straßen: Autobahnen und Fernstraßen sowie andere gut befahrbare Bundesstraßen, aber auch unzählige asphaltierte Nebenstraßen. Durch die bekannten Urlaubsgebiete führen Touristikstraßen, z.B. die Deutsche Alpenstraße, die Romantische Straße, die Deutsche Ferienstraße Alpen–Ostsee, die Oberschwäbische Barockstraße, die Donaustraße, die Deutsche Weinstraße und die Deutsche Märchenstraße.

Die Fernverbindungen der Deutschen Bundesbahn werden von komfortabel eingerichteten EC-, Intercity- und D-City-Zügen bedient, die sämtlich Speisewagen und größtenteils auch Schlafwagen führen. Die Deutsche Bundesbahn bietet das ganze Jahr über verbilligte »Städtetouren« und andere Vergünstigungen an, z.B. für Jugendliche, ältere Menschen und Reisegruppen. Aus Belgien, Frankreich, Italien, Jugoslawien, den Niederlanden, Österreich und der Schweiz kann man mit dem Autoreisezug in die Bundesrepublik reisen.

Die Formalitäten für den ausländischen Besucher sind weitgehend abgebaut. Die Bürger vieler Staaten können ohne Visum zu einem Besuchsaufenthalt bis zu drei Monaten in die Bundesrepublik einreisen. Devisen dürfen in beliebiger Höhe ein- und ausgeführt werden.

**Die Deutsche Zentrale für Tourismus.** Neben den kommerziellen Reiseunternehmen ist die Deutsche Zentrale für Tourismus (DZT) im Ausland tätig, um für Reisen in die Bundesrepublik Deutschland zu werben. Die Vertretungen der DZT im Ausland sind an dem auf S. 242 abgebildeten Symbol erkennbar. Die DZT ist Mitglied internationaler Organisationen wie der European Travel Commission (ETC). Sie gibt zahlreiche Informationsschriften über die Bundesrepublik Deutschland in vielen Sprachen heraus.

Deutsche Zentrale für Tourismus
Beethovenstr. 69
6000 Frankfurt/Main

Deutscher Fremdenverkehrsverband e.V.
Niebuhrstr. 16 b
5300 Bonn

# Gesellschaft und Bürger

Die Gesellschaft
der Bundesrepublik Deutschland
Die Sozialpartner
Betriebsverfassung und Mitbestimmung
Soziale Sicherheit
Eingliederung, Lastenausgleich,
Wiedergutmachung
Vermögenspolitik
Wohnungswesen und Städtebau
Umweltschutz
Frau und Gesellschaft
Die Jugend
Das Gesundheitswesen
Sport
Freizeit und Urlaub
Religion und Kirchen
Zusammenschlüsse der Bürger
Massenmedien und öffentliche Meinung
Die Presse
Hörfunk und Fernsehen

# Die Gesellschaft der Bundesrepublik Deutschland

Die Gesellschaft der Bundesrepublik Deutschland ist eine moderne Industriegesellschaft. Von den rund 25,8 Millionen Erwerbstätigen arbeiten 10,5 Millionen im produzierenden Gewerbe (Industrie, Bauwirtschaft, Bergbau) und 13,9 Millionen in Handel, Verkehr und anderen Dienstleistungszweigen. Der Dienstleistungsbereich oder »tertiäre Sektor« hat also in der Zahl der Beschäftigten die Industrie überflügelt. Trotzdem ist es richtig, weiterhin von einer Industriegesellschaft zu sprechen, weil der Dienstleistungsbereich stark von industriellen Normen geprägt, sozusagen »industrialisiert« ist. In der Landwirtschaft, Tierhaltung, Forstwirtschaft und Fischerei, die teilweise stark mechanisiert und damit ebenfalls industrialisiert sind, arbeiten nur noch rund 1,3 Millionen Menschen, d. h. nur 5,2% der Erwerbsbevölkerung.

Nach ihrer sozialen Stellung gliedern sich die Erwerbstätigen wie folgt: über 2,4 Millionen sind Selbständige, 850000 mithelfende Familienangehörige, und 22,5 Millionen sind Arbeitnehmer: Arbeiter, Angestellte und Beamte. Der bei weitem überwiegende Teil der Erwerbsbevölkerung, etwa 87%, arbeitet also in abhängiger Stellung.

Die weitaus meisten Arbeitnehmer sind Arbeiter oder Angestellte; jede dieser beiden großen gesellschaftlichen Gruppen umfaßt über 10 Millionen Personen. In ihrem Rechtsstatus unterscheiden sie sich im wesentlichen nur noch durch die kürzeren Kündigungsfristen bei den Arbeitern und dadurch, daß die Sozialversicherung für Arbeiter und Angestellte – mit Ausnahme der Arbeitslosenversicherung – unterschiedlich organisiert ist; die Höhe der Leistungen und Beiträge ist aber prinzipiell gleich. Die Zahl der Beamten (ohne Berufssoldaten) beträgt etwa 1,7 Millionen; sie haben besondere Versorgungsansprüche. Im öffentlichen Dienst sind jedoch auch zahlreiche Angestellte und Arbeiter beschäftigt, so daß die Gesamtzahl der öffentlich Bediensteten bei rund 4,6 Millionen liegt.

**Angleichung des Lebensstils.** Im äußeren Lebensstil und Erscheinungsbild haben sich alle sozialen Gruppen, von der wirtschaftlichen Führungsschicht (die man auf etwa 2% der Bevölkerung schätzen kann) einmal abgesehen, sehr stark einander angenähert. Daher hat man auch von einer »nivellierten Mittelstandsgesellschaft« gesprochen. Doch ist auch die Tatsache nicht zu leugnen,

**Monatliches Nettoeinkommen sozialer Gruppen 1985**
*(Anteile in Prozent)*

| | Selbständige 1,9 Mill. Haushalte | Arbeitnehmer 13,2 Mill. Haushalte | Rentner 10,3 Mill. Haushalte |
|---|---|---|---|
| über 10 000 DM | 36,9 | 0,6 | |
| 6 000 – 10 000 DM | 35,2 | 9,2 | 4,5 |
| 4 000 – 6 000 DM | 13,5 | 23,9 | 11,2 |
| 3 000 – 4 000 DM | 6,9 | 26,8 | 17,5 |
| 2 000 – 3 000 DM | 6,3 | 29,0 | 24,9 |
| 1 000 – 2 000 DM | 1,1 | 9,6 | 38,0 |
| unter 1 000 DM | 0,1 | 0,9 | 3,9 |

daß etwa vier Fünftel der Erwerbsbevölkerung vollständig oder ganz überwiegend von ihrer Arbeitskraft leben, während nur eine kleine Minderheit von den Erträgen ihres Vermögens existieren kann.

Rund die Hälfte der Arbeitnehmer verfügt über Haus- oder Wohnungseigentum. Allein hätten die meisten von ihnen das jedoch nicht geschafft. Der Zusammenschluß der Bauwilligen in großen Bausparergemeinschaften eröffnete ihnen die notwendigen langfristigen Kredite zu niedrigen Zinsen. Dazu trat eine massive staatliche Bausparförderung durch Prämien und Steuererleichterungen. Das Auto, das mindestens bis 1950 Statussymbol der Oberschicht und der oberen Mittelschicht war, ist inzwischen in den meisten Arbeitnehmerhaushalten vorhanden. Es hat die Mobilität im Beruf und in der Freizeit auf ein nie gekanntes Maß gesteigert, allerdings auch Infrastruktur-Ausgaben (Straßenbau, Umweltschutz) verursacht, die bereits Zweifel aufkommen ließen, ob dem Individualverkehr weiterhin der Vorrang eingeräumt werden soll. Hochwertige Konsumgüter von mittlerer Lebensdauer wie Kühlschränke, Waschmaschinen und Fernsehgeräte finden sich in fast allen Haushalten. Daneben hat beinahe jeder Arbeitnehmer einen »Notgroschen« für schlechte Zeiten gespart.

Dieser insgesamt hohe durchschnittliche Lebensstandard ist freilich in sehr vielen Fällen ohne die berufliche Tätigkeit beider Ehepartner weder zu erreichen noch aufrechtzuerhalten. Er beruht zum Teil auch darauf, daß die Familie mit nur ein oder zwei Kindern zum Normalfall geworden ist. Experten meinen, daß dies auf längere Sicht die Leistungsfähigkeit der Alters- und Invalidenversicherung gefährden könne.

**Strukturveränderungen.** Der Adel hat die führende gesellschaftliche Rolle, die er bis zum Ende des Kaiserreichs 1918 spielte, eingebüßt. An seine Stelle ist ein industrielles Großbürgertum getreten, das auf eine demonstrative Zurschaustellung seines Reichtums weitgehend verzichtet. Zur oberen Mittelschicht kann man vor allem die Spitzenmanager der Privatwirtschaft zählen, daneben die hohen Beamten, die Ärzte, gutverdienende Rechtsanwälte und Großbauern. Doch sind die Grenzen zwischen den Schichten fließend geworden, und im Aufbau der Gesellschaft hat sich ein grundlegender Wandel vollzogen.

Während man nämlich früher die gesellschaftliche Schichtung bildlich in Form einer Pyramide darstellen konnte – eine breite Unterschicht, darüber eine schmalere Mittelschicht und an der Spitze die kleine Oberschicht –, gebrauchen heutige Soziologen zum gleichen Zweck gern das Bild der Zwiebel. Die Unterschicht ist stark eingeschrumpft; den breitesten Raum nehmen heute die Mittelschichten ein. Dieses Modell ergibt sich – wenn auch mit Abweichungen je nach den verwendeten Kategorien – aus allen soziologischen Untersuchungen zur gesellschaftlichen Schichtung der Bundesrepublik, die in den letzten zwei Jahrzehnten angestellt worden sind. Dabei spielt es keine große Rolle, ob die Forscher nach objektiven Merkmalen wie Einkommen, Beruf und Schulbildung urteilten

**Soziale Schichtung („Schichten-Zwiebel")**

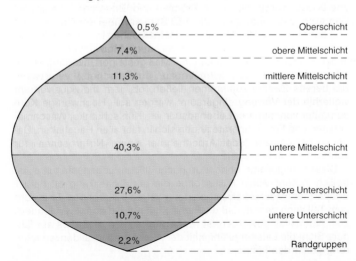

| | |
|---|---|
| 0,5% | Oberschicht |
| 7,4% | obere Mittelschicht |
| 11,3% | mittlere Mittelschicht |
| 40,3% | untere Mittelschicht |
| 27,6% | obere Unterschicht |
| 10,7% | untere Unterschicht |
| 2,2% | Randgruppen |

oder ob sie die Menschen nach ihrer Selbsteinstufung fragten. Unverkennbar ist allerdings ein Streben zur Mitte: Von den Menschen, die nach objektiven Kriterien eher der Oberschicht oder der Unterschicht angehören, ordnen sich nicht wenige selbst den Mittelschichten zu. Die Abbildung zeigt ein Schichtenmodell, das auf einer Untersuchung aus der Mitte der siebziger Jahre beruht.

**Gesellschaftliche Minderheiten.** Besondere Aufmerksamkeit und Anteilnahme finden in der Öffentlichkeit der Bundesrepublik Deutschland die sogenannten gesellschaftlichen Minderheiten, die »sozial Schwachen« und die »Randgruppen«. Dazu gehören ganz unterschiedliche Bevölkerungsgruppen, denen aber gemeinsam ist, daß sie mit ihren Problemen nicht allein fertig werden und besondere Hilfe benötigen: alleinstehende Mütter, die Kinder zu versorgen haben; kinderreiche Familien; alte Menschen mit sehr kleiner Rente; schon längere Zeit Arbeitslose; körperlich oder geistig Behinderte; aus dem Strafvollzug Entlassene.

Die Sensibilität für die Sorgen dieser gesellschaftlichen Minderheiten ist dank der kritischen Berichterstattung in der Presse und im Rundfunk, dank kirchlicher, gewerkschaftlicher und privater Initiativen sehr gewachsen. Der Staat gibt ihnen zwar vielfältige materielle Hilfen, er kann aber nicht überall für sie sorgen und vor allem nicht die praktische Selbst- und Nächstenhilfe der Bürger füreinander ersetzen. Hier besteht ein breites Betätigungsfeld für Kirchen, Wohlfahrtsverbände, freie Träger, Nachbarschaftshilfen und andere private Initiativen. Von ihnen wird im täglichen sozialen Dienst Beachtliches geleistet, sie haben auf dem Weg zur Integration der gesellschaftlichen Minderheiten bereits viel erreicht. Die Bundesregierung unterstützt alle derartigen freiwilligen sozialen Initiativen und ermutigt besondere Beispiele praktizierter Mitmenschlichkeit durch Anerkennung und Auszeichnung.

Als gelungen kann man die gesellschaftliche Eingliederung der etwa 8,5 Millionen Vertriebenen aus den Ostgebieten des ehemaligen Deutschen Reiches und der rund 3,5 Millionen Flüchtlinge aus der DDR und Ostberlin bezeichnen. In mancher Hinsicht mag diese erfolgreiche soziale Integration als Modell für die Eingliederung anderer sozialer Minderheiten dienen.

**Die Ausländerpolitik.** Die größte Minderheit in der Bundesrepublik Deutschland bilden die ausländischen Arbeitnehmer mit ihren hier lebenden Familienangehörigen, zusammen rund viereinhalb Millionen Menschen. Nahezu 60% der Ausländer halten sich schon zehn Jahre und länger in Deutschland auf. Mehr als zwei Drittel der ausländischen Kinder sind bereits hier geboren. Die Bundesrepublik hat den Gastarbeitern viel zu verdanken: sie haben einen großen Beitrag zum wirtschaftlichen Aufstieg geleistet. Obwohl sich die Deutschen wie die Ausländer in ihrer Mehrzahl um ein gutes gegenseitiges Verhältnis bemühen, ist das Zusammenleben nicht frei von Reibungen, besonders in manchen Großstädten, wo der Anteil der Ausländer an der Bevölkerung in einigen Fällen über 20% liegt. Schwer hat es vor allem die größte Ausländergruppe, die 1,4 Millionen Türken, sich in den unvertrauten Lebensformen des Gastlandes und in einem fremden Kulturkreis zurechtzufinden. Daraus resultieren manchmal Mißtrauen und Feindseligkeit auf beiden Seiten. Unter der Arbeitslosigkeit haben die ausländischen Arbeitnehmer mehr zu leiden als ihre deutschen Kollegen. Besonders problematisch ist die Lage für die zweite Generation, die in Deutschland aufwachsenden Gastarbeiterkinder. Sie sind in der Schule und in ihren Berufsaussichten gegenüber den gleichaltrigen Deutschen im Nachteil. Deshalb muß alles getan werden, um ihnen eine gute schulische und berufliche Bildung zu vermitteln.

Keine Gesellschaft kann in unbegrenztem Umfang Menschen mit völlig fremdem kulturellem Hintergrund aufnehmen, ohne letztlich ihre Identität und Stabilität zu gefährden. Die Ausländerpolitik der Bundesrepublik Deutschland läßt sich deshalb von folgenden Grundsätzen leiten:

☐ Schwerpunktaufgabe ist die Integration der seit langem hier lebenden Ausländer und ihrer Familienangehörigen. Dabei geht es um eine möglichst umfassende Teilhabe am wirtschaftlichen, sozialen und kulturellen Leben der Bundesrepublik unter Wahrung ihrer heimatlichen Prägungen und Bindungen.

☐ Der weitere Zuzug von Ausländern wird begrenzt. Ausländische Arbeitnehmer aus Staaten, die nicht der EG angehören, dürfen nicht angeworben werden.

☐ Ausländern, die in ihre Heimat zurückkehren wollen, wird die Heimkehr durch finanzielle Hilfen erleichtert.

# Die Sozialpartner

Von den rund 25,8 Millionen Erwerbstätigen in der Bundesrepublik Deutschland sind 22,5 Millionen in abhängiger Stellung beschäftigt, als Arbeiter, Angestellte, Beamte oder Auszubildende. Sie sind Arbeitnehmer. Die 2,4 Millionen Selbständigen beschäftigen (neben 850 000 mithelfenden Familienangehörigen) zu einem großen Teil Arbeitnehmer. In diesem Fall sind sie Arbeitgeber. Arbeitgeber sind auch Kapitalgesellschaften, der Staat, die Gemeinden und andere öffentliche Einrichtungen.

Arbeitgeber und Arbeitnehmer haben gemeinsame Interessen und sind auf Zusammenarbeit angewiesen. Gleichzeitig bestehen zwischen ihnen Interessengegensätze, die manchmal zu harter Konfrontation führen. In der Bundesrepublik betont man gern die Gemeinsamkeit und spricht deshalb häufig von »Sozialpartnern«. Eine neutralere Bezeichnung ist »Tarifpartner«. Sie nennt auch das Gebiet, auf dem die beiden Gruppen hauptsächlich miteinander zu tun haben: die Tarifpolitik.

In der Bundesrepublik Deutschland besteht Tarifautonomie. Das bedeutet: Arbeitgeber und Arbeitnehmer haben das Recht, ohne Einmischung des Staates Tarifverträge miteinander abzuschließen. Zwar setzt der Staat in seiner Gesetzgebung die allgemeinen Rahmenbedingungen; er legt aber nicht fest, wieviel ein Arbeiter oder Angestellter in einem bestimmten Industriezweig verdient. Dies – und vieles andere, zum Beispiel die Dauer des Urlaubs – auszuhandeln, ist Aufgabe der Tarifpartner: der Gewerkschaften und der Arbeitgeberverbände.

**Die Gewerkschaften.** In der Bundesrepublik gibt es nur wenige, aber mitgliederstarke Gewerkschaftsorganisationen. Die größte ist der Deutsche Gewerkschaftsbund (DGB) mit rund 7,8 Millionen Mitgliedern. In ihm sind 17 Einzelgewerkschaften zusammengeschlossen. Kennzeichnend für die DGB-Gewerkschaften ist das Prinzip der Industriegewerkschaft: Sie nehmen Arbeiter und Angestellte eines Industriezweigs unabhängig von ihrem Beruf auf. So können etwa ein Chauffeur und ein Buchhalter, die in einer Druckerei beschäftigt sind, Mitglieder der Industriegewerkschaft (IG) Druck und Papier sein. Den Arbeitgebern eines bestimmten Wirtschaftszweiges steht also meist nur eine Gewerkschaft als Verhandlungspartner gegenüber.

Neben dem DGB gibt es noch einige andere Gewerkschaftsorganisationen. Hier sollen nur die drei größten genannt werden. Die Deutsche Angestellten-Gewerkschaft (DAG) mit rund 500 000 Mitgliedern ist keine Industriegewerkschaft im skizzierten Sinne; ihr gehören Angestellte der verschiedensten Wirtschaftszweige an. Der Deutsche Beamtenbund (DBB) mit 782 000 Mitgliedern ist die wichtigste Organisation der Beamten; er führt zwar wegen der Besonderheiten des Beamtenrechts keine Tarifverhandlungen und kann nicht zum Streik aufrufen, hat aber sonst alle Züge einer Gewerkschaft. Der Christliche Gewerkschaftsbund Deutschlands (CGB) zählt mit den ihm angeschlossenen Einzelgewerkschaften 308 000 Mitglieder.

Die Gewerkschaften der Bundesrepublik sind parteipolitisch und konfessionell unabhängig. Niemand kann gezwungen werden, einer Gewerkschaft beizutreten; das in manchen Ländern verbreitete System des »closed shop« ist in der Bundesrepublik unbekannt. Der Organisationsgrad, d. h. der Anteil der Gewerkschaftsmitglieder unter den Arbeitnehmern eines bestimmten Wirtschaftszweiges, ist ganz unterschiedlich: Er beträgt bei den Eisenbahnern fast 100%, während er in der Land- und Forstwirtschaft wenig über 10% liegt.

**Die Einzelgewerkschaften des DGB** *(1986)*

| Industriegewerkschaften bzw. Gewerkschaften | Mitglieder (in 1000) | Anteil der Frauen (%) |
|---|---|---|
| Bau – Steine – Erden | 485,1 | 6,3 |
| Bergbau und Energie | 355,2 | 2,1 |
| Chemie – Papier – Keramik | 653,8 | 19,8 |
| Druck und Papier | 143,4 | 23,5 |
| Eisenbahner | 351,4 | 8,7 |
| Erziehung und Wissenschaft | 192,5 | 52,4 |
| Gartenbau, Land- und Forstwirtschaft | 42,9 | 14,5 |
| Handel, Banken und Versicherungen | 376,5 | 58,1 |
| Holz und Kunststoff | 143,0 | 13,6 |
| Kunst | 28,1 | 38,0 |
| Leder | 48,3 | 43,9 |
| Metall | 2598,3 | 11,0 |
| Nahrung – Genuß – Gaststätten | 266,0 | 33,9 |
| Öffentliche Dienste, Transport und Verkehr | 1198,6 | 30,7 |
| Polizei | 162,6 | 8,7 |
| Post | 463,2 | 31,3 |
| Textil – Bekleidung | 256,0 | 57,4 |
| Deutscher Gewerkschaftsbund | 7764,9 | 22,6 |

*Demonstration der Industriegewerkschaft Metall*
*zur Krise in der Stahlindustrie*

Der Organisationsgrad aller Arbeitnehmer der Bundesrepublik beläuft sich auf knapp 42%; nicht einmal jeder zweite ist also Mitglied einer Gewerkschaft. Der Grund dafür ist wohl darin zu erblicken, daß viele Arbeitnehmer einerseits die nicht ganz niedrigen Gewerkschaftsbeiträge scheuen und andererseits sicher sein können, daß ihnen die von den Gewerkschaften erfochtenen Verbesserungen auch ohne Mitgliedschaft zugute kommen.

Für ihre Mitglieder unterhalten die Gewerkschaften zahlreiche Bildungseinrichtungen. Der DGB ist Träger der alljährlich in Recklinghausen veranstalteten Ruhrfestspiele. Er verleiht jedes Jahr einen angesehenen Kulturpreis.

**Die Arbeitgeberverbände.** In der Bundesrepublik gibt es mehrere hundert teils fachlich, teils regional gegliederte Arbeitgeberverbände. Der Organisationsgrad der Arbeitgeber liegt mit etwa 90% weit über dem der Arbeitnehmer. Die Arbeitgeberverbände sind in 13 Landesverbänden zusammengefaßt. Die gemeinsame Dachorganisation ist die Bundesvereinigung der Deutschen Arbeitgeberverbände (BDA). Sie schließt – ebenso wie der DGB – selbst keine Tarifverträge ab, sondern wirkt als koordinierendes Organ und nimmt grundlegende Interessen der Arbeitgeber wahr. Die BDA

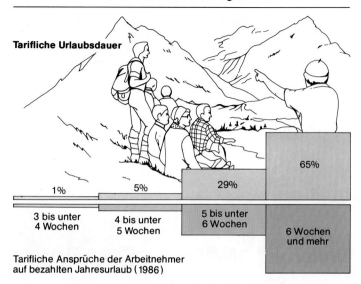

**Tarifliche Urlaubsdauer**

| 1% | 5% | 29% | 65% |
|---|---|---|---|
| 3 bis unter 4 Wochen | 4 bis unter 5 Wochen | 5 bis unter 6 Wochen | 6 Wochen und mehr |

Tarifliche Ansprüche der Arbeitnehmer
auf bezahlten Jahresurlaub (1986)

umfaßt sämtliche Wirtschaftszweige – Industrie, Handwerk, Handel, Banken, Versicherungen, Landwirtschaft und Verkehr. Sie vertritt die Unternehmer jedoch nur in ihrer Funktion als Arbeitgeber, d. h. als Verhandlungspartner der Gewerkschaften. Alle anderen Interessen – z. B. wirtschafts- und steuerpolitische Belange – werden von anderen Verbänden wahrgenommen. Als Beispiele seien nur der Bundesverband der Deutschen Industrie (BDI), der Zentralverband des Deutschen Handwerks und der Bundesverband des Deutschen Groß- und Außenhandels genannt.

**Tarifverträge.** Im Jahre 1986 wurden in der Bundesrepublik rund 6200 Tarifverträge abgeschlossen, manche für das ganze Bundesgebiet, die meisten für das Gebiet eines Bundeslandes oder mehrerer Bundesländer, ein Teil auch für einzelne Firmen. Unmittelbar gilt ein Tarifvertrag nur für die vertragschließenden Parteien, d. h. die Mitglieder der betreffenden Gewerkschaft und des betreffenden Arbeitgeberverbandes. In der Praxis gilt er jedoch stets für alle Arbeitnehmer eines Betriebes, wenn dieser dem Arbeitgeberverband angehört. Daneben werden auch Tarifverträge vom Bundesarbeitsminister oder von den zuständigen Landesbehörden für allgemeinverbindlich erklärt und gelten dann für den ganzen Gewerbezweig.

Man unterscheidet zwei Arten von Tarifverträgen. Der Lohn- oder Gehaltstarif regelt die Bezahlung der Arbeiter und Angestellten. Er wird meist nur auf ein Jahr abgeschlossen. Der Rahmen- oder Manteltarif regelt allgemeine Fragen wie Arbeitszeit, Urlaubsdauer, Kündigungsfristen, Zuschläge für Überstunden, Gratifikationen usw. Er hat häufig eine mehrjährige Laufzeit.

Die Bestimmungen der Tarifverträge haben für die Mitglieder der Tarifvertragsparteien die gleiche Verbindlichkeit wie ein Gesetz. Sie müssen sich allerdings im Rahmen der Gesetze bewegen, die gewisse Mindesterfordernisse vorschreiben. Tatsächlich gehen aber die Tarifverträge in den meisten Fällen weit über das vom Gesetz Geforderte hinaus. Einige Beispiele: Obwohl die gesetzliche Höchstarbeitszeit pro Woche noch immer 48 Stunden beträgt, haben praktisch alle Arbeitnehmer schon längst eine tarifliche 40-Stunden-Woche, und für rund 7 Millionen Arbeitnehmer ist die Arbeitszeit inzwischen noch weiter verkürzt worden, meist auf 38,5 Stunden. Nahezu alle Arbeitnehmer haben einen tariflichen bezahlten Urlaub von 5 Wochen oder mehr, während das Gesetz nur 3 Wochen vorschreibt. Fast alle Arbeitnehmer erhalten aufgrund von Tarifverträgen ein zusätzliches Urlaubsgeld oder eine Gratifikation oder beides.

Abweichungen vom Tarifvertrag sind nur dann zulässig, wenn sie sich zugunsten des Arbeitnehmers auswirken. Solche Abweichungen sind nicht selten anzutreffen: in vielen Fällen liegen die tatsächlich gezahlten Löhne, Gehälter und sonstigen Leistungen beträchtlich über den im Tarifvertrag festgelegten Sätzen.

**Arbeitskampf.** Wenn sich die Tarifpartner nicht einigen können, kann es zum Arbeitskampf kommen. Mehrere Sicherungen sollen verhindern, daß dieses Mittel vorschnell eingesetzt wird. Oft wird versucht, die Auseinandersetzungen durch einen unparteiischen Schlichter beilegen zu lassen. Scheitert auch die Schlichtung, so müssen in der betreffenden Gewerkschaft mehrere Gremien dem Streikbeschluß zustimmen. Sodann muß in der Regel eine Urabstimmung unter den beteiligten Gewerkschaftsmitgliedern stattfinden. Nur mit Dreiviertelmehrheit kann der Streik beschlossen werden.

Dem Streikrecht der Gewerkschaften steht in der Bundesrepublik das Aussperrungsrecht der Arbeitgeber gegenüber, d. h. das Recht, die Betriebe vorübergehend zu schließen. Das Aussperrungsrecht ist vom Bundesarbeitsgericht mit gewissen Einschränkungen bestätigt worden; in der Öffentlichkeit ist es jedoch umstritten. Der Staat verhält sich Arbeitskämpfen gegenüber neutral.

Streikende und Ausgesperrte erhalten deshalb kein Arbeitslosengeld aus der staatlichen Arbeitslosenversicherung. Gewerkschaftsmitglieder werden für ihren Verdienstausfall durch Beihilfen aus den gewerkschaftlichen Streikkassen entschädigt. Im Vergleich mit anderen Industrieländern wird in der Bundesrepublik wenig gestreikt. 1986 gingen durch Streiks nur 28 000 Arbeitstage verloren. Zwei Jahre zuvor fielen jedoch über 5,6 Millionen Arbeitstage durch Streiks und Aussperrungen aus. Dies erklärt sich durch einen harten Arbeitskampf in der Druck- und Metallindustrie für die Einführung der 35-Stunden-Woche.

**Zusammenarbeit.** Arbeitgeber und Arbeitnehmer stehen sich nicht nur als Kontrahenten gegenüber, sondern arbeiten auf vielfältige Weise zusammen. Da ist zunächst die alltägliche Zusammenarbeit im Betrieb. Aber auch als Vertreter ihrer jeweiligen Verbände begegnen sie sich bei vielen Gelegenheiten. Zum Beispiel gehören den Ausschüssen, die die Abschlußprüfung der Auszubildenden abnehmen, Vertreter der beiden Sozialpartner an. In den Arbeitsgerichten, die über Streitfälle aus dem Arbeitsleben entscheiden, sitzen in allen Instanzen ehrenamtliche Richter aus den Reihen der Arbeitgeber und der Arbeitnehmer. Die Spitzenfunktionäre der Verbände treffen sich häufig, wenn die verantwortlichen Politiker ihren Rat einholen. Diese und andere Formen der Zusammenarbeit tragen dazu bei, ohne Verwischung der Interessenunterschiede das gegenseitige Verständnis zu fördern.

Deutscher Gewerkschaftsbund
Hans-Böckler-Str. 39
4000 Düsseldorf 30

Deutsche Angestellten–Gewerkschaft
Karl-Muck-Platz 1
2000 Hamburg 36

Deutscher Beamtenbund
Dreizehnmorgenweg 36
5300 Bonn 2

Christlicher Gewerkschaftsbund Deutschlands
Konstantinstr. 13
5300 Bonn 2

Bundesvereinigung der Deutschen Arbeitgeberverbände
Gustav-Heinemann-Ufer 72
5000 Köln 51

# Betriebsverfassung und Mitbestimmung

Im 19. Jahrhundert vollzog sich in Deutschland der Übergang von der Agrar- zur Industriegesellschaft. Die neue, rasch anwachsende Schicht der Industriearbeiter lebte anfangs in tiefem Elend und war nahezu schutz- und rechtlos. Mit Hilfe ihrer Organisationen konnte sie in langem, zähem Ringen ihre materielle Lage und ihre soziale Sicherheit allmählich bedeutend verbessern. In den Betrieben jedoch blieben die Arbeitnehmer bis weit in unser Jahrhundert hinein im Stande völliger Abhängigkeit; die Verfügungsmacht der Eigentümer war kaum beschränkt.

**Durchbruch zur Mitbestimmung.** Erst in den letzten Jahrzehnten ist auf diesem Feld ein Prozeß des Wandels und des Umdenkens in Gang gekommen. Als Grundlage unserer gesellschaftlichen Ordnung gilt unbestritten die Selbstbestimmung des Menschen. Das ergibt sich schon aus der verfassungsrechtlichen Gewährleistung des Rechts auf freie Entfaltung der Persönlichkeit. Diesem Leitbild vom selbstbestimmten Menschen widerspräche es, den Arbeitnehmer lediglich als Bestandteil eines Produktionsprozesses zu betrachten, der allein vom Kapitalinteresse bestimmt wird. Von diesen Grundgedanken ausgehend, besteht heute weitgehend Einigkeit darüber, daß die Unternehmensziele von den Interessen der arbeitenden Menschen mitgeprägt sein müssen und daß bei unternehmerischen Entscheidungen, die die Lebensinteressen der Arbeitnehmer berühren, deren demokratische Mitsprache gesichert sein muß. In der Bundesrepublik Deutschland hat man diesen Forderungen gerecht zu werden versucht und den Arbeitnehmern ein beachtliches Maß an gesetzlich gesicherter Mitbestimmung in den Betrieben zugestanden.

Am Anfang dieser Entwicklung stand das Betriebsrätegesetz von 1920, das erstmals die Möglichkeit schuf, in allen Betrieben gewählte Vertretungen der Arbeiter und Angestellten einzurichten. Einen großen Schritt in Richtung der Mitbestimmung der Arbeitnehmer tat die junge Bundesrepublik Deutschland 1951, als sie das sogenannte Montan-Mitbestimmungsgesetz in Kraft setzte, das den Arbeitnehmern in den großen Unternehmen der Montanindustrie bedeutende Mitbestimmungsrechte sowie die Mitbesetzung der Leitungsorgane einräumte. Das Betriebsverfassungsgesetz von 1952 verschaffte den Arbeitnehmern nahezu aller Betriebe Mitbe-

**Formen der Mitbestimmung und ihr Geltungsbereich**

| | | |
|---|---|---|
| Mitbestimmung nach dem Gesetz von 1976 | ♦♦♦♦ 4,0 Mill. Arbeitnehmer | große Kapitalgesellschaften |
| Montan-Mitbestimmung | ♦ 0,5 Mill. | Montanindustrie |
| Drittelbeteiligung | ♦ 0,6 Mill. | kleine Kapitalgesellschaften |
| Innerbetriebliche Mitbestimmung (Betriebsverfassungsgesetz) | ♦♦♦♦♦♦♦♦♦♦ 9,3 Mill. | übrige Wirtschaft |
| Innerbetriebliche Mitbestimmung (Personalvertretungsgesetz) | ♦♦♦♦ 3,6 Mill. | öffentlicher Dienst |
| Keine Mitbestimmung | ♦♦♦♦ 3,4 Mill. | Kleinbetriebe (unter 5 Beschäftigte) |

stimmungsrechte in sozialen und personellen Angelegenheiten und Gehör bei wirtschaftlichen Entscheidungen. Wesentliche Verbesserungen vor allem für die Arbeitnehmervertretungen brachte das zweite Betriebsverfassungsgesetz von 1972. Ein bedeutendes Reformwerk ist schließlich das allgemeine Mitbestimmungsgesetz von 1976. Mit allen diesen Gesetzen wird in der Bundesrepublik Deutschland der Gedanke der »konstitutionellen Fabrik« Wirklichkeit, der noch vor wenigen Jahrzehnten als utopischer Traum erschien. Das Sozialstaatsprinzip des Grundgesetzes wird auf einem wichtigen Gebiet mit Leben erfüllt.

**Der Betriebsrat.** Die wichtigste Einrichtung zur Interessenvertretung der Arbeitnehmer im Betrieb ist der Betriebsrat. Er wird von allen über 18 Jahre alten Arbeitnehmern gewählt; auch ausländische Arbeitnehmer sind wahlberechtigt und wählbar. Um die Kandidatur kann sich jeder Wahlberechtigte bewerben, der seit mindestens sechs Monaten im Betrieb tätig ist, gleichgültig, ob er einer Gewerkschaft angehört oder nicht. In der Praxis haben aber, vor allem in größeren Betrieben, die Gewerkschaften beträchtlichen Einfluß auf die Zusammensetzung der Kandidatenlisten.

Die Mitgliederzahl des Betriebsrats richtet sich nach der Größe des Unternehmens. Seine Amtsperiode dauert drei Jahre. Da ein

*Betriebsratswahl*

Arbeitgeber versucht sein könnte, ein »unbequemes« Betriebsratsmitglied zu entlassen, genießen die Mitglieder des Betriebsrats während ihrer Amtszeit und noch ein Jahr darüber hinaus einen verstärkten Schutz vor Kündigung.

Die Betriebsratsmitglieder üben ihr Amt normalerweise neben ihrer Berufsarbeit aus. Nur in größeren Betrieben müssen ein Mitglied oder mehrere Mitglieder des Betriebsrates von ihrer beruflichen Tätigkeit freigestellt werden.

Die Beamten, Angestellten und Arbeiter des öffentlichen Dienstes haben gleichfalls eine Interessenvertretung, den Personalrat; seine Aufgaben und Befugnisse ähneln denen des Betriebsrates.

**Die Rechte des Betriebsrates.** Der Betriebsrat hat vielfältige Rechte, vor allem in sozialen und personellen Angelegenheiten. In manchen Dingen muß er gehört werden, in anderen kann er mitwirken, und in einigen schließlich hat er ein echtes Mitbestimmungsrecht. »Echte« Mitbestimmung bedeutet, daß der Arbeitgeber nicht ohne Zustimmung des Betriebsrats entscheiden kann. Können sie sich nicht einigen, so entscheidet – je nach Gegenstand – das Arbeitsgericht oder eine Einigungsstelle, die aus gleich vielen Vertretern des Arbeitgebers und des Betriebsrats sowie einem unparteiischen Vorsitzenden zusammengesetzt ist.

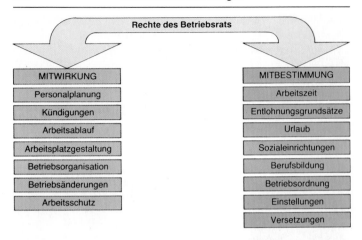

Ohne Einverständnis des Betriebsrates darf die Geschäftsleitung beispielsweise keine Überstunden und keine Kurzarbeit anordnen, keine Stechuhren oder sonstigen Kontrolleinrichtungen einführen, keine Akkord- oder Prämienregelung erlassen und keine Werkswohnung kündigen. Daß freigewordene oder neu geschaffene Stellen zunächst innerhalb des Betriebs ausgeschrieben werden, kann der Betriebsrat sogar erzwingen.

Die Entlassung eines Mitarbeiters kann der Betriebsrat zwar nicht verhindern; er muß aber vor jeder Kündigung gehört werden und hat in gewissen Grenzen ein Recht zum Widerspruch. Wenn er widerspricht und außerdem der Betroffene selbst Klage beim Arbeitsgericht erhebt, ist dieser bis zur Entscheidung des Gerichts weiter zu beschäftigen. Plant der Arbeitgeber die Entlassung einer größeren Zahl von Mitarbeitern, so muß er den Betriebsrat rechtzeitig unterrichten. Dieser hat dann das Recht, die Ausarbeitung eines »Sozialplans« zu verlangen, der die Nachteile für die Betroffenen mildert, indem ihnen z. B. Abfindungen gezahlt oder Umzugskosten erstattet werden.

Auch dort, wo der Betriebsrat nur ein Recht auf Anhörung hat, kann er sehr häufig durch geschicktes Verhandeln Verbesserungen für die Mitarbeiter erreichen. In der Praxis stehen sich Betriebsrat und Arbeitgeber nur selten als unversöhnliche Gegner gegenüber, sondern arbeiten zusammen – wie es das Gesetz auch ausdrücklich verlangt – und bemühen sich um vernünftige Kompromisse.

Der einzelne Arbeitnehmer hat – neben seinem Wahlrecht zum Betriebsrat – Rechte, die man »innerbetriebliche Grundrechte«

nennen könnte. So hat er vor allem das Recht, über die Art seiner Tätigkeit und ihre Einordnung in den Arbeitsablauf informiert zu werden; über die Berechnung und Zusammensetzung seines Arbeitsentgelts Auskunft zu verlangen; in seine Personalakten Einsicht zu nehmen; sich zu beschweren, wenn er sich benachteiligt oder ungerecht behandelt fühlt. In den meisten Fällen darf der Arbeitnehmer ein Betriebsratsmitglied hinzuziehen.

**Mitbestimmung im Großunternehmen.** Bei der wirtschaftlichen Geschäftsführung des Unternehmens hat der Betriebsrat kein Mitbestimmungsrecht; er hat hier nur Informations- und Beratungsrechte, und auch das nur in Betrieben mit über 100 Arbeitnehmern.

Wirtschaftliche Mitbestimmung gibt es jedoch in unterschiedlichen Formen in den meisten größeren Unternehmen. In der Bundesrepublik Deutschland sind viele Großunternehmen Aktiengesellschaften. Die deutsche Aktiengesellschaft hat zwei Leitungsgremien: den Aufsichtsrat als Überwachungsorgan und den Vorstand, der die laufenden Geschäfte führt. Bereits seit 1952 mußten in jeder Aktiengesellschaft ein Drittel der Aufsichtsratsmitglieder gewählte Vertreter der Arbeiter und Angestellten sein. Diese Regelung gilt für kleine und mittlere Aktiengesellschaften (bis 2000 Beschäftigte) und für Unternehmen bestimmter anderer Rechtsformen mit 500 bis 2000 Arbeitnehmern heute noch.

Für Großunternehmen gibt es jedoch zwei besondere Mitbestimmungsregelungen: In den Großbetrieben des Bergbaus und der Eisen- und Stahlerzeugung mit über 1000 Beschäftigten wird schon seit 1951 das sogenannte Montan-Mitbestimmungsgesetz angewendet. Nach diesem Gesetz wird der Aufsichtsrat je zur Hälfte von Vertretern der Kapitalgeber und der Arbeitnehmer besetzt; beide Seiten müssen sich dann auf ein weiteres, neutrales Mitglied einigen. Dem Vorstand muß ein Arbeitsdirektor als vollberechtigtes Mitglied angehören, der nicht gegen die Stimmen der Arbeitnehmervertreter im Aufsichtsrat gewählt werden kann.

Für die Großunternehmen der übrigen Wirtschaft, die mehr als 2000 Beschäftigte haben, gilt das allgemeine Mitbestimmungsgesetz von 1976. In diesem Gesetz, das knapp 500 Unternehmen aller Wirtschaftszweige mit Ausnahme der Montanindustrie und der Presse erfaßt, sind die Regelungen komplizierter. Zwar besteht nach Köpfen im Aufsichtsrat volle Parität zwischen den Seiten der Kapitalgeber und der Arbeitnehmer. Aber bei Stimmengleichheit entscheidet die Stimme des Vorsitzenden, der in der Praxis aufgrund des Wahlmodus immer ein Vertreter der Kapitalgeber ist. Ferner muß dem Aufsichtsrat auf der Arbeitnehmerseite minde-

**Mitbestimmung im Großunternehmen**

**Zusammensetzung des Aufsichtsrats...**
KAPITALEIGNER — ARBEITNEHMER
... nach dem Betriebsverfassungsgesetz

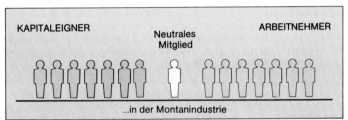

KAPITALEIGNER — Neutrales Mitglied — ARBEITNEHMER
...in der Montanindustrie

KAPITALEIGNER — Vorsitzender mit Stichentscheid — leitender Angestellter — ARBEITNEHMER
...nach dem Mitbestimmungsgesetz von 1976

stens ein Vertreter der »leitenden Angestellten« angehören, d. h. ein Angestellter mit Management-Funktionen. Die Arbeitgeberverbände meinten, daß das Gesetz die Eigentumsrechte zu stark einenge, und erhoben Verfassungsbeschwerde. Das Bundesverfassungsgericht hat diese Beschwerde zurückgewiesen und festgestellt, daß das Mitbestimmungsgesetz mit dem Grundgesetz vereinbar ist.

Die Mitbestimmung der Arbeitnehmer hat sich als stabilisierendes Element für die Wirtschafts- und Gesellschaftsordnung der Bundesrepublik Deutschland erwiesen. Diese Ordnung beruht nicht zuletzt auf der Bereitschaft aller Beteiligten zu fairer Zusammenarbeit. Die Möglichkeit zu aktiver Mitgestaltung steigert die Arbeitsmotivation der Arbeiter und Angestellten und stärkt damit die Leistungsfähigkeit der deutschen Wirtschaft.

# Soziale Sicherheit

Die Bundesrepublik Deutschland ist ein demokratischer und sozialer Bundesstaat – so steht es im Grundgesetz. Der Staat ist verpflichtet, jeden seiner Bürger vor sozialer Unsicherheit zu schützen und sich für die Verwirklichung sozialer Gerechtigkeit einzusetzen. Zur Erreichung dieser Ziele hat er – so ist es im Sozialgesetzbuch der Bundesrepublik niedergelegt – rechtzeitig und ausreichend die erforderlichen sozialen Dienste und Einrichtungen zur Verfügung zu stellen und Sozialleistungen zu gewähren. Dieser Verpflichtung entspricht ein weitgespanntes Netz sozialer Gesetze, das von der Sicherung bei Krankheit, Unfall und Alter bis zu Kindergeld, Wohngeld, Arbeits- und Ausbildungsförderung reicht.

**Entwicklung der Sozialversicherung.** Die Sozialversicherung ist eine Verbindung von Selbsthilfe und Gemeinschaftshilfe, weil sie einerseits auf dem Grundsatz der Versicherung beruht und die zur Deckung von Schadensfällen erforderlichen Geldmittel durch Beitragsleistungen der Versicherten aufbringt, andererseits bedürftige Versicherte aus Mitteln des Gemeinwesens unterstützt.

Die Anfänge der Sozialversicherung in Deutschland reichen bis ins Mittelalter zurück, als zuerst Bergleute gemeinschaftliche Kassen zur Unterstützung verunglückter, notleidender Mitglieder errichteten. Aber erst am Ende des 19. Jahrhunderts sah sich der damalige Reichskanzler Bismarck vor die Notwendigkeit gestellt, eine umfassende Sozialversicherung zu schaffen. Den Anstoß gab die industrielle Entwicklung Deutschlands. Sie hatte zu einem außerordentlichen Anstieg der Zahl der Industriearbeiter geführt, denen eine Vermögensbildung und die Rücklage von Ersparnissen für Notfälle nicht oder kaum möglich war. Zwar ging es Bismarck vor allem darum, mittels einer fortschrittlichen Sozialgesetzgebung der erstarkenden Arbeiterbewegung Wind aus den Segeln zu nehmen. Doch wird rückblickend einhellig anerkannt, daß mit dieser Gesetzgebung der Grundstein einer modernen, auch für andere Industriestaaten wegweisenden Sozialversicherung gelegt worden ist.

Durch Gesetze von 1883, 1884 und 1889 wurden drei Versicherungszweige ins Leben gerufen, die die deutsche Sozialversicherung bis heute umfaßt: die Krankenversicherung, die Unfallversicherung und die Invalidenversicherung. 1911 wurden diese Versicherungen dann in der bis heute gültigen Reichsversicherungsordnung zusammengefaßt, die außerdem die Hinterbliebenenversorgung durch Witwen- und Waisenrente einführte.

Während das Invalidengesetz von 1889 neben den Arbeitern nur die Angestellten mit geringem Einkommen erfaßte, wurde 1911 die Invalidenversicherung auf alle Angestellten ausgedehnt. Durch das Angestelltenversicherungsgesetz von 1924 wurde dann die Rentenversicherung der Angestellten von derjenigen der Arbeiter getrennt und zu einem eigenen Versicherungszweig ausgebaut. Die Sozialversicherung der Bergleute wurde 1923 einheitlich geregelt. Die Arbeitslosenversicherung als weiterer Zweig der Sozialversicherung entstand 1927. Durch das Gesetz über die Altersversorgung für das Handwerk von 1938 wurden auch die Handwerker in die Sozialversicherung einbezogen, soweit sie sich nicht durch eine private Lebensversicherung selbst zu schützen suchten.

Die Entwicklung der Sozialversicherung nach dem Zweiten Weltkrieg ist in der Bundesrepublik Deutschland vor allem durch den Ausbau und die Verbesserung der Versicherungsleistungen gekennzeichnet. Die Rentenversicherung erfuhr 1957 und 1972 entscheidende Neuregelungen. Durch das Gesetz über die Altershilfe für Landwirte von 1957 wurde ein neuer Zweig der Sozialversicherung begründet. Nach Jahren des Ausbaus des Systems der sozia-

**Wichtige Sozialleistungen** *(in Mill. DM)*

| Art der Sozialleistungen | 1975 | 1986 |
|---|---|---|
| Rentenversicherung | 101 125 | 178 505 |
| Krankenversicherung | 61 142 | 119 904 |
| Unfallversicherung | 7 155 | 11 987 |
| Arbeitsförderung | 18 066 | 41 179 |
| Kindergeld | 14 638 | 14 258 |
| Familienzuschläge und Beihilfen im öffentlichen Dienst | 11 028 | 16 208 |
| Zusatzversorgung im öffentlichen Dienst | 3 483 | 8 814 |
| Entgeltfortzahlung bei Krankheit | 18 490 | 27 750 |
| Vertragliche und freiwillige Arbeitgeberleistungen (z. B. Betriebsrenten) | 7 765 | 17 909 |
| Kriegsopferversorgung (Soziale Entschädigung) | 11 135 | 13 715 |
| Lastenausgleich und Wiedergutmachung | 4 242 | 3 215 |
| Sozialhilfe | 9 218 | 25 853 |
| Jugendhilfe | 4 260 | 8 118 |
| Ausbildungsförderung | 2 309 | 442 |
| Wohngeld | 1 797 | 3 613 |
| Öffentlicher Gesundheitsdienst | 1 361 | 2 000 |
| Vermögensbildung | 13 376 | 10 180 |

len Sicherung erfordert die veränderte wirtschaftliche Lage eine Atempause in der Sozialpolitik. Heute geht es vor allem darum, die finanziellen Fundamente des sozialen Netzes zu sichern und die Möglichkeiten seiner mißbräuchlichen Inanspruchnahme einzudämmen. Auch hat es sich als unvermeidlich erwiesen, gewisse Leistungen einzuschränken, ihre Erhöhung hinauszuschieben und die Eigenbeteiligung von Leistungsempfängern auszuweiten. Insbesondere ist bei der Krankenversicherung eine weitere Begrenzung des Kostenanstiegs und bei der Rentenversicherung eine Reform mit dem Ziel ihrer Anpassung an die veränderten demographischen und ökonomischen Bedingungen notwendig.

**Krankenversicherung.** Fast alle Einwohner der Bundesrepublik sind gegen die wirtschaftlichen Nachteile einer Krankheit versichert, sei es als Pflicht- oder freiwillige Mitglieder der sozialen Krankenversicherung oder als Mitglieder einer privaten Krankenversicherung. In der sozialen Krankenversicherung besteht Versicherungspflicht für alle Arbeiter, ohne Rücksicht auf die Höhe ihres Einkommens, außerdem für Angestellte und einige andere Berufsgruppen bis zu einer bestimmten Einkommensgrenze. Krankenversichert sind auch Rentner, Arbeitslose, Auszubildende und Studenten. Versicherungsfreie können unter bestimmten Voraussetzungen freiwillig der sozialen Krankenversicherung beitreten.

Träger der Krankenversicherung sind die Krankenkassen (Orts-, Innungs-, Betriebs- und Landwirtschaftliche Krankenkassen), die Bundesknappschaft (für die Arbeitnehmer des Bergbaus) und die Seekrankenkasse (für die Arbeitnehmer der Seeschiffahrt). Daneben gibt es die Ersatzkassen, die vor allem für die Krankenversicherung der Angestellten Bedeutung haben. Die Versicherungsbeiträge werden bei Versicherungspflichtigen und bei freiwillig versicherten Angestellten je zur Hälfte von den Versicherten und von den Arbeitgebern aufgebracht. Durchschnittlich sind 12,5% des Bruttoverdienstes als Beitrag zu entrichten.

Die Leistungen der sozialen Krankenversicherung bestehen aus Krankenhilfe, Mutterschaftshilfe, Sterbegeld, Familienhilfe und Maßnahmen zur Früherkennung von Krankheiten. Die Krankenhilfe umfaßt die Krankenpflege (ärztliche und zahnärztliche Behandlung, Versorgung mit Medikamenten, Brillen u. a.), bei Arbeitsunfähigkeit die Zahlung von Krankengeld, die Krankenhauspflege und die Genesendenfürsorge.

Das Abrechnungsverfahren ist für den Kassenpatienten denkbar einfach: Er präsentiert dem behandelnden Arzt lediglich einen Behandlungsschein. Der Arzt rechnet seine Leistungen direkt mit der

Kasse ab. Damit wird dem Patienten sowohl die Auslage des Rechnungsbetrags als auch die Mühe der Abrechnung erspart. Nur in bestimmten Fällen muß sich der Patient an den Kosten beteiligen, z. B. bei Zahnersatz und Arzneien.

Bis zu 6 Wochen hat jeder Arbeitnehmer im Krankheitsfall Anspruch auf Weiterzahlung seines Lohns oder Gehalts durch den Arbeitgeber. Danach zahlen die Krankenkassen bis zu 78 Wochen lang Krankengeld, das 80% des Regellohns beträgt.

Die Mutterschaftshilfe umfaßt eine Vielzahl von Leistungen, die Frauen während der Schwangerschaft und nach der Entbindung gewährt werden. Als Familienhilfe bezeichnet man die Leistungen der Krankenversicherung, die im Fall der Krankheit oder des Todes von Familienangehörigen des Versicherten gewährt werden.

**Rentenversicherung.** Die gesetzliche Rentenversicherung ist einer der Grundpfeiler der sozialen Sicherheit in der Bundesrepublik Deutschland. Sie sorgt dafür, daß die Erwerbstätigen auch nach ihrem Ausscheiden aus dem Berufsleben keine Not leiden müssen und einen angemessenen Lebensstandard halten können.

Im Jahre 1957 wurde eine Neuregelung der Arbeiter- und der Angestelltenversicherung vorgenommen mit dem Ziel, die Sozialrenten gegen eine Geldentwertung zu sichern und die Rentner an künftigen Produktivitätssteigerungen zu beteiligen. Die Renten wurden »dynamisiert«. Das bedeutet: Wenn der Durchschnittsverdienst aller Arbeitnehmer steigt, werden die Renten in entsprechendem Maße erhöht.

Alle Arbeiter und Angestellten sind von Gesetzes wegen rentenversichert. Außerdem sind Mütter und Väter versichert, die ein Kind unter einem Jahr erziehen. Selbständige, im Betrieb mithelfende Familienangehörige und Hausfrauen können freiwillig der Rentenversicherung beitreten. Nach dem Tod des Versicherten erhalten die Hinterbliebenen einen bestimmten Prozentsatz seiner Rente.

Die Beiträge zur Rentenversicherung (gegenwärtig 18,7% des Bruttoverdienstes) werden bis zu einer Beitragsbemessungsgrenze erhoben und je zur Hälfte vom Arbeitnehmer und vom Arbeitgeber getragen. Nach dem Ausscheiden aus der Versicherungspflicht ist unter bestimmten Bedingungen eine freiwillige Versicherung möglich.

Die Arbeiter- und Angestelltenrentenversicherung zahlt Altersrenten und Renten wegen Berufs- oder Erwerbsunfähigkeit. Voraussetzung für die Gewährung einer Rente ist die Erfüllung einer »Wartezeit«, d. h. einer Mindestdauer der Versicherung. Auf die Wartezeit werden sogenannte Ersatzzeiten (Militärdienstzeiten

u. ä.) angerechnet. Die Altersrente wird in der Regel nach der Vollendung des 65. Lebensjahres gewährt. Wenn bestimmte Voraussetzungen vorliegen, kann sie aber auch schon nach Vollendung des 63. oder des 60. Lebensjahres gezahlt werden (flexible Altersgrenze). Bei Frauen ist die Mindestdauer der Versicherung, die erfüllt sein muß, kürzer als bei Männern; fast durchweg erhalten sie ihre Altersrente, wenn sie 60 Jahre alt geworden sind.

Die Höhe der Rente richtet sich nach der Versicherungsdauer und der Höhe des Arbeitsentgelts. Außerdem sorgt das Prinzip der Rentendynamik dafür, daß der Rentner an der allgemeinen Einkommenssteigerung teilnimmt.

Renten zu zahlen, ist nicht die einzige Aufgabe der Rentenversicherung. Sie kümmert sich darüber hinaus auch um die Erhaltung, Besserung und Wiederherstellung der Erwerbsfähigkeit der Versicherten. So ermöglicht sie ihnen Kuraufenthalte und unterstützt sie, wenn sie aus gesundheitlichen Gründen einen neuen Beruf erlernen müssen.

**Betriebsrenten.** Viele Unternehmen gewähren ihren Mitarbeitern eine zusätzliche Altersversorgung. Diese »Betriebsrenten« bilden eine wertvolle Ergänzung zur gesetzlichen Rentenversicherung. Es handelt sich hier um Leistungen, die auf freiwilligen Abmachungen beruhen, z. B. auf individuellen Arbeitsverträgen oder Betriebsvereinbarungen. Seit 1974 ist ein Gesetz in Kraft, das den Beziehern solcher Betriebsrenten bedeutende Verbesserungen gebracht hat. Sie behalten jetzt den Anspruch auf eine zugesagte Betriebsrente auch dann, wenn sie vor Erreichen der Altersgrenze aus dem Betrieb ausscheiden, vorausgesetzt, daß sie ihm eine bestimmte Zahl von Jahren angehört haben. Wird der Arbeitgeber zahlungsunfähig, so geht die Rente trotzdem nicht verloren; sie wird dann aus einem zu diesem Zweck errichteten Fonds gezahlt.

**Unfallversicherung.** Schutz und Hilfe bei Arbeitsunfällen und Berufskrankheiten bietet die gesetzliche Unfallversicherung. In der Bundesrepublik Deutschland sind alle Arbeitnehmer von Gesetzes wegen unfallversichert, ebenso die Landwirte. Andere Selbständige können sich freiwillig versichern lassen. Seit 1971 sind auch Studenten, Schüler und Kinder in Kindergärten in den Versicherungsschutz einbezogen.

Träger der Unfallversicherung sind vor allem die Berufsgenossenschaften, die jeweils alle Betriebe eines Berufszweigs in einem bestimmten Bezirk umfassen. Die Mittel werden durch Beiträge aufgebracht, die allein von den Unternehmern zu tragen sind. Der

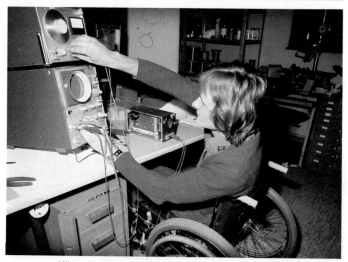

*Körperbehinderter bei der beruflichen Rehabilitation*

Anspruch auf Versicherungsleistungen entsteht bei Körperverletzung oder Tod infolge Arbeitsunfalls und bei Erkrankung oder Tod infolge einer Berufskrankheit des Versicherten. Als Arbeitsunfall gelten auch Unfälle auf dem Weg vom und zum Arbeitsplatz. Kommt ein Versicherter zu Schaden, so trägt die Unfallversicherung die vollen Kosten der Heilbehandlung. Ist er arbeitsunfähig, so erhält er Verletztengeld. Wird er erwerbsunfähig oder stirbt er an den Folgen eines Unfalls oder einer Berufskrankheit, so zahlt die Versicherung Rente bzw. Sterbegeld und Hinterbliebenenrente. Diese Renten werden ebenso wie in der Rentenversicherung der Einkommensentwicklung angepaßt.

Die Berufshilfe im Rahmen der Unfallversicherung umfaßt die berufliche Ausbildung zur Wiedergewinnung der Erwerbsfähigkeit und Hilfe zur Erlangung eines Arbeitsplatzes. Die Berufsgenossenschaften sind außerdem verpflichtet, Vorschriften zur Verhütung von Unfällen und zur Bekämpfung von Berufskrankheiten zu erlassen und ihre Durchführung in den Betrieben zu überwachen.

**Arbeitslosenversicherung.** Alle Arbeiter und Angestellten sind gegen Arbeitslosigkeit versichert. Arbeitslose erhalten im Regelfall bis zu einem Jahr, bei höherem Alter bis zu 32 Monaten ein Arbeitslosengeld, das rund zwei Drittel ihres letzten Verdienstes ausmacht. (Das System ist dargestellt im Kapitel »Der Arbeitsmarkt«, S. 170/171.)

**Kindergeld.** Die Erziehung und Ausbildung mehrerer Kinder bedeutet für jede Familie eine starke wirtschaftliche Belastung. Um diese Familienlast auszugleichen, wurde das Bundeskindergeldgesetz erlassen. Danach erhält jeder Sorgepflichtige Kindergeld für jedes Kind bis zu 16 Jahren, bei Schul- und Berufsausbildung bis zu 27 Jahren. Das Kindergeld beträgt für das erste Kind 50 DM, für das zweite mindestens 70 DM und für jedes weitere Kind mindestens 140 DM. Eltern mit geringem Einkommen erhalten höhere Beträge; im Höchstfall 100 DM für das zweite Kind, 220 DM für das dritte und 240 DM für jedes weitere Kind. Neben dem Kindergeld gibt es im Steuerrecht Erleichterungen für Kinder. Sie sollen in den kommenden Jahren durch ein »Familiensplitting« erweitert werden. Je mehr Kinder eine Familie hat, desto geringer soll die Steuerbelastung im Vergleich zu Kinderlosen mit gleich hohem Einkommen sein.

**Kriegsopferversorgung (Soziale Entschädigung).** Aufgabe der Kriegsopferversorgung ist es, Kriegsbeschädigte, Kriegerwitwen und -waisen wenigstens finanziell zu entschädigen. Die Kriegsopfer erhalten Renten, deren Höhe der wirtschaftlichen Entwicklung angepaßt wird. Außerdem gibt es Heilbehandlung, Arbeits- und Berufsförderung für Kriegsbeschädigte. In gleicher Weise werden gesundheitlich geschädigte Soldaten der Bundeswehr und Opfer von Gewalttaten sowie deren Hinterbliebene versorgt.

**Sozialhilfe.** Niemand, der in der Bundesrepublik Deutschland in materielle Not gerät, braucht zu verzweifeln. Mit dem Sozialhilfegesetz ist ein Netz ausgespannt, das auch jene auffängt, die sich aus eigenen Kräften nicht befreien können und die erforderliche Hilfe auch nicht von anderer Seite erhalten, etwa von Familienangehörigen oder aus den verschiedenen Zweigen der Sozialversicherung. Jeder Einwohner der Bundesrepublik – ob Deutscher oder Ausländer – hat in derartigen Notlagen Anspruch auf Sozialhilfe: auf Hilfe zum Lebensunterhalt oder zur Bewältigung besonderer Lebenslagen wie Behinderung, Krankheit oder Alter.

# Eingliederung, Lastenausgleich, Wiedergutmachung

Am Ende des Zweiten Weltkriegs war Deutschland ein Trümmerfeld. Millionen Menschen waren dem Krieg und der Gewaltherrschaft Hitlers zum Opfer gefallen. Millionen andere hatten nicht viel mehr gerettet als das nackte Leben. Die Vertriebenen aus den Ostgebieten hatten die Heimat und meist auch ihr ganzes Hab und Gut verloren. Riesige Vermögensverluste hatten die Bewohner des übrigen Deutschlands vor allem durch den Bombenkrieg erlitten. Und auch jene durfte man nicht vergessen, die von der Hitler-Diktatur verfolgt, gedemütigt, eingekerkert oder aus dem Lande vertrieben worden waren. All diese geschädigten Menschen brauchten Hilfe. Daß sie diese Hilfe erhielten und wieder voll in das Wirtschaftsleben eingegliedert werden konnten, ist eine der großen politischen und sozialen Leistungen der Bundesrepublik Deutschland.

**Eingliederung.** 1950 wurden in der Bundesrepublik etwa 8,5 Millionen Vertriebene gezählt. Man hatte sie zunächst in die dünnbesiedelten landwirtschaftlichen Gebiete gelenkt, wo sie eher ein Unterkommen finden konnten als in den zerstörten Städten. Aber in diesen Landstrichen gab es nicht genug Arbeitsplätze. Deshalb wurde in den Jahren 1949–1961 eine Umsiedlungsaktion durchgeführt, in deren Verlauf etwa eine Million Vertriebene noch einmal den Wohnort wechselten.

Die Vertriebenen sollten von Anfang an der eingesessenen Bevölkerung gleichgestellt werden. Das Ziel war nicht die Absonderung, sondern die Eingliederung. Aus diesem Grund war der Aufenthalt in Barackenlagern nur eine vorübergehende Notlösung. So bald wie möglich ließen sich die Vertriebenen inmitten der eingesessenen Bevölkerung nieder. Heute kann die Eingliederung als abgeschlossen gelten.

Vom Kriegsende bis zum Bau der Berliner Mauer 1961 strömten 3,5 Millionen Menschen aus der sowjetischen Besatzungszone und späteren DDR in die Bundesrepublik. War ihre Flucht auf eine Zwangslage zurückzuführen, so konnten sie ähnliche Unterstützung beanspruchen wie die Vertriebenen. Sie sind gleichfalls in die einheimische Bevölkerung integriert worden.

Auch heute noch kommen Aussiedler aus den Gebieten östlich von Oder und Neiße und den ost- und südosteuropäischen Staaten in die Bundesrepublik. Seit 1950 waren es 1,35 Millionen. Auf ihre Eingliederung, die zum Teil besondere Probleme aufwirft – z. B. Sprachschwierigkeiten –, wird viel Mühe verwandt. Aus der DDR sind nach dem Bau der Berliner Mauer über 560 000 Zuwanderer in die Bundesrepublik gekommen. Viele von ihnen haben bei der Überwindung von Sperranlagen ihr Leben gewagt, und häufig dauert es Jahre, bis die zurückgelassene Familie nachkommen darf.

**Lastenausgleich.** Die Vertriebenen und sonstigen Kriegsgeschädigten erhielten zunächst eine »Soforthilfe«. 1952 wurde dann das Gesetz über den Lastenausgleich erlassen. Der Grundgedanke des Lastenausgleichs ist einfach: Wer seinen Besitz ganz oder größtenteils über den Krieg hinwegretten konnte, trat einen Teil davon denen ab, die alles oder fast alles verloren hatten. Die Durchführung des Lastenausgleichs ist sehr kompliziert. In gröbsten Zügen stellt sie sich so dar: Alle natürlichen und juristischen Personen mußten bis 1979 eine Abgabe in Höhe der Hälfte des Wertes ihres Vermögens nach dem Stand von 1948/49 an einen Ausgleichsfonds leisten. Aus dem Fonds, dem auch Zuschüsse des Bundes und der Länder zufließen, werden Entschädigungen, Renten und Eingliederungsbeihilfen an die Geschädigten gezahlt. Bis Ende 1986 betrugen die Einnahmen und Ausgaben des Ausgleichsfonds rund 130 Milliarden DM.

**Wiedergutmachung.** Die Wiedergutmachung des vom Hitler-Regime begangenen Unrechts betrachteten die verantwortlichen Politiker der Bundesrepublik von Anfang an als eine wichtige Aufgabe. Zu Beginn der fünfziger Jahre wurden mehrere Gesetze zu diesem Zweck erlassen. Wer wegen seiner Gegnerschaft gegen den Nationalsozialismus oder aus Gründen der Rasse, des Glaubens oder der Weltanschauung verfolgt worden ist, hat Anspruch auf Wiedergutmachung. Sie wird hauptsächlich in Form von Renten, Abfindungen, Kapitalentschädigungen und Darlehen geleistet. Über fünf Millionen Anträge sind gestellt und bis auf eine recht geringe Zahl abgewickelt worden. Außerdem wurden nach einem Abkommen von 1952 an den Staat Israel Eingliederungshilfen für jüdische Flüchtlinge in Israel geleistet und der Jewish Claims Conference ein Härtefonds für jüdische Verfolgte außerhalb Israels zur Verfügung gestellt. Ferner hat die Bundesrepublik mit zwölf europäischen Staaten Wiedergutmachungsabkommen zugunsten von verfolgten Angehörigen dieser Staaten und deren Hinterbliebenen geschlossen. Die Gesamtleistungen der Wiedergutmachung belaufen sich bisher auf rund 77 Milliarden DM. Man nimmt an, daß noch etwa 25 Milliarden DM gezahlt werden.

# Vermögenspolitik

Eigentum gibt Sicherheit. In der Vergangenheit war es Millionen von Menschen trotz lebenslanger harter Arbeit nicht möglich, ein Vermögen zu erwerben. Ihr Einkommen reichte gerade für das Lebensnotwendigste; sie waren außerstande, etwas davon zurückzulegen, zu sparen. In der Bundesrepublik Deutschland werden seit ihrer Gründung große Anstrengungen gemacht, möglichst vielen Bürgern die Bildung von Vermögen zu erleichtern. Bereits in den fünfziger Jahren wurden mehrere Gesetze zu diesem Zweck erlassen. Der Grundgedanke war, durch staatliche Vergünstigungen Anreize zum Sparen zu schaffen.

Eine der wertbeständigsten Formen von Eigentum ist das eigene Heim. Deshalb ist der Eigenheimbau von Anfang an stark gefördert worden. Für Beiträge zu Bausparkassen werden staatliche Prämien oder Steuererleichterungen gewährt. Unter bestimmten Umständen erhält der Bauherr billige öffentliche Darlehen. Nach Fertigstellung des Hauses gibt es steuerliche Entlastung durch die Möglichkeit erhöhter Abschreibungen und die zeitlich begrenzte Befreiung von Grundsteuern.

Ebenfalls schon seit den fünfziger Jahren gibt es die Möglichkeit des Prämiensparens. Das bedeutet: Wer einen bestimmten Geldbetrag (Höchstgrenzen sind festgesetzt) bei einer Sparkasse oder Bank für die Dauer von sechs oder sieben Jahren festlegt, erhält vom Staat eine Prämie in Höhe von 14% der Sparsumme. Wenn der Sparer Kinder hat, so erhöht sich die Prämie um jeweils 2% für jedes Kind.

Die Möglichkeiten des Bau- und Prämiensparens werden von Millionen Bürgern genutzt. Die Sparförderung durch Prämien, wie sie eben skizziert wurde, erhalten jedoch nur Personen, deren steuerpflichtiges Einkommen eine bestimmte Grenze nicht übersteigt; gegenwärtig sind es 24 000 DM bei Alleinstehenden und 48 000 DM bei Verheirateten.

**Das 624-DM-Gesetz.** Bei Arbeitnehmern innerhalb dieser Einkommensgrenzen soll aber nicht nur der Sparwille, sondern zugleich die Sparfähigkeit gesteigert werden. Seit den sechziger Jahren ist ein System entwickelt worden, das diesem Ziele dient. Nach diesem System – man nennt es kurz das »624-DM-Gesetz« – erhalten Arbeitnehmer, deren steuerpflichtiges Einkommen die eben er-

wähnten Grenzen nicht überschreitet, vom Staat eine Arbeitneh-
mersparzulage, wenn sie 624 DM im Jahr (52 DM monatlich) »ver-
mögenswirksam« anlegen. Vermögenswirksame Anlage bedeutet,
daß das Geld für einen längeren Zeitraum festgelegt wird. Das kann
zum Beispiel durch einen längerfristigen Sparvertrag, einen Bau-
sparvertrag, den Abschluß einer Lebensversicherung oder den Erwerb von Aktien des Arbeitgebers geschehen.

In den meisten Fällen – und das ist das Entscheidende – werden
die Sparbeträge nach dem 624-DM-Gesetz gar nicht oder nur zum
Teil von den Arbeitnehmern selbst aufgebracht. Die meisten Tarifverträge enthalten einen Passus, wonach die »vermögenswirksamen Leistungen« ganz oder teilweise von den Arbeitgebern übernommen werden. Das bedeutet: Der Arbeiter oder Angestellte erhält zusätzlich zu seinem Lohn oder Gehalt monatlich einen bestimmten Betrag (im günstigsten Fall 52 DM), der ihm nicht ausge-
zahlt, sondern seinem Anlagekonto gutgeschrieben wird. Diese
zusätzliche Leistung erhalten natürlich auch jene Arbeitnehmer, die
wegen Überschreitens der Einkommensgrenze keinen Anspruch
auf die staatliche Sparzulage und sonstige Prämien haben. Insgesamt haben 20 Millionen Arbeitnehmer tariflichen Anspruch auf vermögenswirksame Leistungen des Arbeitgebers. 12 Millionen von
ihnen nehmen zusätzlich die staatliche Förderung durch die Arbeit-
nehmersparzulage in Anspruch.

Insgesamt hat der Staat bis heute für die Förderung der Vermögensbildung 140 Mrd. DM ausgegeben. Mit dieser Unterstützung
ist ein Sparvermögen in der Größenordnung von 600 Mrd. DM gebildet worden. Eines der Hauptziele der Sparförderung ist damit erreicht. Allerdings handelt es sich hierbei hauptsächlich um Geldver-
mögen. Die Beteiligung der Arbeitnehmer am Produktivkapital der
Wirtschaft hat lange Zeit keine große Rolle gespielt.

**Beteiligung am Produktivvermögen.** In den achtziger Jahren
wurde ein Kurswechsel in der Vermögenspolitik vollzogen. Die Förderung der Vermögensbildung ist jetzt gezielt auf die Beteiligung
der Arbeitnehmer am Kapital der Unternehmen ausgerichtet. Der
Förderbetrag erhöht sich von 624 DM auf 936 DM, wenn er in Beteiligungen am Produktivvermögen angelegt wird. Dazu gehören z. B.
Aktien, stille Beteiligungen, Genußscheine, Anteilscheine an Invest-
mentfonds und Darlehen des Arbeitnehmers an den Arbeitgeber.
Die neuen Chancen, die sich mit dieser Anlageform eröffnen, werden zunehmend genutzt. Man schätzt, daß jetzt schon 5–10% der
vermögenswirksamen Leistungen zum Erwerb von Kapitalbeteili-
gungen verwendet werden.

Diese Förderungsmaßnahmen dienen nicht nur der Vermögensbildung breiter Schichten, sondern tragen auch dazu bei, die Kapitalausstattung und Investitionskraft der Unternehmen zu verbessern. Zugleich stärken sie die Partnerschaft zwischen Arbeitnehmern und Unternehmen.

# Wohnungswesen und Städtebau

In der Bundesrepublik Deutschland gibt es 25 Millionen Wohnungen. Mehr als 40% davon werden von den Eigentümern selbst bewohnt, knapp 60% sind vermietet, Wohnungen in Mehrfamilienhäusern sind in Deutschland traditionell Mietwohnungen; deshalb befinden sich die von den Eigentümern selbst genutzten Wohnungen überwiegend in Ein- und Zweifamilienhäusern. Die Eigentumswohnung hat seit Ende der siebziger Jahre ständig an Bedeutung gewonnen.

Seit 1949 wurden in der Bundesrepublik Deutschland 18,5 Millionen Wohnungen gebaut, das sind fast drei Viertel des heutigen Wohnungsbestandes. 7,7 Millionen davon zählen zum »sozialen Wohnungsbau«, d. h., ihre Errichtung ist mit öffentlichen Mitteln gefördert worden. Solche »Sozialwohnungen« sind für kinderreiche Familien, Behinderte, alte Menschen und Bürger mit geringem Einkommen bestimmt. Die Bauherren dieser Wohnungen dürfen von ihren Mietern höchstens die sogenannte Kostenmiete verlangen, die zum Teil deutlich unter den am freien Markt erzielbaren Mieten liegt.

Jahrzehntelang überstieg die Nachfrage auf dem Wohnungsmarkt das Angebot bei weitem. Heute ist die Marktlage nahezu ausgeglichen – die Zahl der Wohnungen entspricht etwa der Zahl der Haushalte. Kennzeichnend ist, daß die Mieten nur noch wenig steigen, mancherorts sogar sinken. Deshalb tritt der Neubau von Wohnungen in den Hintergrund; es wird mehr Wert darauf gelegt, durch Modernisierungen und Umbauten die Wohnqualität zu verbessern. Trotzdem gibt es auf dem Wohnungsmarkt auch heute noch Probleme. So haben – insbesondere in Ballungsgebieten – jungverheiratete Paare, kinderreiche Familien, Einkommensschwache, Rentner, Behinderte und Gastarbeiter nicht immer die Wohnung, die ihrem Bedarf entspricht und die sie auch bezahlen können. Andererseits gibt es in manchen Gegenden ein Überangebot an Wohnungen. In Zukunft gilt es, bei Neubauten dem wirklichen Bedarf mehr als bisher Rechnung zu tragen und bei Altbauten sorgfältig zu prüfen, ob sie durch Renovierung und Modernisierung erhalten werden können.

**Wohnungsausstattung.** In den ersten Jahren nach dem Krieg kam es vor allem darauf an, überhaupt Wohnungen zu schaffen, die Aus-

*Modernes Wohnviertel in Schwalbach*

stattung war weniger wichtig. Mit steigendem Einkommen und bei schnellem wirtschaftlichem Fortschritt wuchsen dann aber auch die Ansprüche. So ist heute im Neubau die Ausstattung mit Bad, WC und Zentralheizung üblicher Standard. Aber auch die Eigentümer älterer Wohnungen haben viel für die Modernisierung getan. Fast alle Wohnungen in der Bundesrepublik sind dem öffentlichen Strom- und Wasserversorgungsnetz angeschlossen. Neun Zehntel aller Wohnungen genügen modernen Ansprüchen, d. h., sie haben Bad und WC; zwei Drittel verfügen über eine Zentralheizung. Die Verbesserung des Lebensstandards der Bevölkerung spiegelt sich auch in der zunehmenden Größe der Wohnungen wider. Eine Neubauwohnung hatte 1960 eine Fläche von durchschnittlich 70 Quadratmetern, heute dagegen von rund 90 Quadratmetern. Je

**Fertiggestellte Wohnungen**

| Jahr | Wohnungen | Jahr | Wohnungen |
|------|-----------|------|-----------|
| 1949 | 220000 | 1977 | 409000 |
| 1955 | 568000 | 1978 | 368000 |
| 1960 | 574000 | 1979 | 357000 |
| 1965 | 592000 | 1980 | 388000 |
| 1970 | 478000 | 1981 | 365000 |
| 1971 | 555000 | 1982 | 347000 |
| 1972 | 660000 | 1983 | 341000 |
| 1973 | 714000 | 1984 | 398000 |
| 1974 | 604000 | 1985 | 312000 |
| 1975 | 437000 | 1986 | 252000 |
| 1976 | 392000 | | |

Einwohner stehen durchschnittlich 34 Quadratmeter Wohnfläche zur Verfügung.

**Wohngeld und Mieterschutz.** Allen Bürgern, deren Einkommen nicht ausreicht, um eine angemessene Wohnung zu bezahlen, hilft das staatliche Wohngeld. Es wird als Zuschuß zur Miete gezahlt, aber auch als Zuschuß zu den Lasten, die Eigentümer von Wohnungen oder Eigenheimen zu tragen haben. Seine Höhe richtet sich nach dem Einkommen und der Größe der Familie sowie nach der Höhe der Aufwendungen für die Wohnung. 1986 betrug das durchschnittliche Wohngeld 140 DM im Monat. Jeder zweite der 2 Millionen Wohngeldempfänger ist Rentner. Das Wohngeld hat sich als ein treffsicheres soziales Korrektiv der marktwirtschaftlichen Wohnungsversorgung erwiesen.

**Wohngeld**

| Jahr | Empfänger (in Mill.) | Gesamtausgaben (in Mrd. DM) |
|------|----------------------|------------------------------|
| 1965 | 0,4 | 0,16 |
| 1970 | 0,9 | 0,60 |
| 1975 | 1,8 | 1,65 |
| 1980 | 1,6 | 1,83 |
| 1981 | 1,8 | 2,42 |
| 1982 | 1,8 | 2,67 |
| 1983 | 1,6 | 2,60 |
| 1984 | 1,6 | 2,41 |
| 1985 | 1,6 | 2,47 |
| 1986 | 2,0 | 3,36 |

*Altstadtsanierung in Berlin-Kreuzberg*

Das Mietrecht, in dem grundsätzlich Vertragsfreiheit besteht, dient einem angemessenen Interessenausgleich zwischen Vermieter und Mieter. Der Mieterschutz ist mehrmals gesetzlich verbessert worden. Kein Mieter braucht Angst vor ungerechtfertigten und willkürlichen Kündigungen oder überhöhten Mietpreisforderungen zu haben. So kann der Vermieter einem vertragstreuen Mieter nur kündigen, wenn er ein »berechtigtes Interesse« (z. B. Eigenbedarf) geltend machen kann. Eine Mieterhöhung kann er nur verlangen, wenn sich die geforderte Miete im Rahmen dessen hält, was für vergleichbare Wohnungen am Ort tatsächlich gezahlt wird.

**Der Weg zum Eigenheim.** Ein eigenes Haus oder eine Eigentumswohnung zu besitzen, ist der Traum der meisten Deutschen. Dieser Drang zum eigenen Heim deckt sich mit den gesellschaftspolitischen Zielen der Bundesregierung, zu denen eine breitgestreute Vermögensbildung ebenso gehört wie eine Verbesserung der Wohnungsversorgung, insbesondere für sozial Schwache und Familien mit Kindern. Wer sich entschließt, ein eigenes Haus zu errichten oder zu erwerben, kann deshalb mit vielerlei staatlichen Hilfen wie Zuschüssen, Darlehen und Steuererleichterungen rechnen.

**Städtebau.** Die Bundesrepublik Deutschland gehört zu den am dichtesten besiedelten Ländern der Erde (245 Einwohner je Quadratkilometer). Während vor hundert Jahren noch die weit überwiegende Zahl der Deutschen in kleinen Siedlungen auf dem Lande lebte, hat sich infolge der Industrialisierung und der Bevölkerungsvermehrung dieses Verhältnis umgekehrt: Heute leben die meisten Einwohner der Bundesrepublik Deutschland in Städten oder größeren Gemeinden.

Fast alle Städte hatten durch den Krieg schwer gelitten. Die fünfziger und sechziger Jahre waren die Zeit des Wiederaufbaus. Dabei standen wirtschaftliche Erwägungen im Vordergrund. In den Zentren der Großstädte mußten Wohnhäuser weichen, um Platz für Geschäftsbauten zu schaffen. Die Folge war, daß viele Innenstädte nach Feierabend verödeten. Die sprunghaft steigende Motorisierung erforderte immer breitere Straßen, die rücksichtslos quer durch Wohngebiete gelegt wurden. Eine Zeitlang war die »autogerechte Stadt« das Wunschbild der Stadtplaner. Man dachte kaum noch daran, daß die Stadt vor allem für die Menschen da ist, die in ihr leben. Die Bodenpreise schnellten in die Höhe. Es wurde immer schwieriger, eine vernünftige Bebauung und eine der Allgemeinheit dienliche Bodennutzung durchzusetzen.

Inzwischen hat in der Städtebaupolitik ein Umdenken eingesetzt. Man bemüht sich, die gewachsenen Strukturen der Städte zu bewahren und die Innenstädte wieder mit Leben zu erfüllen. Der Autoverkehr genießt nicht mehr unbedingten Vorrang. Vielerorts sind in den belebtesten Geschäftsvierteln Fußgängerzonen eingerichtet worden. Die Gemeinden haben durch neue Gesetze ein verbessertes Instrumentarium zur Planung und Ausführung von Bauvorhaben erhalten. Die Bürger werden intensiver und früher als bisher am Planungsprozeß beteiligt, die natürliche Umwelt wird besser geschützt. All das sind aber erst Anfänge. Das Ziel, die »menschliche Stadt«, liegt noch in weiter Ferne.

# Umweltschutz

Für die Bundesrepublik Deutschland ist der Schutz der natürlichen Lebensgrundlagen eine der wichtigsten Aufgaben unserer Zeit. Bundeskanzler Helmut Kohl hat den hohen Stellenwert der Umweltpolitik in seiner Regierungserklärung vom 18. März 1987 deutlich gemacht: »Uns allen ist der Schatz der Natur nur auf Zeit anvertraut. Wir sind verpflichtet, sorgsam mit ihm umzugehen, ihn zu schonen und zu pflegen. Das ist auch eine Staatsaufgabe. Deshalb wollen wir den Umweltschutz als Staatsziel in das Grundgesetz aufnehmen.« Umweltschutz ist für die hochindustrialisierte Bundesrepublik ein Gebot nicht nur ökologischer, sondern auch ökonomischer Vernunft. Ohne Schutz der Luft, der Gewässer und des Bodens würden der Wirtschaft die Produktionsgrundlagen entzogen. Aber die Umweltprobleme können nur mit der Technik, nicht gegen die Technik gelöst werden.

**Luftreinhaltung.** Vorrang hat der Abbau von Luftverunreinigungen. Er ist dringend notwendig, um die Waldschäden zu bekämpfen, die sich besorgniserregend ausgebreitet haben. Mehr als die Hälfte der Waldfläche in der Bundesrepublik ist bereits geschädigt. Aber auch die menschliche Gesundheit, Böden und Gewässer, Gebäude und wertvolle Kunstdenkmäler müssen vor der Schädigung durch verunreinigte Luft geschützt werden.

Die Bundesregierung geht mit einem umfassenden Programm gegen die Luftverschmutzung vor. Zu einem wesentlichen Teil ist es bereits verwirklicht. Das Ziel ist, Luftverunreinigungen an der Quelle zu erfassen und drastisch abzubauen. Dabei werden alle Verursachergruppen berücksichtigt: Energieerzeugung, Industrie, Haushalte und Verkehr. Vor allem gilt es, die Schadstoffe zu verringern, die aus Großfeuerungsanlagen – Kraft- und Fernheizwerken – und mit Autoabgasen in die Luft gelangen.

Die Vorschriften über zulässige Emissionen von Luftschadstoffen sind beträchtlich verschärft worden. Es ist bereits gelungen, die Emission von Schwefeldioxid bei Kraftwerken gegenüber 1982 um 15–20% zu vermindern. Bis 1993 wird eine Schadstoffminderung beim Schwefeldioxid und den Stickstoffoxiden um mehr als 70% erwartet. Die Emissionen von Staub und Schwermetallen sollen bis Mitte der 90er Jahre um 40% zurückgehen.

Durch steuerliche Anreize wird die Benutzung schadstoffarmer

Autos gefördert. 1987 waren in der Bundesrepublik Deutschland bereits 2,5 Millionen schadstoffarme Personenwagen zugelassen, davon 1 Million mit Abgaskatalysator. Die meisten Tankstellen bieten neben bleihaltigem auch bleifreies Benzin an. Langfristig sollen die vom Benzin ausgehenden Bleiemissionen völlig verschwinden.

Luftverschmutzung macht an keiner Grenze halt. Die Hälfte der Schwefeldioxidbelastung in der Bundesrepublik stammt aus dem Ausland; andererseits trägt der Wind die Hälfte des in der Bundesrepublik erzeugten Schwefeldioxids in andere Länder. Deshalb ist Luftreinhaltung eine internationale Aufgabe. Besondere Bedeutung hat in diesem Zusammenhang die Genfer Luftreinhaltekonvention (»Übereinkommen über weiträumige grenzüberschreitende Luftverunreinigung«), die 1983 in Kraft getreten ist. 1985 haben 21 Staaten aus West und Ost ein Protokoll unterzeichnet, in dem sie sich völkerrechtlich verpflichten, die nationalen Schwefelemissionen oder deren grenzüberschreitende Ströme spätestens bis 1993 um mindestens 30% zu reduzieren. Eine ähnliche völkerrechtliche Vereinbarung strebt die Bundesregierung für die Stickoxidemissionen an.

Grenzüberschreitende Luftverschmutzung ist auch ein innerdeutsches Problem. 1987 wurde zwischen der Bundesrepublik Deutschland und der DDR eine Vereinbarung über die weitere Zusammenarbeit im Umweltschutz geschlossen, auf deren Grundlage insbesondere die drängenden Probleme der Luftreinhaltung angegangen werden sollen.

**Schutz der Gewässer und Meere.** Die Karte über den Verschmutzungsgrad der Gewässer in der Bundesrepublik (S. 284) zeigt, daß der Schutz der Gewässer mit dem Wachstum der Industrie nicht Schritt halten konnte. Immerhin hat sich der Zustand der Gewässer in letzter Zeit spürbar gebessert. Zum Beispiel ist der Sauerstoffgehalt des Rheins in einigen besonders belasteten Flußabschnitten im Laufe von zehn Jahren von 4 auf 9 Milligramm pro Liter gestiegen; damit hat er wieder einen normalen Wert erreicht. Derartige Erfolge sind durch den Bau von Kläranlagen und Kanalisationen sowie durch Maßnahmen der Industrie erreicht worden. Eine wichtige Rolle hat dabei das Abwasserabgabengesetz gespielt, das die Gemeinden und die Industrie veranlaßt, sich stärker um die Verminderung der Schadstoffe im Abwasser zu bemühen.

Die Bundesregierung will erreichen, daß in Zukunft die Einleitung von Schadstoffen bereits an der Quelle vermindert oder ganz vermieden wird. Deshalb gilt es die Klär- und Rückhaltetechniken zu verbessern sowie die Verfahren zur Aufbereitung von Abwasser

*Natürlicher Bachlauf in ökologisch ungestörter Umgebung*

und Brauchwasser weiterzuentwickeln, um die natürlichen Wasser-
vorräte zu schonen.

Alle Umweltbelastungen sammeln sich letztes Endes im Meer,
wenn sie nicht an Land neutralisiert oder festgehalten werden.
Sorge bereitet vor allem die Verschmutzung der Nordsee. Schadstoffe werden durch die Flüsse und durch die Luft herangeführt,
Abfälle werden ins Meer geworfen, und auch Schiffahrt und Erdöl-
gewinnung tragen zur Belastung des Meeres bei. Dieses Problem
läßt sich nur durch ein solidarisches Vorgehen aller Anliegerstaaten
der Nordsee lösen. Schritte in dieser Richtung sind auf den Internationalen Nordseeschutzkonferenzen 1984 in Bremen und 1987 in
London beschlossen worden. Die Bundesregierung setzt sich u. a.
dafür ein, jegliche Einleitung und Versenkung von Abfällen ab 1990
zu verbieten und die Abfallverbrennung auf See möglichst rasch
einzustellen.

*Begradigter Bachlauf läßt die Landschaft veröden*

**Naturschutz und Landschaftspflege.** In der Bundesrepublik Deutschland wird durch Wohn-, Verkehrs- und Industriebauten ständig Landschaft »verbraucht«. Der Anteil der Siedlungs- und Verkehrsfläche an der Gesamtfläche ist in dreißig Jahren von weniger als 8 Prozent auf etwa 12 Prozent der Gesamtfläche gestiegen; entsprechend hat der Anteil der unverbauten Landschaft abgenommen. Die naturnahe Landschaft ist aber nicht nur ein unentbehrlicher Erholungsraum für den Menschen, sondern auch der Hauptlebensraum für die freilebende Tier- und Pflanzenwelt. Ungefähr 350 Tierarten und 60 Arten von Blütenpflanzen sind in der Bundesrepublik schon ausgestorben. Die Hälfte aller Tierarten und ein Drittel aller Farn- und Blütenpflanzenarten sind durch Eingriffe von Wirtschaft und Technik oder durch Flächenverlust gefährdet. Die im Bundesnaturschutzgesetz verankerte Landschaftsplanung soll dieser Entwicklung entgegenwirken. Das Gesetz verpflichtet zum

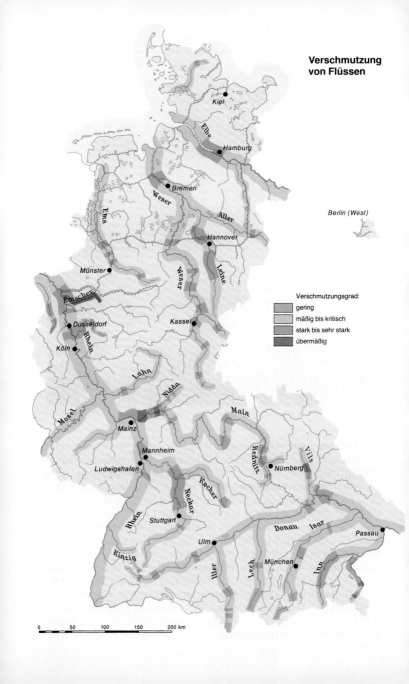

**Verschmutzung von Flüssen**

Verschmutzungsgrad:
gering
mäßig bis kritisch
stark bis sehr stark
übermäßig

0   50   100   150   200 km

*Lärmschutzmauer am Frankfurter Flughafen*

Ausgleich unvermeidbarer Eingriffe in die Umwelt und schafft die Möglichkeit, Schutzgebiete für Natur und Landschaft einzurichten. Zur Sicherung der Erholungslandschaft gibt es in der Bundesrepublik eine Vielzahl Naturparks, d.h. geschützte größere Gebiete von besonderer Eigenart und Schönheit. Zum Schutz der Lebensräume (Biotope) für Tiere und Pflanzen oder zur Erhaltung bestimmter Landschaftserscheinungen (z.B. Wanderdünen an der Nordsee) sind über 1800 Naturschutzgebiete ausgewiesen, die zusammen 2500 km$^2$ umfassen.

Die Nutzung des Bodens für Siedlung, Wirtschaft und Verkehr beeinträchtigt auch seine Struktur und seinen Grundwassergehalt. Vor allem ist der Boden durch Schwermetalle und bestimmte Chemikalien gefährdet, die nicht oder nur schwer abbaubar sind und sich im Boden anreichern. Von dort können sie auf dem Weg über Futter- und Nahrungsmittel auch die menschliche Gesundheit angreifen. Die Bundesregierung hat deshalb eine umfassende Bodenschutzkonzeption vorgelegt, um den Boden als Speicher und Filter für den Wasserhaushalt, als Lebensraum für Pflanzen und Tiere und in seinen anderen vielfältigen Funktionen zu erhalten.

**Lärm und Abfall.** Wirtschaftswachstum und Wohlstand haben zu einer Zunahme der Lärmquellen geführt. Jeder zweite Haushalt in der

Bundesrepublik ist heute dauernd oder vorübergehend erheblichem Lärm ausgesetzt. Den größten Lärm verursacht der Straßenverkehr. Die Bundesregierung hat sich dafür eingesetzt, daß die Lärmgrenzwerte für Autos und Krafträder in der Europäischen Gemeinschaft einheitlich verschärft werden. Der Lärmschutz an Straßen und Schienenwegen soll weiter verbessert werden. Gegen Flug- und Arbeitslärm werden gleichfalls Maßnahmen getroffen.

Auch die Mengen des Abfalls sind in der wohlhabenden Industriegesellschaft der Bundesrepublik gewaltig angestiegen. Jedes Jahr werden über 24 Millionen Tonnen Hausmüll, 40 Millionen Tonnen industrielle Produktionsabfälle und 110 Millionen Tonnen Abfälle aus dem Baugewerbe (Bauschutt und Bodenaushub) erzeugt, die beseitigt werden müssen. Die umweltfreundliche Beseitigung dieser Abfallmengen ist eine wichtige Aufgabe von Staat und Wirtschaft. Dabei müssen ökologische und ökonomische Gesichtspunkte in ein vernünftiges Verhältnis zueinander gebracht werden. Zur Bewältigung der Abfallmengen werden leistungsfähige, dem Stand der modernen Entsorgungstechnik entsprechende Anlagen benötigt. Für die Entsorgung sogenannter Sonderabfälle, d.h. giftiger oder gefährlicher Abfälle, für die strenge Vorschriften gelten, gibt es spezielle Anlagen.

Für die rohstoffarme Bundesrepublik sind auch die Materialverwertung und die energetische Verwertung von Abfällen wichtig. Autowracks und alte Autoreifen werden schon jetzt nahezu vollständig verwertet. Jährlich werden 700 000 Tonnen Altglas der Verwertung zugeführt. Die energetische Verwertung von Hausmüll beträgt bereits 30 Prozent.

Ein Merkmal der Wohlstandsgesellschaft ist übertriebener Verpackungsluxus. Weggeworfene Verpackungen tragen erheblich zum Abfallaufkommen bei. Es muß erreicht werden, daß in möglichst vielen Fällen Verpackungen – vor allem Flaschen – nicht nur einmal, sondern mehrmals benutzt werden können.

# Frau und Gesellschaft

»Männer und Frauen sind gleichberechtigt«, sagt das Grundgesetz. Warum dann ein besonderes Kapitel über die Frauen – und keines über die Männer?

Ohne Zweifel gibt es für die Frauen in der Bundesrepublik Deutschland besondere Probleme. Hier leben über zweieinhalb Millionen mehr Frauen als Männer. Bei den Menschen, die über 45 Jahre alt sind, beträgt der Frauenüberschuß sogar über dreieinhalb Millionen. Es gibt über eine Dreiviertelmillion Witwer, aber mehr als viereinhalb Millionen Witwen. Der schon über vierzig Jahre zurückliegende Krieg bestimmt noch immer das Schicksal einer ganzen Frauengeneration.

Daneben besteht aber auch eine »Frauenfrage« im engeren Sinne. Die Frauen sind auch in unserer Gesellschaft Benachteiligungen ausgesetzt. Alte Vorurteile darüber, was Frauen »zukommt« und was nicht, sind noch lebendig – auch bei den Frauen selbst. Zwar hat sich in den letzten Jahrzehnten vieles gebessert, aber manches bleibt noch zu tun. Die Aufgaben, die hier zu lösen sind, gehen nicht nur den Staat an, sondern die ganze Gesellschaft.

**Rechtliche Gleichstellung.** Dem Gebot des Grundgesetzes entsprechend, ist die rechtliche Gleichstellung der Frau weitgehend erreicht. Ein wichtiger Schritt auf diesem Weg war ein Gesetz von 1957, das vor allem die Gleichberechtigung der Frau im ehelichen Güterrecht einführte. Noch immer blieb aber die Frau im Ehe- und Familienrecht benachteiligt.

Die juristische Gleichstellung der Frau in Ehe und Familie wurde durch ein Gesetz von 1976 bewirkt, das seit 1977 in Kraft ist. Die Vorschrift, wonach die Frau für die Führung des Haushalts zuständig ist und nur dann beruflich tätig sein darf, wenn das mit ihren Pflichten in Ehe und Familie vereinbar ist, wurde gestrichen. Die Ehepartner müssen sich nun über ihre Anteile an den Haushalts- und Berufspflichten einigen. Als Familienname (»Ehename«) wird jetzt entweder der Name des Mannes oder der Frau bei der Eheschließung durch Übereinkunft festgelegt. Im Fall einer Scheidung ist die wirtschaftliche Sicherung des wirtschaftlich schwächeren Partners, in der Regel der Frau, nicht mehr davon abhängig, daß er am Scheitern der Ehe unschuldig war. Die Zerrüttung der Ehe wird ohne Frage nach der Schuld lediglich festgestellt. Der wirtschaftlich stärkere Partner hat für den anderen so lange zu sorgen, bis dieser wieder für seine eigene Existenz aufkommen kann. Außerdem werden die während der Ehe erworbenen Versorgungsanwartschaften für das Alter zu gleichen Teilen zwischen den ehemaligen Ehegatten aufgeteilt.

**Die Frau im Beruf.** Den Frauen stehen heute in der Bundesrepublik in gleicher Weise wie den Männern alle Ausbildungsstätten (Schulen aller Stufen, Hochschulen jeder Art, fast alle Ausbildungswege) offen. Das Arbeitsrecht enthält spezielle Schutzvorschriften für Schwangere und Regelungen für körperliche Schwerstarbeiten. Nachtarbeit für Arbeiterinnen ist nur mit einer Ausnahmegenehmigung erlaubt.

Die Ausbildung von Mädchen und Frauen hat sich deutlich verbessert. So betrug der Anteil der weiblichen Studierenden an allen Hochschulen im Wintersemester 1986/87 immerhin 37,9% (gegenüber 22,7% im Wintersemester 1957/58). Die Studierenden, die 1985 Prüfungen für das Lehramt bestanden, waren zu 59% Frauen. 46% der Abiturienten des Jahrgangs 1986 waren Frauen; 1957 waren es knapp 34% gewesen. Auch die Anzahl (absolut und relativ) der weiblichen Jugendlichen mit abgeschlossener Berufsausbildung (Lehre) hat sich seit den fünfziger Jahren erheblich vergrößert.

Von den Frauen im Alter zwischen 15 und 65 Jahren ist jede zweite erwerbstätig. 38% aller Erwerbstätigen sind Frauen. Die Berufsarbeit der Frauen in Wirtschaft, Gesundheitswesen und Bildungseinrichtungen unseres Landes ist selbstverständlich und unentbehrlich geworden.

Dennoch ist die Frau in der Arbeitswelt vielfach noch benachteiligt; von Rezessionen und Arbeitslosigkeit werden Frauen überproportional betroffen. Zudem werden Mädchen viel weniger Lehrstellen angeboten. Der Bruttostundenlohn der männlichen Arbeiter in der privaten Industrie betrug Anfang 1987 durchschnittlich 18,24 DM, der Lohn der Arbeiterinnen nur 13,32 DM; dabei verdienten sogar im Durchschnitt weibliche Facharbeiter weniger als männliche ungelernte Arbeiter. Der durchschnittliche Bruttomonatsverdienst der Angestellten in Handel und Industrie betrug 1986 bei Männern 4690 DM, bei Frauen dagegen nur 3108 DM.

Frauen, die die gleiche oder eine gleichwertige Arbeit wie Männer verrichten, haben einen gerichtlich durchsetzbaren Anspruch auf gleiche Bezahlung. Dennoch gibt es Benachteiligungen bei der unterschiedlichen Bewertung der Arbeiten, die typischerweise von Männern und typischerweise von Frauen verrichtet werden.

*Bandarbeiterinnen*

*Ärztin*

*Sekretärin*

*Hausfrau*

*Taxifahrerin*

*Lehrerin*

Frauentätigkeit wird als sogenannte körperlich leichte Arbeit in der Regel noch unterbewertet.

Am deutlichsten wird die Benachteiligung der Frauen jedoch beim beruflichen Aufstieg. Fast 40% der Studierenden sind zwar weiblichen Geschlechts, aber von denen, die ihr Studium mit einem Doktortitel abschließen, sind nur 24% Frauen. An den Universitäten der Bundesrepublik Deutschland sind nur 5,1% der Professoren und 2,3% der Lehrstuhlinhaber Frauen. In führenden Positionen im Wirtschaftsleben gibt es kaum Frauen. Ähnliches gilt für den öffentlichen Dienst, besonders aber für das Schulwesen. Die Mehrzahl der Lehrkräfte sind Frauen, die Posten der Schuldirektoren sind jedoch meist von Männern besetzt.

Allerdings ist im öffentlichen Dienst der Grundsatz »Gleicher Lohn für gleiche Arbeit« Wirklichkeit. Alle Beamten, Angestellten und Arbeiter des öffentlichen Dienstes werden in der jeweiligen Gehalts- oder Lohngruppe gleich bezahlt.

Gründe für die Benachteiligung von Frauen in der Arbeitswelt liegen z. T. darin, daß ihr Erwerbsleben anders als bei Männern verläuft. Früher haben viele Frauen weniger qualifizierte Berufe erlernt, weil sie die Berufstätigkeit nur als vorübergehende Beschäftigung bis zur Familiengründung ansahen. Die Zahl der Frauen, die nicht mehr zurück in den Beruf wollen, nachdem sie die Erwerbstätigkeit einmal unterbrochen haben, sinkt jedoch ständig. Von den unter dreißigjährigen Müttern mit kleinen Kindern sind nur 12% der Meinung, daß Familientätigkeit ein lebenslanger Beruf sei.

**Frau und Familie.** In der Bundesrepublik Deutschland gibt es rund 23 Millionen Familien. Seit einigen Jahren ist zu beobachten, daß mehr Ehen als früher kinderlos bleiben und die Zahl der Familien mit drei und mehr Kindern rückläufig ist, während die Zahl der Familien mit einem oder zwei Kindern zunimmt.

Die Rolle der Frau in der Familie als Hausfrau und Mutter ist einer beruflichen Tätigkeit gleichwertig. Dieser Tatsache trägt das seit 1986 gültige Gesetz über Erziehungsgeld und Erziehungsurlaub Rechnung. Danach zahlt der Staat für Kinder, die nach dem 1. 1. 1986 geboren werden, 10 Monate lang – ab 1988 ein Jahr lang – ein Erziehungsgeld von monatlich 600 DM. Während dieser Zeit unterliegt der Elternteil, der seinen Arbeitsplatz für die Erziehung der Kinder aufgibt, einem besonderen Kündigungsschutz. Zudem werden die Zeiten, die Frauen als Erziehende ihrer Kinder in den Familien verbringen, bei der Rentenversicherung berücksichtigt. Mit diesen Maßnahmen soll die soziale Sicherheit der Frauen in der Familie gestärkt werden.

**Die Frau in der Politik.** Das aktive und passive Wahlrecht haben die Frauen in Deutschland schon seit 1918. Da sie über die Hälfte der Bevölkerung ausmachen, stellen sie den größten Anteil der Wählerschaft. Der Anteil der politisch aktiven Frauen steigt zwar an, ist aber noch immer bemerkenswert gering. Bei der Wahlbeteiligung gibt es zwar keine nennenswerten Unterschiede. Aber die großen Parteien haben unverhältnismäßig wenig weibliche Mitglieder: die FDP 24%, die SPD 25%, die CDU 22% und die CSU 14%. Bei den Grünen beträgt der Anteil 33%. Im Deutschen Gewerkschaftsbund (DGB) gibt es 23% weibliche Mitglieder. 15% der Abgeordneten des 11. Deutschen Bundestages sind Frauen; bei den Länderparlamenten schwankt der Frauenanteil zwischen 6% und 15%. Immerhin hat seit 1961 jeder Bundesregierung mindestens eine Frau angehört.

In den letzten Jahren ist neben den schon bestehenden Frauenorganisationen die autonome Frauenbewegung auf den Plan getreten, die sich vehement gegen Diskriminierungen der Frau wendet. Es gibt inzwischen deutliche Anzeichen dafür, daß bei den Frauen, aber auch bei den Männern, ein Prozeß des Umdenkens stattfindet, der zu einer größeren Auflockerung der Geschlechterrollen führt und damit wesentlich zur Verwirklichung der vollen Gleichberechtigung beitragen wird.

Deutscher Frauenrat
Südstr. 125
5300 Bonn 2

# Die Jugend

Jeder vierte Bürger der Bundesrepublik Deutschland ist jünger als zwanzig Jahre. Wo Jugend ist, da gibt es Jugendprobleme – das gilt für alle Länder. Vielleicht stellen sich in Deutschland manche Probleme schärfer als anderswo, weil die jüngste deutsche Geschichte so reich an Brüchen ist. Hier leben Menschen nebeneinander, die im Kaiserreich, in der Weimarer Republik, unter der Hitler-Diktatur, in der Not der ersten Nachkriegszeit und im demokratischen Staat der Zeit nach dem Zweiten Weltkrieg geboren sind.

**Probleme zwischen den Generationen.** Die moderne Jugendforschung hat zwar festgestellt, daß es *den* Generationenkonflikt als allgemeines Phänomen nicht gibt; dennoch sind Unstimmigkeiten zwischen jungen und älteren Menschen feststellbar. Sie resultieren aus Erfahrungen, die unter ganz unterschiedlichen historischen Voraussetzungen gewonnen wurden. Die Generation der Großeltern erlebte die Massenarbeitslosigkeit der frühen dreißiger Jahre, das Hitler-Regime und den Wiederaufbau nach dem Zweiten Weltkrieg. Die Eltern – heute Menschen mittleren Alters – spürten noch die Auswirkungen des Zusammenbruchs von 1945, sie mußten in den fünfziger Jahren als Kinder und Jugendliche manche Einschränkungen hinnehmen, wurden aber auch durch das »Wirtschaftswunder« geprägt. Die Jugendlichen der achtziger Jahre haben nur in Ausnahmefällen Hunger und Not erlebt; der wirtschaftliche Fortschritt und die zunehmende Freiheit auf vielen Gebieten haben ihnen andere und vielfältigere Erkenntnisse vermittelt, als sie von früheren Generationen je hätten gesammelt werden können. Die sich öffnende »Schere« der Erfahrungen mag zu Unverständnis und Mißverständnissen zwischen Alt und Jung beitragen.

Im übrigen unterscheidet sich die Jugend der Bundesrepublik in ihrem Lebensstil, ihren Ansichten und ihrem Erscheinungsbild kaum von der Jugend in anderen westlichen Industrieländern. Die in weltweite Reformbestrebungen eingebettete deutsche Jugendbewegung, die im ersten Drittel unseres Jahrhunderts eine große Rolle spielte, wandte sich gegen die bürgerliche Erwachsenenwelt und betonte Naturnähe und Gemeinschaftsleben. Nach dem Zweiten Weltkrieg wurden mehrmals Versuche unternommen, an dieses Gedankengut wiederanzuknüpfen, doch der gesellschaftliche Wandel der fünfziger und sechziger Jahre ließ eine Wiederbelebung der alten Ideale nicht zu. Einige Motive tauchten in der Jugendrevolte der sechziger Jahre und in den Ökologie-, Alternativ- und Friedensbewegungen der achtziger Jahre wieder auf, wie das auch in anderen Ländern geschah.

Es ist für Jugendliche heute nicht immer leicht, ihren Weg in einer komplexen Industriegesellschaft wie der der Bundesrepublik Deutschland zu finden. Eine vom Deutschen Bundestag eingesetzte Kommission hat die Ursache von Unbehagen, Unruhe und Protest untersucht. Dazu gehören nicht nur offenkundige Probleme wie die Zerstörung der Natur, die Gefährdung des Friedens und der Mangel an Ausbildungs- und Arbeitsplätzen; es gibt auch tieferliegende Ursachen, vor allem einen unerfüllten Wunsch nach Zuwendung, nach Geborgenheit vor dem Hintergrund der undurchschaubaren und unpersönlichen modernen Industriegesellschaft. Der Bericht beklagt auch die zunehmende Absonderung älterer und jüngerer Menschen in getrennte Lebensräume. Die Beziehungen zwischen Gleichaltrigen gewinnen immer mehr an Bedeutung; damit ist die Gefahr der Abschottung gegenüber der Erwachsenenwelt verbunden. Der früher feststellbare Generationszusammenhang hat sich gelockert. Die gesellschaftliche Integration der Jugend stellt sich als eine dringlicher werdende Aufgabe.

**Jugend – organisiert und unorganisiert.** In der Bundesrepublik Deutschland bestehen etwa 80 überregionale Jugendverbände; hinzu kommen in zunehmendem Maße selbstorganisierte Gruppierungen. Die Sportvereine sind hier nicht mitgerechnet. Die meisten Verbände sind im Deutschen Bundesjugendring zusammengeschlossen, so die Arbeitsgemeinschaft der Evangelischen Jugend, der Bund der Deutschen Katholischen Jugend, die Jugendverbände der Gewerkschaften und der Ring Deutscher Pfadfinder. Die Jugendorganisationen der großen Parteien gehören dem Ring politischer Jugend an. Die meisten Jugendorganisationen werden von Bund, Ländern und Gemeinden finanziell unterstützt. Organisierte und nichtorganisierte Jugend sind nicht starr voneinander getrennt. Den meisten Verbänden sind auch Nichtmitglieder bei ihren Veranstaltungen willkommen. Jugendliche, die sich nicht an eine Gruppe binden, aber trotzdem mit Altersgenossen zusammen sein möchten, haben dazu in vielfältigen Freizeiteinrichtungen Gelegenheit. Dort können sie ihre Probleme besprechen, tanzen und ihren Interessen nachgehen. In der Regel ist dort ein Sozialarbeiter angestellt, an den sie sich wenden können, wenn sie Hilfe brauchen.

In der deutschen Stadt Altena in Westfalen steht die älteste Jugendherberge der Welt. Sie wurde 1912 eröffnet. Heute gibt es in

*Teilnehmer am Wettbewerb »Jugend forscht«*

der Bundesrepublik 557 Jugendherbergen. 1986 wurden in ihnen über 8,8 Millionen Übernachtungen gezählt; davon entfielen 810000 auf Ausländer. Die Jugendherbergen sind Stätten der Begegnung junger Menschen aus allen Ländern.

Seit den ausgehenden siebziger Jahren haben andere Arten des Zusammenlebens Jugendlicher und junger Erwachsener an Bedeutung gewonnen. Es handelt sich dabei um Selbsthilfe- oder Initiativgruppen, in denen soziales Engagement oder alternative kulturelle Betätigung erprobt werden.

**Der Staat und die Jugend.** Die staatliche Politik für die Jugend sieht es als ihr Ziel an, die freie Entfaltung der Jugendlichen zu fördern. Die jungen Menschen sollen ihr Leben eigenverantwortlich gestalten lernen, sie sollen ihren Platz in Beruf und Gesellschaft finden und ihre Persönlichkeit entwickeln können. In diesem Sinne will der Staat jungen Menschen helfen, ihre Rechte wahrzunehmen; er will die Familien und Erziehungsberechtigten in ihren Sorgepflichten und in ihren Erziehungsaufgaben unterstützen. Politik für die Jugend ist mehr als Jugendpolitik. Sie ist immer auch Gesellschafts- und Sozialpolitik. Wenn Jugendliche sich in unserer Alltagswelt zu Hause fühlen sollen, muß sie selbst ein menschlicheres Gesicht erhalten.

In einer freien Gesellschaft gibt es viele Wege der Entfaltung. Deswegen gibt es in der Bundesrepublik Deutschland keine Staatsjugend, die fertige Antworten für junge Leute bereit hält und nur einen einzigen Weg zur Lebensgestaltung weist. Der Staat kümmert sich um die Jugend mit Schutzgesetzen, mit sozialen Hilfen und Angeboten zur freiwilligen Mitwirkung; er fördert, aber gängelt nicht. Er läßt Vereinen, Verbänden, Kirchen, Stiftungen und anderen vom Staat unabhängigen Einrichtungen den Vortritt in der Jugendhilfe. Sie dienen – entsprechend ihrer selbstgewählten Aufgabenstellung und ihrer weltanschaulichen Orientierung – dem Wohle von Kindern und Jugendlichen. Diese Vielfalt von Angeboten und Hilfen ist bewußter Bestandteil der Jugendpolitik der Bundesregierung.

Der Staat, das heißt in erster Linie die Gemeinden und Kreise, halten vielfältige Angebote der außerschulischen Jugendbildung (Jugendfreizeitstätten, Angebote der musischen, kulturellen, politischen Jugendbildung) bereit. Sie gewähren auch erzieherische Hilfen zur Unterstützung bedürftiger Familien und fördern die Vielzahl nichtstaatlicher Jugend- und Wohlfahrtsorganisationen. Schutz und Förderung der Jugend durch die örtlichen Gremien erfolgt auf der Grundlage staatlicher Gesetze, die zum Teil vom Bund (Jugendschutzgesetz, Jugendwohlfahrtsgesetz) und zum Teil von den Ländern erlassen werden.

Die finanziellen Aufwendungen für Leistungen der Jugendhilfe werden zum größeren Teil von den Ländern und Gemeinden aufgebracht; für 1985 waren es insgesamt 6,4 Mrd. DM. Hinzu kommen die öffentlichen Aufwendungen für Bildung und Ausbildung, für Beschäftigung, für die Unterstützung der Familien und anderes mehr.

Ein ernstes Problem ist die Jugendarbeitslosigkeit. Sie ist zwar rückläufig, aber noch immer ist fast jeder vierte Arbeitslose unter 25 Jahre alt. (In den meisten anderen Ländern liegt der Anteil zwischen 30 und 40 Prozent.) Am härtesten sind Jugendliche mit unzureichender Schul- und Berufsausbildung betroffen. Allen diesen jungen Menschen Arbeits- und Ausbildungsplätze zu beschaffen, ist eine der vordringlichsten Aufgaben, die Staat und Wirtschaft nur gemeinsam bewältigen können.

Ein wichtiges Instrument der Jugendpolitik des Bundes ist der Bundesjugendplan. In ihm wird die Förderung der Jugendarbeit durch den Staat wirksam. Aus den Mitteln des Bundesjugendplanes werden vor allem die internationale Jugendarbeit, die Tätigkeit der Jugendorganisationen und der Bau von Stätten der Jugendhilfe unterstützt. 1986 stellte die Bundesregierung 138 Mill. DM für diese Aufgaben zur Verfügung. Nicht zuletzt fördert der Staat die Aktion »Jugend forscht« mit erheblichen Mitteln. Hier haben die Jugendlichen die Möglichkeit, einem unabhängigen Gutachtergremium naturwissenschaftliche Untersuchungen einzureichen. Die originellsten und besten Arbeiten werden prämiert.

Als Brücke der Verständigung werden internationale Jugendkontakte in der Bundesrepublik Deutschland gefördert. Aus den Mitteln des Bundesjugendplans standen 1986 für die internationale Jugendarbeit 24,7 Mill. DM zur Verfügung, zusätzlich 18,5 Mill. DM als deutscher Beitrag für das deutsch-französische Jugendwerk (DFJW). Darüber hinaus werden zahlreiche internationale Jugendbegegnungen von Ländern und Gemeinden gefördert.

Der Verständigung der Menschen in beiden Teilen Deutschlands dient der innerdeutsche Jugendaustausch. Ihm gilt die besondere Sorge der Bundesregierung, um das Bewußtsein für die gemeinsame Geschichte und die gemeinsame Verantwortung der Deutschen wachzuhalten.

Der Wille zur Mitverantwortung drückt sich in einer nahezu unumstrittenen Zustimmung der Jugend zur Demokratie aus. Antidemokratische rechts- oder linksextremistische Parteien finden kaum Resonanz bei jungen Bürgern. Die demokratische Verfassungsordnung der Bundesrepublik Deutschland erweist sich als offen und lebendig genug, auch neuen Impulsen und Ideen Jugendlicher Entfaltungsraum zu gewähren.

Deutscher Bundesjugendring
Haager Weg 44
5300 Bonn 1

# Das Gesundheitswesen

Sorge um die Gesundheit ist zunächst die Sache jedes einzelnen. Doch ist sie auch eine Aufgabe von Staat und Gesellschaft. Alle Bürger sollen unabhängig von ihrer wirtschaftlichen und sozialen Lage die gleichen Chancen zur Erhaltung und Wiederherstellung ihrer Gesundheit haben.

Die Gesundheit wird in Deutschland vor allem von sogenannten Zivilisationskrankheiten bedroht. Die Hälfte aller Todesfälle sind auf Erkrankungen des Herzens und des Kreislaufs zurückzuführen. An zweiter Stelle der tödlichen Krankheiten folgt der Krebs. Die Tuberkulose, vor wenigen Jahrzehnten noch »Volkskrankheit«, spielt kaum noch eine Rolle.

**Ärzte und Krankenhäuser.** In der Bundesrepublik gibt es etwa 154 000 Ärzte und 34 000 Zahnärzte. Auf 400 Einwohner kommt ein Arzt, auf 1800 Einwohner ein Zahnarzt. Damit gehört die Bundesrepublik zu den medizinisch bestversorgten Ländern der Erde. Allerdings ist die Versorgung nicht überall gleich gut. Das gilt vor allem für die Verteilung der frei praktizierenden Ärzte, die das Rückgrat der medizinischen Betreuung der Bevölkerung bilden. (Knapp die Hälfte aller Ärzte arbeiten in freier Praxis; die übrigen sind in Krankenhäusern, in der Verwaltung oder in der Forschung tätig). Auf dem Land und am Stadtrand fehlt es manchmal noch an Ärzten. Da aber die Zahl der Ärzte ständig zunimmt, wird dieser Engpaß bald überwunden sein.

In über 3000 Krankenhäusern stehen 675 000 Betten zur Verfügung, das ist ein Bett auf 90 Einwohner. Damit steht die Bundesrepublik im internationalen Vergleich gut da. Träger der Krankenhäuser sind Staat und Gemeinden (über die Hälfte aller Betten), gemeinnützige, meist kirchliche Verbände (über ein Drittel der Betten) und private Unternehmen. Finanziert werden die Krankenhäuser durch die Beiträge der Patienten an ihre Krankenkassen und durch die öffentliche Hand. Der Bund beteiligt sich an den Kosten mit jährlich einer Milliarde DM.

**Arzneimittel.** Die Sorge um die Sicherheit der Arzneimittel hat in der Bundesrepublik einen hohen Stellenwert. Das Arzneimittelgesetz bestimmt, daß Arzneimittel grundsätzlich erst dann an den Verbraucher abgegeben werden dürfen, wenn ihre Qualität, Wirk-

*Behandlung eines behinderten Patienten
in einem Bewegungsbad*

samkeit und Unbedenklichkeit in einem staatlichen Zulassungsverfahren überprüft worden sind.

Auch nach der Zulassung werden die Arzneimittel zum Schutz des Verbrauchers ständig beobachtet, damit Gefahren schnell erkannt und entsprechende Maßnahmen ergriffen werden können. Weiterhin enthält das Arzneimittelgesetz detaillierte Sicherheitsvorschriften für die Herstellung von Arzneimitteln, und es bestimmt, welche Mittel nur in Apotheken und welche nur auf ein ärztliches Rezept verkauft werden dürfen. Wer durch bedenkliche Arzneimittel einen Gesundheitsschaden erleidet, hat gegen den Hersteller einen Anspruch auf Schadenersatz.

**Gesundheitsvorsorge.** Nach dem alten Satz »Vorbeugen ist besser als Heilen« erhält die Gesundheitsvorsorge zunehmendes Gewicht in der Gesundheitspolitik. Dabei soll jeder Bürger in eigener Verantwortung lernen, seine Gesundheit zu erhalten, durch Vermeidung von Risikofaktoren wie Übergewicht oder Bewegungsmangel den Ausbruch von Krankheiten zu verhindern und sich vor gesundheitlichen Gefahren zu schützen. Auf vielen Gebieten wurden daher Vorsorge- oder Früherkennungsuntersuchungen eingeführt. Werdende Mütter sollen vor der Geburt zehnmal den Arzt aufsuchen, um frühzeitig Gesundheitsschäden für Mutter und Kind vermeiden zu helfen.

Bei Kleinkindern werden von der Geburt bis zum Alter von vier Jahren acht Früherkennungsuntersuchungen durchgeführt. Schulkinder werden vor Eintritt in die Schule untersucht; außerdem stehen sie unter schulärztlicher und zahnärztlicher Kontrolle. Vor dem Eintritt in das Berufsleben müssen sich die Jugendlichen ebenfalls einer Vorsorgeuntersuchung unterziehen.

Da Krebserkrankungen bei frühzeitiger Erkennung erster Symptome eine gute Chance haben, geheilt zu werden, ist die Krebsfrüherkennung von besonderer Bedeutung. Daher übernehmen die gesetzlichen Krankenkassen für ihre Versicherten die Kosten einer jährlichen Früherkennungsuntersuchung gegen bestimmte wichtige Krebsarten. Leider nimmt nur ein kleiner Teil der Anspruchsberechtigten dieses Angebot an – weniger als ein Drittel der Frauen und knapp ein Zehntel der Männer. Die Gesundheitsbehörden und die Krankenkassen sind bemüht, diese unbefriedigende Situation zu verbessern.

Eine neue Aufgabe, die höchste Anstrengungen fordert, ist der Kampf gegen die Immunschwächekrankheit Aids. Es gilt, die Gesunden vor Ansteckung zu schützen und den Infizierten und Erkrankten zu helfen. Bisher gibt es gegen Aids weder einen Impfstoff noch ein Heilmittel. Da die Krankheit nach dem heutigen Erkenntnisstand vor allem durch sexuelle Kontakte übertragen wird, ist eine umfassende Aufklärungskampagne eingeleitet worden, die den Menschen Informationen vermitteln und die Notwendigkeit von Verhaltensänderungen klarmachen soll. Die Bundesregierung hat zur Verhütung und Bekämpfung von Aids ein Sofortprogramm beschlossen, das zahlreiche Maßnahmen vorsieht: Verbesserung der ambulanten und stationären Betreuung Erkrankter und Infizierter, Förderung der klinischen Forschung, Verstärkung der Aufklärungsmaßnahmen, verschiedene Modellprogramme sowie Errichtung eines Aids-Zentrums und eines Aids-Koordinationsstabes.

**Die Kosten der Gesundheit.** Die Entwicklung der Kosten im Gesundheitswesen bereitet große Sorge. Hier wird die Kehrseite einer positiven Entwicklung sichtbar. Der Schutz der Gesundheit ist heute besser als je zuvor. Den Ärzten und Krankenhäusern stehen modernste technische Einrichtungen zur Verfügung. Die Krankenkassen, die früher nur für das Nötigste aufkamen, bezahlen heute auch kostspielige medizinische Leistungen. Und diese Leistungen werden viel selbstverständlicher in Anspruch genommen, denn die

Einstellung der Menschen gegenüber Gesundheit und Krankheit hat sich gewandelt. Sicherung der Gesundheit steht in der Rangordnung des Bundesbürgers meist an erster Stelle.

All das hat zur Folge, daß die Ausgaben für das Gesundheitswesen überdurchschnittlich angestiegen sind. Sie belaufen sich heute auf mehr als 200 Milliarden DM im Jahr. Die Bundesregierung bemüht sich darum, eine Kostensenkung im Gesundheitswesen herbeizuführen, ohne daß die gesundheitliche Versorgung der Bevölkerung Schaden erleidet.

# Sport

Jeder dritte Einwohner der Bundesrepublik Deutschland ist Mitglied in einem Sportverein. Nach der letzten Erhebung stehen den Sporttreibenden mehr als 40 000 Sport- und Schulsportplätze, 30 000 Sport-, Gymnastik- und Sondersporthallen (z. B. für Tennis, Reiten, Eissport) und 7 500 Hallen- und Freibäder zur Verfügung. Der überwiegende Teil dieser Anlagen wurde in den Jahren zwischen 1960 und 1975 geschaffen; in dieser Zeit hat die öffentliche Hand 17,5 Mrd. DM in den allgemeinen Sportstättenbau investiert. Diese Zahlen beweisen, daß man den Sport heute kaum noch als »die wichtigste Nebensache der Welt« bezeichnen kann. Er hat sich in der Bundesrepublik wie überall zu einem bedeutenden gesellschaftspolitischen Faktor entwickelt.

In der Beliebtheitsskala der Sportarten steht der Fußball mit großem Abstand an der Spitze. Der Deutsche Fußball-Bund ist der weitaus mitgliederstärkste Sportverband der Bundesrepublik. Fußball ist außerdem auch »Zuschauersport«: Viele Tausende sehen allwöchentlich Spiele der Bundes- und Amateurligen.

Welche Wandlungen sich im Sport der Bundesrepublik nach dem Zweiten Weltkrieg vollzogen haben, zeigt zum Beispiel die Tatsache, daß Tennis, einst ein Privileg der Reichen, in den letzten Jahren geradezu zum Volkssport geworden ist. Ähnlich verhält es sich mit dem Reiten. Die Menschen, die Sport in Vereinen und wettkampfmäßig betreiben, tun dies in der Regel als Amateure. Berufssportler gibt es vor allem im Tennis, im Fußball und im Reitsport.

Kennzeichnend für den Sport in der Bundesrepublik ist seine Au-

**Die 10 mitgliederstärksten Sportverbände** *(1986)*

| | |
|---|---:|
| Deutscher Fußball-Bund | 4 732 935 |
| Deutscher Turner-Bund | 3 567 625 |
| Deutscher Tennis-Bund | 1 813 675 |
| Deutscher Schützenbund | 1 260 191 |
| Deutscher Leichtathletik-Verband | 797 203 |
| Deutscher Handball-Bund | 777 074 |
| Deutscher Tisch-Tennis-Bund | 686 494 |
| Deutscher Skiverband | 666 669 |
| Deutscher Schwimm-Verband | 554 495 |
| Verband Deutscher Sportfischer | 523 493 |

tonomie. Der Sport ist eine freiwillige Sache des einzelnen; er soll zuerst und vor allem Freude machen. Die Organisationen des Sports regeln ihre Angelegenheiten selbst. Die staatliche Sportförderung gewährt nur dann Finanzhilfen, wenn die Möglichkeiten der Sportorganisationen nicht ausreichen. Die partnerschaftliche Zusammenarbeit mit den Sportverbänden gehört zu den wichtigsten Grundsätzen staatlicher Sportpolitik. Der Hochleistungssport wird vom Bund gefördert, der Breiten- und Freizeitsport von den Ländern und Kommunen.

Die sportliche Selbstverwaltung hat ihre Basis in rund 63 000 Vereinen, die zusammen 20 Millionen Mitglieder zählen. Die Vereine sind in 11 Landessportbünden und zahlreichen Fachverbänden zusammengefaßt. Die Dachorganisation ist der Deutsche Sportbund (DSB). Er vertritt die Interessen der einzelnen Mitgliedsorganisationen gegenüber Staat und Öffentlichkeit.

**Sport im Dienst des Menschen.** Die meisten Bundesbürger treiben Sport nicht, weil sie nach Höchstleistungen streben; die Freude an der Betätigung in der Gemeinschaft steht im Vordergrund. Die gesundheits- und gesellschaftspolitische Bedeutung dieses »Breitensports« ist unbestritten. Sport dient der Erhaltung der Gesundheit und gleicht die Bewegungsarmut in unserer technisierten Welt aus.

*Fußball-Länderspiel Bundesrepublik Deutschland gegen Italien*

*Steffi Graf, Nr. 1 auf der Tennis-Weltrangliste*

Seit einem Vierteljahrhundert verzeichnet der organisierte Sport Jahr für Jahr hohe Zuwachsraten. Vor allem Frauen und ältere Mitbürger haben verstärkt den Weg in die Sportvereine gefunden. Das Angebot der Vereine ist sehr viel breiter geworden. In einem durchschnittlichen Sportverein kann man heute nicht nur Fußball, Handball, Volleyball, Tennis und Tischtennis spielen oder sich in Leichtathletik üben. Es gibt zum Beispiel Programme für so unterschiedliche Gruppen wie Behinderte, ausländische Mitbürger und Mütter mit Kindern. Auch Angebote zu sportlicher Betätigung für Familien und ältere Menschen gehören dazu.

Dem Breiten- und Freizeitsport dienen auch die vom DSB ins Leben gerufenen Aktionen »Trimm Dich« und »Sport für alle«, in deren Rahmen Volkswettbewerbe im Laufen, Schwimmen, Radfahren, Skilaufen und Wandern veranstaltet werden, an denen jedermann teilnehmen kann. Millionen machen hiervon jährlich Gebrauch. Besonders großer Beliebtheit erfreut sich das Sportabzeichen. Es wird vom DSB in Gold, Silber und Bronze verliehen. Rund 700 000 Bürger legen jährlich die zum Erwerb des Sportabzeichens geforderten Prüfungen ab, wobei der einzelne die Sportarten für den Leistungsnachweis aus einer Vielzahl von Disziplinen selbst aussuchen kann.

In einer starken Wechselbeziehung zum Breitensport steht in der Bundesrepublik Deutschland der Hochleistungssport, wobei der Breitensport das Fundament für erfolgreichen Spitzensport ist. Der moderne Spitzensport setzt für die Athleten intensives Training, pädagogische und psychologische Betreuung und nicht zuletzt eine gewisse finanzielle Absicherung voraus. Um diese Probleme kümmert sich die 1967 ins Leben gerufene »Stiftung Deutsche Sporthilfe«. Sie versteht sich als Sozialwerk des Sports in der Bundesrepublik und will dem Sportler als Ausgleich für sein jahrelanges Engagement wenigstens jene finanzielle Sicherheit gewährleisten, die zu einem sorgenfreien Training notwendig ist. Sie ist keine staatliche Einrichtung. Ihre Mittel stammen zum Teil aus privaten Spenden; hinzu kommen Einnahmen aus der Fernseh-Lotterie »Glücksspirale« und aus dem Verkauf von Sport-Sonderbriefmarken, die seit 1975 regelmäßig von der Deutschen Bundespost herausgegeben werden.

**Staatliche Sportförderung.** Die Sportorganisationen in der Bundesrepublik Deutschland werden vom Staat auf vielfältige Weise unterstützt. Die Sportförderung des Bundes gilt vornehmlich dem Hochleistungssport. Der Bund gewährleistet insbesondere Zuwendungen für Trainings- und Wettkampfprogramme, für sportärztliche Betreuung der Spitzensportler, für Aus- und Fortbildung von Trainern und für deren Anstellung, für den Bau von Sportstätten und für die sportwissenschaftliche Forschung. Außerdem sind die Förde-

*Volkslauf*

*Schulsport*

rung des Behindertensports sowie Zuwendungen für die internationale Sportpolitik zu nennen, die es den Sportfachverbänden ermöglichen, ihren internationalen Verpflichtungen nachzukommen.

Durch eine wirksame Förderung des Hochleistungssports soll die Entwicklung des gesamten Sports in der Bundesrepublik Deutschland nachhaltig beeinflußt werden. Daneben dient die Förderung des Leistungssports der staatlichen Repräsentation. Hierzu gehören auch finanzielle Zuwendungen für die Teilnahme leistungsstarker Sportler und Mannschaften an internationalen Wettkämpfen, wie z. B. an Europa- und Weltmeisterschaften oder an den Olympischen Spielen.

Die Unterstützung des Breiten- und Freizeitsports ist vorwiegend Aufgabe der Bundesländer und Gemeinden. Schwerpunkte dieser Förderung sind der Sportstättenbau, der Sport an Schulen und Hochschulen sowie der Vereinssport.

Deutscher Sportbund
Otto-Fleck-Schneise 12
6000 Frankfurt/Main 71

# Freizeit und Urlaub

Noch um die Jahrhundertwende gab es für Berufstätige »freie Zeit«, die nicht durch Arbeit, Schlaf oder lebensnotwendige Verrichtungen beansprucht wurde, so gut wie gar nicht. Mit der Verkürzung der Arbeitszeit ist der Anteil frei verfügbarer Zeit seither ständig gewachsen. Ein abhängig Beschäftigter arbeitet heute durchschnittlich nur noch 1645 Stunden im Jahr. Die Freizeit ist so umfangreich geworden, daß bereits das Schlagwort von der »Freizeitgesellschaft« auftauchte.

Damit sind aber auch Gefahren verbunden, denn die verfügbare Freizeit verleitet viele zu einer Zusatzbeschäftigung, die wiederum zu Lasten der notwendigen Erholung geht. Manche finden von sich aus nicht den Weg zu einer vernünftigen Freizeitgestaltung. Deshalb bemühen sich zahlreiche staatliche, kirchliche und kommunale Institutionen sowie Vereine und Verbände, der Bevölkerung »Freizeitangebote« zu machen. Dazu gehören Sportplätze, Schwimmhallen, Freibäder, Büchereien, Volkshochschulkurse, wissenschaftliche und musische Zirkel und vieles andere. Die Wirtschaft hat schnell den sich bietenden Markt erkannt; eine regelrechte »Freizeitindustrie« ist entstanden. Man schätzt, daß ein normaler Haushalt heute ein Fünftel seines Einkommens für die Freizeitgestaltung ausgibt, und es ist abzusehen, daß dieser Anteil noch weiter steigen wird. Mehr und mehr wird die Freizeit auch zum Gegenstand wissenschaftlicher Forschung; an einigen Hochschulen gibt es bereits das Studienfach »Freizeitpädagogik«.

Demoskopische Untersuchungen über Freizeitgestaltung sind schwierig und zeigen oft die unterschiedlichsten Ergebnisse. Häufig sagen die Befragten, daß sie in ihrer Freizeit am liebsten Sport treiben oder spazierengehen. Aber auch das Lesen von Büchern und Zeitschriften, das Fernsehen sowie das Heimwerken und Basteln zählen zu den bevorzugten Freizeitbeschäftigungen. Es gibt noch viele andere Arten, den Feierabend zu verbringen, von der Unterhaltung mit Gästen bis zur Teilnahme an einer Klub- oder Vereinsversammlung.

Ein wichtiger Bereich der Freizeit ist der Urlaub. Jeder Arbeitnehmer hat einen gesetzlichen Anspruch auf 3 Wochen bezahlten Urlaub im Jahr. Die in Tarifverträgen vereinbarte tatsächliche Urlaubsdauer beträgt jedoch für die meisten Arbeitnehmer 5 bis 6 Wochen.

Über die Hälfte aller Erwachsenen machten 1986 wenigstens eine Urlaubsreise, viele auch zwei und mehr. Das beliebteste Ferienland ist immer noch Deutschland – mehr als ein Drittel aller deutschen Urlauber blieben im eigenen Land. Unter den ausländischen Reisezielen liegen Italien, Spanien, Österreich, Frankreich, Jugoslawien und die Schweiz an der Spitze. Nahezu in allen Ländern der Erde trifft man deutsche Urlauber. Die Deutschen aus der Bundesrepublik geben über 43 Milliarden DM jährlich für Auslandsreisen aus; damit sind sie – vor den US-Amerikanern – »Weltmeister im Reisen«.

Die Vielfalt der Erlebnis- und Gestaltungswünsche für den Urlaub ist fast unbegrenzt. Dies ist eine der Ursachen für den Drang vieler Deutscher in andere Länder. Jeder dritte Urlauber sucht vor allem warmes, sonniges Wetter, im Sommer wie im Winter. Während man sich früher im Urlaub und am Wochenende hauptsächlich ausruhen wollte, zieht man heute aktivere Formen der Freizeitgestaltung mit viel körperlicher Bewegung in der freien Natur vor. Das führt allerdings leicht zu Belastungen und Störungen der natürlichen Umwelt.

Die Bedeutung, die der Freizeit in der Bundesrepublik zukommt, unterstreicht auch die Gründung der Deutschen Gesellschaft für Freizeit im Jahr 1971. Diese Vereinigung befaßt sich mit Grundlagenforschung über Freizeitverhalten, mit Information, Dokumentation und Beratung; ihr sind 30 Spitzenorganisationen aus verschiedenen Bereichen angeschlossen.

Deutsche Gesellschaft für Freizeit
Neuenhausplatz 10
4006 Erkrath 1

# Religion und Kirchen

»Die Freiheit des Glaubens, des Gewissens und die Freiheit des religiösen und weltanschaulichen Bekenntnisses sind unverletzlich. Die ungestörte Religionsausübung wird gewährleistet.« Diese Bestimmung des Grundgesetzes (Artikel 4) empfindet jeder Bürger der Bundesrepublik Deutschland als selbstverständliches Grundrecht.

**Die Verteilung der Konfessionen.** Etwa 85% der Bevölkerung bekennen sich zu einer der beiden christlichen Konfessionen, und zwar ziemlich genau je die Hälfte zur römisch-katholischen und zur evangelischen Konfession; eine kleine Minderheit gehört anderen christlichen Gemeinschaften an. Der evangelische Volksteil überwiegt im Norden, der katholische im Süden der Bundesrepublik. Rheinland-Pfalz, das Saarland und Bayern sind mehrheitlich katholisch, in Baden-Württemberg und Nordrhein-Westfalen sind beide Konfessionen etwa gleich stark, in den übrigen Bundesländern überwiegen die Evangelischen.

**Historischer Hintergrund.** Die heutige Verteilung der christlichen Konfessionen stammt aus dem Zeitalter der Reformation, und dort liegen auch die Wurzeln des besonderen deutschen Verhältnisses zwischen Staat und Kirche. Nach jahrzehntelangen Kämpfen wurde im Augsburger Religionsfrieden (1555) der Grundsatz »cuius regio, eius religio« (wessen Gebiet, dessen Religion) festgelegt: Der Landesherr erhielt das Recht, die Konfession seiner Untertanen zu bestimmen. Der Westfälische Friede (1648) schränkte dieses Recht ein; fortan durften die Untertanen bei ihrem alten Glauben bleiben, wenn der Landesherr die Konfession wechselte, wie z.B. der Kurfürst von Sachsen 1697. Die enge Bindung zwischen Staat und Kirche – die u.a. darin zum Ausdruck kam, daß die evangelischen Fürsten zugleich die obersten Bischöfe ihrer Länder waren – wurde dadurch jedoch nicht aufgehoben. Sie begann sich erst im 19. Jahrhundert zu lockern. Die Weimarer Reichsverfassung von 1919 vollzog die Trennung von Staat und Kirche, ohne jedoch die historischen Bindungen restlos zu beseitigen. Die damit geschaffene Rechtslage besteht im wesentlichen noch heute, denn das Grundgesetz hat die betreffenden Bestimmungen der Weimarer Verfassung im Wortlaut übernommen.

**Kirche und Staat.** In der Bundesrepublik Deutschland gibt es keine Staatskirche. Der Staat steht den Religionen und Weltanschauungen neutral gegenüber. Die Kirchen sind jedoch keine privaten Vereinigungen, sondern öffentlich-rechtliche Körperschaften besonderer Art, die in einem partnerschaftlichen Verhältnis zum Staat stehen.

Das Verhältnis der Kirchen zum Staat ist außer durch die Verfassung durch Konkordate und Verträge geregelt. Zur Wahrnehmung ihrer Interessen gegenüber Bundesregierung und Parlament unterhalten sie Bevollmächtigte in Bonn. Die Vermögensrechte der Kirchen sind garantiert. Sie haben Anspruch auf finanzielle Leistungen des Staates; dieser zahlt z. B. Zuschüsse zur Besoldung der Geistlichen und übernimmt ganz oder teilweise die Kosten für bestimmte kirchliche Einrichtungen, z. B. Kindergärten, Krankenhäuser und Schulen. Die Kirchen haben das Recht, von ihren Mitgliedern Steuern zu erheben, die in der Regel von staatlichen Behörden gegen Erstattung der Erhebungskosten eingezogen werden. Der Austritt aus einer Kirche erfolgt durch Erklärung vor einer staatlichen Behörde. Der geistliche Nachwuchs erhält seine Ausbildung größtenteils an den staatlichen Universitäten; die Kirchen haben einen verbrieften Einfluß auf die Besetzung der theologischen Lehrstühle.

Diese weitgehenden Rechte der Religionsgemeinschaften und die nach wie vor engen Bindungen an den Staat sind nicht unumstritten. Trotz gelegentlicher Kritik bedeutet jedoch schon allein die Tätigkeit der Kirchen bei der Unterhaltung von Krankenhäusern, Alten- und Pflegeheimen, Einrichtungen der Beratung und Betreuung, Schulen und Ausbildungsstätten ein kaum ersetzbares karitatives und soziales Engagement, das aus dem öffentlichen Leben nicht mehr wegzudenken ist.

**Die evangelische Kirche.** Die Evangelische Kirche in Deutschland (EKD) ist ein Bund von 17 weitgehend selbständigen lutherischen, reformierten und unierten Landeskirchen. Die Grenzen der Kirchengebiete überschneiden sich zum Teil mit denen der Bundesländer. Oberstes Gesetzgebungsorgan ist die Synode, oberstes Leitungsorgan der Rat der EKD. Am Sitz der Bundesregierung ist die EKD durch einen Bevollmächtigten vertreten.

Von den 17 Landeskirchen sind 7 lutherisch: Bayern, Braunschweig, Hannover, die Nordelbische Kirche, Oldenburg, Schaumburg-Lippe, Württemberg; 2 reformiert: Lippe, Nordwestdeutschland; 8 uniert: Baden, Berlin (West), Bremen, Hessen und Nassau, Kurhessen-Waldeck, Pfalz, Rheinland, Westfalen. Als »reformiert« bezeichnet man eine Kirche, die auf das Bekenntnis Calvins zu-

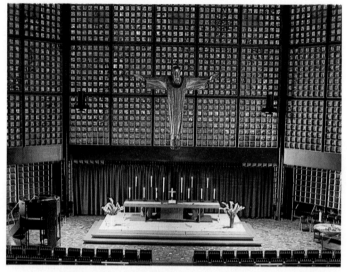

*Die evangelische Gedächtniskirche in Berlin (West)*

rückgeht, als »uniert« eine Kirche, die auf einem Zusammenschluß von Reformierten und Lutheranern beruht.

Die lutherischen Landeskirchen mit Ausnahme von Oldenburg und Württemberg sind in der Vereinigten Evangelisch-Lutherischen Kirche Deutschlands (VELKD) zusammengefaßt. Zur Evangelischen Kirche der Union (EKU) gehören die unierten Kirchen in Berlin (West), Rheinland und Westfalen. Die »Arnoldshainer Konferenz« ist eine Arbeitsgemeinschaft der unierten Landeskirchen, der beiden reformierten Landeskirchen und der lutherischen Kirche in Oldenburg.

Die EKD pflegt enge Kontakte mit dem Bund der Evangelischen Kirchen in der DDR. Im Bewußtsein ihrer gemeinsamen Verantwortung richten beide Kirchen in Lebensfragen gemeinsame Worte an die Öffentlichkeit in beiden deutschen Staaten.

Die evangelischen Kirchen in der Bundesrepublik gehören dem Ökumenischen Rat der Kirchen (Weltkirchenrat) an. Mit der römisch-katholischen Kirche besteht eine enge Zusammenarbeit. Die ökumenische Bewegung, an der die EKD starken Anteil nimmt, wächst immer mehr über das Institutionelle hinaus und wird zur Sache der einzelnen Christen. In vielen evangelischen und katholischen Gemeinden haben sich ökumenische Arbeitskreise gebildet.

Die Landeskirchen der EKD beteiligen sich – ihrer konfessionellen Prägung entsprechend – auch an der Arbeit des Lutherischen Weltbundes oder des Reformierten Weltbundes.

**Die katholische Kirche.** In der Bundesrepublik Deutschland einschließlich Berlin (West) bestehen fünf Kirchenprovinzen der römisch-katholischen Kirche. Sie umfassen 22 Bistümer, davon 5 Erzbistümer:

☐ das Erzbistum Köln mit den Bistümern Aachen, Essen, Limburg, Münster, Osnabrück, Trier;

☐ das Erzbistum Paderborn mit den Bistümern Fulda und Hildesheim;

☐ das Erzbistum München-Freising mit den Bistümern Augsburg, Passau und Regensburg;

☐ das Erzbistum Bamberg mit den Bistümern Eichstätt, Speyer und Würzburg;

☐ das Erzbistum Freiburg mit den Bistümern Mainz und Rottenburg-Stuttgart.

Berlin (West) ist Teil des Bistums Berlin.

Diese Einteilung der Diözesen stammt im wesentlichen aus dem 19. Jahrhundert; einige Bistümer wurden erst im 20. Jahrhundert

*Katholische Fronleichnamsprozession*

errichtet. Die Erzbischöfe und Bischöfe der Bundesrepublik beraten gemeinsame Fragen in der Deutschen Bischofskonferenz mit Sekretariat in Bonn. Die Impulse, die das II. Vatikanische Konzil für die Mitwirkung der katholischen Laien in der Kirche und an den Aufgaben der Kirche gegeben hat, werden von gewählten Vertretungen der Laien in die Tat umgesetzt. Die Besuche von Papst Johannes Paul II. 1980 und 1987 in der Bundesrepublik haben der ökumenischen Bewegung und dem Dialog zwischen Kirche und Staat starke Anstöße gegeben.

**Kleinere Religionsgemeinschaften.** Zu den kleineren Religionsgemeinschaften gehören insbesondere die sogenannten Freikirchen, d. h. Kirchen, für die ihr Charakter als »Freiwilligkeitskirche« im Gegensatz zur Volkskirche bestimmend ist. Die Mitgliedschaft gründet sich auf eigene Entscheidung, nicht auf die Kindertaufe.

Zwei der größten evangelischen Freikirchen, die Methodisten und die Evangelische Gemeinschaft, haben sich im Jahre 1968 zur Evangelisch-methodistischen Kirche zusammengeschlossen. Daneben gibt es den Bund Evangelisch-Freikirchlicher Gemeinden (Baptisten). Die altkatholische Kirche entstand als Abspaltung von der römisch-katholischen Kirche in den 1870er Jahren nach dem I. Vatikanischen Konzil. Die Mennonitengemeinden, die Religiöse Gesellschaft der Freunde (Quäker) und die Heilsarmee besitzen durch ihre soziale Aktivität ein nicht unbeträchtliches Gewicht.

Im Deutschen Reich wohnten 1933 etwa 530 000 Juden. Heute, nach der nationalsozialistischen Verfolgungs- und Ausrottungspolitik, gibt es 65 jüdische Gemeinden mit 28 000 Mitgliedern, deren größte die in Berlin (West) mit 6000 und Frankfurt a. M. mit knapp 5000 Mitgliedern sind. In der Bundesrepublik leben darüber hinaus etwa 15 000 Juden, die nicht Mitglieder der jüdischen Gemeinden sind. Die Dachorganisation der jüdischen Gemeinden ist der Zentralrat der Juden in Deutschland. 1979 wurde in Heidelberg eine Hochschule für jüdische Studien gegründet, die inzwischen internationale Anerkennung gefunden hat.

Durch die Anwesenheit der zahlreichen ausländischen Arbeiter und ihrer Angehörigen haben Religionsgemeinschaften, die früher in Deutschland kaum vertreten waren, stark an Bedeutung gewonnen. Das gilt für die griechisch-orthodoxe Kirche und besonders für den Islam. Heute leben in der Bundesrepublik mehr als 1,8 Millionen Moslems, zumeist Türken.

**Gemeinsames Handeln.** In den Jahren 1933-1945 haben viele evangelische und katholische Christen tapfer gegen die Hitler-Diktatur gekämpft. Stellvertretend seien hier Pastor Martin Niemöller und Bischof Clemens August Graf von Galen genannt. Die Zusammenarbeit in diesem Kampf hat das Verständnis füreinander gestärkt und die gemeinsame politische Verantwortung deutlich gemacht. Aufgrund dieser Erfahrungen wird heute von den Kirchen in hohem Maß öffentliche Verantwortung wahrgenommen, auch durch Denkschriften und andere Formen publizistischer Tätigkeit.

Auf vielfältige Weise wenden sich die Konfessionen an die Öffentlichkeit. Besonders zu nennen sind hier die beiden Laienbewegungen, der Deutsche Katholikentag (seit 1848) und der Deutsche Evangelische Kirchentag (neu seit 1949). Die karitative Arbeit der Kirchen leistet auf katholischer Seite der Deutsche Caritasverband, auf evangelischer das Diakonische Werk.

Seit dem Wiederaufbau im Inneren haben sich beide Kirchen in der Entwicklungshilfe stark engagiert. Es entstanden große kirchliche Hilfswerke, die aus freiwilligen Spenden der Gläubigen finanziert werden. So sammelten die evangelische Aktion »Brot für die Welt« und das katholische Werk »Misereor« Milliardenbeträge für die Linderung akuter Notfälle und die Verbesserung der Lebensverhältnisse, vor allem für die Förderung langfristiger Entwicklungsmaßnahmen und die Hilfe zur Selbsthilfe.

In jüngster Zeit haben sich die christlichen Kirchen – auch durch offizielle Stellungnahmen – in den Diskussionen über Frieden und Abrüstung, Ausländer- und Asylpolitik, Arbeitsmarktpolitik und Umweltschutz zu Wort gemeldet.

Kirchenamt der Evangelischen Kirche in
Deutschland
Herrenhäuser Straße 12
3000 Hannover 21

Sekretariat der Deutschen Bischofskonferenz
Kaiserstraße 163
5300 Bonn 1

Zentralrat der Juden in Deutschland
Rüngsdorfer Str. 6
5300 Bonn 2

# Zusammenschlüsse der Bürger

Das deutsche Vereins- und Verbandsleben gilt als außerordentlich vielfältig. Als vor Jahren ein Landwirt aus Niedersachsen auswanderte, um sich in Übersee eine neue Existenz aufzubauen, mußte er 33 Vereinsmitgliedschaften aufkündigen. Kaum ein erwachsener Deutscher, der nicht mehreren Vereinen angehörte!

**Vereine und Verbände.** So ist etwa jeder dritte Bundesbürger Mitglied eines Sportvereins. Es gibt 16 000 Gesangsvereine mit fast zwei Millionen Mitgliedern. Schützen und Briefmarkensammler, Hundezüchter und Brieftaubenhalter, Heimatfreunde und Kleingärtner haben sich in Tausenden von Vereinen zusammengeschlossen. Die meisten dieser Vereine dienen der Pflege gemeinsamer Hobbys, der Zerstreuung und Belehrung, auch der reinen Geselligkeit. Daneben können sie eine gewisse Bedeutung in der Lokalpolitik erlangen: im örtlichen Schützen- oder Heimatverein treffen Menschen mit unterschiedlichen Parteibindungen zwanglos zusammen; hier werden informelle Kontakte geknüpft, die sich vielleicht im Leben der Gemeinde auswirken. Eine eigentlich politische Rolle spielen diese Vereine jedoch nicht.

Anders steht es mit Vereinigungen, die handfeste materielle Interessen ihrer Mitglieder vertreten. Hierher gehören vor allem die großen Verbände der Arbeitnehmer und Arbeitgeber (siehe S. 251 bis 256). Neben ihnen bestehen zahlreiche andere Organisationen, die bestimmte berufliche, wirtschaftliche, soziale oder sonstige Ziele verfolgen. So sind Hauseigentümer, Mieter, Kriegsopfer, Autofahrer – um nur einige Gruppen zu nennen – in teilweise sehr mitgliederstarken Verbänden zusammengefaßt. Diese Interessenverbände betreiben Öffentlichkeitsarbeit, um das Publikum ihren Anliegen günstig zu stimmen, und suchen Gesetzgebung und Verwaltung in ihrem Sinne zu beeinflussen. Zweifellos ist ihr Einfluß bedeutend; doch sicherlich übertreiben jene Kritiker, die behaupten, in der Bundesrepublik bestehe eine »Herrschaft der Verbände«.

**Bürgerinitiativen.** Eine neue Form von Zusammenschlüssen sind die Bürgerinitiativen, die in den letzten Jahren in großer Zahl entstanden sind. Ihr hervorstechender Zug ist die Spontaneität: einige Bürger schließen sich ohne großen organisatorischen Aufwand zusammen, um auf die Beseitigung eines Mißstandes hinzuwirken,

weil sie sich von Behörden, Volksvertretungen, Parteien und Verbänden ungenügend unterstützt fühlen. Meist handelt es sich um
örtliche Angelegenheiten, zum Beispiel um die Erhaltung alter
Bäume, die dem Straßenbau zum Opfer fallen sollen, oder um die
Anlage eines Kinderspielplatzes. Dabei kommt es vor, daß Bürgerinitiativen einander widersprechende Ziele verfolgen (z. B. die einen
für den Bau einer Umgehungsstraße aus Gründen der Verkehrsbe-
ruhigung, die anderen gegen den Bau einer Umgehungsstraße aus
Gründen des Naturschutzes). Trotzdem haben Bürgerinitiativen,
besonders auf lokaler Ebene, eine Vielzahl ihrer Anliegen durchsetzen können, nicht zuletzt auch deshalb, weil die Bereitschaft zum
Kompromiß gegeben war. Aber auch bundesweit treten mittlerweile
Bürgerinitiativen auf. Am bekanntesten wurde hier die Bewegung
gegen den Bau von Kernkraftwerken.

Die Bundesregierung begrüßt und unterstützt Aktivitäten, die
sich mit Mißständen und Problemen unserer Gesellschaft ausein-
andersetzen. Dabei wird allerdings Gewalttätigkeit, die durch radi-

*Verein oberbayerischer Gebirgsschützen*

*Bauerndemonstration in Bonn; am Rednerpult der Präsident des Deutschen Bauernverbandes, Constantin Freiherr von Heereman*

kale Elemente in Bürgerinitiativen hineingetragen wird, als Mittel der politischen Auseinandersetzung von ihr entschieden abgelehnt.

Wichtig ist die möglichst frühzeitige aktive Teilnahme der Bürger und Bürgerinitiativen bei der Vorbereitung staatlicher Planungsentscheidungen. In einigen Gesetzen, z. B. im Bundesbaugesetz, ist eine solche Beteiligung bereits vorgesehen, und die Möglichkeiten dazu sollen noch erweitert werden. In vielen Fällen haben Bürgerinitiativen dazu beigetragen, Probleme deutlich zu machen, Konflikte zu vermeiden, Interessen auszugleichen und die Entscheidungen der staatlichen Organe zu verbessern.

# Massenmedien und öffentliche Meinung

Das Grundgesetz garantiert das Recht der freien Meinungsäußerung und die Pressefreiheit sowie das Recht, sich aus allen offen zugänglichen Quellen zu informieren (Artikel 5). Eine Zensur gibt es in der Bundesrepublik Deutschland nicht.

**Aufgabe der Massenmedien.** Man hat die Presse – und in weiterem Sinne alle Massenmedien – als »vierte Gewalt« neben Parlament, Regierung und Gerichtsbarkeit bezeichnet. In der Tat kommt den Massenmedien in der modernen Gesellschaft eine überaus wichtige Aufgabe zu. Sie sollen dem Bürger komplizierte Entwicklungen auf allen Gebieten überschaubar machen und ihm helfen, die Tätigkeit der Parlamente, der Regierungen und der Verwaltung zu verstehen und zu kontrollieren. Aus dieser Aufgabe erwächst den Massenmedien eine hohe Verantwortung. Das Bundesverfassungsgericht hat in einem für diesen Bereich grundlegenden Urteil dazu ausgeführt:

»Eine freie, nicht von der öffentlichen Gewalt gelenkte, keiner Zensur unterworfene Presse ist ein Wesenselement des freiheitlichen Staates; insbesondere ist eine regelmäßig erscheinende Presse für die moderne Demokratie unentbehrlich. Soll der Bürger Entscheidungen treffen, muß er umfassend informiert sein, aber auch die Meinungen kennen und gegeneinander abwägen können, die andere sich gebildet haben. Die Presse hält diese ständige Diskussion in Gang, sie beschafft die Information, nimmt selbst dazu Stellung und wirkt damit als orientierende Kraft in der öffentlichen Auseinandersetzung.«

**Wettstreit der Medien.** Presse, Hörfunk und Fernsehen stehen im Kampf um die Gunst des Publikums. 1986 waren in der Bundesrepublik Deutschland 26 Millionen Rundfunk- und 23 Millionen Fernsehgeräte angemeldet. Somit besaßen 98% aller Haushalte ein Rundfunkgerät und 87% ein Fernsehgerät. Täglich werden 21 Millionen Tageszeitungsexemplare verkauft. Vier von fünf Bundesbürgern lesen regelmäßig eine Tageszeitung.

Nur etwa 5% der Bevölkerung werden von keinem Medium erreicht. Die große Mehrheit unterrichtet sich regelmäßig durch zwei oder sogar drei Medien. Wie sich aus Umfragen ergibt, beziehen die meisten Bürger ihre politischen Informationen zunächst aus dem Fernsehen und vertiefen sie dann durch Lektüre einer Tageszeitung.

**Nachrichtenquellen.** Die Massenmedien erhalten ihre Informationen sowohl durch eigene Korrespondenten als auch durch die Nachrichtenagenturen des In- und Auslandes. Neben der Deutschen Presseagentur (dpa, Hamburg) und dem Deutschen Depeschendienst (ddp, Bonn) gibt es deutschsprachige Dienste von Associated Press (ap, Frankfurt), Agence France Presse (afp, Bonn) und Reuters (Bonn). Die Kirchen verbreiten über den Evangelischen Pressedienst (epd, Frankfurt) und die Katholische Nachrichten-Agentur (KNA, Bonn) vor allem Nachrichten aus dem kirchlichen Leben. Wichtige Spezialinformationen bieten die Vereinigten Wirtschaftsdienste (VWD, Frankfurt) und der Sport-Informationsdienst (sid, Düsseldorf) an. Außerdem bemühen sich die Parteien, die Organisationen der Arbeitgeber und der Arbeitnehmer sowie eine große Zahl von Verbänden und Organisationen, durch Presse- und Informationsdienste zielgerichtet den Medien Informationen anzubieten.

Die in Bonn tätigen rund 480 deutschen Journalisten sind in der Bundespressekonferenz, die etwa 380 ausländischen Journalisten im Verein der Auslandspresse zusammengeschlossen. Beide arbeiten in völliger Unabhängigkeit von den Behörden. Das Presse- und Informationsamt der Bundesregierung (Bundespresseamt) versteht sich als Mittler zwischen Regierung und Öffentlichkeit. Das Amt unterrichtet den Bundespräsidenten und die Bundesregierung, aber auch die Abgeordneten des Deutschen Bundestages über Vorgänge in der öffentlichen Meinung des In- und Auslandes. Die Journalisten erhalten von ihm und von den Pressestellen der Ministerien Informationen über die Tätigkeit der Bundesregierung. Geleitet wird das Bundespresseamt von einem dem Bundeskanzler unmittelbar unterstehenden Staatssekretär, der zugleich Regierungssprecher ist.

**Meinungsforschung.** Was sich an Meinungen in den Massenmedien niederschlägt, wird oft als »veröffentlichte Meinung« bezeichnet. Damit soll ausgedrückt werden, daß nur die professionellen Meinungsmacher wie Politiker, Journalisten oder Verbände die Chance der stetigen Veröffentlichung haben. Diese Gruppen können aber nur mutmaßen, was ihr Publikum tatsächlich meint.

Die Meinung der Bevölkerung mit wissenschaftlichen Mitteln zu erkunden, ist das Ziel der Meinungsforschung (»Demoskopie«). Sie wird in der Bundesrepublik Deutschland systematisch von einer

Anzahl privater Institute betrieben und ist inzwischen recht populär geworden. Für ihre Ergebnisse interessieren sich Politiker und Massenmedien gleichermaßen.

Am stärksten in den Blickpunkt der Öffentlichkeit treten Meinungsumfragen anläßlich von Wahlen. Die Prognosen der Meinungsforschungsinstitute in der Bundesrepublik haben einen hohen Grad an Zuverlässigkeit erreicht, wenn auch Voraussagen bei knappem Wahlausgang recht schwierig zu treffen sind. Aus den Wahlergebnissen selber versuchen dann Wahlanalytiker mit Hilfe weiterer Wählerbefragungen die Gründe für die Entscheidungen der Bürger zu finden. Parteien und Politiker erfahren dadurch, wie die Bürger ihre Politik bewerten.

Trotz aller Einwände gegen die Genauigkeit und mögliche negative Nebenwirkungen der Meinungsforschung ist ihr Wert für die Politik unbestritten. Dabei kommt Erhebungen besondere Bedeutung zu, die in der Öffentlichkeit weniger Aufmerksamkeit finden als Wahlprognosen, die aber die Notwendigkeit langfristig wirksamer politischer Programme deutlich machen. Die Bundesregierung, aber auch die Landesregierungen haben in den letzten Jahren zahlreiche Untersuchungen veranlaßt – z.B. über die Einstellung zur Kernenergie, über Ursachen und Folgen der Arbeitslosigkeit, über Freizeitverhalten, Jugendprobleme und Bildungsabsichten –, deren Ergebnisse die praktische Politik beeinflußt haben.

# Die Presse

Man darf die Deutschen zu den zeitungsfreudigsten Völkern zählen. In der »Medienlandschaft« der Bundesrepublik Deutschland hat die Zeitung auch nach dem Aufkommen des Fernsehens ihren Platz behauptet. Die Zahlen beweisen es: Die Verkaufsauflage aller Tageszeitungen stieg von reichlich 13 Millionen im Jahre 1954 auf 20,7 Millionen im Jahre 1987.

**Abonnement und Straßenverkauf.** Bis Anfang der fünfziger Jahre wurden deutsche Tageszeitungen überwiegend im Abonnement abgesetzt. »Boulevardzeitungen« waren in erster Linie in den Großstädten bekannt, stellten aber eine Randerscheinung im Gesamtbild der Tagespresse dar. Die 1952 von dem Hamburger Verleger Axel Springer gegründete »Bild«-Zeitung leitete den raschen Aufstieg der Straßenverkaufsblätter ein; »Bild« erreichte schon nach einem Jahr die Millionengrenze. Heute liegt die Druckauflage bei über 5 Millionen. Die größte Abonnementszeitung, die »Westdeutsche Allgemeine«, hat eine Auflage von 667 000 Exemplaren.

Die Straßenverkaufsblätter haben jedoch die Abonnementsblätter nicht verdrängt: Sieben von zehn verkauften Zeitungen werden noch immer im Abonnement bezogen. Die Straßenverkaufszeitung wird meist als Zweitzeitung gekauft. Im gesamten Bundesgebiet verbreitet als Abonnementszeitungen sind »Die Welt« (konservativ) und die »Frankfurter Allgemeine Zeitung« (konservativ-liberal). Überregionale Geltung haben auch die »Süddeutsche Zeitung« (liberal) und die »Frankfurter Rundschau« (linksliberal).

**Pressekonzentration.** Die Presse der Bundesrepublik liegt in den Händen privatwirtschaftlicher Unternehmen. Den Markt der Tagespresse teilen sich 375 Verlage. Sie verbreiten etwa 1270 unterschiedliche Ausgaben von Zeitungen. Historisch betrachtet ist das wenig; denn 1932 gab es im Gebiet der heutigen Bundesrepublik 2889 Zeitungen – mehr als das Doppelte von heute. Viele kleine Lokal- und Parteizeitungen sind verschwunden. Es war in vielen Fällen nicht möglich, einen kostendeckenden Vertriebspreis durchzusetzen, zumal sich das Anzeigenaufkommen immer stärker auf die auflagenstarken Blätter konzentrierte.

Die »Pressekonzentration« äußert sich heute vor allem im Rückgang der »Vollredaktionen«. Man versteht darunter Redaktionen, die ihr Blatt völlig selbständig produzieren. Ihre Zahl ist von 1954 bis 1987 von 225 auf 121 zurückgegangen. Die Mehrzahl aller Tageszeitungen ist redaktionell nicht mehr selbständig, d. h., diese Blätter beziehen einen mehr oder weniger großen Teil ihres redaktionellen Inhalts von einer anderen Zeitung.

Das Bestreben der Verlage, zu wirtschaftlich stabilen Betriebsgrößen zu gelangen, hat zu Fusionen und finanziellen Verflechtungen geführt. Aufgrund dieser Entwicklung haben in verschiedenen regionalen Märkten wirtschaftlich und technisch führende Verlage ihre Konkurrenten verdrängt; deshalb können Bürger in vielen Städten nicht mehr zwischen zwei oder mehreren Tageszeitungen mit unterschiedlichen lokalen Informationen und politischer bzw. weltanschaulicher Ausrichtung wählen.

Vielfach wird die Meinung vertreten, daß der mit dem Konzentrationsprozeß verbundene Verlust an Vielfalt und Unabhängigkeit eine Gefahr für die Pressefreiheit bedeute. In diesem Zusammenhang ist das Problem der »inneren Pressefreiheit« diskutiert worden. Es geht dabei um Fragen wie die, ob der Eigentümer einer Zeitung beliebig in die Redaktionsarbeit eingreifen und etwa den Redakteuren eine bestimmte politische Orientierung vorschreiben darf. Die Journalisten streben nach größerer Selbständigkeit gegenüber dem Verleger und wünschen beispielsweise ein Mitspracherecht bei der Ernennung des Chefredakteurs. Bei einigen Blättern sind diese Fragen durch Vereinbarungen über »Redaktionsstatute« geregelt worden.

**Die politischen Wochenblätter.** Der täglich mit Einzelinformationen überschüttete Leser und Hörer sucht in politischen Wochenblättern wie »Die Zeit«, »Rheinischer Merkur« und »Deutsches Allgemeines Sonntagsblatt« ordnende Übersicht, Wertung und Orientierung über Hintergründe. Die parteigebundene Presse spielt – anders als zur Zeit der Weimarer Republik – keine große Rolle mehr. Das Nachrichtenmagazin »Der Spiegel« ist ohne Gegenstück in der Presselandschaft der Bundesrepublik. Es ist ursprünglich dem amerikanischen Nachrichtenmagazin »Time« nachgebildet. Mit seinen »Enthüllungen« und seiner mitunter respektlosen Kritik hat sich der »Spiegel« manche Feinde geschaffen.

**Die Zeitschriftenpresse.** Die Zahl der Zeitschriften, die in der Bundesrepublik Deutschland erscheinen, ist mit etwa 9500 anzusetzen. Zu dieser Gruppe von Presseerzeugnissen gehören Unterhaltungszeitschriften, Fachzeitschriften, Werk-, Haus- und Kundenzeitschriften, aber auch die Mitgliederzeitschriften kleiner Vereine und großer Verbände. Manche dieser Verbandszeitschriften haben nur

**Verkaufsauflage wichtiger Presseorgane** *(1987)*

*Tageszeitungen* (* mit Anschlußzeitungen)

| | |
|---|---:|
| Bild (Hamburg) | 4 754 200 |
| Westdeutsche Allgemeine (Essen) | 666 600 |
| Hannoversche Allgemeine * | 435 400 |
| Express (Köln) | 434 900 |
| Südwest Presse (Ulm) * | 412 400 |
| Rheinische Post (Düsseldorf) | 393 400 |
| Süddeutsche Zeitung (München) | 367 200 |
| Frankfurter Allgemeine | 354 800 |
| Augsburger Allgemeine * | 349 800 |
| Nürnberger Nachrichten | 313 700 |
| B.Z. (Berlin) | 306 400 |
| Ruhr-Nachrichten (Dortmund) | 297 700 |
| Hamburger Abendblatt | 290 100 |
| Kölner Stadt-Anzeiger | 274 600 |
| Stuttgarter Nachrichten * | 261 600 |
| Münchner Merkur * | 251 700 |
| Abendzeitung (München) | 251 500 |
| Westdeutsche Zeitung (Düsseldorf) * | 250 200 |
| Die Rheinpfalz (Ludwigshafen) | 247 600 |
| Rhein-Zeitung (Koblenz) | 232 800 |
| Hessische/Niedersächsische Allgemeine (Kassel) | 230 800 |
| Neue Westfälische (Bielefeld) * | 221 900 |
| Nordwest-Zeitung (Oldenburg) | 217 300 |
| Die Welt (Bonn) | 215 000 |
| Westfälische Nachrichten (Münster) * | 212 100 |
| Westfälische Rundschau (Dortmund) | 208 800 |

*Wochenblätter und aktuelle Sonntagszeitungen*

| | |
|---|---:|
| Bild am Sonntag (Hamburg) | 2 259 500 |
| Die Zeit (Hamburg) | 461 000 |
| Bayernkurier (München) | 156 100 |
| Deutsches Allgemeines Sonntagsblatt (Hamburg) | 120 700 |
| Rheinischer Merkur (Koblenz) | 113 400 |

*Nachrichtenmagazin*

| | |
|---|---:|
| Der Spiegel (Hamburg) | 986 400 |

eine Auflage von 250 Exemplaren, während die größte von ihnen, die Zeitschrift des Allgemeinen Deutschen Automobil-Clubs (ADAC), auf über 8 Millionen Exemplare kommt.

Auf dem Markt der Unterhaltungspresse tendieren die Verlage am meisten zu Konzernbildungen. So hat sich die Gruppe der aktuellen Illustrierten auf vier Titel verkleinert, die wöchentlich jeweils zwischen 1 und 1,4 Millionen Exemplaren verbreiten. Die auflagenstärksten von ihnen sind der »Stern« und die »Bunte«.

Die verkaufte Gesamtauflage der über 400 Publikumszeitschriften beträgt ungefähr 104 Millionen Exemplare.

**Die großen Verlage.** Wie bereits erwähnt, hat die wirtschaftliche Entwicklung auf dem Pressemarkt zur Bildung bedeutender Verlage geführt. Im Sektor der Tagespresse ist vor allem die Axel Springer AG zu nennen, deren Anteil am Zeitungsmarkt von rund einem Fünftel allerdings durch die hohe Auflage von »Bild« bestimmt ist. Im Markt der Sonntagszeitungen ist die Axel Springer AG beinahe konkurrenzlos mit »Welt am Sonntag« und »Bild am Sonntag«. Wirtschaftliche und publizistische Macht konzentriert sich auch bei der Verlagsgruppe der »Westdeutschen Allgemeinen Zeitung«, der Gruppe Süddeutscher Verlag, dem Verlag DuMont Schauberg und dem Societäts-Verlag. Sehr viel bedeutsamer, was die wirtschaftliche Macht und die mögliche publizistische Wirksamkeit angeht, sind die Verlage auf dem Sektor der Zeitschriftenpresse, vor allem der Publikumszeitschriften. Hier stehen an der Spitze die Gruppe um den Bauer-Verlag und die Burda-Gruppe; auch in diesem Pressesektor ist die Verlagsgruppe Axel Springer AG tätig, die wiederum wirtschaftlich mit dem Burda-Verlag verflochten ist. Der umsatzstärkste Medienkonzern ist die Bertelsmann AG. Sie umfaßt Buch- und Schallplattengemeinschaften, Buch- und Zeitschriftenverlage, Unternehmen im Bereich von Musikproduktion, Film und Fernsehen sowie Druckereien.

Bundesverband Deutscher Zeitungsverleger
Riemenschneiderstr. 10
5300 Bonn 2

Verband Deutscher Zeitschriftenverleger
Winterstr. 50
5300 Bonn 2

Deutscher Journalisten-Verband
Bennauerstr. 60
5300 Bonn 1

Deutsche Journalisten-Union in der IG Druck und Papier
Friedrichstr. 15
7000 Stuttgart 1

Deutscher Presserat
Wurzerstr. 46
5300 Bonn 2

# Hörfunk und Fernsehen

Der Rundfunk – unter dieser Bezeichnung werden Hörfunk und Fernsehen zusammengefaßt – ist in der Bundesrepublik Deutschland nicht in der Hand des Staates. Die Rundfunkordnung und die Gewährleistung der Freiheit des Rundfunks werden durch Gesetz geregelt. Lange Zeit bestand ein Monopol der öffentlich-rechtlichen Rundfunkanstalten; sie allein konnten Hörfunk- und Fernsehsendungen produzieren. In den achtziger Jahren hat sich dann eine »duale Rundfunkordnung« mit einem geregelten Nebeneinander von öffentlich-rechtlichem und privatem Rundfunk herausgebildet. Meilensteine auf diesem Weg waren zwei grundlegende Urteile des Bundesverfassungsgerichts von 1981 und 1986, die seit 1984 erlassenen Landesrundfunkgesetze und ein 1987 zwischen den Bundesländern geschlossener Staatsvertrag zur Neuordnung des Rundfunkwesens. In seinem Urteil von 1986 hat das Bundesverfassungsgericht dem öffentlich-rechtlichen Rundfunk die Aufgabe der »Grundversorgung« zugewiesen, dem privaten Rundfunk die Aufgabe einer »ergänzenden Versorgung«. Gegenwärtig bieten mehrere private Veranstalter Fernsehprogramme an, die von einer wachsenden Zahl von Haushalten empfangen werden können.

**Die öffentlich-rechtlichen Rundfunkanstalten.** In der Bundesrepublik gibt es neun Landesrundfunkanstalten, zwei Anstalten des Bundesrechts (Deutschlandfunk und Deutsche Welle) und die An-

**Öffentlich-rechtliche Rundfunkanstalten**

---

Bayerischer Rundfunk (München)
Hessischer Rundfunk (Frankfurt a. M.)
Norddeutscher Rundfunk (Hamburg)
Radio Bremen (Bremen)
Saarländischer Rundfunk (Saarbrücken)
Sender Freies Berlin (Berlin)
Süddeutscher Rundfunk (Stuttgart)
Südwestfunk (Baden-Baden)
Westdeutscher Rundfunk (Köln)

Deutsche Welle (Köln)
Deutschlandfunk (Köln)

Zweites Deutsches Fernsehen (Mainz)

---

stalt Zweites Deutsches Fernsehen (ZDF), die auf einen Staatsvertrag aller Bundesländer zurückgeht. Die Landesanstalten wirken in der Arbeitsgemeinschaft der öffentlich-rechtlichen Rundfunkanstalten Deutschlands (ARD) zusammen. Jede von ihnen strahlt mehrere Hörfunkprogramme aus. Gemeinsam betreiben sie ein Fernsehprogramm, das offiziell »Deutsches Fernsehen« heißt, aber allgemein »Erstes Programm« genannt wird und im gesamten Bundesgebiet empfangen werden kann. Daneben produzieren sie regionale »Dritte Programme« für das Fernsehen. Das ZDF ist eine reine Fernsehanstalt mit Sitz in Mainz und strahlt das »Zweite Programm« bundesweit aus.

Seit 1985/86 strahlen die öffentlich-rechtlichen Anstalten auch Satellitenprogramme aus, die über Kabel empfangen werden können: »3sat« ist ein Gemeinschaftsprogramm des ZDF mit dem Österreichischen Rundfunk (ORF) und der Schweizerischen Radio- und Fernsehgesellschaft (SRG); »1Plus« wird von der ARD veranstaltet.

Der Deutschlandfunk und die Deutsche Welle haben die Aufgabe, mit ihren Hörfunksendungen ein umfassendes Bild Deutschlands zu vermitteln. Sie senden in deutscher Sprache und in mehreren Dutzend Fremdsprachen.

**Selbstverwaltung und Rundfunkfreiheit.** Die Selbstverwaltung des öffentlich-rechtlichen Rundfunks ist bei allen Anstalten im Prinzip gleichartig. Die drei wichtigsten Organe sind folgende: 1. Der Rundfunkrat bzw. Fernsehrat setzt sich aus Repräsentanten aller bedeutsamen politischen, weltanschaulichen und gesellschaftlichen Gruppen zusammen. Er behandelt Grundsatzfragen der Anstalt und wählt den Intendanten. 2. Der Verwaltungsrat überwacht die laufende Geschäftsführung der Anstalt. 3. Der Intendant leitet die gesamte Geschäftsführung einschließlich der Programmgestaltung.

Diese Selbstverwaltung gewährleistet die Unabhängigkeit des Rundfunks von den staatlichen Organen. Allerdings schließt sie nicht jede politische Einwirkung aus. Obwohl die Aufsichtsgremien nicht ausschließlich von den politischen Parteien beschickt werden, hat sich in ihnen eine Art Parteienproporz herausgebildet, der besonders bei der Besetzung der leitenden Positionen der Anstalten – Intendant, Programmdirektor, Chefredakteur usw. – wirksam wird. Die Anstalten sind verpflichtet, keine Richtung zu bevorzugen und inhaltliche Ausgewogenheit zu wahren. »Innere Rundfunkfreiheit«, d. h. die Möglichkeit, profilierte Meinungen auszusprechen, ist in weitem Umfang gegeben. Den Rundfunkanstalten ist gesetzlich die Verpflichtung auferlegt, der Meinungsfreiheit aller die gleiche Chance einzuräumen.

**Die Programme.** Jede Landesrundfunkanstalt gestaltet zwei bis vier kontrastierende Hörfunkprogramme. Diese enthalten eine Vielfalt von Sendungen in den Bereichen Unterhaltung, Musik, Politik, Sport, regionale Berichterstattung, Hörspiel, Funkoper u. a. Die meisten Sender veranstalten wissenschaftliche und literarische Sendereihen. Spezielle Sendungen für Gastarbeiter werden in den jeweiligen Sprachen ausgestrahlt. Die von Rundfunkanstalten unterhaltenen Orchester, Chöre und Ballette sind in vielen Städten von Bedeutung für das kulturelle Leben.

In den Fernsehprogrammen von ARD und ZDF nehmen die politische Berichterstattung, die Inlands- und Auslandsdokumentation sowie Fernsehspiele, Filme und Unterhaltungssendungen einen großen Raum ein. Für ihre Auslandsberichterstattung verfügen ARD und ZDF über ausgedehnte Korrespondentennetze und in vielen Ländern über eigene Studios.

Die Dritten Programme des Fernsehens werden von den ARD-Anstalten regional ausgestrahlt und stellen entsprechend die regionalen Aspekte in den Vordergrund. Sie bringen z. B. eine ausführliche Berichterstattung über die Politik in den Bundesländern oder über das kulturelle Leben auf regionaler Ebene. Eine besondere Bedeutung haben die Dritten Programme im Bildungs- und Erziehungswesen. Die meisten ARD-Anstalten strahlen ein regelmäßiges Schulfernsehen aus; außerdem gibt es Aufbaukurse für verschiedene Bildungswege.

Das Farbfernsehen ist in der Bundesrepublik Deutschland 1967 eingeführt worden. Es verwendet das hier entwickelte PAL-System. Heute wird nur noch ein kleiner Teil der Sendungen in Schwarzweiß ausgestrahlt. Mehr als 80% der angemeldeten Fernsehempfänger sind Farbgeräte.

**Die Finanzierung.** Die Ausgaben der öffentlich-rechtlichen Rundfunkanstalten werden in erster Linie aus den Gebühren der Rundfunkhörer und Fernsehzuschauer gedeckt. 1986 gab es 26 Millionen Hörfunkteilnehmer und über 23 Millionen Fernsehteilnehmer. Die Einnahmen aus den Fernsehgebühren werden im Verhältnis 70:30 zwischen den ARD-Anstalten und dem ZDF aufgeteilt. Da die einzelnen Anstaltsbereiche unterschiedlich groß sind, leisten die größeren ARD-Rundfunkanstalten im Rahmen eines Finanzausgleichs Beiträge zu den Etats der kleineren Anstalten. Wichtig sind auch die Erträge aus Werbesendungen. 1986 kamen bei der ARD über 20% aller Einnahmen aus der Werbung, beim ZDF waren es fast 50%.

**Der private Rundfunk.** Seit Mitte der achtziger Jahre gewinnt der private Rundfunk in der Bundesrepublik Deutschland immer mehr an Bedeutung. Die Entwicklung ist noch im Fluß, feste Formen sind noch nicht überall gefunden. Es gibt bereits eine ganze Reihe privater Hörfunksender, die größtenteils ein lokales oder regionales Verbreitungsgebiet haben. Die beiden wichtigsten privaten Fernsehanstalten sind »RTL plus« mit Sitz in Köln und »SAT 1« in Mainz. Sie bieten Vollprogramme mit unterhaltenden, kulturellen und informierenden Beiträgen. Ihre Sendungen werden über Satellit verbreitet und können bundesweit über Kabel empfangen werden. Auf demselben Wege werden auch eine Reihe ausländischer Fernsehprogramme angeboten. Die privaten Fernsehsender werden von Firmenkonsortien betrieben, an denen vor allem Verlagsunternehmen beteiligt sind. Sie sollen sich ausschließlich durch Werbeeinnahmen finanzieren, arbeiten aber zur Zeit, in der Anlaufphase, noch mit Verlusten.

Nach dem Urteil des Bundesverfassungsgerichts von 1986 darf der Privatfunk ebensowenig wie die öffentlich-rechtlichen Anstalten eine einseitige Meinungsbeeinflussung betreiben. Er muß in seinen Programmen einen »Grundstandard an Meinungsvielfalt« gewährleisten. Allerdings werden an ihn dabei nicht so hohe Anforderungen gestellt wie an den öffentlich-rechtlichen Rundfunk.

**Medienlandschaft im Umbruch.** Auf den vorangegangenen Seiten ist mehrfach von Kabel- und Satellitenempfang die Rede gewesen. Das zeigt, daß sich die Medienlandschaft der Bundesrepublik Deutschland in einer tiefgreifenden Veränderung befindet. Die Deutsche Bundespost hat schon Ende der siebziger Jahre damit begonnen, Breitbandkabel zum Empfang von Hörfunk- und Fernsehprogrammen zu verlegen, zunächst allerdings nur dort, wo sonst kein zufriedenstellender Empfang zu erreichen war. Seit 1983 baut die Post ihre Kabelnetze mit großer Geschwindigkeit weiter aus. Heute (Mitte 1987) nutzen schon 2,7 Millionen Haushalte den Kabelanschluß. In die Kabelnetze werden Satellitenprogramme eingespeist. Wer einen Kabelanschluß hat, kann bis zu 17 Programme öffentlich-rechtlicher und privater Anbieter aus dem In- und Ausland empfangen – eine bisher nicht gekannte Programmvielfalt. Als Ergänzung zu den Kabelnetzen wird in Zukunft der individuelle Empfang von Satellitenprogrammen möglich sein, die über den Fernsehsatelliten TV-SAT abgestrahlt werden. Diese Programme können mit kleinen Parabolantennen von jedermann direkt empfangen werden; zugleich werden sie aber in die Kabelnetze der Post eingespeist.

Weitere neue Informationstechniken finden zunehmend Eingang in die Haushalte. Die Post bietet »Bildschirmtext« an, ein System, bei dem man über die Telefonleitung Dialogverkehr mit den verschiedensten Anbietern führen kann. Man kann zum Beispiel den Börsenbericht oder Sportmeldungen abrufen oder selbst eine Buchung auf seinem Girokonto vornehmen. Die öffentlich-rechtlichen Fernsehanstalten bieten »Videotext« an, einen Dienst, der mit den Fernsehsignalen übertragen wird. Hier ist kein Dialogverkehr möglich, sondern nur der Abruf von schriftlichen Meldungen, die dann auf dem Bildschirm erscheinen. So können Nachrichten, Wetterberichte, Programmtermine u. a. abgefragt werden. Hörgeschädigte Zuschauer können auf diese Weise auch schriftliche Untertitel zu bestimmten Sendungen abfragen.

# Bildung
# Wissenschaft
# Kultur

Kulturelle Vielfalt
Die Schule
Die berufliche Bildung
Die Hochschulen
Forschung
Weiterbildung
Zeitgeist: Tendenzen
der letzten Jahrzehnte
Das literarische Leben
Buchhandel und Bibliotheken
Die bildenden Künste
Die Baukunst
Museen, Sammlungen, Ausstellungen
Das Musikleben
Das Theater
Der Film
Festspiele

# Kulturelle Vielfalt

Deutschland hat immer aus einer Anzahl mehr oder weniger selbständiger Territorien bestanden. Die föderative Struktur ist eine Grundtatsache der deutschen Geschichte. Es gibt kaum einen Bereich, in dem sie sich nicht ausgewirkt hätte; deshalb ist auch an vielen Stellen dieses Buches von ihr die Rede. Aber auf keinem Gebiet hat sich diese deutsche Besonderheit so ausgeprägt erhalten wie auf dem der Kultur. Den Tendenzen zur Zentralisierung, die auch Deutschland nicht fremd waren, hat das kulturelle Leben am erfolgreichsten widerstanden.

Im Unterschied zu seinen Nachbarn hat Deutschland niemals eine wirkliche Metropole besessen, einen beherrschenden Mittelpunkt, in dem sich das ganze öffentliche Leben der Nation konzentrierte. Berlin war nur reichlich sieben Jahrzehnte lang die Hauptstadt des Reiches; das war eine zu kurze Zeit, um die dominierende Stellung von Paris oder London zu erlangen. Für die kulturelle Entwicklung war dieses Fehlen eines Zentrums ein Gewinn. Deutschland wurde auf diese Weise ein Land mit vielen Mittelpunkten.

Um sich das zu vergegenwärtigen, braucht man nur aufzuzählen, wo verschiedene kulturelle Institutionen und Aktivitäten ihren Sitz haben. Die zentrale Bibliothek der Bundesrepublik Deutschland befindet sich in Frankfurt; dort hat auch der Verlagsbuchhandel sein Zentrum. Die größte Konzentration von Presseunternehmen hat Hamburg aufzuweisen. Die meisten Bühnen gibt es in München. Das zentrale Staatsarchiv der Bundesrepublik hat seinen Sitz in Koblenz. Akademien der Wissenschaften bestehen in Düsseldorf, Göttingen, Heidelberg, Mainz und München. Die bedeutendsten Museen besitzt die alte Reichshauptstadt Berlin. Das wichtigste Literaturarchiv hat sein Domizil in der württembergischen Kleinstadt Marbach am Neckar.

Dem kulturellen Polyzentrismus ist es zu verdanken, daß es in der Bundesrepublik so etwas wie abgelegene, verödete »Provinz« kaum gibt. Man muß nicht Hunderte von Kilometern fahren, um gutes Theater zu sehen oder gute Musik zu hören. In mittelgroßen Städten findet man mitunter erstaunlich wertvolle Bibliotheken oder interessante Kunstsammlungen. Ob nun Fürsten zur Zeit des Absolutismus den Ehrgeiz hatten, ihre Residenzen zu Kulturzentren zu machen, oder ob selbstbewußte Bürger in ihren Mauern den Künsten und Wissenschaften eine Heimstatt bieten wollten – der heutige Bundesbürger profitiert von diesen Bemühungen und genießt ein vielfältiges kulturelles Angebot.

Die Errichtung und Erhaltung der meisten kulturellen Einrichtungen in der Bundesrepublik Deutschland obliegt den Gemeinden. Die Gesetzgebung in kulturellen Angelegenheiten ist – von wenigen Ausnahmen abgesehen – Sache der Länder. Jedes Bundesland besitzt ein großes Maß von Selbständigkeit in der Gestaltung seines Schulwesens. Hier nun zeigt sich, daß der Kulturföderalismus auch seine Schattenseiten hat. Da die Lehrpläne und die Abschlüsse der Schulen von Land zu Land teilweise stark voneinander abweichen, können sich Probleme ergeben, wenn eine Familie in ein anderes Land umzieht und die Kinder dort keinen »Anschluß« finden. Auch auf anderen Gebieten des Bildungswesens hat die föderative Struktur zu Schwierigkeiten geführt.

Vorkehrungen, die das notwendige Zusammenwirken gewährleisten, sind deshalb von großer Bedeutung. Hier nimmt schon seit langem die Ständige Konferenz der Kultusminister der Bundesländer wichtige Aufgaben wahr. Auf einigen Gebieten, vor allem im Hochschulwesen, hat der Bund die Befugnis erhalten, Rahmenvorschriften zu erlassen, die dann von den Ländern auszufüllen sind. Speziell für Zukunftsaufgaben ist die Bund-Länder-Kommission für Bildungsplanung und Forschungsförderung geschaffen worden. Alle diese Einrichtungen und Bemühungen dienen dem Ziel, das für ein modernes, effizientes Bildungswesen notwendige Maß an Einheitlichkeit zu sichern, ohne auf die fruchtbare Vielfalt zu verzichten, der das deutsche Kulturleben so viel verdankt.

# Die Schule

Schulfragen können in der Bundesrepublik stets mit öffentlicher Aufmerksamkeit rechnen und werden häufig in den Massenmedien erörtert. Im Mittelpunkt des Interesses stehen die Strukturen des Schulwesens, die Lerninhalte und die Methoden des Unterrichts.

**Grundlagen.** Nach dem Grundgesetz steht das gesamte Schulwesen unter der Aufsicht des Staates; das gilt auch für die privaten Schulen.

Zuständig für Schulangelegenheiten sind überwiegend die Bundesländer; daher gibt es von Land zu Land Unterschiede. Für die notwendige Angleichung sorgen Staatsverträge zwischen den Ländern, und zur Beratung gemeinsamer Fragen tritt regelmäßig die Ständige Konferenz der Kultusminister zusammen. Eine gemeinsame Bildungsplanung soll in der Bund-Länder-Kommission für Bildungsplanung und Forschungsförderung erreicht werden.

In der Bundesrepublik Deutschland besteht Schulpflicht vom vollendeten 6. bis zum 18. Lebensjahr, also für zwölf Jahre, wobei neun (in einigen Bundesländern zehn) Jahre lang eine Vollzeitschule und danach die Berufsschule in Teilzeitform besucht werden muß. Der Besuch aller öffentlichen Schulen ist kostenlos. Die Lernmittel, d. h. vor allem Schulbücher, werden den Schülern zum Teil ebenfalls kostenlos zur Verfügung gestellt. Bedürftige Schüler können Unterstützung nach dem Bundes-Ausbildungsförderungsgesetz (BAföG) erhalten, wenn sie wegen zu großer Entfernung zwischen Ausbildungsstätte und Elternhaus auswärts untergebracht werden müssen.

Der Religionsunterricht ist nach dem Grundgesetz ordentliches Lehrfach. Vom 14. Lebensjahr an kann der Schüler selbst entscheiden, ob er daran teilnehmen will. Bekenntnisschulen – d. h. Schulen, in denen der gesamte Unterricht auf ein bestimmtes religiöses Bekenntnis ausgerichtet ist – haben in den letzten Jahrzehnten an Bedeutung verloren. Auch hier ist die Lage von Land zu Land unterschiedlich; in den meisten Ländern ist eine Form der »christlichen Gemeinschaftsschule« eingeführt worden. Es handelt sich dabei um eine Schule, in der nur der Religionsunterricht getrennt nach Konfessionen erteilt wird. In der Regel besuchen Jungen und Mädchen gemeinsame Klassen; der Sportunterricht wird in höheren Jahrgangsstufen nach Geschlechtern getrennt erteilt.

**Der Kindergarten.** Der Kindergarten ist eine deutsche Einrichtung, die von vielen Ländern übernommen wurde (sogar das Wort ist in andere Sprachen eingegangen). Er unterstützt und ergänzt die Erziehung drei- bis sechsjähriger Kinder in der Familie. Im Mittelpunkt der erzieherischen Arbeit stehen Sprachförderung, die Entfaltung der kindlichen Persönlichkeit, soziale Erziehung und Spiel. Meist halten sich die Kinder nur vormittags im Kindergarten auf; nachmittags sind sie in der Obhut der Familie. Es gibt jedoch auch zahlreiche Ganztags-Kindergärten; sie sind wichtig für Familien, in denen beide Elternteile berufstätig sind. Besondere »Schulkindergärten« versuchen Kinder, die bereits schulpflichtig, aber noch nicht schulreif sind, auf die Schule vorzubereiten.

Der Kindergarten gehört nicht zum staatlichen Schulsystem. Der Besuch ist freiwillig; die Eltern müssen in der Regel einen Kostenbeitrag bezahlen. Zumeist werden die Kindergärten von Gemeinden, Kirchen, Verbänden, Betrieben oder von privater Seite unterhalten. Heute besuchen über 80 % aller Kinder zwischen drei und sechs Jahren einen Kindergarten; das Ziel ist, allen Kindern dieser Altersstufe einen Platz im Kindergarten zu sichern.

**Das Schulsystem.** Im Alter von sechs Jahren kommen die Kinder in die Grundschule. Sie umfaßt im allgemeinen vier Jahre, in Berlin (West) sechs Jahre. Die Grundschule besuchen alle Kinder gemeinsam. Danach trennen sich ihre Wege; sie haben die Wahl zwischen mehreren Möglichkeiten. Viele Schüler besuchen heute aber

**Allgemeinbildende Schulen**

|  | 1966 | | 1985 | |
|  | Schulen | Schüler | Schulen | Schüler |
| --- | --- | --- | --- | --- |
| Schulkindergärten und Vorklassen | 623 | 12 300 | 3 335 | 66 200 |
| Grund- und Hauptschulen | 29 217 | 5 710 900 | 19 280 | 3 827 900 |
| Sonderschulen (für Behinderte) | 1 614 | 198 800 | 2 826 | 271 400 |
| Realschulen | 1 660 | 590 000 | 2 617 | 1 049 000 |
| Gymnasien | 1 968 | 1 038 100 | 2 486 | 1 750 300 |
| Gesamtschulen | – | – | 314 | 217 500 |
| Abendschulen | 269 | 16 700 | 256 | 41 600 |
| Insgesamt | 35 351 | 7 566 800 | 31 114 | 7 223 900 |
| Lehrer insgesamt | | 255 500 | | 462 500 |

**Schematische Gliederung des Bildungswesens**

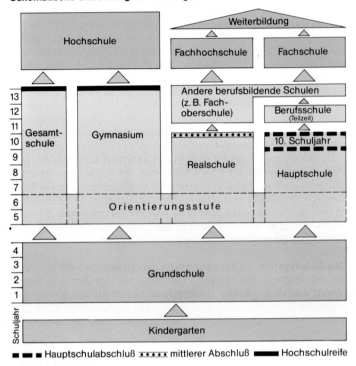

■ ■ ■ Hauptschulabschluß ┅┅┅ mittlerer Abschluß ▬▬▬ Hochschulreife

zunächst eine Orientierungsstufe (Klasse 5 und 6), in der sie ihre Entscheidung für einen bestimmten Schultyp noch überdenken und ändern können.

Die meisten Kinder – knapp die Hälfte dieser Altersstufe – gehen anschließend an die Grundschule auf die Hauptschule. Wer sie mit fünfzehn Jahren verläßt, tritt meist in die Berufsausbildung ein (und besucht daneben bis zum 18. Lebensjahr eine Berufsschule, siehe S. 339). Der erfolgreiche Abschluß der Hauptschule öffnet den Weg zu vielen Ausbildungsberufen in Handwerk und Industrie. Das Lernangebot der Hauptschule ist gegenüber früheren Zeiten bedeutend verbessert worden; so erhält beispielsweise jetzt fast jeder Schüler Unterricht in einer Fremdsprache (meist Englisch) und in Arbeitslehre, um ihm den Weg in die Berufsausbildung zu erleichtern.

Die Realschule umfaßt in der Regel sechs Jahre von der 5. bis zur

10. Klasse. Sie führt zu einem »mittleren Bildungsabschluß«; sie steht zwischen Hauptschule und Gymnasium. Der Realschulabschluß berechtigt zum Besuch einer Fachschule oder Fachoberschule; er gilt als Voraussetzung für eine mittlere Laufbahn in Wirtschaft und Verwaltung. Ein Drittel aller Schüler erreicht den mittleren Abschluß.

Das neunjährige Gymnasium (5. bis 13. Schuljahrgang) ist die traditionelle höhere Schule in Deutschland. Die frühere Gliederung in altsprachliches, neusprachliches und mathematisch-naturwissenschaftliches Gymnasium gibt es heute kaum noch. Heute ist die reformierte Oberstufe (11. bis 13. Schuljahrgang) die Regel, in der ein Kurssystem die herkömmlichen Klassen abgelöst hat. In den Kursen sollen sich die Schüler in der Hauptsache mit den Fächern beschäftigen, die sie besonders interessieren. Dadurch soll ihnen der Übergang zu den Hochschulen erleichtert werden. Neben den Gymnasien mit reformierter Oberstufe gibt es noch Sonderformen wie zum Beispiel das Wirtschaftsgymnasium und das Technische Gymnasium.

Das Abschlußzeugnis der Gymnasien, das »Reifezeugnis« oder Abitur, berechtigt zum Studium an wissenschaftlichen Hochschulen. Allerdings hat die Zahl der Abiturienten so stark zugenommen – von 50000 im Jahre 1965 auf über 260000 im Jahre 1986 –, daß es nicht für alle, die studieren wollen, Studienplätze gibt. Daher mußten gewisse Aufnahmebeschränkungen eingeführt werden (siehe S. 347/348).

Neben den drei Grundformen der allgemeinbildenden Schule – Hauptschule, Realschule und Gymnasium – gibt es zahlreiche spezielle Schulen. Beispielsweise können körperlich oder geistig behinderte Kinder eine Sonderschule besuchen, wo man auf ihre Schwächen Rücksicht nimmt und vorhandene Fähigkeiten fördert. Allerdings halten es die Pädagogen heute für richtiger, behinderte und nichtbehinderte Kinder gemeinsam zu unterrichten.

Das dreigliedrige Schulsystem ist häufig kritisiert worden, weil für viele Kinder die Weichen zu früh gestellt würden; zu schwer sei es später, falsche Entscheidungen zu korrigieren. Abhilfe sollen hier die Gesamtschule und die Orientierungs- oder Förderstufe schaffen. Die Gesamtschule faßt die drei bisher getrennten Schulformen zusammen und betreut die Schüler in der Regel von der 5. bis zur 10. Klasse; einige Gesamtschulen haben eine eigene Oberstufe, die wie die gymnasiale Oberstufe gestaltet ist. Der Schüler kann je nach seinen Fähigkeiten Kurse mit höheren oder einfacheren Anforderungen belegen. Berufskundlicher Unterricht wird in den Lehrplan einbezogen. Die Abschlüsse an Gesamtschulen sind in allen

*Schüler eines Gymnasiums während einer Pause*

Bundesländern anerkannt. Orientierungsstufen sollen im 5. und 6. Schuljahr auf die richtige Schulwahl im 7. Schuljahr vorbereiten. Mehrere Bundesländer lehnen diesen Weg jedoch ab, weil er die Qualität des Abiturs negativ beeinflusse.

Wer aus irgendeinem Grund Ausbildungschancen versäumt hat, kann sie auf dem »Zweiten Bildungsweg« nachholen. Abendgymnasien geben Berufstätigen die Möglichkeit, sich neben ihrer täglichen Arbeit in drei bis sechs Jahren auf die Reifeprüfung vorzubereiten. In gleicher Weise kann man in Abendschulen den Hauptschul- oder Realschulabschluß erreichen. Dieser Weg ist freilich sehr mühsam und verlangt große Opfer.

**Die Lehrer.** Für jede Schulart gibt es in der Bundesrepublik besonders ausgebildete Lehrer. Ein Hochschulstudium ist für alle obligatorisch, aber Inhalt und Dauer des Studiums sind unterschiedlich. Die künftigen Grund- und Hauptschullehrer studieren im allgemeinen sechs Semester lang, in einigen Ländern noch an speziellen Pädagogischen Hochschulen, meist aber an Universitäten. Ein längeres Universitätsstudium wird von den künftigen Lehrern an Realschulen, Sonderschulen, Gymnasien und beruflichen Schulen verlangt. Alle Lehramtskandidaten müssen nach dem Studium ein Examen ablegen; es folgt eine praktische Ausbildungszeit und dann ein zweites Examen. Wer danach eine Anstellung findet, wird in aller Regel zum Beamten auf Lebenszeit ernannt. Das Einkommen der Lehrer beträgt das Anderthalbfache bis Doppelte des Durchschnittseinkommens aller Arbeitnehmer; damit stehen sie sich besser als ihre Kollegen in den meisten Ländern Europas.

Über die Lehrerausbildung wird in der Bundesrepublik ebenso heftig diskutiert wie über das Schulwesen insgesamt. Auch hier wird mehr Durchlässigkeit gefordert. In den letzten Jahren ist ein anderes Problem in den Vordergrund getreten: Während lange Zeit akuter Lehrermangel geherrscht hat, gibt es heute eine große Zahl arbeitsloser Lehrer. Es muß versucht werden, ihnen Beschäftigungsmöglichkeiten außerhalb der Schule zu verschaffen. Hier erwachsen den politisch Verantwortlichen schwierige Aufgaben.

# Die berufliche Bildung

Von den Jugendlichen, die nach der Haupt- oder Realschule die allgemeinbildende Schule verlassen, nehmen über 90 % eine Berufsausbildung auf, die Mehrzahl von ihnen im »dualen System«. Man versteht darunter die Verbindung der praktischen Ausbildung im Betrieb mit der theoretischen Ausbildung in der Berufsschule. Die private Wirtschaft und der Staat sind also gemeinsam für die berufliche Bildung verantwortlich. Auf staatlicher Seite ist der Bund für die Ausbildungsordnungen zuständig, während die Berufsschulen den einzelnen Ländern unterstehen. Zur Zeit befinden sich 1,8 Millionen junge Menschen in der Berufsausbildung.

Es gibt etwa 400 anerkannte Ausbildungsberufe. Sie sind bei den Jugendlichen unterschiedlich beliebt: in zwanzig bevorzugten Berufen konzentrieren sich fast 60 % der männlichen Auszubildenden; bei den weiblichen Auszubildenden sind es sogar mehr als 75 %. Die Jungen wollen am liebsten Kraftfahrzeugmechaniker, Elektroinstallateur, Maschinenschlosser, Maler und Tischler werden, die Mädchen Friseurin, Verkäuferin, Kauffrau und Arzt- oder Zahnarzthelferin.

**Die Ausbildung im Betrieb.** Die praktische Ausbildung im Betrieb (herkömmlich »Lehre« genannt) dauert je nach dem Beruf zwei bis dreieinhalb Jahre, meist jedoch drei Jahre. Der Lehrling erhält eine jährlich steigende Ausbildungsvergütung. Was für den jeweils einzelnen Beruf gelernt und am Schluß geprüft werden muß, wird in Ausbildungsordnungen festgelegt. Diese werden nach Vorschlägen der Wirtschaftsverbände, der Unternehmerorganisationen und der Gewerkschaften von den zuständigen Bundesministern erlassen. Am Schluß der Ausbildung steht eine Prüfung, die vor Ausschüssen der Selbstverwaltungsorgane der Wirtschaft (Industrie- und Handelskammer, Handwerkskammer) oder anderer staatlich vorgeschriebener Stellen abgelegt wird. Im Prüfungsausschuß sitzen Vertreter der Arbeitgeber, Vertreter der Arbeitnehmer und Berufsschullehrer.

Größere Betriebe unterhalten eigene Lehrwerkstätten. Ein großer Teil der Ausbildung findet jedoch am Arbeitsplatz statt. Mehr als die Hälfte der Auszubildenden lernt in kleineren Betrieben, die meistens zu sehr spezialisiert sind, um alle notwendigen Kenntnisse vermitteln zu können. Darum sind überbetriebliche Ausbil-

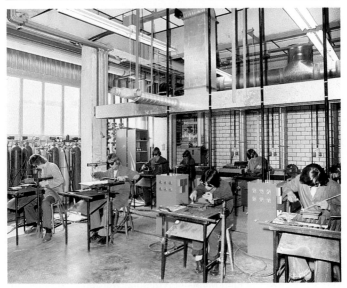

*Lehrwerkstatt in einer Berufsschule*

dungsstätten eingerichtet worden, in denen die Auszubildenden ihr berufliches Wissen erweitern können. Zur Zeit stehen hier 75 000 Ausbildungsplätze zur Verfügung; es ist vorgesehen, ihre Zahl auf 77 000 zu steigern.

**Die Berufsschule.** Neben der Ausbildung im Betrieb muß der Lehrling drei Jahre lang an einem oder zwei Tagen in der Woche eine Berufsschule besuchen. Im Unterricht wird neben allgemeinbildenden Fächern (z. B. Sozialkunde, Politik) der Teil der vorwiegend fachtheoretischen Kenntnisse vermittelt, die der Jugendliche besser in einer Schule als im Betrieb lernen kann. Die Leistungen werden in einem Abschlußzeugnis bescheinigt.

Die Berufsschule besuchen nicht nur Auszubildende. Sie ist Pflichtschule für alle Jugendlichen, die noch nicht 18 Jahre alt sind und keine andere Schule besuchen. Großbetriebe unterhalten häufig eigene Betriebsberufsschulen, die nach entsprechender Prüfung vom Staat anerkannt und finanziell unterstützt werden.

**Andere berufliche Bildungswege.** Neben Lehre und Berufsschule gibt es eine ganze Reihe anderer Wege der beruflichen Bildung, die

*Unterricht im Labor einer Fachhochschule*

von immer mehr jungen Menschen genutzt werden. Hier seien nur einige genannt.

Die Berufsfachschule ist eine Vollzeitschule, muß also täglich besucht werden. Sie bereitet auf eine berufliche Tätigkeit vor (vor allem in kaufmännischen, hauswirtschaftlichen, sozialpflegerischen und Verwaltungsberufen). Die Schulzeit beträgt mindestens ein Jahr. Bei längerer Dauer kann sie teilweise auf die Lehre angerechnet werden oder diese ganz ersetzen.

Die Fachoberschule nimmt Schüler mit Realschulabschluß (»mittlerer Reife«) auf. Sie umfaßt das 11. und 12. Schuljahr. In der 11. Klasse erfolgt eine fachpraktische Ausbildung, und zwar teils in schuleigenen Lehrwerkstätten, teils als Praktikantenausbildung in Betrieben. In der 12. Klasse wird ausschließlich wissenschaftlich-theoretischer Unterricht erteilt. Wer eine Berufsausbildung im dualen System abgeschlossen und einen Realschulabschluß hat, absolviert nur die 12. Klasse. Wer die Fachoberschule erfolgreich absolviert, erwirbt damit die Reife für die Fachhochschule.

**Ein ehrgeiziges Ziel.** Grundsätzlich soll in der Bundesrepublik Deutschland kein Jugendlicher ohne Ausbildung ins Arbeitsleben eintreten. Hier hat sich das duale System der beruflichen Bildung gut bewährt. Weil starke Jahrgänge nachrückten, war die Nachfrage nach Ausbildungsplätzen in den letzten Jahren sehr hoch;

trotzdem konnte sie in zunehmendem Maße befriedigt werden. 1986 konnten 96% der registrierten Bewerber eine Berufsausbildung aufnehmen; allerdings fanden immer noch 30 000 Jugendliche trotz vieler Bemühungen keinen Ausbildungsplatz. Besondere Schwierigkeiten bei der Suche nach qualifizierter Ausbildung haben Jugendliche ohne Schulabschluß und Kinder ausländischer Arbeitnehmer, aber auch solche, die nicht bereit sind, sich in einem anderen als dem gewünschten Beruf oder fern von ihrem Wohnort ausbilden zu lassen. In strukturschwächeren Regionen, wo das Ausbildungsangebot von jeher unzureichend war, verschärft sich dieses Problem.

Durch zahlreiche Programme und Modellversuche, die von Bund und Ländern in Angriff genommen wurden, hat sich in den letzten Jahren die Lage für diese Gruppen bereits etwas gebessert. Eine wichtige Rolle für die individuelle Förderung leistungsschwächerer Schüler und ihre Vermittlung in Ausbildungsstellen spielt die Verlängerung der Schulzeit durch ein Berufsvorbereitungsjahr.

Unabhängig davon gibt es in allen Bundesländern die Möglichkeit, ein »Berufsgrundbildungsjahr« zu absolvieren. Es steht auch solchen Jugendlichen offen, die sich noch nicht für einen bestimmten Beruf entschieden oder noch keinen Ausbildungsplatz im erstrebten Beruf gefunden haben. Das Berufsgrundbildungsjahr kann unter bestimmten Voraussetzungen auf die spätere Berufsausbildung angerechnet werden. Die Ausbildung, die es bietet, ist fachlich breiter als die Ausbildung für einen einzelnen Beruf. Damit erfüllt es auch eine Aufgabe, die der Berufsausbildung überhaupt gestellt ist: die Jugendlichen auf Veränderungen in der Arbeitswelt vorzubereiten. Es kommt darauf an, sie zum späteren Weiterlernen zu motivieren und ihnen die dazu notwendigen Grundlagen zu vermitteln.

# Die Hochschulen

Das deutsche Hochschulwesen hat eine lange Geschichte. Die älteste Hochschule in der Bundesrepublik Deutschland, die Universität Heidelberg, wurde 1386 gegründet. Mehrere andere Universitäten haben bereits ihre Fünfhundertjahrfeier hinter sich. Neben diesen ehrwürdigen Institutionen gibt es jedoch auch ganz junge Universitäten – über zwanzig sind erst in den Jahrzehnten seit 1960 gegründet worden. Tradition und Moderne stehen also im Hochschulwesen der Bundesrepublik dicht nebeneinander.

Über ein Jahrhundert lang war für die deutschen Hochschulen das Bildungsideal bestimmend, das Wilhelm von Humboldt in der 1810 gegründeten Universität Berlin zu verwirklichen suchte. Die Hochschule Humboldtscher Prägung war für eine verhältnismäßig kleine Zahl von Studenten gedacht. Sie sollte vor allem eine Stätte reiner Wissenschaft, zweckfreier Forschung und Lehre sein und erst in zweiter Linie der Vorbereitung auf einen Beruf dienen. Dieses Ideal geriet mit der Zeit mehr und mehr in Gegensatz zu den Erfordernissen der modernen Industriegesellschaft. Neben den herkömmlichen Universitäten entstanden Technische Hochschulen, Pädagogische Hochschulen und Fachhochschulen. Auch die bildungspolitischen Grundsätze wandelten sich; die Forderung nach bestmöglichen Bildungschancen für alle jungen Menschen fand allgemeine Anerkennung.

1950 begannen nur 6 % eines Altersjahrgangs ein Studium, heute bewirbt sich jeder sechste um einen Studienplatz. Die Zahl der Studenten hat sich von 511 000 (1970) auf über 1 360 000 (1986) erhöht. Der Staat suchte diesem Andrang Rechnung zu tragen – durch Aus- und Neubau von Hochschulen, durch Verdoppelung des Lehrpersonals, durch Vervielfachung der Hochschulausgaben. Neue Studiengänge wurden eingeführt, und man bemühte sich, das Studium stärker auf die spätere berufliche Praxis zu orientieren.

**Organisation der Hochschulen.** Die Hochschulen in der Bundesrepublik Deutschland sind (mit Ausnahme einiger kirchlicher Hochschulen) staatliche Einrichtungen der Länder. Der Bund regelt nur die allgemeinen Grundsätze des Hochschulwesens und der Forschungsförderung; er beteiligt sich an der Finanzierung des Hochschulbaus und der Hochschulforschung. Die Hochschulen haben das Recht der Selbstverwaltung.

**Hochschulen**

- ● Universitäten, Gesamthochschulen und Pädagogische Hochschulen
- ▲ Kunsthochschulen
- ✚ Theologische Hochschulen

Flensburg

Kiel

Lübeck

Hamburg

Oldenburg
Bremen
Lüneburg

Vechta

Hannover
Braunschweig

Osnabrück
Bielefeld
Hildesheim
Münster
Bethel
Detmold
Clausthal
Höxter

Duisburg Bochum
Soest Paderborn
Göttingen
Dortmund
Essen Witten-Herdecke
Witzenhausen
Hagen Meschede
Düsseldorf Wuppertal (Fernunivers.)
Kassel

Köln
Siegen

Aachen
Marburg

Bonn

Vallendar
Gießen Fulda

Koblenz
Oberursel

Frankfurt
Mainz Offenbach
Würzburg Bamberg

Trier
Darmstadt
Bayreuth

Kaiserslautern
Mannheim
Neuendettelsau Erlangen

Speyer
Heidelberg
Nürnberg

Saarbrücken
Germersheim
Landau

Karlsruhe
Ludwigsburg
Regensburg

Stuttgart
Esslingen
Eichstätt

Hohenheim
Schwäbisch-Gmünd

Tübingen
Reutlingen
Weihenstephan
Passau

Ulm
Augsburg
München

Trossingen
Neubiberg

Freiburg i. Br.
Weingarten

Benediktbeuern

Konstanz

Berlin (West)

0  50  100  150  200 km

Von grundlegender Bedeutung ist die Freiheit der Lehre: Der Staat darf keinen Einfluß auf die Lehrinhalte nehmen. Jede Hochschule gibt sich im Rahmen der geltenden Gesetze ihre eigene Verfassung. Dementsprechend bestehen zwischen den einzelnen Hochschulen in Aufbau und Gliederung beträchtliche Unterschiede.

Die herkömmliche Gliederung der Hochschule in wenige große Fakultäten (z. B. philosophische, medizinische, juristische Fakultät) ist heute meist durch eine Gliederung in viele kleine »Fachbereiche« abgelöst. Früher stand an der Spitze der Hochschule ein Rektor, der aus dem Kreis der Professoren auf ein Jahr gewählt wurde und dieses Amt neben seiner Lehr- und Forschungstätigkeit wahrnahm. Jetzt obliegt die Leitung der Hochschule einem hauptamtlich tätigen Rektor oder Präsidenten, der auf mehrere Jahre gewählt wird. Die Selbstverwaltung der Hochschulen lag früher ganz überwiegend in den Händen der ordentlichen Professoren, die auch den größten Teil des wissenschaftlichen Unterrichts besorgten. In den letzten Jahrzehnten sind zahlreiche andere Lehrkräfte mit unterschiedlichen Funktionen und Qualifikationen hinzugekommen. Heute gilt das Prinzip einer funktionsgerechten abgestuften Mitwirkung aller Gruppen – Professoren, Studenten, wissenschaftliche Mitarbeiter, sonstige Mitarbeiter – an der Selbstverwaltung. Befriedigende Formen dieser Mitwirkung sind noch nicht überall gefunden worden. Vielfach wird darüber geklagt, daß die Arbeit in den zahlreichen Selbstverwaltungsgremien zuviel Zeit und Kraft erfordert, die dann für die Aufgaben der Lehre und Forschung fehlen.

**Hochschulformen.** Die stärkste Säule des Hochschulwesens in der Bundesrepublik Deutschland sind die wissenschaftlichen Hochschulen. Dazu gehören die Universitäten, Technischen Universitäten und Technischen Hochschulen sowie einige andere fachlich spezialisierte Hochschulen, ferner die Pädagogischen Hochschulen, an denen Lehrer für die Grund- und Hauptschulen ausgebildet werden. In den meisten Ländern sind die Pädagogischen Hochschulen in die Universitäten eingegliedert worden. Das Studium an einer wissenschaftlichen Hochschule wird mit der Magister-, Diplom- oder Staatsprüfung abgeschlossen. Danach ist eine weitere Qualifizierung bis zur Doktorprüfung (Promotion) möglich.

Ein weiterer Hochschultyp sind die Fachhochschulen. Sie vermitteln vor allem in den Bereichen Ingenieurwesen, Wirtschaft, Sozialwesen, Design und Landwirtschaft eine stärker anwendungsbezogene Ausbildung, die mit einer Diplomprüfung abschließt.

In einigen Bundesländern wurden Anfang der siebziger Jahre Gesamthochschulen errichtet oder bestehende Hochschuleinrich-

*Universität Tübingen (Alte Bursa, erbaut 1479)*

*Universität Bochum*

tungen zu Gesamthochschulen zusammengefaßt. Die Gesamthochschule soll die verschiedenen Hochschulformen unter einem Dach vereinigen und entsprechende integrierte Studiengänge anbieten. Sie ist ein Modell, das keine weitere Verbreitung gefunden hat.

Neuartig für die Bundesrepublik ist auch die Fernuniversität in Hagen. Diese Gesamthochschule hat 1976 ihre Tätigkeit aufgenommen. Da sie ihren Lehrbetrieb überwiegend als Fernstudium über regionale Studienzentren durchführt, kommt sie für die heute vorhandenen 27 000 Studenten mit einem Minimum an baulichem Aufwand aus.

**Studium und Studenten.** An den Hochschulen der Bundesrepublik sind rund 1 360 000 Studenten immatrikuliert – über zehnmal soviel wie 1952. 77 000 davon sind Ausländer. Ein paar Zahlen mögen zeigen, welchen Erfolg die bisherigen Bemühungen hatten, die Hochschulen möglichst allen Bevölkerungsschichten zu öffnen. Im Wintersemester 1952/53 kamen 4 % aller Studienanfänger aus Arbeiterfamilien, im Sommersemester 1985 dagegen 17 %. 1952 waren ein Fünftel aller Studierenden Frauen, heute sind es fast zwei Fünftel.

In der Gestaltung ihres Studiums sind die Studenten traditionell recht frei. Zwar werden für zahlreiche Studiengänge Lehrpläne empfohlen und Zwischenprüfungen verlangt, doch können die Studenten in vielen Studiengängen noch immer über die Wahl von bestimmten Fächern und Lehrveranstaltungen selbst entscheiden.

**Studenten an Hochschulen nach Fachbereich 1986/87**

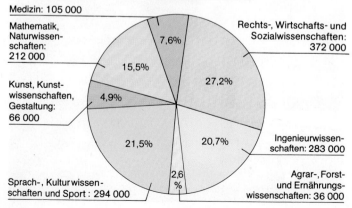

Medizin: 105 000

Mathematik, Naturwissenschaften: 212 000

Rechts-, Wirtschafts- und Sozialwissenschaften: 372 000

Kunst, Kunstwissenschaften, Gestaltung: 66 000

7,6 %
15,5 %
27,2 %
4,9 %
21,5 %
20,7 %
2,6 %

Ingenieurwissenschaften: 283 000

Agrar-, Forst- und Ernährungswissenschaften: 36 000

Sprach-, Kulturwissenschaften und Sport : 294 000

**Deutsche Studienanfänger nach der beruflichen Stellung des Vaters** *(in %)*

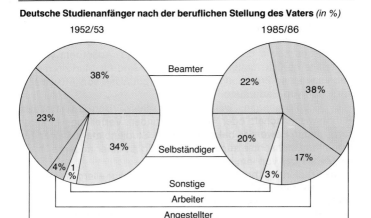

In den meisten Bundesländern verwaltet die Studentenschaft ihre eigenen Angelegenheiten selbst. Die studentische Selbstverwaltung nimmt in der Regel das Studentenparlament als »Legislative« und der Allgemeine Studentenausschuß (AStA) als »Exekutive« wahr.

Studiengebühren werden an den Hochschulen der Bundesrepublik nicht erhoben. Wenn die Studenten oder ihre Eltern die Kosten für den Lebensunterhalt nicht aufzubringen vermögen, können sie nach dem Bundes-Ausbildungsförderungsgesetz (BAföG) von 1971 Förderungsbeträge erhalten, die als Darlehen gewährt werden. Die Höhe richtet sich nach dem Einkommen der Eltern.

Für die soziale Betreuung der Studenten bestehen bei den Hochschulen Studentenwerke. Sie betreiben Mensen (Studentenrestaurants), die staatliche Zuschüsse erhalten, und Wohnheime. Heute steht etwa jedem zehnten Studenten ein Platz in einem Wohnheim zu einer verhältnismäßig geringen Miete zur Verfügung. Seit 1971 gehören alle Studenten der gesetzlichen Unfallversicherung an. Seit 1975 können sie gegen einen mäßigen Beitrag die Leistungen der gesetzlichen Krankenkassen in Anspruch nehmen.

**Probleme des Massenstudiums.** Der gewaltig angewachsene Andrang zu den Hochschulen hat trotz erheblicher Ausbaumaßnahmen dazu geführt, daß für einige Fächer eine Zulassungsbeschränkung, der Numerus clausus, eingeführt werden mußte. Die freien Studienplätze verteilt die Zentralstelle für die Vergabe von Studienplätzen (ZVS) in Dortmund. Bei besonders attraktiven Studiengängen wie Medizin, Zahnmedizin und Tiermedizin ist ein Auswahlverfahren vorgesehen. Hierbei sind die Durchschnittsnote des Abiturzeugnisses sowie die Wartezeit maßgebend. Außerdem werden Härtefälle berücksichtigt. Darüber hinaus sind für Medizin die Ergebnisse eines Zulassungstests und Ergebnisse von Auswahlgesprächen von Bedeutung.

In Studiengängen wie Volkswirtschaft, Betriebswirtschaft, Rechtswissenschaft oder Informatik finden Verteilungsverfahren statt. Jeder Bewerber bekommt einen Studienplatz an einer bestimmten Hochschule zugewiesen, häufig an einer anderen Hochschule als der von ihm gewählten.

Die Studienangebote an den Hochschulen, vor allem an den Universitäten, sind noch nicht auf die heutigen großen Studentenzahlen abgestellt. Seit langem wird deshalb eine Reform des Studiums erörtert, die auch eine Verkürzung der Studienzeit bewirkt. Heute ist jeder dritte Studierende älter als 25 Jahre. Jeder Student verbringt durchschnittlich 12 Semester, also sechs Jahre, an der Universität; das ist entschieden zu lang. Aber auch der fortbestehende Andrang zu den Hochschulen und die zum Teil ungünstiger gewordenen Berufsaussichten für Hochschulabsolventen zwingen dazu, die Gestaltung der Studiengänge neu zu durchdenken. Der Wissenschaftsrat, das Beratungsorgan von Bund und Ländern, hat dafür 1986 neue Empfehlungen vorgelegt.

Westdeutsche Rektorenkonferenz
Ahrstr. 39
5300 Bonn 2

# Forschung

Deutschland galt lange Zeit als Land der Wissenschaft. In vielen Disziplinen der Natur- und der Geisteswissenschaften waren die deutschen Universitäten führend in der Welt. Wer den neuesten Stand der Forschung kennenlernen wollte, kam nach Deutschland. Als Gradmesser für den internationalen Rang der deutschen Wissenschaft mag die Zahl der Nobelpreise dienen: Bis zum Zweiten Weltkrieg fielen 10 von 45 Physik-Nobelpreisen und 16 von 40 Chemie-Nobelpreisen an Deutsche.

Seit den dreißiger Jahren unseres Jahrhunderts hat die deutsche Wissenschaft diese führende Stellung eingebüßt. Die Hitler-Diktatur trieb viele der besten Forscher außer Landes. Der Zweite Weltkrieg brachte einen weiteren schlimmen Aderlaß, und die Lage im besiegten und gespaltenen Deutschland der Nachkriegszeit war für die wissenschaftliche Forschung alles andere als günstig. Die Bundesrepublik Deutschland hatte deshalb große Mühe, den Anschluß an das wissenschaftliche Weltniveau wiederzugewinnen und auf manchen Gebieten wieder wissenschaftliche Spitzenleistungen hervorzubringen.

**Wer forscht?** In der Bundesrepublik gibt es drei große Bereiche, in denen Forschung betrieben wird: die Hochschulen, die Forschungseinrichtungen außerhalb der Hochschulen und die Industrie.

Daß Hochschullehrer forschen, ist alte deutsche Tradition. »Einheit von Forschung und Lehre« ist seit Wilhelm von Humboldt, der zu Beginn des 19. Jahrhunderts die preußischen Universitäten reformierte, ein tragendes Prinzip des Hochschullebens. An den Hochschulen findet man noch häufig den traditionellen Typ des Wissenschaftlers, der allein oder innerhalb einer kleinen Gruppe an einem Thema arbeitet. Er wird auch in Zukunft unentbehrlich sein.

Bestimmte Forschungsaufgaben, besonders in den Naturwissenschaften, sprengen jedoch diesen Rahmen. Sie sind nur in großen Teams und mit Großgerät zu bewältigen; ihr Finanzbedarf kann die Milliardengrenze überschreiten. Solche moderne Großforschung hat ihren Platz vor allem in den vom Bund unterhaltenen Forschungszentren für Kernenergie, Luft- und Raumfahrt, Medizin und Molekularbiologie. In den Geistes- und Sozialwissenschaften ist die Tendenz zur Großforschung weniger ausgeprägt, aber ebenfalls vorhanden; so untersucht etwa das Institut für deutsche Spra-

*Radioteleskop Effelsberg (Eifel)*

che in Mannheim den deutschen Wortschatz mit modernen Verfahren der elektronischen Datenverarbeitung.

Der dritte Zweig ist die Industrieforschung. Ganz allgemein gilt, daß forschungsintensive Industriezweige die besten Chancen haben, auf dem Weltmarkt wettbewerbsfähig zu bleiben. Industrieforschung wird nicht nur von den großen Konzernen betrieben. Bedeutsam sind auch die Leistungen mittelständischer Unternehmen. Bei aller Leistungsfähigkeit der deutschen Wirtschaft entspricht übrigens die weitverbreitete Vorstellung vom »Blaupausen-Export« nicht ganz der Wirklichkeit. Zwar wird viel technisches Know-how ausgeführt; trotzdem überwiegen die Importe. 1985 mußte die Bundesrepublik 3,6 Milliarden DM Lizenzgebühren an das Ausland zahlen, während sie nur 1,8 Milliarden DM einnahm.

Insgesamt sind etwa 395 000 Personen in der Bundesrepublik in

Wissenschaft und Forschung tätig, davon je zu einem Drittel Wissenschaftler, technisches Personal und sonstiges Personal. Die Bundesrepublik Deutschland gibt für Forschung 2,8 % ihres Bruttoinlandsprodukts aus; das ist der gleiche Anteil, den die USA und Japan aufwenden.

**Wer zahlt?** Die Mittel, die in der Bundesrepublik Deutschland für Forschung und Entwicklung ausgegeben werden, haben sich im Zeitraum von 1976 bis 1986 mehr als verdoppelt, von unter 25 auf nahezu 55 Milliarden DM. Etwa 33 Milliarden DM, fast 60 % der Gesamtsumme, brachten die Unternehmen auf. Die restlichen 40 % stammten vom Staat sowie – zu einem geringeren Teil – von privaten Institutionen. Unter »Staat« ist hier nicht eine zentrale Behörde zu verstehen, sondern eine Vielzahl überwiegend autonomer Stellen. Mehr als 70 % der Forschungsmittel werden in der Wirtschaft ausgegeben, der Rest verteilt sich auf außeruniversitäre Forschungseinrichtungen und die Hochschulen. Die von den Ländern finanzierten Hochschulen verwalten sich selbst, und auch die Großforschungseinrichtungen, die überwiegend vom Bund unterhalten werden, arbeiten weitgehend selbständig.

Öffentliche Mittel kommen der Forschung noch auf vielen anderen Wegen zugute, zum Beispiel über die Deutsche Forschungsgemeinschaft (DFG). Die DFG ist eine Selbstverwaltungsorganisation der Wissenschaft; sie erhält vom Bund und von den Ländern jährlich über 980 Millionen DM, die sie zur Förderung von Forschungsvorhaben verteilt. Jeder Wissenschaftler kann Unterstützung eines Projekts beantragen. Er muß bereit sein, sich der Kritik gewählter Fachgutachter zu stellen und seine Ergebnisse zu veröffentlichen.

Im Unterschied zur DFG als reiner Förderungsorganisation unterhält die Max-Planck-Gesellschaft zur Förderung der Wissenschaften (MPG), die ehemalige Kaiser-Wilhelm-Gesellschaft, 63 ei-

**Ausgaben für Forschung und Entwicklung** *(in Mrd. DM)*

| Forschungsbereich | 1975 | 1977 | 1979 | 1981 | 1983 | 1985 |
|---|---|---|---|---|---|---|
| Außeruniversitäre Forschungseinrichtungen | 3,8 | 4,1 | 4,9 | 5,5 | 6,0 | 7,2 |
| Hochschulen | 4,6 | 4,8 | 5,7 | 6,5 | 6,8 | 6,9 |
| Wirtschaft | 14,6 | 17,3 | 21,1 | 26,4 | 30,2 | 36,7 |
| Insgesamt | 23,0 | 26,2 | 31,7 | 38,4 | 43,0 | 50,8 |

*TV-SAT, der deutsche Rundfunksatellit für Direktfernsehen
und digitalen Hörfunk*

gene Institute. Sie widmen sich vor allem der Grundlagenforschung in den Naturwissenschaften. Viele von ihnen genießen seit Jahrzehnten Weltruf. Finanziert wird die Max-Planck-Gesellschaft größtenteils vom Bund und von den Ländern.

Ein wichtiges Bindeglied zwischen der Forschung und der Anwendung ihrer Ergebnisse in Wirtschaft und Verwaltung ist die Fraunhofer-Gesellschaft zur Förderung der angewandten Forschung. In 37 eigenen Instituten betreibt sie Auftragsforschung im naturwissenschaftlich-technischen Bereich.

Eine bedeutende Rolle spielen auch die großen Wissenschaftsstiftungen der Bundesrepublik. Zu nennen sind hier vor allem die Stiftung Volkswagenwerk, die Fritz-Thyssen-Stiftung und der Stifterverband für die Deutsche Wissenschaft. Mit ihren privaten Mitteln sind sie ein gefragter Partner insbesondere der Hochschulforschung.

**Forschungspolitik.** Die Forschungs- und Technologiepolitik der Bundesrepublik wird von folgenden Grundsätzen bestimmt:

☐ Der Staat bekennt sich zur Freiheit der Forschung, insbesondere der von ihm geförderten Grundlagenforschung. Er ermutigt die Eigeninitiative und bemüht sich darum, die Rahmenbedingungen für Wissenschaft und Forschung zu verbessern.

☐ Gegenüber der Forschung und Entwicklung in der Wirtschaft übt der Staat Zurückhaltung. Öffentliche Mittel werden grundsätzlich nur dort eingesetzt, wo der Staat eigene Verantwortung trägt und wo aus übergeordneten Gründen Forschung und Entwicklung einer Unterstützung bedürfen.

☐ Der technische Fortschritt wird bejaht. Er ist nicht nur eine Grundlage für internationale Wettbewerbsfähigkeit, Wirtschaftswachstum und Beschäftigung, sondern auch der Schlüssel für die Lösung drängender, z. T. durch früheren unbekümmerten Technikgebrauch verursachter Probleme. Die dem technischen Fortschritt innewohnenden Gefahren müssen erkannt und möglichst vermieden werden.

☐ Spitzenleistungen in Forschung, Entwicklung und Innovation finden die gebührende Anerkennung. Um sie hervorzubringen, sind offene, durch Leistung legitimierte Eliten notwendig.

Die Forschungs- und Technologiepolitik dient vornehmlich drei Zielen:

☐ Erweiterung und Vertiefung der wissenschaftlichen Erkenntnis,

☐ Schonung der Ressourcen und der Umwelt, Schaffung menschengerechter Lebens- und Arbeitsbedingungen,

☐ Steigerung der wirtschaftlichen Leistungs- und Wettbewerbsfähigkeit.

Die Bundesregierung setzt alles daran, daß Wissenschaft, Wirtschaft und Politik auf dem Gebiet der Forschung und Technologie vertrauens- und wirkungsvoll zusammenwirken, ohne die Grenzen der jeweiligen Verantwortlichkeit zu verwischen. Forschungs- und Technologiepolitik muß offen sein für Anstöße aus anderen Politikfeldern (etwa aus der Energie-, Umwelt-, Verkehrs-, Gesundheits-, Medien- oder Verteidigungspolitik), und die Ergebnisse von Forschung und Entwicklung sind wichtig für die Aufgaben in anderen Bereichen, zum Beispiel als Grundlage für Gesetze zum Schutz der Umwelt oder für die Sicherheit.

# Weiterbildung

In der Bundesrepublik Deutschland hat sich die Erkenntnis durchgesetzt, daß sich in einer modernen Gesellschaft die Menschen ihr ganzes Leben lang weiterbilden müssen. Immer größer werden die Anforderungen am Arbeitsplatz, und immer rascher wandeln sie sich; nicht wenige Menschen müssen mehrmals im Leben den Beruf wechseln. Aber ständiges Lernen ist noch aus anderen Gründen notwendig. Um die wachsende Freizeit sinnvoll nutzen zu können, müssen schöpferische Fähigkeiten entwickelt und neue Interessengebiete erschlossen werden. Und schließlich ist der Bürger überall zur Mitarbeit und Mitentscheidung aufgerufen; diesem Ruf kann er nur folgen, wenn er auf vielen Gebieten sachkundig und urteilsfähig ist.

Deshalb sorgen der Staat, die Gemeinden, Kirchen, Gewerkschaften, politische Parteien und Wirtschaftsorganisationen für eine Fülle von Weiterbildungseinrichtungen, die heute von über zehn Millionen Bürgern genutzt werden – das sind mehr als die Gesamtzahl der Schüler an allgemeinbildenden Schulen.

**Volkshochschulen.** Wenn man von Erwachsenenbildung spricht, denkt man zuerst an die Volkshochschulen. Sie wurden Ende des 19. Jahrhunderts nach skandinavischem Vorbild gegründet. Zwar vermittelten sie von Anfang an immer auch praktisch verwertbare Kenntnisse, doch war ihre Arbeit lange Zeit von einem neuhumanistischen Bildungsideal geprägt, das die »zweckfreie Aneignung geistiger Werte« in den Vordergrund stellte. Heute verstehen sich die Volkshochschulen im modernen Sinne als Teil des umfassenden Systems der Weiterbildung.

In der Bundesrepublik gibt es rund 860 Volkshochschulen; hinzu kommen etwa 3800 Außenstellen. Träger sind im allgemeinen die Gemeinde, der Kreis oder ein eingetragener Verein; die Länder gewähren Zuschüsse. Volkshochschulen sind überparteilich und überkonfessionell. Zwei Formen lassen sich unterscheiden: Abendvolkshochschulen – bei weitem die größte Zahl – und Heimvolkshochschulen, in denen mehrtägige und -wöchige Kurse und Lehrgänge stattfinden. Das Angebot ist reichhaltiger als bei allen anderen vergleichbaren Einrichtungen. Von der Astronomie über Kurzschrift und Rundfunktechnik bis zur Zen-Meditation gibt es kaum ein Thema, das nicht behandelt würde. 1986 wurden 360 000

Kurse abgehalten, für die sich 5,2 Millionen Hörer einschrieben (1965 waren es 78 000 Kurse mit 1,7 Millionen Hörern). Außerdem nahmen an 73 000 Einzelveranstaltungen 3,4 Millionen Hörer teil. Das Finanzvolumen betrug 814 Millionen DM; davon wurden 280 Millionen durch Hörergebühren aufgebracht. Seit einigen Jahren werden in 12 Fachgebieten – Sprachen, Mathematik, Naturwissenschaft, Technik – Zertifikate verliehen; 1986 haben 13 500 Personen an Prüfungen zur Erlangung solcher Zertifikate teilgenommen. Außerdem nahmen 12 700 Personen an Prüfungen zur Erlangung eines Schulabschlusses teil. Fast 7200 Personen unterzogen sich Prüfungen der Industrie- und Handelskammern sowie der Berufsverbände.

Diese vielfältige Bildungsarbeit wird von rund 5600 hauptamtlichen Mitarbeitern und etwa 128 000 nebenberuflichen Kursleitern geleistet. Nur selten steht den Volkshochschulen ein eigenes Gebäude zur Verfügung. Seit 1953 sind alle Volkshochschulen im Deutschen Volkshochschulverband zusammengeschlossen, der alle fünf Jahre Tagungen abhält. Der Erfahrungsaustausch mit ähnlichen Einrichtungen in den USA, England und Skandinavien wird immer mehr verstärkt.

**Qualifizierungsoffensive.** Wie schon erwähnt, verändern und erhöhen sich die Anforderungen, die am Arbeitsplatz gestellt werden, sehr rasch. Die Bundesregierung, die Bundesanstalt für Arbeit und die Sozialpartner haben deshalb 1985 zu einer breit angelegten Qualifizierungsoffensive aufgerufen. Die Ausweitung der beruflichen Weiterbildung soll die beruflichen Chancen der Arbeitnehmer erhalten und verbessern, Arbeitslosigkeit abbauen und den Mangel an Fachkräften vermindern.

Die Wirtschaft gibt nach ihren eigenen Angaben jährlich mehr als 10 Milliarden DM für die Weiterbildung ihrer Mitarbeiter aus. Es bestehen elf überregionale Bildungswerke der Wirtschaft und 30 Weiterbildungsinstitute. Große Unternehmen veranstalten zusätzlich eigene Kurse und Lehrgänge für ihre Mitarbeiter. Die Teilnehmer sollen entweder eine höhere berufliche Qualifikation erreichen (Aufstiegsfortbildung) oder ihre Fertigkeiten im erlernten Beruf auffrischen (Anpassungsfortbildung) oder einen ganz neuen Beruf erlernen (Umschulung). Drei Viertel aller Teilnehmer an Weiterbildungsveranstaltungen haben sich nach eigener Aussage tatsächlich in ihrer beruflichen Position verbessert.

Die öffentliche Hand unterstützt die Teilnahme an der beruflichen Weiterbildung durch finanzielle Zuwendungen. 1986 hat sie 530 000 Teilnehmer derartiger Veranstaltungen gefördert. Für 1987

*Sprachlabor in der Volkshochschule*

hat sie zu diesem Zweck 5,6 Milliarden DM bereitgestellt – mehr als
jemals zuvor. Die Teilnehmer erhalten während der Weiterbildungs-
maßnahme Zuwendungen zum Lebensunterhalt in Form von Zuschüssen oder Darlehen. Die Kosten für Kurse und Lernmittel können ganz oder teilweise übernommen werden. Vor allem Arbeitslose nutzen immer stärker die berufliche Weiterbildung zur Verbesserung ihrer Beschäftigungschancen. Drei Viertel aller arbeitslosen
Teilnehmer, die erfolgreich einen Lehrgang abgeschlossen haben,
finden innerhalb eines halben Jahres einen Arbeitsplatz.

**Vielfältiges Bildungsangebot.** Umfangreich ist das Weiterbil-
dungsprogramm der Gewerkschaften. Die Volkshochschulen und
der Deutsche Gewerkschaftsbund (DGB) sind durch die Arbeitsgemeinschaft »Arbeit und Leben« miteinander verbunden. Hier können Arbeitnehmer Kurse über Wirtschafts- und Sozialpolitik, Betriebsverfassung, Versicherungs- und Arbeitsrecht und vieles andere belegen. Jugendliche können an den Veranstaltungen im Haus
der Gewerkschaftsjugend in Oberursel teilnehmen. Für Betriebs-
räte, Personalräte und andere Funktionäre ist ein Studium an speziellen Hochschulen und Akademien möglich.

Einen wichtigen Beitrag zur Weiterbildung leistet die Bundeswehr. Für die Berufsfortbildung der Soldaten sind die 28 Bundeswehrfachschulen bestimmt. Sie können dort die verschiedensten

Schulabschlüsse vom Hauptschulabschluß bis zum Abitur nachholen. Der Berufsförderungsdienst der Bundeswehr vermittelt Erstausbildungen und Umschulungen und bietet vielfältige Möglichkeiten zur fachlichen Fortbildung. Bisher wurden weit über 300 000 Berufsabschlüsse erreicht.

Auch die Kirchen arbeiten auf dem Gebiet der Erwachsenenbildung. Die evangelische Kirche veranstaltet in ihren 15 Akademien Tagungen über aktuelle Themen, z. B. Jugendfragen oder Entwicklungspolitik; daran beteiligen sich etwa 80 000 Personen im Jahr. Örtliche Arbeitskreise und Exkursionen finden ebenfalls regen Zuspruch. Im Vordergrund der katholischen Weiterbildungsarbeit stehen Ehe- und Familienfragen, theologische und kulturelle Themen. Dachorganisation ist die Katholische Bundesarbeitsgemeinschaft für Erwachsenenbildung in Bonn. Schließlich zählen auch einige Stiftungen, die politischen Parteien nahestehen, die Weiterbildung zu ihren Aufgaben: Friedrich-Ebert-Stiftung (SPD), Friedrich-Naumann-Stiftung (FDP), Konrad-Adenauer-Stiftung (CDU), Hanns-Seidel-Stiftung (CSU), Stiftungsverband Regenbogen (Die Grünen).

An rund 1000 Lehrgängen privater Fernlehrinstitute beteiligen sich weit mehr als 100 000 Lernende. Die 1972 gegründete Staatliche Zentralstelle für den Fernunterricht überprüft die Qualität des Lehrangebots.

# Zeitgeist:
## Tendenzen der letzten Jahrzehnte

Wenn man den Vorwurf der Vereinfachung nicht scheut, kann man in der bisherigen Geschichte der Bundesrepublik Deutschland eine Abfolge von herrschenden Ideen ausmachen. Natürlich bestanden stets die verschiedensten Philosophien, Denkrichtungen und Weltanschauungen nebeneinander. Hier aber sind Ideen gemeint, die über den engen Kreis der philosophisch speziell Interessierten hinaus in die breite Öffentlichkeit drangen, das Denken auf vielen Gebieten beeinflußten und jeweils einige Jahre lang den »Zeitgeist« bestimmten.

**Existentialismus.** Die ersten Nachkriegsjahre waren die große Zeit des Existentialismus. Diese philosophische Richtung (in Deutschland meist »Existenzphilosophie« genannt) ist vor allem mit den Namen Martin Heidegger und Karl Jaspers verbunden. Beider Hauptwerke waren schon Jahrzehnte früher erschienen, fanden aber erst jetzt breiteren Widerhall, wobei sicherlich Vergröberungen und Mißverständnisse unterliefen. In der Krisen- und Notzeit der totalen Niederlage, wo es oft genug ums nackte Überleben ging, fühlten sich viele angesprochen von einer Philosophie, deren Hauptbegriffe »Angst«, »Sorge«, »Scheitern«, »Geworfenheit« hießen und die den Menschen radikal zurückverwies auf jenen innersten Kern, der auch noch im Angesicht des Todes Bestand hat. In einem Augenblick, in dem die Nation mit allen ihren Gliedern in eine Grenzsituation gestellt war, war der Augenblick für die Bewährung dieser Lehre gekommen. So ist es kein Zufall, daß unter den vielen, die sich in philosophischem Ernst zur Frage nach der Schuld an den Verbrechen des Hitler-Regimes äußerten, Karl Jaspers das gewichtigste Wort zu sprechen wußte.

**Abkehr von den Ideologien.** Mit dem wirtschaftlichen Aufstieg der Bundesrepublik verblaßte die Anziehungskraft des Existentialismus. Die Beschäftigung mit »letzten Fragen« trat überhaupt in den Hintergrund. Vom Beginn der fünfziger Jahre an herrschte im öffentlichen Bewußtsein der Bundesrepublik philosophische Windstille. Der demokratische Staat festigte sich, Wohlstand und soziale Sicherheit nahmen jedes Jahr ein Stück zu, und ihrem Wachstum schien keine Grenze gesetzt. Da lag es nahe zu glauben, daß Grundfragen wie die nach dem Sinn der Geschichte oder des menschlichen Zusammenlebens ihre Bedeutung verloren hätten und es nur noch darauf ankomme, für Einzelprobleme pragmatische Lösungen zu finden. Auch die Tatsache, daß jenseits der innerdeutschen Grenze, in der DDR, die geschlossene Ideologie des Kommunismus in Theorie und Praxis die Herrschaft angetreten hatte, galt nur wenigen als Herausforderung zu einer grundsätzlichen Auseinandersetzung. Die Mehrheit wollte mit Problemen dieser Art in Ruhe gelassen werden. Soziologen sprachen damals von der »skeptischen Generation« und von einem Prozeß der »Entideologisierung«, den sie für unumkehrbar hielten.

**Gesellschaftskritik und Utopie.** Sie wurden widerlegt, als in der zweiten Hälfte der sechziger Jahre das Interesse am Marxismus neu erwachte, der zwei Jahrzehnte lang in der Bundesrepublik eine Angelegenheit kleiner Zirkel gewesen war. Als mit der Bildung der Bonner Großen Koalition zwischen Unionsparteien und Sozialdemokraten jede Auseinandersetzung um den »richtigen Weg« begraben schien, fanden Vertreter einer grundsätzlichen Kritik an diesem Staat wieder mehr Gehör.

Wie im Fall des Existentialismus traten Denker in den Vordergrund, deren Werke zum Teil seit langer Zeit vorlagen. Zu nennen sind hier vor allem die Begründer der »Frankfurter Schule«, Max Horkheimer und Theodor W. Adorno, deren »kritische Theorie« die Gesellschaftskritik des Marxismus mit den Erkenntnissen der Psychoanalyse verknüpfte. Sie hatten großen Einfluß auf die 1966 einsetzende Studentenbewegung, die sich in ihren Anfängen vor allem als »antiautoritär« verstand. Ebenfalls bedeutend, wenngleich weniger direkt war die Wirkung Ernst Blochs, des wohl originellsten marxistischen Philosophen der letzten Jahrzehnte. Im Mittelpunkt seines aus vielen, auch religiösen Quellen gespeisten Werkes steht der Begriff der Utopie.

Nicht nur marxistische, sondern auch viele andere Gesellschaftsanalysen wurden lebhaft diskutiert; »Gesellschaft« wurde das Modewort der Zeit. Das Interesse an soziologischen Fragestellungen hing sicherlich damit zusammen, daß häufiger als vorher Zweifel artikuliert wurden, ob das soziale System der Bundesrepublik wirklich so vollkommen sei, wie man geglaubt hatte. An die Reformen, die seit Ende der sechziger Jahre in Angriff genommen wurden, knüpften sich hier und da geradezu utopische Erwartungen. Diese Erwartungen waren nicht in dem erhofften Maße zu erfüllen, und zwar um so weniger, als die in den siebziger Jahren einsetzende Wirtschaftskrise die materiellen Möglichkeiten stark beschnitt. Infolgedessen machten sich Enttäuschung, Reformmüdigkeit und eine

*Martin Heidegger*                 *Karl Jaspers*

anti-utopische Stimmung bemerkbar. Manche sahen darin eine »Tendenzwende«, eine Rückkehr zum Konservatismus.

**Tendenzwende?** Wahrscheinlich ist diese Deutung zu vordergründig. Gewiß ist der Glaube an einfache Theorien, die den Schlüssel zur Erklärung aller gesellschaftlichen Phänomene zu besitzen behaupten, ins Wanken geraten, und auch die Vorstellung von einer schnellen Veränderbarkeit der Gesellschaft ist erschüttert. Davon zeugt nicht zuletzt die wachsende Anhängerschaft des kritischen Rationalismus, einer Denkschule, deren führender Repräsentant Karl Popper ist. Aber darüber hinaus sind neue Probleme aufgetaucht, die in keines der überlieferten Weltbilder zu passen scheinen. Sie lassen sich unter dem Schlagwort »Umwelt« zusammenfassen. Dabei entstanden ganz neue Fronten.

In den siebziger Jahren begannen viele, am Sinn ständigen wirtschaftlichen Wachstums und unaufhörlichen technischen Fortschritts zu zweifeln. Die Stimmen mehrten sich, die vor einer ungehemmten Fortsetzung der Industrialisierung warnten, weil sie die natürliche Umwelt unweigerlich zerstöre und damit die künftigen Lebensmöglichkeiten der Menschheit zunichte mache. Es entstand eine Bewegung, die eine Gesinnungsänderung, einen Kurswechsel forderte: Weg vom einseitigen Wachstumsdenken, zurück zu einem vernünftigen Maß im Umgang des Menschen mit der Natur. Solche Gedanken haben inzwischen weite Kreise erfaßt und gewinnen immer mehr an Boden.

*Max Horkheimer*        *Ernst Bloch*

**Ökologie.** Man kann dieses neue Denken im weitesten Sinne als »ökologisch« bezeichnen. Interessant ist, daß seine führenden philosophischen Repräsentanten zunächst auf ganz anderen Feldern der Wissenschaft tätig waren, ehe sie von den Problemen der Umwelt ergriffen wurden. Carl Friedrich von Weizsäcker war ein namhafter Kernphysiker, der sich später der Philosophie zuwandte; er gründete 1970 ein »Institut zur Erforschung der Lebensbedingungen der wissenschaftlich-technischen Welt« und hat seither immer wieder zu brennenden Gegenwartsfragen Stellung genommen. Hans Jonas hatte sich längst einen Namen als Erforscher der spätantiken Philosophie und Religion gemacht, als er in vorgerücktem Alter sein Buch »Das Prinzip Verantwortung« schrieb, in dem er eine »Ethik für die technologische Zivilisation« entwarf. Ein Grundmotiv des ökologischen Denkens ist die Abkehr vom technisch-wissenschaftlichen Utopismus. Seine Hauptthesen lauten: Die Technik wird kein Goldenes Zeitalter heraufführen; nicht alles, was technisch möglich ist, darf verwirklicht werden; der heutige Mensch muß bei allem, was er tut, seiner Verantwortung gegenüber den künftigen Generationen eingedenk sein.

Einige radikale Anhänger der ökologischen Bewegung suchten sich dem Druck der industriellen Welt ganz zu entziehen, indem sie »ausstiegen«: sie gaben ihre Stellung auf, verzichteten auf den gewohnten Lebensstandard und schlossen sich mit Gleichgesinnten zu kleinen Gruppen zusammen, um »alternative Lebensformen« zu erproben. Sie blieben freilich eine kleine Minderheit. Die »Alterna-

*Carl Friedrich von Weizsäcker*                    *Hans Jonas*

tivbewegung« könnte ohne die sie umgebende Industriegesellschaft gar nicht bestehen und hat ihren Höhepunkt wohl schon
überschritten.

Der Bewußtseinswandel, dem sie auf extreme Weise Ausdruck
gibt, reicht indessen viel weiter. Mehr und mehr besinnt man sich
auf Werte, die lange Zeit als altmodisch gegolten haben. Man
schätzt wieder das Einfache, Natürliche, Beständige. Gegenüber
anonymen Großgebilden gewinnt das Kleine, Überschaubare
neuen Wert: die engere Heimat, die Nachbarschaft, die Familie. Den
»objektiven Zwängen« stellt man die eigene Subjektivität gegenüber, statt bürokratischer Effizienz sucht man menschliche Wärme.
Begriffe wie »progressiv« oder »konservativ« sind auf dieses neue
Lebensgefühl nicht mehr ohne weiteres anwendbar. Jedenfalls wird
es, wenn nicht alles trügt, den Zeitgeist der kommenden Jahre prä-
gen. Die Industriegesellschaft soll nicht verschwinden, aber – das
ist die mehr oder weniger bewußte Sehnsucht vieler – sie soll sich
wandeln zu einer »Gesellschaft mit menschlichem Gesicht«.

# Das literarische Leben

Die deutsche Literatur ist die Literatur in deutscher Sprache. Sie war nie an Staatsgrenzen gebunden und ist es auch heute nicht. Kein Staat kann irgendeinen Anspruch auf die deutsche Literatur der Vergangenheit oder der Gegenwart erheben. Ob ein Schriftsteller in der Bundesrepublik Deutschland, in der DDR, in Österreich oder in der deutschsprachigen Schweiz zu Hause ist – seine Werke sind Beiträge zur deutschen Literatur. Mit Ausnahme der DDR ist der Austausch des gesprochenen und geschriebenen Worts im deutschen Sprachraum frei und ungehindert; die Einflüsse, Verflechtungen und Querverbindungen sind nicht zu zählen. In der DDR unterliegt das literarische Leben einer strengen Reglementierung, aber es ist dennoch nicht gänzlich von dem der übrigen deutschsprachigen Länder abgeschnitten. Gegenseitige Kenntnisnahme findet statt, wenn auch mit Einschränkungen.

Hier ist die Rede vom literarischen Leben in der Bundesrepublik, also nicht von der deutschen Literatur insgesamt. Es sollen einige Entwicklungslinien und Tendenzen aufgezeigt werden. Wo Namen genannt werden, stehen sie immer nur beispielhaft und stellvertretend; Dutzende andere ließen sich hinzufügen.

**Etappen der Entwicklung.** Das Jahr 1945 bedeutete für die Literatur, wie für alle Lebensbereiche, eine tiefe Zäsur. Nach der erzwungenen Isolierung durch die Hitler-Diktatur nahm man in Deutschland begierig neue literarische Strömungen des Auslands auf, etwa den Neorealismus Hemingways und den Existentialismus Sartres, und ausgehungert griff man nach den jetzt zugänglich werdenden Werken von Schriftstellern, die 1933 hatten emigrieren müssen, wie Thomas und Heinrich Mann, Alfred Döblin und Carl Zuckmayer, Bertolt Brecht und Anna Seghers.

Aber so vielfältig diese Anregungen auch waren – vorherrschend bei der jüngeren Schriftstellergeneration war das Gefühl eines radikalen Neubeginns. Man sprach von der »Stunde Null« und der Notwendigkeit eines literarischen »Kahlschlags«. Es entstand eine »Trümmerliteratur«, die die Erfahrungen der Diktatur, des Krieges und der Nachkriegszeit zu verarbeiten suchte. Ihre Grundzüge sind häufig schon an den Werktiteln abzulesen: »Inventur« (von Günter Eich), »Draußen vor der Tür« (Wolfgang Borchert), »Bericht eines Überlebenden« (Hans Erich Nossack). Bei aller Verzweiflung eignete diesen Schriftstellern ein starkes gesellschaftliches Engagement; sie wollten mit ihren literarischen Mitteln politisch wirken.

In den fünfziger und frühen sechziger Jahren kam diese Haltung weitgehend abhanden. Zwar fehlte es nicht an moralisch fundierter Sozialkritik; das Unbehagen an den Schattenseiten des wirtschaftlichen Aufstiegs, am Egoismus und Materialismus der »Wohlstandsgesellschaft« artikulierte sich beispielsweise in den Romanen von Wolfgang Koeppen, Heinrich Böll und Martin Walser. Aber die meisten Schriftsteller standen der Möglichkeit, die Gesellschaft durch Literatur zu provozieren, skeptisch gegenüber. Man sprach von einer »Reprivatisierung der Literatur«. Formale Probleme traten in den Vordergrund; die herkömmlichen Formen des Erzählens wurden in Frage gestellt (Uwe Johnson, Peter Härtling); man experimentierte mit den Möglichkeiten der Sprache; ja die Sprache wurde zum eigentlichen Thema der Literatur gemacht (Peter Handke).

Eine neue Wendung trat in den späten sechziger Jahren ein. Die Literatur der Bundesrepublik politisierte sich erneut. Den Anstoß gab vor allem die Studentenbewegung der Jahre 1967/68. Die radikalsten Wortführer der neuen Strömung sagten die Literatur kurzerhand tot und wollten nur noch gesellschaftsverändernde Praxis gelten lassen; sie widerlegten sich bald selbst. Von bleibender Bedeutung war, daß viele Schriftsteller ihre Abneigung gegen den »schmutzigen« politischen Alltag überwanden und sich beispielsweise aktiv an Wahlkämpfen beteiligten. Dem zeitweise aufkommenden Mißtrauen gegen die »Fiktion« war eine Hinwendung zum Dokumentarischen zu verdanken, die interessante Ergebnisse in »Protokollen« und Reportagen zeitigte.

Bald folgte aber wiederum ein Rückzug ins Private. Die Lyrik als »privateste« Literaturgattung erlebte bis in die Gegenwart hinein eine neue Blüte. Neben den Arrivierten wie Karl Krolow oder Peter Rühmkorf meldeten sich bis dahin nicht Bekannte wie Karin Kiwus, Ludwig Fels oder in jüngster Zeit Peter Maiwald und Ulla Hahn zu Wort. Auch die Reflexion über die eigene Person und die Familie (Christoph Meckel, Elisabeth Plessen) zeigte, daß das literarische Klima sich gewandelt hatte.

Seit Mitte der siebziger Jahre, beginnend mit dem Erstarken der Frauenbewegung, gibt es eine eigene Frauenliteratur, die auch literarisch bemerkenswerte Ergebnisse zeitigt. Neben Marion Schroeder und Verena Stefan muß hier besonders Gabriele Wohmann genannt werden. Sie versucht in ihren Geschichten, oft mit distanzierender Ironie, die hierarchischen Beziehungen zwischen den Geschlechtern bewußt zu machen.

In den letzten Jahren sind mehrere bekannte Schriftsteller aus

Gabriele Wohmann

Reiner Kunze

Heinrich Böll

Günter Grass

Walter Kempowski

Siegfried Lenz

der DDR dauernd oder zeitweilig in die Bundesrepublik übergesiedelt. Gemeinsam war diesen sehr unterschiedlichen Persönlichkeiten eine kritische Einstellung zum dortigen Regime. Die Regierung der DDR gewährte den unbequemen Kritikern ein Privileg, das sie den übrigen Bürgern verweigert: sie durften das Land verlassen. Zu nennen sind hier, stellvertretend für eine ganze Reihe anderer, Jurek Becker, Karlheinz Jakobs, Sarah Kirsch, Günter Kunert, Reiner Kunze und Erich Loest. In den Gedichten und Prosatexten all dieser Autoren ist die DDR-Erfahrung präsent, ebenso aber werden auch die Realitäten und Probleme ihres heutigen Lebens in der Bundesrepublik behandelt.

**Individualitäten.** Natürlich hat es in der Literatur der Bundesrepublik außer diesen Strömungen noch viele andere gegeben. Es war immer alles gleichzeitig da: in Zeiten der Skepsis gab es Engagement, und in Zeiten politischer Hektik gab es Versponnenheit und Weltflucht. So hielt sich Arno Schmidt bis zu seinem Tode 1979 vom Literaturbetrieb nahezu gänzlich fern. Neben dem Avantgardistischen fand und findet sich immer auch das Konventionelle, neben Auflösung der Formen stets auch die strenge Form.

Vor allem läßt sich die Individualität selten auf den einfachen Nenner einer Tendenz bringen. Ein literarisches Lebenswerk von einigem Rang ist immer komplex und facettenreich. Am Werk von Erzählern wie Alfred Andersch oder Wolf Wondratschek, von Lyrikern wie Hilde Domin, Hans Magnus Enzensberger oder Sarah Kirsch und an vielen anderen Beispielen ließe sich das zeigen. Hier sollen einige der bedeutendsten Schriftstellerpersönlichkeiten kurz vorgestellt werden.

Von allen Schriftstellern, die in der Bundesrepublik Deutschland gewirkt haben, ist der 1985 verstorbene Heinrich Böll zweifellos der im In- und Ausland bekannteste. Er erhielt 1972 als sechster Deutscher den Nobelpreis für Literatur. Ein zentrales Thema seiner Romane und Kurzgeschichten ist das katholische Christentum und seine Rolle im gesellschaftlichen Leben. Als unerbittlicher Moralist schildert er die Nöte und Sorgen der »kleine Leute«. Seinen Welterfolg verdankt er auch der Einfachheit seiner Sprache, die sein Werk leicht übersetzbar macht.

Nicht viel geringer ist der Ruhm, den Günter Grass genießt. In seinem politischen Engagement ist er noch kompromißloser als Böll. Seine Sprache jedoch ist von barocker Fülle, und eine unerschöpfliche Phantasie bevölkert seine Romane mit skurrilen Gestalten. Gleichwohl drehen sich alle seine Bücher um Probleme, die unsere Zeit bewegen.

In den siebziger Jahren machte dann Walter Kempowski von sich reden. In sechs stark autobiographisch gefärbten Romanen hat er die Geschichte einer bürgerlichen Familie von der Kaiserzeit bis in die fünfziger Jahre geschildert. Kennzeichnend für ihn ist die Detailgenauigkeit seiner Darstellung und sein Sinn für das Groteske.

Siegfried Lenz zählt ebenfalls zu den international bekanntesten deutschen Autoren. Seiner ostpreußischen Heimat, in der viele seiner Romane spielen, stark verhaftet, setzt er sich in seinem Werk häufig mit den Ursachen menschlichen Scheiterns und Zweifelns auseinander. Dies geschieht, ähnlich wie bei Heinrich Böll, in recht unkompliziertem Stil. Lenz, der ebenfalls politisch sehr engagiert ist, hat auch eine große Zahl Hörspiele verfaßt.

**Gruppen und Verbände.** Zwanzig Jahre lang hat im literarischen Leben der Bundesrepublik die »Gruppe 47« eine wichtige Rolle gespielt. Sie war keine Organisation mit Programm und Statuten, sondern eine lockere Vereinigung von Schriftstellern und Kritikern, die auf Initiative von Hans Werner Richter seit 1947 alljährlich zu einem Treffen zusammenkamen. Diese Treffen mit Lesungen und Diskussionen wurden zu einem Kristallisationspunkt der zeitgenössischen Literatur. Der jährlich verliehene Preis der Gruppe ging fast immer an junge Schriftsteller, die später von sich reden machten. Die letzte Tagung der Gruppe fand 1967 statt, ein letztes Treffen 1972.

Schriftsteller müssen in der Regel vom Ertrag ihrer literarischen Arbeit leben. Sie haben materielle Interessen wie jedermann. Zur Vertretung dieser Interessen sind sie wegen des individualistischen Charakters ihrer Tätigkeit schlechter gerüstet als andere Gruppen. In der Bundesrepublik gab es zwar immer verschiedene regionale Schriftstellerverbände, die sich der sozialen Interessen ihrer Mitglieder annahmen, doch erwiesen sie sich als wenig effektiv. 1969 wurde unter der Losung »Ende der Bescheidenheit« der Verband deutscher Schriftsteller (VS) gegründet. Er verstand sich von vornherein als eine gewerkschaftsähnliche Organisation. 1974 trat er als Fachgruppe der Industriegewerkschaft Druck und Papier bei. Als Vereinigung von Schriftstellern, die den gewerkschaftlichen Kurs ablehnten, entstand 1973 der Freie Deutsche Autorenverband (FDA).

Einiges ist inzwischen erreicht worden. 1972 wurde die Bibliotheksabgabe eingeführt. In öffentlichen Bibliotheken werden jährlich über 200 Millionen Bücher ausgeliehen. Dafür zahlen Bund und Länder Pauschalbeträge an die »Verwertungsgesellschaft Wort«. Unter anderem werden damit Zuschüsse zur Altersversorgung und Krankenversicherung von Schriftstellern finanziert. Ferner wurde

1974 für freiberufliche Mitarbeiter der Massenmedien die Möglichkeit geschaffen, die Beschäftigungsbedingungen mit ihren Auftraggebern durch Tarifverträge zu regeln. Sie stehen somit den Auftraggebern nicht mehr isoliert als »Selbständige« gegenüber, die sie in Wirklichkeit nicht sind. Eines der nächsten Ziele ist es, eine ähnliche Regelung auch für das Verhältnis zwischen Autoren und Buchverlegern zu erreichen.

**Der Deutsche Literaturfonds.** 1980 gründeten sieben bedeutende literarische Organisationen den Deutschen Literaturfonds mit Sitz in Darmstadt. Mit Hilfe des Bundesinnenministeriums wurde ein Modell der Literatur- und Autorenförderung entwickelt, das in dreifacher Hinsicht neuartig war:

□ Verbände mit durchaus unterschiedlichen Interessen hatten sich zusammengefunden, um gemeinsam qualifizierte zeitgenössische deutsche Literatur zu fördern.

□ Diese Förderung sollte auf Bundesebene geschehen, als wirkungsvolle Ergänzung zu den bestehenden regionalen Förderungen in den Ländern und Kommunen.

□ Die vom Bund zur Verfügung gestellten Mittel – jährlich 1 Million DM – sollten nach dem Prinzip der Selbstverwaltung und Eigenverantwortung vergeben werden.

Die Gremien des Literaturfonds haben ihre Arbeit 1981 aufgenommen. Hauptsächlich vergibt der Fonds Stipendien an Autoren, um sie materiell sicherzustellen, während sie an einem Werk arbeiten. Daneben werden auch Druckkostenzuschüsse gewährt. Bis Ende 1986 wurden etwa 2600 Anträge auf Förderung gestellt. Wenn nur reichlich 10% davon positiv entschieden wurden, so lag das weniger an zu geringen finanziellen Mitteln als an den strengen Qualitätsmaßstäben, die der Fonds anlegte. Dieses Verfahren erwies sich als richtig: Mehr als neun Zehntel der Werke, die im Zeitpunkt des Antrags ja noch im Entstehen begriffen waren, wurden tatsächlich veröffentlicht.

# Buchhandel und Bibliotheken

Das erste Buch, das mit beweglichen Lettern gedruckt wurde, erschien 1455 in der deutschen Stadt Mainz. Johannes Gutenberg, der Erfinder des Buchdrucks, war zugleich Verleger. So beginnt mit der Geburtsstunde der neuen Technik auch die Geschichte des deutschen Verlagsbuchhandels. Die führende deutsche Verlagsstadt war lange Zeit Frankfurt am Main. Im 18. Jahrhundert wurde es von Leipzig abgelöst, das diese Rolle bis zum Zweiten Weltkrieg behielt. In der Bundesrepublik Deutschland teilen sich mehrere Städte in die führende Stellung, darunter München, Berlin (West), Hamburg, Stuttgart, Frankfurt und Köln.

Die Buchproduktion der Bundesrepublik Deutschland nimmt international nach den USA und der UdSSR den dritten Platz ein. Im bisherigen Rekordjahr 1980 wurden 67 176 Titel veröffentlicht – viermal so viel wie im Jahre 1951. 11,6 % davon waren Taschenbücher. 1986 waren in der Bundesrepublik über 400 000 deutschsprachige Titel lieferbar.

In der Bundesrepublik Deutschland gibt es knapp zweitausend Verlage. Etwa fünfundsiebzig davon haben einen Umsatz von über 10 Millionen DM. Aber keiner ist marktbeherrschend. Das größte Verlagsunternehmen, die Verlagsgruppe Bertelsmann, ein Verbund kleiner und mittlerer Einzelverlage, hat einen Umsatzanteil von etwa 5 %. Neben den großen Unternehmen gibt es eine ganze Anzahl durchaus lebensfähiger Kleinverlage, deren Produktion einen wichtigen Beitrag zur Vielfalt des literarischen Lebens leistet.

Nach dem Zweiten Weltkrieg haben sich die Buchgemeinschaften zu einer besonders wichtigen Form des Buchvertriebs entwickelt und dem Buch weite neue Leserkreise erschlossen. Ihren Ursprung haben sie in Bestrebungen der Volksbildung, wie z. B. die Büchergilde Gutenberg, die eine Gründung der Gewerkschaften ist. Heute gibt es 10 Buchgemeinschaften mit etwa 6 Millionen Mitgliedern. Die meisten gehören zur Bertelsmann AG und zur Verlagsgruppe Holtzbrinck.

Der Gesamtumsatz des Buchhandels der Bundesrepublik betrug 1986 9,8 Milliarden DM. Davon entfielen 5,4 % auf Buchgemeinschaften und 5,4 % auf Warenhäuser. Der Buchhandel ist der einzige Wirtschaftszweig in der Bundesrepublik, der noch den »gebundenen Ladenpreis« kennt. Der Buchhändler muß jedes Buch zu dem vom Verlag vorgeschriebenen Preis verkaufen. Diese nicht un-

*Die Stadtbibliothek der mittelgroßen Stadt Gütersloh*

umstrittene Ausnahmeregelung wird mit der besonderen kulturellen Aufgabe des Buchhandels begründet. Es wird die Meinung vertreten, daß ohne den gebundenen Ladenpreis die Existenz vieler Buchhandlungen bedroht wäre.

**Übersetzungen.** 1985 erschienen in Verlagen der Bundesrepublik Deutschland 6102 Titel, die aus 51 Sprachen ins Deutsche übersetzt worden waren, zwei Drittel davon aus der englischen und knapp 14 % aus der französischen Sprache. Knapp ein Drittel der

Übersetzungen entfällt auf den Bereich der Belletristik. Von Verlagen der Bundesrepublik wurden im gleichen Jahr 2265 Lizenzen für Übersetzungen an ausländische Verlage gegeben. Dabei liegt das Spanische mit 13,8% an der Spitze, gefolgt vom Englischen mit 13,6%. Hohe Anteile haben auch das Niederländische (10,8%), das Französische (9,6%) und das Italienische (8,5%).

**Börsenverein und Buchmesse.** Die Berufs- und Standesorganisation des herstellenden und verbreitenden Buchhandels der Bundesrepublik Deutschland ist der Börsenverein des Deutschen Buchhandels in Frankfurt. Auf seine Initiative geht die alljährlich im Herbst stattfindende Internationale Frankfurter Buchmesse zurück, die sowohl repräsentativen Zwecken als auch dem Verkauf dient. 1988 stellten dort 7965 Verlage aus 95 Ländern aus. Höhepunkt der Frankfurter Buchmesse ist jedes Jahr die Verleihung des Friedenspreises des Deutschen Buchhandels. Zu den Preisträgern der letzten Jahre gehörten Gunnar und Alva Myrdal, Léopold Sédar Senghor, Ernst Bloch, Max Frisch, Leszek Kolakowski, Astrid Lindgren, Yehudi Menuhin, Ernesto Cardenal, Lew Kopelew, Manès Sperber, Octavio Paz, Teddy Kollek, Władysław Bartoszewski und Hans Jonas. 1988 wurde der Preis an Siegfried Lenz verliehen. Das Fachorgan des Börsenvereins ist das zweimal wöchentlich erscheinende »Börsenblatt für den Deutschen Buchhandel«.

**Bibliotheken.** Deutschland besitzt im Gegensatz zu vielen anderen Ländern keine große, jahrhundertealte Nationalbibliothek. Erst 1912 wurde mit der Gründung der Deutschen Bücherei in Leipzig ein Anfang gemacht. Diese Bibliothek – die übrigens nicht vom Staat, sondern auf Initiative des Buchhandels gegründet wurde – erhielt den Auftrag, die gesamte deutschsprachige Literatur seit 1913 zu sammeln. Die Spaltung Deutschlands nach dem Zweiten Weltkrieg machte es erforderlich, eine entsprechende Institution für das Gebiet der Bundesrepublik zu schaffen. Dies ist die 1946 gegründete Deutsche Bibliothek in Frankfurt. Sie wurde ebenfalls durch den Buchhandel gegründet und ist seit 1969 Bundesanstalt. Neben der gesamten deutschsprachigen Literatur seit 1945 sammelt sie Exilliteratur, d. h. Werke, die von emigrierten deutschen Schriftstellern in den Jahren 1933–1945 geschaffen wurden. Ihr Buchbestand umfaßt 3,9 Millionen Bände.

Die größte Bibliothek ist die Bayerische Staatsbibliothek in München mit 5,5 Millionen Bänden. Zu den wichtigsten Bibliotheken zählt auch die Staatsbibliothek Preußischer Kulturbesitz in Berlin (West) mit 3,7 Millionen Bänden. Bei den Bibliotheken mit ebenfalls

**Buchproduktion nach Sachgebieten (Erst- und Neuauflagen 1985)**

| Titel | | % |
|---|---|---|
| 637 | Allgemeines, Buch und Schrift, Hochschulen | 1,1 |
| 2773 | Religion, Theologie | 4,8 |
| 2237 | Philosophie, Psychologie | 3,9 |
| 2917 | Recht, Verwaltung | 5,1 |
| 5808 | Wirtschafts- und Sozialwiss., Statistik | 10,1 |
| 1225 | Politik, Wehrwesen | 2,1 |
| 2229 | Sprach- und Literaturwissenschaft | 3,9 |
| 8906 | Schöne Literatur | 15,5 |
| 2076 | Jugendschriften | 3,6 |
| 1683 | Erziehung, Unterricht, Jugendpflege | 2,9 |
| 755 | Schulbücher | 1,3 |
| 2999 | Bildende Kunst, Kunstgewerbe | 5,2 |
| 1217 | Musik, Tanz, Theater, Film, Rundfunk | 2,1 |
| 2302 | Geschichte, Kulturgeschichte, Volkskunde | 4,0 |
| 2250 | Erd- und Völkerkunde, Reisen | 3,9 |
| 3199 | Karten, Kartenwerke | 5,5 |
| 2854 | Medizin | 4,9 |
| 2251 | Naturwissenschaften | 3,9 |
| 1783 | Mathematik | 3,1 |
| 3812 | Technik, Industrie, Gewerbe | 6,6 |
| 608 | Verkehr | 1,1 |
| 2145 | Land- und Forstwirtschaft, Hauswirtschaft | 3,7 |
| 593 | Turnen, Sport, Spiele | 1,0 |
| 28 | Verschiedenes | 0,1 |
| 336 | Kalender und Almanache | 0,6 |

großen Beständen handelt es sich meist um Staats-, Landes- und Universitätsbibliotheken. Neben diesen allgemeinen wissenschaftlichen Bibliotheken gibt es Spezialbibliotheken, z.B. die Medizinische Zentralbibliothek in Köln.

Es gibt in der Bundesrepublik rund 15 000 öffentliche Büchereien mit über 30 Millionen Bänden. Sie dienen den Lese- und Bildungswünschen breiter Schichten und werden hauptsächlich von Gemeinden und Kirchen unterhalten.

Börsenverein des Deutschen Buchhandels
Großer Hirschgraben 17–21
6000 Frankfurt/Main

# Die bildenden Künste

Überblickt man die Kunstlandschaft der Zeit nach dem Zweiten Weltkrieg, so wird einem bewußt, daß es eine spezifisch deutsche Kunst eigentlich nicht gibt. Das hängt natürlich mit der zunehmenden Internationalisierung der Kunst zusammen, aber auch mit der besonderen Situation Deutschlands. Die Hitler-Diktatur hatte die meisten modernen Kunstrichtungen als »entartet« verfolgt und damit erreicht, daß Deutschland für über ein Jahrzehnt vom internationalen Kunstleben isoliert wurde. Mit dem Kriegsende kam die Spaltung Deutschlands. Der Neubeginn führte in den beiden Teilen des Landes in durchaus unterschiedliche Richtungen. Während die Künstler in der Bundesrepublik Deutschland ihre entscheidenden Anregungen aus den westlichen Ländern – zum Teil von dorthin emigrierten Deutschen – empfingen, wurde den Künstlern der DDR der »sozialistische Realismus« oktroyiert. Erst in den sechziger Jahren begann in der DDR eine differenziertere Entwicklung, auf die hier nicht eingegangen werden kann.

**Malerei.** Der figürliche Expressionismus im ersten Drittel unseres Jahrhunderts, der ja vor allem eine deutsche Erscheinung gewesen war, hatte seine Stoßkraft eingebüßt. Oskar Kokoschka hatte Deutschland verlassen. Maler wie Emil Nolde und Otto Dix lebten abseits.

Die Entwicklung der Malerei nach 1945 knüpfte an Paul Klee und Wassily Kandinsky an, die den Schritt zur Abstraktion bereits vor dem Ersten Weltkrieg vollzogen hatten. Der in Frankreich unter dem Einfluß der Deutschen Wols und Hans Hartung entstandene abstrakte Expressionismus setzte sich durch. Seine wichtigsten Exponenten waren nach dem Tod Willi Baumeisters (1955) Ernst Wilhelm Nay und Fritz Winter, die zentrale Figur der Gruppe »Zen 49« in München, der auch Julius Bissier, Emil Schumacher und Rupprecht Geiger nahestanden. In Frankfurt erlebte in der Gruppe um Bernard Schultze der sogenannte »Tachismus«, der – surrealistische Ideen aufgreifend – den spontanen Schaffensprozeß in den Mittelpunkt künstlerischer Bemühung stellte, seinen entscheidenden Durchbruch in Deutschland. Schultze entwickelte sich im weiteren Verlauf mit seinen phantastisch ins Dreidimensionale vorstoßenden »Migofs« zu einer der faszinierendsten Gestalten der deutschen Kunstszene.

*Oskar Kokoschka: Ansicht der Stadt Köln vom Messeturm aus
(Wallraf-Richartz-Museum/Museum Ludwig, Köln)*

Die Düsseldorfer Gruppe »Zero« proklamierte zu Beginn der
sechziger Jahre mit ihrer Namensgebung einen Neubeginn. Sie verstand Kunst nicht länger als Plattform pathetischer Humanität, sondern wandte sich den Phänomenen der Natur zu und lenkte die Aufmerksamkeit auf die Wahrnehmung der objektiven (auch durch die
Technik veränderten) Umwelt und ihre Bedeutung für den Menschen. Die bekanntesten dieser Künstler sind Otto Piene, Günther
Uecker und Heinz Mack. Während man Pienes Feuer- und Rauch-
bilder und Ueckers Nagelbilder immer noch im Rahmen traditionel-
ler Tafelmalerei sehen kann, gehören die Lichtstelen und Lichtdyna-
mos von Mack, die in ihrem Bezug zur Op-Art vielleicht noch der
Malerei, in ihrer kinetischen Erscheinung der Plastik zugeordnet
werden können, in ihrer auf großflächige Umweltveränderung ab-
zielenden Komponente (Sahara-Projekt) zur Kunst des Environ-
ments in einem weitgefaßten Sinn und auch zur Land-Art.

Die Pop-Art, die von England und Amerika ausging, fand in
Deutschland wenig Widerhall, während die auf signalartige Farbzei-
chen beschränkte Hard-Edge-Malerei von Malern wie Günter Fruhtrunk, Georg Karl Pfahler und Winfred Gaul aufgegriffen wurde.

Als erstaunlich langlebig erweist sich der Surrealismus, den in
persönlicher Einzigartigkeit Max Ernst verkörperte, in Deutschland
vertreten durch Edgar Ende, Mac Zimmermann und vor allem Richard Oelze mit seinen Weltuntergangsvisionen. Eine eigentümli-

che Variante phantastischer Kunst entfaltete sich im strengen Medium der Graphik. So außerordentliche Zeichner wie Horst Janssen und Hans Bellmer gehören hierher, auch Peter Ackermann, Uwe Bremer, Friedrich Meckseper sind zu nennen.

Daneben wurde in der Bundesrepublik Deutschland Anfang der siebziger Jahre auch der von Amerika ausgehende Hyperrealismus adaptiert, der dem »magischen Realismus« bzw. der »Neuen Sachlichkeit« der zwanziger Jahre gar nicht so unähnlich ist. Hier sind in erster Linie Konrad Klapheck mit seinen symbolisch gemeinten Maschinenbildern zu nennen und Dieter Asmus, der Gründer der Gruppe »Zebra«. Lambert Maria Wintersberger und Peter Nagel wandeln das Thema der Verwundung ab. Anfang der achtziger Jahre traten die »Neuen Wilden«, auch »Junge Wilde« genannt, in Erscheinung, die mit ihrer hemmungslos subjektiven Malerei an expressionistische Vorbilder anknüpften (Zentren in Köln, Berlin [West] und Hamburg). Die mittlerweile auch im Ausland erfolgreichen Hauptvertreter dieser Richtung sind Elvira Bach, Jörg Immendorff (der auch Plastiken geschaffen hat), Helmut Middendorf, Markus Lüpertz und Salomé. Verwandte Tendenzen verfolgen Georg Baselitz und Anselm Kiefer. Auf keine Richtung festzulegen ist der vielseitige Sigmar Polke, der 1986 einen Goldenen Löwen auf der Bienale in Venedig erhielt.

*Jörg Immendorff vor seiner Plastik »Brandenburger Tor«*

*Dieter Asmus: Ski-Urlauberin*

**Plastik.** In der deutschen Plastik der Nachkriegszeit läßt sich keine eindeutige Entwicklung aufzeigen. Figürliche und abstrakte Werke entstehen nebeneinander wie in den zwanziger Jahren, wo es neben dem Expressionismus von Ernst Barlach und Wilhelm Lehmbruck schon ungegenständliche Plastiken von Hans Arp und Rudolf Belling gab. Das erste Nachkriegsjahrzehnt wurde noch von Künstlern der älteren Generation bestimmt wie Ewald Mataré, der 1946 eine Lehrtätigkeit an der Düsseldorfer Akademie übernahm, und Gerhard Marcks, der seit 1946 in Hamburg und Köln unterrichtete, beide eindeutige Vertreter einer abstrahierten Gegenständlichkeit. In Berlin wirkte Karl Hartung schulebildend, der dort seit 1951 unterrichtete und – selber noch Schüler von Bourdelle und Maillol – in seinen monumentalen Figuren die Materialqualitäten herausarbeitete. Sein bedeutendster Schüler, Rolf Szymanski, schuf fragmentarische Figuren von religiöser Ergriffenheit. Mit Hans Uhlmann ist in Berlin auch die abstrakte Richtung mit konstruktivistischen Werken vertreten.

Im südwestdeutschen Raum konzentriert sich bei Künstlern wie Otto Herbert Hajek, Emil Cimiotti und Wilhelm Loth eine Auffassung von Plastik, die man als Entsprechung zur informellen, tachistischen Malerei begreifen kann. In diesem Umkreis gehört auch der durch seine Raumsäulen bekanntgewordene Erich Hauser, der auch im Ausland erfolgreich ist (Großer Preis der X. Biennale in São Paulo).

Ein weiteres Zentrum zeitgenössischer deutscher Plastik liegt im Westen zwischen Köln und Dortmund, wo sich experimentelle Tendenzen am deutlichsten artikulieren. Norbert Kricke realisierte aus Stahldraht schwerelose Plastiken, Jochen Hiltmann betont in seinen geborstenen Kugeln den Prozeß der Formwerdung, Horst Egon Kalinowski konstruiert lederbezogene Holzobjekte (»Caissons«), Ulrich Rückriem vertraut in seinen Steinplastiken auf die natürlichen Qualitäten des Materials, das er in Schichtungen, Schnitten und Bruchstellen bloßlegt.

Vertreter der kinetischen Kunst wurden schon im Zusammenhang mit den Künstlern der Gruppe »Zero« genannt. Daneben gibt es eine Objektkunst, bei der das Element der Bewegung eine Rolle spielt. So etwa fertigt Günter Haese fragile Gehäuse aus Messingdraht, in denen die Unruhen von Uhren gereiht sind, die bei der geringsten Erschütterung zu vibrieren beginnen, und Günter Weseler konstruiert zottige »Atemobjekte«, die ihre Wirkung nicht nur aus der Bewegung, sondern auch aus dem Raumkontext beziehen.

**Aktionskunst, Arte Povera.** Die Auflösung des traditionellen Kunstbegriffs führte in den sechziger Jahren zur Aktionskunst der Fluxus- und Happening-Bewegung, deren Hauptexponenten Wolf Vostell und Joseph Beuys († 1986) waren. Dabei waren die Fluxus-Ak-

*Joseph Beuys bei einer seiner Aktionen*

tionen mehr destruktive Schauveranstaltungen aus dem Geist des Dadaismus, während die Happening-Aktionen wie Vostells »In Ulm, um Ulm und um Ulm herum« (1964) ganz bewußt das Publikum als Akteure einbezogen. Beuys, in Deutschland umstritten, weckte im Ausland großes Interesse. Bei seinen Aktionen wie bei seinen Objekten verzichtete Beuys auf jede Materialaufwendigkeit. Mit der Verwendung von Fett und Filz zählt er zur »Arte Povera«, die sich armseliger Materialien bedient, wie z. B. Reiner Ruthenbeck mit seinen Aschehaufen. Auch die »Spurensicherung«, wie sie etwa Nikolaus Lang betreibt, der unscheinbare Fundobjekte in Schaukästen präsentiert, gehört in diesen Zusammenhang.

**Environment, Textilobjekte.** So, wie im Gefolge der Pop-Art das Wandbild aus der Zweidimensionalität hervortrat und im Environment schließlich zur Raumgestaltung überging (in Deutschland bei Michael Buthe), so eroberte auch die Textilkunst sich die Dimension des Raumes. Die Anstöße dazu gingen vor allem von Polen aus (Magdalena Abakanowicz). In Deutschland griffen sie in eigenständiger Weise Textilkünstlerinnen wie Inge Vahle, Else Bechteler und Susanne Hepfinger auf.

**Der Kunstfonds.** 1980 wurde von mehreren Künstlerverbänden und anderen Organisationen, die mit Kunst zu tun haben, der Kunstfonds mit Sitz in Bonn gegründet. Er hat die Aufgabe, einzelne begabte Künstler sowie künstlerische Initiativen und Modellvorhaben, die für die deutsche Kulturentwicklung von Bedeutung sind, finanziell zu unterstützen. Darüber hinaus fördert er das Bemühen, zeitgenössische Kunst einem breiteren Bevölkerungskreis zu vermitteln. Bei der Projektförderung wird das System der Anteilsfinanzierung angewandt; d. h., der Geförderte oder ein Dritter müssen in der Regel die Hälfte der Projektkosten selbst aufbringen. Auf diese Weise werden weitere Initiativen öffentlicher oder privater Förderer ausgelöst, die die Mittel des Fonds schon mehr als verdoppelt haben. Neben der Projektförderung vergibt der Fonds Arbeits- und Werkstipendien; sie machen etwa die Hälfte der insgesamt bewilligten Summe aus. Die Bundesregierung stellt dem Kunstfonds jährlich ungefähr 1 Million DM zur Verfügung.

# Die Baukunst

Wenn man sich den Stand der Gegenwartsarchitektur in der Bundesrepublik Deutschland vergegenwärtigt, muß man die besondere Ausgangssituation berücksichtigen, die der Zweite Weltkrieg hinterlassen hat. Der Zwang zum schnellen Wiederaufbau der Städte und zur Beschaffung von Wohnraum führte leider vielfach zur Vernachlässigung städtebaulicher Konzepte und architektonischer Qualitäten. Nachdem diese Elementarbedürfnisse gedeckt sind, häufen sich die Klagen über die Achtlosigkeit brutalistischen Bauens, wie es sich in monotonen Trabantenstädten, aber auch in Kaufhäusern und Verwaltungsbauten der Innenstädte breitmacht. Es schärft sich der Blick dafür, daß Architektur mehr als alle anderen Künste das Lebensgefühl des Menschen prägt, weil er sich ihr nicht entziehen kann.

Es gibt aber auch heute in Deutschland hervorragende Beispiele einer modernen und doch menschlichen Architektur. Manches davon verdankt seine Entstehung einem Baustil, der in den zwanziger Jahren in Dessau begründet wurde. Das Dessauer Bauhaus – dessen führende Köpfe, wie Walter Gropius und Ludwig Mies van der Rohe, nach 1933 emigrieren mußten – hatte mit seinem Grundgedanken einer Synthese von Kunst und Technik dem Funktionalismus zu weltweiter Verbreitung verholfen. Funktionalistische Meisterwerke sind heute in allen Erdteilen zu finden.

**Bedeutende Einzelleistungen.** Während im Wohnungsbau und in der Stadtplanung die Chancen eines Neubeginns nur an wenigen Stellen wahrgenommen wurden, konnten auf dem Gebiet des Repräsentationsbaus herausragende Einzelleistungen erbracht werden. Der Typus des Hochhauses in Skelettkonstruktion mit durchgehender Verglasung, wie ihn etwa das Seagram-Building von Mies van der Rohe in New York verkörpert, fand in der Bundesrepublik Deutschland Varianten in dem souverän gegliederten Dreischeibenhochhaus der Phoenix-Rheinrohr (Thyssenhaus) in Düsseldorf (Helmut Hentrich und seine Gruppe, 1957–1960) und in dem Verwaltungsgebäude der Hamburgischen Elektrizitätswerke (Arne Jacobsen und Otto Weitling, 1969).

Daß Konzernbauten nicht nur dem Prinzip vertikaler Reihung folgen müssen, sondern daß dynamisches Bauen mit der jeweils gestellten Aufgabe zu jeweils neuen adäquaten Lösungen kommen

*BMW-Hochhaus in München (Karl Schwanzer)*

kann, demonstrieren die Hauptverwaltung der Bayerischen Motorenwerke in München mit der auffälligen Vierzylinderform (Karl Schwanzer, 1972) oder Bahlsens Keksfabrik in Hannover mit ihrer kubischen Verschachtelung (Dieter Bahlo, Jörn Köhnke, Klaus E. Stosberg und Partner, 1974).

Ein repräsentativer Bau, der nicht nur einen städtebaulichen Akzent setzt, sondern an dem auch die Allgemeinheit partizipieren kann, ist der oft nachgeahmte Fernsehturm in Stuttgart (Fritz Leonhardt, 1954–1956). Er ist übrigens ein Musterbeispiel dafür, daß architektonische Kultur nicht unbedingt ein Verlustgeschäft sein muß. Obwohl er ein Mehrfaches der Alternativlösung kostete, die nur Antennenaufbauten vorsah, hatte er sich mit Restaurant und

Aussichtsterrasse rasch amortisiert. Das mag im Fall der Münchner Olympiaanlagen (Günter Behnisch und Partner, 1972) länger dauern; aber es bleibt ein Glücksfall, daß die luftige Zeltdachkonstruktion verwirklicht wurde, die, in einen anmutigen Park eingebettet, den Zusammenhang mit der Umgebung wahrt und so eine Nutzung als Freizeitraum auch nach den Spielen ermöglicht.

Auch Kulturbauten im engeren Sinn, Orte der Kommunikation wie Theater, Museen und Bibliotheken, haben originelle Lösungen gefunden. Am bekanntesten sind die neue Philharmonie in Berlin (West) von Hans Scharoun (1964) mit ihren weinbergartigen Zuhörerterrassen, die auf das zentrale Orchester ausgerichtet sind, ein von innen nach außen konstruierter Bau, und die ebenfalls dort nach seinen Plänen errichtete Staatsbibliothek Preußischer Kulturbesitz. Beim Stadttheater in Münster (1954 bis 1956) bezog man eine klassizistische Ruine in den Baukörper ein. Die Stuttgarter Liederhalle und die Multihalle in Mannheim-Herzogenriedpark sind weitere Beispiele für großzügig gebaute Versammlungsräume. Hervorragend den örtlichen Gegebenheiten angepaßte Museumsneubauten schufen Hans Hollein in Mönchengladbach (1982) und die Architektengemeinschaft Peter Busmann und Godfrid Haberer für das Wallraf-Richartz-Museum/Museum Ludwig in Köln (1986).

Die Bauten für Bildung und Forschung stellen planerische Aufgaben, die vereinzelt glücklich gelöst worden sind. So hebt sich z. B. die Universität von Konstanz mit ihrer asymmetrisch dem Gelände angepaßten Verteilung der Baumassen wohltuend von einer »Bildungsfabrik« wie in Bielefeld ab. Als Musterbeispiel einer organisch in die Landschaft gebauten Klinik kann die Filderklinik in Filderstadt-Bonladen (1972) gelten.

Seit Kriegsende sind mehrere tausend Kirchen gebaut worden. Der architektonischen Experimentierfreude war dabei weiter Spielraum gegeben. Neben einer Fülle von Bauten, die mehr kirchlicher Repräsentation dienen, entstanden auch Bauten, die sich dem Anspruch, Ort der Begegnung mit dem Numinosen zu sein, ästhetisch gewachsen zeigen. Zu nennen sind hier die Gedächtniskirche in Berlin (West) von Egon Eiermann (1963) mit ihren transparenten Glasfronten, deren Bläue eine Aura der Transzendenz erzeugt, ferner die wuchtige Gottesburg der Wallfahrtskirche in Neviges von Gottfried Böhm (1967) oder die Pyramidenkonstruktion des Katholischen Kirchenzentrums »Maria am Wege« in Windach (Josef Wiedemann mit Rudolf Ehrmann und Karlheinz Scherer, 1971).

**Stadtplanung.** Die dringendsten Aufgaben der Gegenwartsarchitektur betreffen jedoch die Stadtplanung im weitesten Sinn. Lösun-

*Wallfahrtskirche in Neviges (Gottfried Böhm)*

gen aus einem Guß wie die kreuzungsfreie Sennestadt von Bernhard Reichow sind bisher Ausnahmen geblieben. Der Zerstörung historischer Bausubstanz durch Konfrontation mit stillosen Erwerbsbauten wird Einhalt geboten; man versucht die Unbewohnbarkeit der Innenstädte durch überhandnehmenden Verkehr rückgängig zu machen. Dies geschieht verstärkt durch die Anlage von Fußgängerzonen und den Bau von Umgehungsstraßen. Werden neue Bauten errichtet, so integriert man sie in die historische Bausubstanz, wie das bei der Hamburger Neustadt der Fall ist. Hier wurden historische Ensembles nicht nur erhalten, sondern sogar wieder aufgebaut. Daß man davon abkommt, den materialistischen Funktionalismus kistenförmiger Kaufhäuser in historischen Stadtzentren schön zu finden, zeigen die Entwürfe für das Warenhaus Schneider in Freiburg (Heinz Mohl, 1976) oder für das Würzburger Kaufhaus von Alexander von Branca, die sich behutsam ihrer historischen Umgebung anpassen. Branca ist ein Hauptvertreter der sogenannten Postmoderne, die sich in den achtziger Jahren immer mehr durchgesetzt hat.

# Museen, Sammlungen, Ausstellungen

In der Bundesrepublik Deutschland einschließlich Berlin (West) gibt es über 2000 Museen verschiedenster Art: Landes-, Stadt-, Vereins-, Heimat- und Privatmuseen, Schatzkammern, Diözesan-, Dom-, Residenz-, Burg-, Schloß- und Freilichtmuseen. Die im Lauf der Jahrhunderte aus fürstlichen, kirchlichen und später bürgerlichen Sammlungen entstandenen Museen spiegeln getreulich die föderative Struktur Deutschlands wider. Man wird deshalb vergeblich nach einem Zentrum nationaler Repräsentanz wie etwa dem Louvre in Paris suchen.

Die größte Ballung von Museen findet man in Berlin (West) in der 1957 durch Bundesgesetz geschaffenen »Stiftung Preußischer Kulturbesitz«, die die kulturellen Sammlungen des ehemaligen Staates Preußen verwaltet.

Ebenso groß wie der Typenreichtum ist die thematische Vielfalt. So gibt es Kunstmuseen, naturkundliche, technische und kulturhistorische Museen; es gibt Museen, die einem einzelnen Künstler gewidmet sind (z. B. das Kolbe-Museum in Berlin) oder einer einzelnen Kunstgattung (z. B. das Museum Alter Plastik, Liebieghaus in Frankfurt); es fehlt auch nicht an Spezialmuseen wie einem Spielkartenmuseum in Bielefeld oder einem Brotmuseum in Ulm. Eine strikte Spezialisierung ist allerdings selten; die meisten Museen entsprechen einem Mischtyp und vereinigen häufig sogar naturwissenschaftliche und Kunstsammlung unter einem Dach (Hannover, Wiesbaden).

Große Bedeutung kommt den kulturhistorischen und völkerkundlichen Museen zu, die in der Breite ihres Angebots jedem Besucher etwas zu bieten haben und dementsprechend beliebt sind. So zeigt das Deutsche Museum in München an Originalen und Modellen die Entwicklung von Technik und Naturwissenschaft, während das Germanische Nationalmuseum in Nürnberg die größte Sammlung zur Geschichte deutscher Kunst und Kultur von der Vorzeit bis ins 20. Jahrhundert beherbergt. Einzigartig ist auch die Häufung berühmter Völkerkundemuseen in einem Land, das kaum Kolonialmacht ausgeübt, aber viele bedeutende Entdecker und Erforscher ferner Kulturen hervorgebracht hat. Neben den Berliner Museen verdient hier das Linden-Museum in Stuttgart besondere Erwähnung. Eine weitere Besonderheit bilden das Museum Ostdeutsche Galerie in Regensburg und die landeskundlichen Museen in

Lüneburg, Münster, Ratingen-Hösel und Gundelsheim, die die kulturelle Vielfalt einiger deutscher Siedlungsgebiete im Osten und Südosten darstellen.

Zur Zeit wird der Bau mehrerer großer neuer Museen vorbereitet. Damit Bonn seiner Funktion als Hauptstadt auch auf kulturellem

## Wichtige Museen

*Kunstmuseen*

Berlin (West): Staatliche Museen Preußischer Kulturbesitz mit Gemälde-galerie und Nationalgalerie
Bonn: Städtische Kunstsammlungen
Braunschweig: Herzog-Anton-Ulrich-Museum
Essen: Museum Folkwang
Frankfurt: Städelsches Kunstinstitut
Hamburg: Kunsthalle
Hannover: Niedersächsisches Landesmuseum, Kestner-Museum
Hildesheim: Roemer-Pelizaeus-Museum
Karlsruhe: Staatliche Kunstsammlungen
Kassel: Staatliche Kunstsammlungen
Köln: Wallraf-Richartz-Museum/Museum Ludwig
München: Alte Pinakothek, Neue Pinakothek
Regensburg: Museum Ostdeutsche Galerie
Stuttgart: Staatsgalerie

*Kulturgeschichtliche Museen*

Bonn: Rheinisches Landesmuseum
Köln: Römisch-Germanisches Museum
Mainz: Gutenberg-Museum; Römisch-Germanisches Zentralmuseum
München: Bayerisches Nationalmuseum
Nürnberg: Germanisches Nationalmuseum
Würzburg: Mainfränkisches Museum

*Naturwissenschaftliche und technische Museen*

Berlin (West): Museum für Technik und Verkehr
Bochum: Deutsches Bergbau-Museum
Bonn: Zoologisches Forschungsinstitut und Museum Alexander Koenig
Braunschweig: Staatliches Naturhistorisches Museum
Bremerhaven: Deutsches Schiffahrtsmuseum
Dortmund: Museum für Naturkunde
Frankfurt: Natur-Museum und Forschungsinstitut Senckenberg
München: Deutsches Museum
Stuttgart: Staatliches Museum für Naturkunde

*Völkerkundemuseen*

in: Berlin (West), Frankfurt, Göttingen, Hamburg, Kiel, Köln (Rautenstrauch-Joest-Museum), Lübeck, München

Gebiet besser als bisher gerecht werden kann, werden dort eine Kunst- und Ausstellungshalle für wechselnde Ausstellungen aus den verschiedensten Gebieten und ein »Haus der Geschichte der Bundesrepublik Deutschland« errichtet. In Berlin (West) ist ein »Deutsches Historisches Museum« geplant, das die gesamte deutsche Geschichte bis zur Gegenwart darstellen soll.

**Vielfalt der Museen.** Die Vielgestaltigkeit des deutschen Museumswesens und seine Dezentralisierung hat den Vorteil, daß ein großer Teil der Gesamtbevölkerung erreicht wird. 1986 wurden nicht weniger als 61 Millionen Museumsbesucher gezählt. Kein Nachteil ist darin zu sehen, daß die Museen einander häufig als Konkurrenten betrachten. Jedes größere Museum bemüht sich, möglichst von Rembrandt bis Picasso alles zu bieten.

Eine »zentral gesteuerte Museumspolitik«, wie sie manche Experten wünschen, wird es sicher niemals geben. Aber zweifellos gibt es eine Reihe von Aufgaben, die gemeinsam erörtert und gemeistert werden müssen – etwa Fragen der Restaurierung und Museumssicherung, der zentralen Dokumentation, der Koordinierung der Forschung und der Erarbeitung methodischer Grundlagen. Dieser gemeinsamen fachlichen Arbeit dient der 1917 gegründete Deutsche Museumsbund, in dem die Museen der Bundesrepublik zusammengeschlossen sind, sowie das 1979/80 bei den Staatlichen Museen Preußischer Kulturbesitz in Berlin (West) errichtete Institut für Museumskunde.

Zu einem sehr großen Teil sind die Museen der Bundesrepublik im Besitz der Länder und Gemeinden. Die Direktoren und Kustoden sind Beamte. Das bringt – etwa im Unterschied zum amerikanischen Museumswesen – manchmal eine gewisse Schwerfälligkeit mit sich; andererseits sichert es jedoch die Stetigkeit der Arbeit und die Unabhängigkeit der Forschung.

**Gebäude und Präsentation.** Vielgestaltig sind auch die Museumsbauten, von den erhaltenen Museumstempeln des 19. Jahrhunderts bis zu den Neubauten unserer Zeit. Zahlreiche Museen sind im Zweiten Weltkrieg zerstört worden, doch konnte der größte Teil der Bestände rechtzeitig ausgelagert werden. Noch immer sind die Kriegsschäden nicht restlos behoben. So dauerte es über 30 Jahre, bis die Neue Pinakothek in München in gänzlich neuer Gestalt wiedererstehen konnte.

Die in jüngerer Zeit errichteten Museumsbauten sind ganz unterschiedlich angelegt. Zum Beispiel ist das Völkerkundemuseum in Berlin ein reines Kunstlichtmuseum, in dem die einzelnen Objekte

*Das neue Wallraf-Richartz-Museum/Museum Ludwig in Köln*

angestrahlt werden, während man in der neuen Neuen Pinakothek
in München die Gemälde in natürlichem Licht betrachten kann. In
den meisten Museen herrscht Mischlicht vor; in anderen, z. B. in
der Bielefelder Kunsthalle, gibt es Tages-, Kunst- und Mischlicht.
Nicht immer haben sich die Museumsneubauten als völlig zweck-
mäßig erwiesen. So ist die Berliner Nationalgalerie von Mies van der
Rohe zwar ein schöner und repräsentativer Bau; jedoch gefährden
die Glasfronten (vom Sicherheitsrisiko abgesehen) die Bilder, da
die Sonneneinstrahlung die Temperaturregelung erschwert. Solche
Probleme hat beispielsweise das Mainfränkische Museum hinter
den dicken Mauern der Festung Marienberg in Würzburg nicht.

Eines der bemerkenswertesten neuen Museen ist das Römisch-
Germanische Museum in Köln, das in außerordentlich geglückter
Form die Erfordernisse moderner Museumstechnologie mit einer
publikumsfreundlichen Präsentation verbindet. Hier wird der Besu-

*Museum für Völkerkunde in Berlin-Dahlem*

cher nicht wie im Gelehrtenmuseum des 19. Jahrhunderts orientie-
rungslos allein gelassen, sondern kann sich zahlreicher Hilfen be-
dienen, von einer übersichtlichen, das Wesentliche knapp erläu-
ternden Beschriftung bis zu Diavorträgen, die durch Knopfdruck in
Gang gesetzt werden können. Der Erfolg dieses neuen Museums
läßt erkennen, welche Fortschritte gemacht wurden, um dem Museum neue Besucherschichten zu erschließen.

Die moderne Museumsdidaktik versucht die pseudosakrale Atmosphäre des traditionellen Museums aufzulösen, indem sie es zu
einem Ort der Begegnung und Diskussion macht und das Ausstel-
lungsgut in einen Zusammenhang mit der Gegenwart rückt. Dem
Ziel, die Museen attraktiver zu machen, dienen mancherlei Mittel,
die zum Teil aus Amerika übernommen wurden. In den meisten Museen gibt es heute eine Cafeteria, Abendöffnungen und kostenlose
Führungen, gelegentlich auch schon Kinderabteilungen.

**Ausstellungen.** Erfreulich zugenommen haben auch die Ausstellungsaktivitäten. Da es die räumlichen Verhältnisse meist nicht erlauben, den gesamten Museumsbestand zu zeigen, und eine Häufung auch nur ermüden würde, zeigt man von Zeit zu Zeit auch Magazinbestände, indem man thematische Schwerpunkte setzt. Historische Ausstellungen wie »Die Welt der Staufer« 1977 in Stuttgart oder »Preußen – Versuch einer Bilanz« 1981 in Berlin (West) fanden überregionales Echo. Außerordentlichen Zulauf hatten umfassende Retrospektiven wie die Darmstädter Jugendstilausstellung »Ein Dokument deutscher Kunst« 1976 und die Europarat-Ausstellung »Kunst der Zwanziger Jahre« 1977 in Berlin. Ein internationales Forum der Gegenwartskunst ist die Kasseler »documenta«, die 1987 zum achten Mal durchgeführt wurde.

In den letzten Jahren gelang es verschiedenen Museen, wichtige internationale Wanderausstellungen nach Deutschland zu holen, beispielsweise die Tutanchamun-Ausstellung und die Ausstellung »Der Schatz von San Marco in Venedig«. Daß zunehmend auch die Kunst außereuropäischer Länder gezeigt wird (z. B. »Palastmuseum Peking: Schätze aus der ›Verbotenen Stadt‹«, Berlin [West] 1985), ist um so verdienstvoller, als jeder Transport die Kunstwerke gefährdet, so daß viele Museen ihre wertvollsten Stücke nicht mehr auf Reisen schicken.

Deutscher Museumsbund
Colmantstr. 14–16
5300 Bonn 1

Institut für Museumskunde
In der Halde 1
1000 Berlin 33

# Das Musikleben

Die hervorragenden Leistungen deutscher Komponisten, Interpreten und Ensembles in Geschichte und Gegenwart sind unumstritten. Die großen Komponisten aus der deutschen Musiktradition sind in aller Welt bekannt. Auf verhältnismäßig engem Raum gibt es eine Fülle musikalischer Aktivitäten. Es ist daher nicht verwunderlich, daß zahlreiche Musiker des Auslandes hier ihre ersten künstlerischen Erfahrungen sammeln konnten und von hier aus ihre Weltkarriere begonnen haben.

**Musiktheater und Orchester.** Von den vielen Opernhäusern ist das 1678 erbaute Hamburger Opernhaus das älteste. Unter seinem langjährigen Leiter Rolf Liebermann hat es zahlreiche Uraufführungen herausgebracht. Weitere wichtige Opernhäuser befinden sich in Berlin (West), München, Stuttgart, Frankfurt, Köln und Düsseldorf.

In jüngster Zeit entwickelte sich Hamburg unter dem Amerikaner John Neumeier zur Ballettmetropole. Eine eigenständige Entwicklung des Balletts nahm in Wuppertal das Ensemble der Choreographin Pina Bausch. Das Stuttgarter Ballett genoß lange unter seinem englischen Leiter John Cranko († 1973) weltweiten Ruf.

Das bekannteste Orchester sind die Berliner Philharmoniker unter Herbert von Karajan. Zu nennen sind ferner die Münchner Philharmoniker und die Bamberger Symphoniker. Die meisten Orchester nehmen Aufgaben in Konzert und Oper wahr. Zu den institutionalisierten Orchestern gehören auch die hochqualifizierten Orchester der Rundfunkanstalten. Es gibt in der Bundesrepublik Deutschland 82 staatliche oder städtisch subventionierte Orchester, 13 Rundfunksinfonieorchester und 58 Musikbühnen mit festem Ensemble, ferner profilierte Kammerorchester, teils eigenständige, teils solche, die sich aus Mitgliedern der großen Sinfonieorchester zusammensetzen.

**Vielfältiges Musikangebot.** Dem Interessenten bieten sich zahllose Möglichkeiten, Musik zu hören. Vor allem in den Großstädten ist das Angebot sehr reichhaltig und umfaßt alle musikalischen Sparten. Vielfach werden Bühnen- und Konzertabonnements angeboten. Eine Fülle von Sonderveranstaltungen, wie Gastkonzerte internationaler Solisten und Orchester sowie die jährlichen Fest-

*Szene aus »Lear« von Aribert Reimannn (Bayerische Staatsoper)*

spiele, sorgen für Abwechslung. Besonders reizvoll sind die vielen festlichen Konzerte, die im Sommer in alten Schlössern, Klöstern und Burgen stattfinden.

Der Förderung zeitgenössischer Musik dienen verschiedene regelmäßige Veranstaltungen mit Werkstattcharakter, wie die »Donaueschinger Musiktage«, die »Internationalen Ferienkurse für Neue Musik« in Darmstadt, die »Tage der Neuen Musik« in Hannover und die »Wittener Tage für Neue Kammermusik«. Eine Reihe von Spezialensembles beschäftigen sich aber auch mit der Pflege alter Musik, z. T. auf historischen Instrumenten. Hier sind vor allem das »Collegium Aureum« und die »Musica Antiqua Köln« zu erwähnen. Unter den Kammermusik-Ensembles sind das Melos-Quartett, das Kreuzberger Streichquartett, das Cherubini-Quartett, das Trio Fontenay und das Mannheimer Streichquartett zu nennen.

Wer zu abgelegen wohnt, um Konzerte besuchen zu können, kann auf das reiche Musikangebot der Hörfunk- und Fernsehsender zurückgreifen. Besondere Verdienste erwarben sich die Rundfunkanstalten bei der Förderung zeitgenössischer Musik. Ohne die Erfahrung und die technischen Möglichkeiten der Rundfunkstudios wären die experimentell-elektronische Musik und ihre Mischformen kaum denkbar. Der Westdeutsche Rundfunk gründete als erste Rundfunkanstalt ein »Elektronisches Studio« und wurde damit wegweisend für ähnliche Einrichtungen in aller Welt. Aber auch die übrigen Rundfunkanstalten fühlen sich der Förderung der zeitgenössischen Musik verpflichtet. An vielen Konzertveranstaltungen und Konzertreihen mit zeitgenössischer Musik sind Rundfunkanstalten als Mitveranstalter beteiligt. Sie vergeben jährlich Kompositionsaufträge an deutsche und ausländische Komponisten, deren Werke sie aufführen und aufzeichnen.

Zur Reichhaltigkeit des deutschen Musiklebens gehören auch Musikverlage und Hersteller von Instrumenten, die in der ganzen Welt einen guten Ruf genießen.

**Musikunterricht und Nachwuchsförderung.** Wer Musik nicht nur hören, sondern selbst ausüben möchte, hat dazu in den zahlreichen Laienensembles (Chören und Orchestern unterschiedlicher Besetzung) Gelegenheit. Entsprechend groß ist der Bedarf an qualifiziertem Unterricht, wie die Zahl von über 700 öffentlichen Musikschulen zeigt.

Den Konservatorien und den Musikhochschulen obliegt die Ausbildung der künftigen Berufsmusiker und Lehrkräfte. Musikhochschulen gibt es u. a. in Berlin (West), Bremen, Detmold, Essen, Frankfurt, Hamburg, Hannover, Karlsruhe, Köln, München, Saarbrücken, Stuttgart und Würzburg.

Der solistischen Nachwuchsförderung dienen mehrere Wettbewerbe und Preise, angefangen vom Bundeswettbewerb »Jugend musiziert« über den »Deutschen Musikwettbewerb« in Bonn bis zum »Internationalen Musikwettbewerb der Arbeitsgemeinschaft der öffentlich-rechtlichen Rundfunkanstalten« in München.

*Karlheinz Stockhausen*

**Solisten, Dirigenten, Komponisten.** Zu den Musikern, die sich durchsetzen konnten, gehören die Pianisten Justus Frantz, Christoph Eschenbach und Christian Zacharias, die Geigerin Anne-Sophie Mutter, die Geiger Ulf Hölscher und Frank-Peter Zimmermann, die Bratscherin Tabea Zimmermann, der Trompeter Markus Stockhausen, der Organist Edgar Krapp, um nur ein paar Namen herauszugreifen.

International bekannt sind die Dirigenten Gerd Albrecht, Christoph von Dohnanyi, Michael Gielen, Wolfgang Sawallisch, Horst Stein, Klaus Tennstedt, Helmuth Rilling und Hans Zender sowie die Sänger und Sängerinnen Hildegard Behrens, Wolfgang Brendel, Brigitte Fassbaender, Dietrich Fischer-Dieskau, Peter Hofmann, René Kollo, Hermann Prey und Edda Moser.

Mehrere moderne deutsche Komponisten, die inzwischen verstorben sind, haben internationale Bedeutung erlangt. Carl Orff erneuerte mit seinen szenischen Kantaten (»Carmina Burana«) und Bühnenwerken (»Antigone«, »Ödipus der Tyrann«) das Musiktheater aus dem Geist der Antike. Karl Amadeus Hartmann führte die Tradition der deutschen Sinfonie fort. Boris Blacher, der Erfinder der »variablen Metren«, trat vor allem als Opernkomponist hervor. Bernd Alois Zimmermann schuf mit seinen »Soldaten« eine der wichtigsten zeitgenössischen Opern.

Wolfgang Fortner zählt zu den bekanntesten lebenden Zwölftonkomponisten und bedeutendsten Lehrern. Karlheinz Stockhausen, aber auch Dieter Schnebel, Helmut Lachenmann und Hans-Joachim Hespos sind als bahnbrechende Experimentatoren international bekannt geworden. Der in Italien lebende Hans Werner Henze ist als Opernkomponist einflußreich. Aribert Reimann machte mit der Oper »Lear« (1978) und Wolfgang Rihm mit seinem Ballett »Tutuguri« (1982) auf sich aufmerksam.

Im Zusammenhang mit der musikalischen Avantgarde muß noch erwähnt werden, daß drei der international angesehensten Vertreter Ausländer sind, aber seit Jahrzehnten hier ansässig sind und wirken: der Ungar György Ligeti, der Argentinier Mauricio Kagel und der Koreaner Isang Yun (die beiden letzteren inzwischen deutsche Staatsbürger).

Der deutsche Jazz hat sich vor allem im Free Jazz einen Namen gemacht (Peter Brötzmann, Manfred Schoof, Alexander von Schlippenbach). Albert Mangelsdorff gilt als einer der besten Posaunisten der Welt. In der Rock- und Popmusik konnten auch deutsche Gruppen wie »Modern Talking«, »Nena« oder Klaus Doldinger Erfolge im Ausland verbuchen. Udo Lindenberg und die Kölner Gruppe BAP verwenden deutsche Texte, ein zunehmender Trend in diesem Bereich. Zu erwähnen sind weiter Klaus Lage, Heinz-Rudolf Kunze und Herbert Grönemeyer. Chanson und Protestsong haben mit Wolf Biermann, Franz Josef Degenhardt, Hannes Wader, Klaus Hoffmann und Reinhard Mey ihre herausragenden Vertreter. In der Schlagermusik machte 1982 die Sängerin Nicole mit dem Gewinn des Grand Prix de la Chanson auf sich aufmerksam. Tanz- und Unterhaltungsorchester wie die von James Last, Max Greger und Paul Kuhn haben sich über die Grenzen der Bundesrepublik Deutschland hinaus ein Publikum erobert.

# Das Theater

Die deutsche Theaterlandschaft ist reich und vielgestaltig. Es gibt keine »Theater-Hauptstadt«, die alle hervorragenden Kräfte an sich zöge; Berlin konnte diese Rolle nur wenige Jahrzehnte lang spielen. Das deutsche Theater hat immer mehrere Zentren von gleichem Rang besessen, und gute Aufführungen kann man an vielen Orten sehen. Das hat damit zu tun, daß Deutschland so spät zur nationalen Einheit gelangt ist. Im 17. und 18. Jahrhundert richteten sich viele der damals völlig souveränen deutschen Fürsten in ihren Hauptstädten prunkvolle Hoftheater ein; aus ihnen sind die heutigen Staatstheater hervorgegangen. Im 19. Jahrhundert folgten ihnen die Bürger wohlhabender Städte mit der Gründung von Stadttheatern. Staats- und Stadttheater mit ständigem Ensemble bilden noch heute das Rückgrat des Theaterlebens in der Bundesrepublik Deutschland. Daneben gibt es Theater, die in anderer Form gemeinnützig betrieben werden. Nur knapp ein Viertel der rund 360 Theater befindet sich in Privatbesitz. Theater wird in Deutschland traditionell als eine Angelegenheit des Gemeinwesens verstanden.

**Die Bühnen.** Das gilt auch und besonders für die Finanzierung. In der Spielzeit 1985/86 betrug der Kostenaufwand aller Theater in der Bundesrepublik über 2 Milliarden DM. Nur knapp ein Sechstel dieser Summe wurde durch Eintrittsgelder aufgebracht; etwa fünf Sechstel steuerten die öffentlichen Kassen bei – 110 DM für jede Theaterkarte, die ausgegeben wurde. Diese Zuschüsse gingen in erster Linie an die in öffentlichem Besitz befindlichen Theater; aber auch Privattheater erhielten Subventionen.

Die öffentliche Subventionierung ermöglicht es den deutschen Theatern, sich bei der Aufstellung ihrer Spielpläne mehr von künstlerischen als von kommerziellen Gesichtspunkten leiten zu lassen. Die Staats- und Stadttheater sind durchweg Repertoiretheater, das heißt, sie haben in jeder Spielzeit eine ganze Anzahl von Stücken auf dem Programm, die sie in täglichem Wechsel spielen. Viele von ihnen haben ein »Großes Haus« und außerdem ein Kammertheater, so daß sie dem Publikum gewöhnlich Schauspiele, Opern und Operetten bieten können. Eine Sonderform des gemeinnützig betriebenen Theaters sind die Landesbühnen oder Landestheater: Sie bespielen von einem zentralen festen Haus aus zahlreiche mittlere und kleinere Ortschaften eines Gebiets. Manche mittelgroße Städte haben ein Stadttheater mit festem Haus, aber ohne festes Ensemble; dort treten ausschließlich fremde Ensembles auf.

Die ortsfesten Privattheater sind, von wenigen Ausnahmen abgesehen, meist ziemlich klein. Manche von ihnen stammen noch aus der ersten Nachkriegszeit, als überall in den zerbombten Städten »Zimmer-« oder »Keller-Theater« entstanden. Diese kleinen Bühnen haben viel zur Durchsetzung moderner Stücke beigetragen. Eine andere wichtige Form des Privattheaters sind die Tourneetheater; sie engagieren Schauspieler, darunter meist einen oder mehrere Stars, nur für ein bestimmtes Stück, mit dem sie, ähnlich wie die Landesbühnen, in mittleren und kleineren Orten Gastspiele geben.

**Die Zuschauer.** In der Spielzeit 1985/86 besuchten insgesamt über 16 Millionen Menschen die Theater der Bundesrepublik Deutschland. Die meisten von ihnen kauften sich ihre Eintrittskarte allerdings nicht an der Abendkasse, sondern kamen als Abonnenten. Das Abonnementsystem ist in Deutschland sehr verbreitet: man bucht im voraus für eine ganze Spielzeit eine Serie von zehn oder zwölf Vorstellungen. Bei manchen Bühnen machen die Abonnenten bis zu 90 Prozent der Besucher aus. Neben dieser von den Thea-

*Cuvilliéstheater in München*

*Schaubühne am Lehniner Platz in Berlin; Szenenbild aus »Der Park« von Botho Strauß*

tern selbst ausgehenden Form des organisierten Besuchs gibt es noch eine indirekte: große Besucherorganisationen kaufen geschlossene Vorstellungen oder für eine ganze Spielzeit festgelegte Kartenkontingente. Die älteste und größte dieser Besucherorganisationen ist die »Volksbühne« (gegründet 1890) mit etwa 250 000 Mitgliedern. Daneben gibt es den christlich orientierten »Bund der Theatergemeinden« mit 170 000 Mitgliedern sowie besondere Organisationen für Jugendliche.

### Bedeutende Sprechbühnen und ihre Leiter *(Spielzeit 1987/88)*

Berlin (West): Schiller-Theater mit Schloßpark-Theater und Werkstatt (Heribert Sasse), Freie Volksbühne (Hans Neuenfels), Renaissance-Theater (Gerhard Klingenberg), Schaubühne am Lehniner Platz (Jürgen Schitthelm, Klaus Weiffenbach)
Bochum: Schauspielhaus (Frank-Patrick Steckel)
Bremen: Schauspielhaus (Tobias Richter)
Düsseldorf: Schauspielhaus (Volker Canaris)
Essen: Schauspiel (Hansgünther Heyme)
Frankfurt: Schauspiel (Günther Rühle)
Hamburg: Deutsches Schauspielhaus (Peter Zadek), Thalia-Theater (Jürgen Flimm)
Köln: Schauspiel (Klaus Pierwoß, Alexander von Maravić)
München: Bayerisches Staatsschauspiel (Günther Beelitz), Münchner Kammerspiele (Dieter Dorn)
Stuttgart: Württembergische Staatstheater, Schauspiel (Ivan Nagel)

Manche Kritiker meinen, das deutsche Theatersystem mit seinen Besonderheiten – öffentliche Finanzierung, Abonnement, Besucherorganisationen – sei dem kühnen Wagnis abträglich und begünstige die langweilige Routine. Das ist sicher falsch – oder jedenfalls gewaltig übertrieben. Gewiß muß der Intendant bei der Gestaltung seines Spielplans Rücksicht auf jene Abonnenten nehmen, die nicht nur avantgardistische Stücke sehen wollen. Auch gibt es hin und wieder Versuche lokaler Politiker, die Aufführung von Stücken, die ihnen aus irgendeinem Grunde mißfallen, an »ihrem« Stadttheater zu verhindern. Aber von einer ernsthaften Beeinträchtigung der künstlerischen Freiheit kann nicht die Rede sein. Und der Mut zum Experiment ist größer, wenn nicht unbedingt der kommerzielle Erfolg angestrebt werden muß.

**Die Stücke.** Welche Stücke sind nun auf den Bühnen der Bundesrepublik Deutschland zu sehen? Die meistgespielten Autoren in den letzten 30 Jahren waren Shakespeare und die deutschen Klassiker Schiller, Lessing und Goethe. Von Dramatikern unseres Jahrhunderts erreichten Bernard Shaw, Bertolt Brecht und Jean Anouilh die meisten Aufführungen; auch sie sind in ihrer Art bereits Klassiker geworden. Der größte Bühnenerfolg eines deutschen Schriftstellers in der Nachkriegszeit war zweifellos Rolf Hochhuths »Stellvertreter«, ein Stück, das bei den Kritikern wenig Lob fand, aber wegen seiner packenden Thematik leidenschaftliche Diskussionen auslöste. Andere deutsche Dramatiker der jüngsten Zeit sind Botho Strauß, Franz Xaver Kroetz, Martin Walser, Patrick Süskind, um nur einige zu nennen. Nicht unerwähnt bleiben sollen Peter Hacks, Heiner Müller und Ulrich Plenzdorf, drei in der DDR lebende Autoren, deren Stücke mit großem Erfolg in der Bundesrepublik aufgeführt worden sind.

Deutscher Bühnenverein
Quatermarkt 5
5000 Köln 1

# Der Film

Der deutsche Film hat einmal Weltgeltung besessen. In den zwanziger und frühen dreißiger Jahren, der Zeit der Weimarer Republik, erreichte er einen noch heute denkwürdigen Höhepunkt. Namen wie Fritz Lang, Ernst Lubitsch, F. W. Murnau und G. W. Pabst zeugen davon, welche Impulse die Welt des Films damals aus Deutschland empfing.

Die Hitler-Diktatur machte dieser glanzvollen Entwicklung ein Ende. Die meisten großen Regisseure und viele bedeutende Schauspieler mußten emigrieren. Nach dem Zweiten Weltkrieg war Deutschland zunächst künstlerisch und wirtschaftlich isoliert; es fand nicht sofort den Anschluß an die internationale Entwicklung. So blieb der Film in der Bundesrepublik hinter dem internationalen Niveau zurück. Zwar gab es einige respektable Leistungen, aber insgesamt dominierte der gefällige Unterhaltungsfilm. Seit den sechziger Jahren machte sich die Konkurrenz des Fernsehens bemerkbar, das dem Kino große Teile seines Publikums entzog. Dieser Vorgang stürzte die Filmwirtschaft in eine Krise und verstärkte die Tendenz zum anspruchslosen Unterhaltungsfilm.

**Die Krise des Films.** Hatten die Filmtheater 1956 noch eine Besucherzahl von über 820 Millionen aufzuweisen, so waren es 1985 nur noch 104 Millionen. In der Zwischenzeit hatte die Hälfte aller Kinos die Pforten schließen müssen: gegenüber 6438 Kinos im Jahre 1956 gab es 1985 nur noch 3418. Am härtesten traf es die Kinos in ländlichen Gegenden, Kleinstädten und am Stadtrand.

Dieser stark geschrumpfte Markt ist hart umkämpft. Der deutsche Film hatte 1985 einen Marktanteil von nur noch 22,7% gegenüber 46,8% im Jahre 1955. Der Konkurrenzdruck des Fernsehens wächst ständig: die Zahl der im Fernsehen ausgestrahlten Kinofilme hat sich zwischen 1977 und 1984 verdoppelt. Der gesamte Medienmarkt ist in einer radikalen Veränderung begriffen. Wie sich die Ausweitung des Medienangebots durch Kabel- und Satellitenfernsehen, Video und Pay-TV auf die Filmtheater auswirken wird, ist noch gar nicht abzusehen. Angesichts dieser Situation kommt es darauf an, den Filmtheatern als originären Abspielstätten des Mediums Film den ihnen zukommenden Platz unter den konkurrierenden Massenmedien zu sichern. Ein sinnvolles Miteinander, d. h. eine Chancengleichheit unter den Medien, muß ermöglicht werden.

**Der junge deutsche Film.** Mitte der sechziger Jahre hatte eine neue Entwicklung begonnen, die mit dem Schlagwort »Junger deutscher Film« umschrieben wird. Unterstützt durch Förderungsmaßnahmen der öffentlichen Hand und mit Hilfe von Fernsehaufträgen konnten sich einige jüngere Regisseure mit formal beachtlichen, zum Teil zeitkritischen Spielfilmen einen Namen machen. Genannt seien hier Alexander Kluge (»Abschied von gestern«), Volker Schlöndorff (»Der junge Törless«) und Rainer Werner Fassbinder (»Katzelmacher«). Später traten hinzu Werner Herzog (»Jeder für sich, Gott gegen alle«), Hans Jürgen Syberberg (»Ludwig II.«), Bernhard Sinkel/Alf Brustellin (»Lina Braake«) und Wim Wenders (»Der amerikanische Freund«). Volker Schlöndorff erzielte mit dem Film »Die verlorene Ehre der Katharina Blum« (nach einer Novelle von Nobelpreisträger Heinrich Böll) einen großen kommerziellen Erfolg und übertraf ihn noch mit seiner nächsten Literatur-Adaption, »Die Blechtrommel« (nach einem Roman von Günter Grass). Für diesen Film erhielt er 1979 die »Goldene Palme« in Cannes und den Oscar für den besten ausländischen Film. Derartige Produktionen beweisen, daß anspruchsvolle Filme nicht nur bei der Kritik, sondern auch beim Publikum eine Chance haben.

Der 1982 verstorbene R. W. Fassbinder entwickelte sich durch seine weiteren Filme (u. a. »Die Ehe der Maria Braun«) zu einem der auch kommerziell erfolgreichsten Regisseure. Ihm wurde 1982 für »Die Sehnsucht der Veronika Voss« bei den Berliner Filmfestspie-

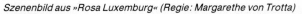

*Szenenbild aus »Rosa Luxemburg« (Regie: Margarethe von Trotta)*

len der »Goldene Bär« verliehen. Im gleichen Jahr erhielt Wim Wenders für seinen Film »Der Stand der Dinge« in Venedig den »Goldenen Löwen«. Werner Herzog wurde in Cannes für »Fitzcarraldo« mit dem Preis für die beste Regie ausgezeichnet. 1984 erhielt Wenders für »Paris, Texas« in Cannes die »Goldene Palme«. Weite Beachtung fand Edgar Reitz mit seinem Zyklus »Heimat«. Kommerzielle Erfolge errang Wolfgang Petersen (»Das Boot«, »Enemy Mine – Geliebter Feind«). Als Regisseurin ist besonders Margarethe von Trotta (»Rosa Luxemburg«) zu nennen. Werner Schroeter hat sich mit dem Film »Der Tag der Idioten« einen Namen gemacht.

**Was tut der Staat?** Seit 1951 verleiht der Bundesminister des Innern jährlich Preise und Prämien für hervorragende Leistungen auf dem Gebiet des Films: für den besten abendfüllenden Spielfilm den Wanderpreis »Goldene Schale« (mit einer Prämie von 750 000 DM); außerdem »Filmbänder« in Gold und Silber (mit Prämien bis zu 600 000 DM). Der Bundesminister des Innern vergibt ferner zur Förderung des deutschen Films Prämien als Produktions- und Abspielhilfen.

1968 wurde ein Filmförderungsgesetz erlassen, das nach mehreren Abänderungen und Verlängerungen vorerst bis 1992 gilt. Aufgrund dieses Gesetzes wurde die Filmförderungsanstalt in Berlin (West) errichtet. Sie fördert die Produktion und den Verleih von Filmen sowie den Betrieb bestimmter Filmtheater. Die Mittel dazu werden durch eine Abgabe aufgebracht, die alle Filmtheater zu leisten haben. Die seit 1987 geltende Fassung des Gesetzes bestimmt, daß auch die Videowirtschaft zu dieser Filmabgabe herangezogen wird.

Nicht zu unterschätzen ist auch der Beitrag des Fernsehens. Seit 1974 gibt es Abkommen zwischen der Filmförderungsanstalt und den öffentlich-rechtlichen Rundfunkanstalten von ARD und ZDF. Darin verpflichten sich die Fernsehanstalten zur Beteiligung an Gemeinschaftsproduktionen und zur Unterstützung von bestimmten Projekten, z. B. experimentellen und dokumentarischen Filmen.

Das »Kuratorium junger deutscher Film«, eine Einrichtung der Bundesländer, unterstützt vor allem junge Filmkünstler.

Neue Impulse erhielt die Filmproduktion der Bundesrepublik durch die Gründung der beiden Filmschulen in Berlin (1966) und München (1967), die einer begrenzten Anzahl von Studierenden die Möglichkeit der theoretischen und praktischen Ausbildung zum Filmschaffenden bieten.

Die »Filmbewertungsstelle«, die 1951 durch Vereinbarung der Bundesländer errichtet wurde, verleiht an Spiel- und Kurzfilme die

Prädikate »wertvoll« und »besonders wertvoll«. Die Bewertungen haben Steuerbefreiung oder -ermäßigung zur Folge und bewirken Subventionen nach dem Filmförderungsgesetz.

Bedeutende Filmfestivals sind die »Internationalen Filmfestspiele Berlin« (Hauptpreis: »Goldener Berliner Bär«), die »Internationale Mannheimer Filmwoche« (die den »Filmdukaten« verleiht) und die »Westdeutschen Kurzfilmtage« in Oberhausen. Aber auch eine Reihe kleinerer Festivals bietet Überblicke über begrenzte Bereiche des deutschen Filmschaffens.

Spitzenorganisation der Filmwirtschaft
Langenbeckstr. 9
6200 Wiesbaden

# Festspiele

In der Bundesrepublik Deutschland hat man es (räumlich und zeitlich) nie weit bis zu den nächsten Festspielen. Daß große Städte ihre Festspiele haben, wundert niemanden. Es gibt aber auch sehr reizvolle kleine Orte, die mit einer Besonderheit von vornherein Atmosphäre bieten können, wie Schwetzingen mit seinem Rokoko-Theater. Auch thematisch ist für jeden Geschmack gesorgt, vom Oberammergauer Passionsfestspiel über die Bayreuther Richard-Wagner-Festspiele bis zu den Donaueschinger Musiktagen, die schon mehr Werkstattcharakter haben.

Als Beispiel für den konzertierten Festspielbetrieb der Großstädte möge Berlin (West) stehen. Berlin war in den zwanziger Jahren für kurze Zeit ein wirkliches Zentrum des kulturellen Lebens in Deutschland gewesen; ein Ort, der engagierte Künstler von überall her anzog. Nach der Spaltung der Stadt im Jahre 1948 drohte die Gefahr der Abschnürung und des Rückfalls in provinzielle Mittelmäßigkeit. Dem suchte man seit 1951 im Westteil der Stadt ganz be-

*Vor dem Festspielhaus in Bayreuth*

wußt durch die Einrichtung von Festspielen zu begegnen. Heute gibt es dort fast das ganze Jahr über Festspiele. Schwerpunkt sind die »Berliner Festwochen« im September/Oktober (rund fünf Wochen), in denen eine Fülle musikalischer Ereignisse vom Solistenkonzert bis zu Oper und Ballett geboten werden. Die »Berliner Jazztage« (seit 1964) im November dauern zwar nur fünf Tage, zählen aber zu den wichtigsten Jazzveranstaltungen der Welt. Viele Solisten sind hier entdeckt worden, wie etwa 1976 der Kehlkopfvirtuose Al Jarreau. Die »Internationalen Filmfestspiele« (früher im Sommer, jetzt im Februar/März) standen 1951 am Anfang. Dem im Wettbewerb neuester Filme aus aller Welt preisgekrönten Werk winken der Goldene und der Silberne Berliner Bär. Daneben gibt es seit 1964 das »Theatertreffen Berlin«, das ausgewählte Inszenierungen aus dem deutschen Sprachraum vorstellt. 1979 ist »Horizonte«, das Festival der Weltkulturen, hinzugekommen, das bisher dreimal stattgefunden hat. Es führt europäische Kultur und Kulturen aus anderen Teilen der Erde in Berlin zusammen.

Andere Städte verbleiben mit ihren Festspielen ganz im musikalischen Bereich, wie etwa München mit seinen Opernfestspielen (Juli/August) oder Kassel mit seinen »Musiktagen« (September/Oktober). Häufig steht das Werk eines einzigen Komponisten im

*Szene aus dem Passionsspiel in Oberammergau*

Mittelpunkt. In München wird dem Genius loci Richard Strauss gehuldigt; Würzburg und Augsburg veranstalten Mozartfeste; Ansbach die Bachwochen; Bonn die Beethovenfeste. Die Bayreuther Richard-Wagner-Festspiele sind wohl die im Ausland bekanntesten deutschen Festspiele überhaupt und, wenn man so will, auch die ehrwürdigsten. 1976 erlebte der »Ring des Nibelungen« eine umstrittene Jubiläumsaufführung zur Hundertjahrfeier. Dann gibt es in Bayreuth noch das »Internationale Jugend-Festspieltreffen«, das 1950 ins Leben gerufen wurde. Seitdem haben weit über 10 000 junge Menschen aus 70 Ländern an diesem Treffen teilgenommen. Das 1986 von dem Pianisten Justus Frantz gegründete Schleswig-Holstein-Musikfestival führt alljährlich Musiker von internationalem Rang in das nördlichste Bundesland und hat ein überwältigendes Echo beim Publikum gefunden.

Es gibt auch Festspiele, die sich der Musik einer bestimmten Zeit widmen, wie die »Tage alter Musik« in Herne, oder einem bestimmten Instrument, wie die »Internationale Orgelwoche Nürnberg – musica sacra«.

Schon aus dieser Aufzählung kann man ersehen, daß in Deutschland die musikalischen Festspiele dominieren. Sprechtheater wird vornehmlich bei den Festspielen in der karolingischen Stiftsruine von Bad Hersfeld geboten. Das gleiche gilt für die Ruhrfestspiele in Recklinghausen, die sich, mitten im Industriegebiet angesiedelt, mit klassischen und modernen Stücken vor allem an ein Arbeiterpublikum wenden.

Die ältesten Festspiele sind die Oberammergauer Passionsfestspiele, die aufgrund eines Gelübdes im Pestjahr 1634 alle zehn Jahre stattfinden. Die Spiele ziehen stets rund eine halbe Million Zuschauer aus aller Welt an.

# Literaturverzeichnis

Die Anordnung der Titel entspricht annähernd der Reihenfolge, in der die betreffenden Themen im Buch behandelt werden.

Hochgestellte kleine Zahlen vor dem Erscheinungsjahr bezeichnen die Nummer der Auflage. Die Abkürzung Hrsg. bedeutet »Herausgeber«.

## Allgemeines

*Deutschland. Porträt einer Nation*, 10 Bände, Gütersloh 1985/86

M. Dloczik u.a.: *Der Fischer Informationsatlas Bundesrepublik Deutschland*, Frankfurt 1984

Statistisches Bundesamt (Hrsg.): *Statistisches Jahrbuch für die Bundesrepublik Deutschland*, Wiesbaden (jährlich)

A. Oeckl (Hrsg.): *Taschenbuch des öffentlichen Lebens*, Bonn (jährlich)

E. Hübner, H. Rohlfs: *Jahrbuch der Bundesrepublik Deutschland*, München (jährlich)

## Land, Leute, Geschichte

*Harms Handbuch der Geographie, Deutschland*, bearbeitet von E. Schmitt, München [26]1975

M. Koch-Hillebrecht: *Das Deutschenbild. Gegenwart, Geschichte, Psychologie*, München 1977

G. A. Craig: *Über die Deutschen*, München 1982

R. Jaura u.a. (Hrsg.): *Der gefesselte Riese. Die Bundesrepublik Deutschland aus der Sicht ausländischer Korrespondenten*, Düsseldorf 1981

M. Greiffenhagen: *Von Potsdam nach Bonn. 10 Kapitel zur politischen Kultur Deutschlands*, München 1986

W. Conze (Hrsg.): *Deutschland-Ploetz. Deutsche Geschichte zum Nachschlagen*, Freiburg 1986

P. Rassow (Begründer): *Deutsche Geschichte*, herausgegeben von M. Vogt, Stuttgart 1987

Th. Nipperdey: *Deutsche Geschichte 1800–1866*, München [3]1985

G. A. Craig: *Deutsche Geschichte 1866–1945. Vom Norddeutschen Bund bis zum Ende des Dritten Reiches*, München 1985

K. D. Bracher u.a. (Hrsg.): *Geschichte der Bundesrepublik Deutschland*, 5 Bände, Stuttgart-Wiesbaden 1981 ff.

U. Harbecke: *Abenteuer Bundesrepublik. Die Geschichte unseres Staates*, Bergisch Gladbach 1983

A. Grosser: *Das Deutschland im Westen. Eine Bilanz nach 40 Jahren*, München 1985

*Orientierungen. 40 Jahre danach – eine vorläufige Bestandsaufnahme,* Beiträge von Franz Josef Strauß u. a., München 1986

David P. Calleo u. a.: *Geteiltes Land – halbes Land? Essays über Deutschland,* Berlin 1986

R. Steininger: *Deutsche Geschichte. 1945–1961. 1962–1983. Darstellung u. Dokumente in zwei Bänden,* Frankfurt 1983–1985

U. Wetzlaugk: *Berlin und die deutsche Frage,* Köln 1985

G. Wettig: *Das Vier-Mächte-Abkommen in der Bewährungsprobe,* Berlin 1981

H.-P. Schwarz: *Vom Reich zur Bundesrepublik,* Stuttgart [2]1980

R. Löwenthal, H.-P. Schwarz (Hrsg.): *Die zweite Republik. 25 Jahre Bundesrepublik Deutschland,* Stuttgart [3]1979

F. Schneider (Hrsg.): *Der Weg der Bundesrepublik von 1945 bis zur Gegenwart,* München 1985

## Staat, Politik, Recht

W. D. Narr, D. Thränhardt: *Die Bundesrepublik Deutschland. Entstehung, Entwicklung und Struktur,* Königstein 1984

K. von Beyme: *Das politische System der Bundesrepublik Deutschland,* München [4]1985

Th. Ellwein: *Das Regierungssystem der Bundesrepublik Deutschland,* Wiesbaden [5]1983

K. Sontheimer (Hrsg.): *Grundzüge des politischen Systems der Bundesrepublik Deutschland,* München [2]1985

K. Hesse: *Grundzüge des Verfassungsrechts der Bundesrepublik Deutschland,* Karlsruhe [15]1985

F. Schäfer: *Der Bundestag,* Opladen [4]1982

G. Ziller: *Der Bundesrat,* Düsseldorf [7]1984

C. Starck (Hrsg.): *Bundesverfassungsgericht und Grundgesetz,* 2 Bände, Tübingen 1976

F. Baur: *Einführung in das Recht der Bundesrepublik Deutschland,* München [4]1984

H. de With (Hrsg.): *Deutsche Rechtspolitik. Entwicklung und Tendenzen in der Bundesrepublik Deutschland seit 1949,* Karlsruhe [2]1980

R. Stöss (Hrsg.): *Parteien-Handbuch. Die Parteien der Bundesrepublik Deutschland 1945–1980,* 2 Bände, Opladen 1983/84

H. Laufer: *Der Föderalismus der Bundesrepublik Deutschland,* Stuttgart 1974

H. u. K. H. Nassmacher: *Kommunalpolitik in der Bundesrepublik,* Leverkusen 1979

F. R. Pfetsch: *Einführung in die Außenpolitik der Bundesrepublik Deutschland,* Wiesbaden 1981

F. R. Pfetsch: *Die Außenpolitik der Bundesrepublik 1949–1980,* München 1981

H.-D. Genscher (Hrsg.): *Nach vorn gedacht... Perspektiven deutscher Außenpolitik,* Stuttgart 1987

H.-P. Schwarz (Hrsg.): *Handbuch der deutschen Außenpolitik,* München [2]1976

Militärgeschichtliches Forschungsamt (Hrsg.): *30 Jahre Bundeswehr, 1955–1985, Friedenssicherung im Bündnis,* Mainz 1985

U. Simon: *Die Integration der Bundeswehr in die Gesellschaft,* Heidelberg 1980

## Wirtschaft

K. Hardach: *Wirtschaftsgeschichte Deutschlands im 20. Jahrhundert*, Göttingen ²1979

Ch. P. Henle (Hrsg.): *Auf dem Weg in ein neues Zeitalter. Die deutsche Wirtschaft vor ihrer größten Herausforderung*, Düsseldorf 1985

H. Lampert: *Die Wirtschafts- und Sozialordnung der Bundesrepublik Deutschland*, München ⁸1985

K. H. Biedenkopf, O. Emminger u. a., *Kontinuität und Wandel in vier Jahrzehnten deutscher Wirtschaftspolitik*, Stuttgart 1986

K. C. Thalheim: *Die wirtschaftliche Entwicklung der beiden Staaten in Deutschland. Tatsachen und Zahlen*, Leverkusen ²1981

H.-H. Hartwich: *Wendepunkte des Wirtschaftssystems. Die Bundesrepublik 1947–1949, 1966–1969, 1977/78*, Leverkusen ²1981

J. Beyfuss: *Deutsche Wirtschaft im Welthandel*, Köln 1985

R. Plate u. E. Böckenhoff: *Agrarmarktpolitik*, 2 Bände, 1970–1984

D. Seifried: *Gute Argumente : Energie*, München 1986

F. J. Jägeler: *Die Rohstoffabhängigkeit der Bundesrepublik Deutschland*, Hamburg 1975

R. Raimund u. a. (Hrsg.): *Außenhandel. Leitfaden für die Praxis*, Wiesbaden 1980

V. Köhler: *Aspekte der aktuellen Entwicklungspolitik*, Bonn ³1983

Deutsche Bundesbank (Hrsg.): *Deutsches Geld- und Bankwesen in Zahlen 1876–1975*, Frankfurt 1976

H. Roeper: *Die D-Mark. Vom Besatzungskind zum Weltstar (1948–1978)*, Frankfurt ²1979


## Gesellschaft und Bürger

D. Claessens, A. Klönne, A. Tschoepe: *Sozialkunde der Bundesrepublik Deutschland*, aktualisierte Ausgabe, Reinbek 1985

B. Schäfers: *Sozialstruktur und Wandel der Bundesrepublik Deutschland*, Stuttgart ⁴1985

H. Limmer: *Die deutsche Gewerkschaftsbewegung*, München ¹¹1986

K. von Beyme: *Interessengruppen in der Demokratie*, München ⁵1980

F. Pilz: *Das sozialstaatliche System der Bundesrepublik Deutschland. Grundzüge der Sozial- und Gesellschaftspolitik*, München 1978

F. Flamm: *Sozialwesen und Sozialarbeit in der Bundesrepublik Deutschland*, Stuttgart ³1980

V. von Bethusy-Huc: *Das Sozialleistungssystem der Bundesrepublik Deutschland*, Hamburg ²1976

R. M. Leidner: *Wohnungspolitik und Wohnungsmarktwirtschaft*, Köln 1981

E. R. Koch, F. Vahrenholt: *Die Lage der Nation. Umweltatlas der Bundesrepublik*, Hamburg 1985

W. Jaide, B. Hille (Hrsg.): *Jugend im doppelten Deutschland*, Wiesbaden 1977

W. Behr: *Jugendkrise und Jugendprotest*, Wiesbaden 1982

I. Metze: *Gesundheitspolitik*, Stuttgart 1982

K. H. Gieseler: *Der Sport in der Bundesrepublik Deutschland*, Düsseldorf 1983

H. Meyn: *Massenmedien in der Bundesrepublik Deutschland*, Berlin 1985

O. B. Roegele: *Die Presse in der deutschen Medienlandschaft*, Bonn 1985

W. LaRoche, L. Maassen: *Massenmedien. Fakten – Formen – Funktionen in der Bundesrepublik Deutschland*, Heidelberg 1983

## Bildung, Wissenschaft, Kultur

W. Scheel (Hrsg.): *Die andere deutsche Frage. Kultur und Gesellschaft in der Bundesrepublik Deutschland nach dreißig Jahren*, Stuttgart 1981

J. H. Knoll: *Bildung und Wissenschaft in der Bundesrepublik Deutschland*, München 1976

Projektgruppe Bildungsbericht (Hrsg.): *Bildung in der Bundesrepublik Deutschland. Daten und Analysen*, 2 Bände, Reinbek 1980

*Bericht über die Entwicklung des Bildungswesens in der Bundesrepublik Deutschland 1984–1986*, Bonn 1986

H.-G. Roth: *25 Jahre Bildungsreform in der Bundesrepublik Deutschland*, Bad Heilbrunn 1975

K. Hüfner u. a.: *Bildungspolitik in der Bundesrepublik Deutschland 1967–1980*, Stuttgart 1986

O. Peters, H. Gollhardt (Hrsg.): *Jahrbuch für Wissenschaft, Ausbildung, Schule*, Köln (jährlich)

H. Peisert, G. Framhein: *Das Hochschulsystem in der Bundesrepublik Deutschland*, Stuttgart ²1981

B. Hasenritter: *Staatliche Forschungs- und Entwicklungspolitik in der Bundesrepublik Deutschland*, Grafenau 1982

*Forschungs- und Technologiepolitik in der Bundesrepublik Deutschland*, herausgegeben von W. Bruder, Opladen 1986

D. Lattmann (Hrsg.): *Die Literatur der Bundesrepublik Deutschland* (Kindlers Literaturgeschichte der Gegenwart), 2 Bände, aktualisierte Taschenbuch-Ausgabe, Frankfurt 1980

Börsenverein des Deutschen Buchhandels (Hrsg.): *Buch und Buchhandel in Zahlen*, Frankfurt (jährlich)

G. V. Busse, H. Ernestus: *Das Bibliothekswesen der Bundesrepublik Deutschland*, Wiesbaden ²1983

*Deutsche Kunst seit 1960*, München 1971–1976, Bd. I: J. Roh: *Malerei, Collage, Op-Art, Graphik* (²1975); Bd. II: J. Morschel: *Plastik, Objekte, Aktionen* (1972); Bd. III: J. Roh: *Druckgraphik* (1974); Bd. IV: P. Nestler, P. M. Bode: *Architektur* (1976)

H. Bofinger u. a. (Hrsg.): *Architektur in Deutschland*, Stuttgart ²1981

R. Dölling u. a.: *Denkmalpflege in der Bundesrepublik Deutschland*, Gräfelfing 1974

K. Mörmann (Hrsg.): *Der deutsche Museumsführer in Farbe. Museen und Sammlungen in der Bundesrepublik Deutschland und West-Berlin*, Frankfurt ²1983

H. Vogt: *Neue Musik seit 1945*, Stuttgart ³1982

H. G. Pflaum, H. Prinzler: *Film in der Bundesrepublik Deutschland*, Frankfurt 1982

H. G. Pflaum (Hrsg.): *Jahrbuch Film*, München (jährlich)

# Register

[B] = Bild · [K] = Karte · [Z] = Zeichnung

Aachen 18
Abakanowicz, Magdalena 378
Abendschule 336
Abgaskatalysator 281
Abitur 335, 336
Abrogans 21, 22 [B]
Absolutismus 50
Ackermann, Peter 375
Adenauer, Konrad 70, 71, 74, 86, 87, 88, 101 [B], 136 [B]
Adorno, Theodor W. 359
Agrarpolitik 182, 183
Aids 299
Aktionskunst 377, 378
Albrecht, Gerd 392
Alpen 10
Andersch, Alfred 366
Angestellte 150, 251, 252, 255, 259, 266, 268, 290
Antisemitismus 61
Arbeiter 150, 251, 255, 259, 266, 268, 290
Arbeitgeber 251, 256, 259, 273, 338
Arbeitgeberverbände 253, 254
Arbeitnehmer 251, 253, 254, 256–258, 273, 306, 338
Arbeitsämter 170
Arbeitsförderung 171
Arbeitsgemeinschaft der öffentlich-rechtlichen Rundfunkanstalten Deutschlands 325, 326
Arbeitslose 169 [Z], 265, 268
Arbeitslosenversicherung 170, 171, 263–269
Arbeitslosigkeit 166, 168, 169 [Z], 170, 288, 292, 295
Arbeitsmarkt 167–172
Arbeitszeit 173 [Z]
ARD → Arbeitsgemeinschaft der öffentlich-rechtlichen Rundfunkanstalten Deutschlands
Arminius 45
Arp, Hans 376
Arte Povera 377
Arzneimittelgesetz 298
Ärzte 297
Asmus, Dieter 375, 376 [B]
Atomenergie → Kernenergie

Attlee, Clement 64, 65 [B]
Augsburg 18, 27
Augsburger Religionsfriede 48, 49, 308
Ausbildungsplätze 339–341
Ausfuhr 211 [Z], 212 [Z], 213, 214 [Z], 215
Ausländerpolitik 249–250
ausländische Arbeitnehmer 16, 167, 249, 250
Auslandsinvestitionen 215–216
Auslandsmessen 229
Außenhandel 211–216
Außenpolitik 133–142
äußere Sicherheit 155–158
Ausstellungen 227–229, 388
Autobahnen 233 [K]
Automobilindustrie 189, 190 [B]

Bach, Elvira 375
Baden-Württemberg 24–27, 116
BAföG → Bundes-Ausbildungsförderungsgesetz
Bahlo, Dieter 380
Bamberg 28
Bangemann, Martin 115 [B]
Banken 222–226
Barbarossa → Friedrich I. Barbarossa
Barlach, Ernst 376
Baselitz, Georg 375
Bauernkrieg 48
Bauhaus 379
Baukunst 379–382
Baumeister, Willi 373
Bausch, Pina 389
Bayerischer Wald 12
Bayern 27–29, 116
Bayreuth 28, 402 [B]
Beamte 149, 150, 251, 252, 259, 290
Bechteler, Else 378
Becker, Jurek 366
Beck, Ludwig 63
Behnisch, Günter 381
Behrens, Peter 392
Belling, Rudolf 376
Bellmer, Hans 375
Bergbau 193, 194
Berlin 15, 18, 42, 43 [B], 44, 72, 75, 76–81, 116, 131, 177, 210, 227, 236, 310, 330, 342, 383, 391

Berlin-Abkommen 79, 80–81, 138, 209
Berliner Mauer 16, 73, 78, 80, 81, 270
Berufsausbildung 288, 295, 334, 338–341
Berufsfachschule 340
Berufsgrundbildungsjahr 341
Berufsschule 334, 338, 339
Berufssportler 301
Besatzungsmächte 20
Besatzungszonen 64, 67–70, 77–78, 80, 86–87
Betriebsrat 258, 259, 260 [Z], 261
Betriebsrenten 267
Betriebsverfassungsgesetz 110, 257–258
Beuys, Joseph 377, 378 [B]
Bevölkerung 16–18, 19 [Z]
Bevölkerungsdichte 16, 17 [K], 18
BGS → Bundesgrenzschutz
Bibliotheken 367, 371–372
Bielefeld 18, 37
Biermann, Wolf 393
bildende Künste 373–378
Bildschirmtext 239, 328
Bildungswesen 332, 333, 334 [Z], 335, 336, 337, 338–341, 342–346, 354, 357
Bismarck, Otto von 56, 58, 263
Bissier, Julius 373
BKA → Bundeskriminalamt
Blacher, Boris 392
Bloch, Ernst 359, 361 [B], 371
Bochum 18, 37
Böhm, Gottfried 381, 382
Böll, Heinrich 364, 365 [B], 366, 367, 399
Bonn 18, 36, 89 [B]
Borchert, Wolfgang 363
Börsenverein des deutschen Buchhandels 371
Branca, Alexander von 382
Brandt, Willy 75 [B], 88, 89, 101 [B], 138 [B]
Braunschweig 18
Brecht, Bertolt 363, 397
Breitensport 302–303, 305
Bremen 16, 18, 29, 30 [B], 116, 236, 391

Bremer, Uwe 375
Bremerhaven 29
Brendel, Wolfgang 392
Brötzmann, Peter 392
Brustellin, Alf 399
Bruttoinlandsprodukt 161
[Z], 162 [Z]
Bruttosozialprodukt 163
[Z], 165 [Z], 169
Buchhandel 369–371
Buchmesse 371
Buchproduktion 372 [Z]
Bundesanstalt für Arbeit
170–171, 355
Bundes-Ausbildungsförde-
rungsgesetz 332, 347
Bundesgrenzschutz 152,
153
Bundeshaushaltsplan 143,
145 [Z]
Bundesjugendplan 295–296
Bundeskanzler 94, 99, 103,
105
Bundeskriminalamt 153,
154
Bundesländer 123–124, 148
Bundespräsident 98–99,
100, 105
Bundespresseamt 318
Bundesrat 81, 97, 99, 102,
103, 106
Bundesregierung 102,
103–105
Bundesstaat 94, 96
Bundestag (Bundesrepu-
blik Deutschland) 71, 81,
93–94, 96, 98, 99, 102,
103, 105, 106, 138
Bundestag (Deutscher
Bund) 54
Bundestagswahlen 86, 90,
118, 119 [Z], 120, 121
Bundesverfassungsgericht
84, 93–94, 104 [Z], 105,
106, 109, 113, 138, 317,
324, 327
Bundesversammlung 98
Bundeswehr 155–158, 156
[Z], 356, 357
Bundeswehrfachschulen
356
Bürgerinitiativen 314–316
Busmann, Peter 381
Buthe, Michael 378

Carstens, Karl 100 [B]
CDU → Christlich-Demo-
kratische Union
CeBIT 227
Charta der deutschen Hei-
matvertriebenen 67
chemische Industrie
189 [B]

Christlich-Demokratische
Union 27, 33, 35, 37, 39,
40, 42, 44, 70, 86, 88, 90,
102, 114, 115, 116, 117,
120, 291
Christlich-Soziale Union 29,
86, 88, 90, 102, 114, 115,
116, 117, 120, 291, 321
Cimiotti, Emil 376
COMECON 72
Cranko, John 389
CSU → Christlich-Soziale
Union
Cuxhaven 35

DAG → Deutsche Ange-
stellten-Gewerkschaft
Datenschutz 112–113
Datenverarbeitung 192, 350
DB → Deutsche Bundes-
bahn
DBB → Deutscher Beam-
tenbund
DDR → Deutsche Demokra-
tische Republik
Degenhardt, Franz Josef
393
Demokratie 94, 97
Detmold 45, 391
Deutsche Angestellten-Ge-
werkschaft 252
Deutsche Bundesbahn
230–232
Deutsche Bundesbank 164,
165, 209, 222, 223
Deutsche Bundespost
238–239, 327–328
Deutsche Demokratische
Republik 10, 67, 71–73,
74, 75, 77, 78, 79, 84, 138,
271, 281, 310, 366
Deutsche Forschungsge-
meinschaft 351
Deutsche Kommunistische
Partei 119, 120
Deutsche Partei 86
Deutscher Beamtenbund
252
Deutscher Bund 54, 56
Deutscher Fußball-Bund
301
Deutscher Gewerkschafts-
bund 251, 253, 291, 356
Deutscher Sportbund 302,
303
Deutsche Welle 324, 325
Deutsche Zentrale für Tou-
rismus 243
Deutschlandfunk 324–325
Deutschlandlied 95
Devisen 223–224
DFB → Deutscher Fußball-
Bund

DFG → Deutsche For-
schungsgemeinschaft
DGB → Deutscher Gewerk-
schaftsbund
Dialekte 21
Die Grünen 114, 117, 120,
291
Dix, Otto 373
DKP → Deutsche Kommu-
nistische Partei
Döblin, Alfred 363
Dohnanyi, Christoph von
392
Doldinger, Klaus 392
Domin, Hilde 366
Donaueschinger Musiktage
402
Dönitz, Karl 63
Dortmund 18, 37
Dreißigjähriger Krieg 49
Dritte Welt → Entwicklungs-
länder
DSB → Deutscher Sport-
bund
Duisburg 18, 37, 236
Düsseldorf 18, 36, 37, 227,
236
DZT → Deutsche Zentrale
für Tourismus

Ebert, Friedrich 61
EG → Europäische Gemein-
schaft
Ehrmann, Rudolf 381
Eich, Günter 363
Eiermann, Egon 381
Eigenheim 278, 279
Einfuhr 211 [Z], 212 [Z],
213, 214 [Z], 215
Einkommen 173–174, 173
[Z], 174 [Z], 175 [Z], 247
[Z], 276
Einzelhandel → Handel
Emden 34, 35
Ende, Edgar 374
Energiepolitik 198–200
Energiewirtschaft 196–200
Entspannungspolitik
137–140
Entwicklungshilfe 217,
218–221
Entwicklungsländer 133,
135, 140, 141, 215, 216,
217–221
Environment 378
Enzensberger, Hans
Magnus 366
Erdgas 194–195
Erdöl 194–195
Erhard, Ludwig 87, 88,
101 [B]
Ernährung 186
Ernst, Max 374

Erster Weltkrieg 58–59
Erwerbstätige 167 [B], 168, 246, 247, 251, 288
Erziehungsgeld 290
Erziehungsurlaub 290
Eschenbach, Christoph 392
Essen 18, 37, 227, 398
Europäische Gemeinschaft 133, 135, 167, 178, 182, 185, 218, 221
Europäisches Währungssystem 223
Europäische Wirtschaftsgemeinschaft 87
Europarat 86
Evangelische Gemeinschaft 312
evangelische Kirche 309–311
EWS → Europäisches Währungssystem
Existentialismus 358
Export → Ausfuhr
Expressionismus 373

Fachhochschule 340, 342, 344
Fachoberschule 335, 340
Fachschule 335
Familie 290–291
Farbfernsehen 326
Fassbaender, Brigitte 392
Fassbinder, Rainer Werner 399
FDP → Freie Demokratische Partei
Fels, Ludwig 364
Feriengebiete 241 [K]
Fernsehen 324–328
Fernsehprogramme 326
Fernstudium 346
Film 398–401
Finanzen 143–148
Finanzmärkte 225–226
Fischer-Dieskau, Dietrich 392
Fischerei 184–186
Flüchtlinge 16, 20, 66, 249
Föderalismus 122–127
Forschung 349–353
Forschungspolitik 352–353
Forstwirtschaft 184
Fortner, Wolfgang 392
Frankfurt am Main 18, 32, 227, 230, 236, 330, 369, 391
Frankfurter Nationalversammlung 54–55
Frankfurter Schule 359
Frantz, Justus 392, 404
Franz II. 50
Französische Revolution 50, 51, 52

Frauenbewegung 364
Frauenfragen 287–291
Frauenliteratur 364
Freiburg i. Br. 18
Freie Demokratische Partei 35, 37, 39, 44, 86, 88, 89, 90, 114, 115, 116, 117, 120, 291
Freizeitgestaltung 306–307
Friedrich I. Barbarossa 46
Friedrich II. 46
Friedrich der Große 50
Friedrich-Ebert-Stiftung 357
Friedrich-Naumann-Stiftung 357
Friedrich Wilhelm IV. 56
Fritz-Thyssen-Stiftung 352
Fruhtrunk, Günter 374
Fünfprozentklausel 118
Fußball 301

Galen, Clemens August Graf von 313
Gastarbeiter → ausländische Arbeitnehmer
Gaul, Winfred 374
Gebietsreform 131–132
Geburtenrate 16
Gedächtniskirche 310 [B]
Gehälter 255, 288, 290
Geiger, Rupprecht 373
Geld 222–226
Gelsenkirchen 18, 37, 236
Gemeinden 18, 124, 126, 131, 143
Genscher, Hans-Dietrich 89, 90
Genußmittelindustrie 192
Gesamthochschule 344, 346
Gesamtschule 335
Gesellschaft 246, 247, 248 [Z], 249, 250
Gesetzgebung 99, 102–103, 109, 123
Gesundheitswesen 297–300
Gewerkschaften 163–164, 251–255, 258
Gielen, Michael 392
Gießen 32
Glaubensspaltung 48–49
Gleichberechtigung 287
Goerdeler, Carl 63
Goethe, Johann Wolfgang von 397
Goethe-Institut 142
Goldene Bulle 47
Göttingen 330
Graf, Steffi 303 [B]
Grass, Günter 365 [B], 366, 399

Greger, Max 393
Gregor VII. 46
Grönemeyer, Herbert 393
Gropius, Walter 379
Große Koalition 86, 88
Großhandel → Handel
Grundgesetz 70, 71, 79, 84, 88, 92–97, 98, 102, 105–106, 108–109, 113, 122–124, 149, 158, 262, 280, 287, 308, 317, 332
Grundlagenvertrag 75–76, 84, 138
Grundrechte 92–94, 108
Grundschule 333
Grüne → Die Grünen
Grüne Woche 229
»Gruppe 47« 367
Gutenberg, Johannes 369
Gymnasium 334

Haberer, Godfrid 381
Habsburger 47–48
Hacks, Peter 397
Haese, Günter 377
Hagen 18
Hahn, Ulla 364
Hajek, Otto Herbert 376
Hallstein-Doktrin 74
Hamburg 16, 18, 30–31, 116, 227, 230, 236, 330, 391
Hamm 18
Handel 206–208
Handelsbeziehungen 209–216
Handelspartner 214
Handke, Peter 364
Handwerk 201–205, 203 [Z], 204 [Z]
Handwerkskammer 338
Hannover 16, 18, 34–35, 227, 236, 391
Hanns-Seidel-Stiftung 357
Hanse 30–31, 47
Hardenberg, Karl August Fürst von 51
Härtling, Peter 364
Hartmann, Karl Amadeus 392
Hartung, Hans 373
Hartung, Karl 376
Hauptschule 334, 338
Hauser, Erich 376
Haydn, Joseph 95
Heereman, Constantin Freiherr von 316
Heidegger, Martin 360 [B]
Heidelberg 330
Heilbronn 26
Heiliges Römisches Reich Deutscher Nation 45–46, 50, 52 [K]

Heinemann, Gustav 100 [B]
Heinrich I. 46
Heinrich III. 46
Heinrich IV. 46
Heinrich VI. 46
Heinrich der Löwe 46
Helgoland 12, 15, 41
Hentrich, Helmut 379
Henze, Hans Werner 392
Hepfinger, Susanne 378
Herne 18
Herzog, Werner 399–400
Hespos, Hans-Joachim
    392
Hessen 32–33, 116
Heuss, Theodor 93, 100 [B]
Hiltmann, Jochen 377
Hindenburg, Paul von 59, 61
Hitler, Adolf 61–63, 65
Hochhuth, Rolf 397
Hochleistungssport
    302–303, 305
Hochschule 335, 342–348,
    343 [K], 349, 351
Hoffmann, Klaus 393
Hoffmann von Fallersleben,
    August Heinrich 95
Hofmann, Peter 392
Hollein, Hans 381
Hölscher, Ulf 392
Hörfunk 324–327
Horkheimer, Max 359,
    361 [B]
Humanismus 48
Humboldt, Wilhelm von 51,
    342, 349

IHK → Industrie- und Han-
    delskammer
Immendorff, Jörg 375 [B]
Import → Einfuhr
Industrialisierung 246, 257,
    292, 360
Industrie 187–192, 350
Industriepolitik 187–188
Industrie- und Handelskam-
    mer 338
innerdeutscher Handel
    209–210
innere Sicherheit 152–154
Internationale Filmfest-
    spiele 403
Isang Yun 392

Jacobsen, Arne 379
Jakobs, Karlheinz 366
Janssen, Horst 375
Jarreau, Al 403
Jaspers, Karl 359, 360 [B]
Johnson, Uwe 364
Jonas, Hans 361, 362 [B],
    371
Juden 62, 63, 312

Jugend 292–296
Jugendarbeitslosigkeit 295
Jugendherbergen 242, 293,
    294
Jugendschutzgesetz 295

Kabelfernsehen 239, 327
Kagel, Mauricio 392
Kaiserslautern 38
Kalinowski, Horst Egon 377
Kandinsky, Wassily 373
Karajan, Herbert von 389
Karl IV. 47 [B]
Karl V. 49
Karl der Große 45
Karlsruhe 18, 26, 236, 391
Kassel 18
katholische Kirche 311–312
Kempowski, Walter 365 [B],
    367
Kernenergie 194, 199
Kernkraftwerke 197 [K],
    199, 315
Kiefer, Anselm 375
Kiel 18
Kiesinger, Kurt Georg 88,
    101 [B]
Kindergarten 333
Kindergeld 269
Kirchen 308–313, 357
Kirchensteuer 309
Kirsch, Sarah 366
Klapheck, Konrad 375
Klee, Paul 373
Klima 15
Kluge, Alexander 399
Koblenz 37, 39, 330
Koeppen, Wolfgang 364
Kohl, Helmut 90, 101 [B],
    105, 114 [B], 141 [B],
    280
Köhnke, Jörn 380
Kokoschka, Oskar 373, 374
    [B]
Kollo, René 392
Köln 18, 36–37, 236, 391
Kommunistische Partei
    Deutschlands 68, 69, 118,
    119
Konferenz über Sicherheit
    und Zusammenarbeit in
    Europa 139
Konfessionen 308
Konrad I. 45–46
Konrad-Adenauer-Stiftung
    357
konstruktives Mißtrauens-
    votum → Mißtrauens-
    votum
Konzentrationslager 63
KPD → Kommunistische
    Partei Deutschlands
Krankenhäuser 297

Krankenkassen 299–300
Krankenversicherung 263,
    265–266
Krapp, Edgar 392
Kreditinstitute 222–225
Krefeld 18
Kricke, Norbert 377
Kriegsopferversorgung 269
Kroetz, Franz Xaver 397
Krolow, Karl 364
KSZE → Konferenz über Si-
    cherheit und Zusammen-
    arbeit in Europa
Kuhn, Paul 393
Kunert, Günter 366
Kunstfonds 378
Kunze, Heinz-Rudolf 393
Kunze, Reiner 365 [B], 366
Kurfürsten 47

Lachenmann, Helmut 392
Lage, Klaus 392
Länder → Bundesländer
Landschaften 10–14
Landschaftspflege 283–285
Landwirtschaft 180–183
Lang, Fritz 398
Lang, Nikolaus 378
Lärmbelästigung 236,
    285–286
Lastenausgleich 67, 271
Last, James 393
Lehmbruck, Wilhelm 376
Lehrer 336
Lehrwerkstätten 338, 339
    [B]
Lenz, Siegfried 365 [B], 367
Leonhardt, Fritz 380
Lessing, Gotthold Ephraim
    397
Leverkusen 18, 37
Liebermann, Rolf 389
Ligeti, György 392
Lindenberg, Udo 392
Literatur 363–368
Literaturfonds 368
Löbe, Paul 93 [B]
Loest, Erich 366
Löhne 255, 288, 290
Lomé-Abkommen 135, 221
Londoner Protokoll 77, 79
Loth, Wilhelm 376
Lübeck 18
Lubitsch, Ernst 398
Lübke, Heinrich 100 [B]
Ludendorff, Erich 59
Ludwigshafen 18, 38, 236
Luftbrücke 78
Luftfahrt 210
Luftverschmutzung 184,
    236, 280–281
Lüneburger Heide 14
Lüpertz, Markus 375

Luther, Martin 21, 48
Lyrik 364, 366

**M**ack, Heinz 374
Maier, Reinhold 93 [B]
Mainz 18, 38–39, 330
Maiwald, Peter 364
Malerei 373–375
Mangelsdorff, Albert 392
Mann, Heinrich 363
Mann, Thomas 363
Mannheim 18, 26, 236, 350
Marbach 330
Marburg 32
Marcks, Gerhard 376
Marktwirtschaft 160–162,
177
Marshallplan 87
Marxismus 359
Maschinenbauindustrie
188, 191 [B]
Mataré, Ewald 376
Maximilian I. 48
Max-Planck-Gesellschaft
351–352
Meckel, Christoph 364
Meckseper, Friedrich 375
Medien 317–319
Meinungsforschung
318–319
Merkantilismus 50
Messen 227–229
Methodisten 312
Mey, Reinhard 393
Middendorf, Helmut 375
Mies van der Rohe, Ludwig
379, 386
Mieterschutz 277–278
Minderheiten 249
Mißtrauensvotum 89–90,
105
Mitbestimmung 257–262,
258 [Z], 262 [Z]
Mittelalter 45–48
Mittelgebirge 10
Mittellandkanal 235 [B]
»Modern Talking« 392
Mohl, Heinz 382
Mönchengladbach 18
Montan-Mitbestimmungs-
gesetz 257, 261
Moser, Edda 392
Müll 286
Müller, Heiner 397
München 16, 18, 27–28,
227, 230, 236, 330, 391
Münster 18
Murnau, F. W. 398
Museen 383–388
Musik 389–393
Musikhochschulen 391
Musiktheater 389
Mutter, Anne-Sophie 392

**N**achrichtenagenturen 318
Nachrichtenmagazine 321,
322
Nagel, Peter 375
Nahrungsmittelindustrie
192
Namen 23, 287
Napoleon 50–51, 54
Nationaldemokratische
Partei Deutschlands 118,
120
nationale Frage 84–85
Nationalhymne 95
NATO → Nordatlantikpakt
Naturparks 241 [K], 285
Naturschutz 283–285
Nay, Ernst Wilhelm 373
»Nena« 392
Neumeister, John 389
Nicole 393
Niedersachsen 33–35, 116
Niemöller, Martin 313
Nolde, Emil 373
Nordatlantikpakt 86, 133,
135, 135–137, 140, 155,
157 [B]
Norddeutsches Tiefland 10,
12, 14–15
Norddeutsche Tiefebene 18
Norderney 12
Nordrhein-Westfalen
35–37, 116
Nordsee 10, 12, 42, 282
Nossack, Hans Erich 363
Notstandsgesetze 88
NPD → Nationaldemokrati-
sche Partei Deutsch-
lands
Numerus clausus 347
Nürnberg 16, 18, 28, 227,
236

**O**berhausen 18
Oberrheinische Tiefebene
12
Oder-Neiße-Linie 64, 66–67,
137, 270
Oelze, Richard 374
öffentliche Meinung
317–319
öffentlicher Dienst 149–151,
290
Ökologie 361–362
Opernhäuser 389
Orchester 389
Orff, Carl 392
Osnabrück 18
Ostpolitik 137, 140
Ostsee 10, 12, 14
Otto I. 46

**P**abst, G. W. 398
Paderborn 37

PAL-System 326
Pariser Verträge 86
Parlamentarischer Rat 70,
93 [B]
Parteien 114–120
Petersen, Wolfgang 400
Pfahler, Georg Karl 374
Pforzheim 26
Philipp der Großmütige 33
Piene, Otto 374
Plastik 376–377
Plenzdorf, Ulrich 397
Plessen, Elisabeth 364
Polizei 152
Polke, Sigmar 375
Popper, Karl 360
Potsdamer Abkommen 64,
66–67
Preise 174–176
Preispolitik 176
Presse 320–323
Pressefreiheit 317, 321
Preußen 24, 42, 50, 51, 54,
56, 57
Prey, Hermann 392
Primärenergieverbrauch
193 [Z], 200

**R**adio → Hörfunk
Raumfahrtindustrie 190
Raumordnung 128–131,
130 [K]
Realschule 334, 335, 338,
340
Rechtsordnung 107–113
Rechtspflege 110–112
Rechtsstaat 94, 97,
107–108
Recklinghausen 253
Reformation 48, 49
Regensburg 28
Reichow, Bernhard 382
Reichsdeputationshaupt-
schluß 50
Reimann, Aribert 390 [B],
392
Reitsport 301
Reitz, Edgar 400
Religion 308–313
Religionsunterricht 332
Renaissance 48
Renten 264, 266–267, 268,
269, 271
Rentenversicherung 264,
265, 266–267, 290
Revolution von 1848 54–56
Rhein 12, 281
Rheinland-Pfalz 37–39, 116
Richard-Wagner-Festspiele
402, 404
Richter 107, 112
Richter, Hans Werner 367
Rihm, Wolfgang 392

Rilling, Helmuth 392
Rohstoffpolitik 195–196
Rohstoffversorgung 193–196
RTL plus 327
Rückriem, Ulrich 377
Rudolf I. 47
Rühmkorf, Peter 364
Ruhrfestspiele 253
Ruhrgebiet 36
Rundfunk 324–328
Rundfunkfreiheit 325
Ruthenbeck, Reiner 378

**S**aarbrücken 18, 39, 236, 391
Saarland 39–40, 116
Salier 46
Salomé 375
SAT 1 327
Sawallisch, Wolfgang 392
Scharnhorst, Gerhard von 51
Scharoun, Hans 381
Scheel, Walter 88, 100 [B]
Scherer, Karlheinz 381
Schiffahrt 234–236
Schiffbauindustrie 191
Schiller, Friedrich von 397
Schleswig-Holstein 40–42, 116
Schlippenbach, Alexander von 392
Schlöndorff, Volker 399
Schmid, Carlo 93 [B]
Schmidt, Arno 366
Schmidt, Helmut 89, 90, 101 [B], 105
Schnebel, Dieter 392
Schoof, Manfred 392
Schroeder, Marion 364
Schroeter, Werner 400
Schulen 332–337
Schulsport 305, 332
Schulsystem 333–336
Schultze, Bernard 373
Schumacher, Emil 373
Schumacher, Kurt 86
Schwanzer, Karl 380
Schwarzwald 12
SED → Sozialistische Einheitspartei Deutschlands
Seghers, Anna 363
Sinkel, Bernhard 399
Solingen 18, 37
Sonderschule 335
Sozialdemokratische Partei Deutschlands 30, 31, 33, 35, 37, 39, 40, 44, 68, 69, 74, 86, 88, 89, 90, 114, 115, 116, 117, 120, 291, 321
»soziales Netz« 164

Sozialhilfe 269
Sozialistische Einheitspartei Deutschlands 69, 71, 72, 73
sozial-liberale Koalition 88–90
Sozialpartner 162, 251–256
Sozialstaat 94, 97, 109–110
Sozialversicherung 263–269
Sozialwohnungen 275
SPD → Sozialdemokratische Partei Deutschlands
Sport 301–305
Sprache 21–23
Springer, Axel 320, 323
staatlicher Aufbau 104 [Z]
Staatsgewalt 94
Städte 124, 126–127, 132
Städtebau 279
Stadtplanung 381–382
Stalin, Jossif 64, 65 [B]
Stämme 19–21
Staufer 46–47
Stauffenberg, Claus Graf Schenk von 63
Stefan, Verena 364
Stein, Horst 392
Stein, Karl Reichsfreiherr vom 51, 124
Steuern 126–127, 146
Stifterverband für die Deutsche Wissenschaft 352
Stiftung Preußischer Kulturbesitz 383
Stiftung Deutsche Sporthilfe 304
Stiftung Volkswagenwerk 352
Stiftung Warentest 177
Stockhausen, Karlheinz 391 [B], 392
Stockhausen, Markus 392
Stoph, Willi 75 [B]
Stosberg, Klaus E. 380
Strafgerichte 111 [Z]
Straßenverkehr 232–234
Strauß, Botho 397
Strauß, Franz Josef 115 [B]
Strauss, Richard 404
Streiks 256
Stresemann, Gustav 60 [B]
Studenten 342, 344, 346 [Z], 347 [Z]
Studentenbewegung 359, 364
Studienplätze 335, 342, 346, 347, 348
Studium 288, 290
Stuttgart 16, 18, 26, 227, 230, 236, 391

Surrealismus 374
Süskind, Patrick 397
Syberberg, Hans Jürgen 399
Sylt 12, 41
Szymanski, Rolf 376

**T**ageszeitungen 320–322
Tarifverträge 110, 251, 254–255, 273, 306, 368
Teilung Deutschlands 61–85
Tennis 301
Tennstedt, Klaus 392
Textilobjekte 378
Theater 394–397
Tourismus 240–243
Trier 38
Trotta, Margarethe von 399, 400
Truman, Harry S. 64, 65 [B]

**Ü**bersetzungen 370–371
Uecker, Günther 374
Uhlmann, Hans 376
Ulm 26
Umweltschutz 117, 128–129, 184, 200, 237, 280–286, 293
Unfallversicherung 267–268
Universitäten 342–348, 345 [B]
UNO → Vereinte Nationen
Urlaub 254 [Z], 306–307

**V**ahle, Inge 378
Verband deutscher Schriftsteller 367
Verbände 314
Verbraucherschutz 177–179
Vereine 314
Vereinte Nationen 141–142, 218
Verfassung → Grundgesetz
Verfassungsorgane 98–106
Verfassungsschutz 154
Verkehr 230–237
Vermögenspolitik 272–274
Versailler Friedensvertrag 60
Vertriebene 16, 20, 63, 66–67, 249, 270–271
Videotext 328
Viermächte-Abkommen → Berlin-Abkommen
Vogel, Hans-Jochen 116 [B]
Volkseinkommen 163 [Z]
Volkshochschulen 354–356
Vostell, Wolf 377
VS → Verband deutscher Schriftsteller

Wader, Hannes 393
Wahlen → Bundestags-
wahlen
Wahlrecht 291
Waldschäden 184, 280
Walser, Martin 364, 397
Warschauer Pakt 72, 135,
140, 157 [Z]
Warschauer Vertrag 67,
137–138
Wasserverschmutzung 281,
282, 283 [K]
Wehrpflicht 156, 157, 158
Weimarer Republik 59, 61
Weiterbildung 354–357
Weitling, Otto 379
Weizsäcker, Carl Friedrich
von 361, 362 [B]
Weizsäcker, Richard von
100 [B]
Wenders, Wim 399–400
Weseler, Günter 377
Wesseling 236
Westfälischer Friede 49,
308
Wetzlar 32
Wiedemann, Josef 381

Wiedergutmachung 271
Wiedervereinigung 73–75
Wiesbaden 15, 18, 32
Wilhelm I. 57 [B]
Wilhelm II. 58
Wilhelmshaven 35, 235
Winter, Fritz 373
Wintersberger, Maria Lam-
bert 375
Wirtschaftssystem 160–166
»Wirtschaftswunder« 87
Wohmann, Gabriele 364,
365 [B]
Wohngeld 277–278
Wohnungswesen 275–278,
276 [B]
Wolfsburg 35
Wols 373
Wondratschek, Wolf 366
Worms 38
Wuppertal 18, 37
Würzburg 28, 391

Zacharias, Christian 392
ZDF → Zweites Deutsches
Fernsehen
Zebra 375

Zeitgeist 358–362
Zeitschriften 321–323
»Zen 49« 373
Zender, Hans 392
Zentralstelle für die Ver-
gabe von Studienplätzen
347–348
»Zero« 374, 377
Zimmermann, Bernd Alois
392
Zimmermann, Frank-Peter
392
Zimmermann, Mac 374
Zimmermann, Tabea 392
Zivilgerichte 109 [Z]
Zivilschutz 158
Zonenrandgebiet 128, 129,
131
Zuckmayer, Carl 363
Zugspitze 10, 28 [B]
ZVS → Zentralstelle für die
Vergabe von Studienplät-
zen
Zweiter Bildungsweg 336
Zweiter Weltkrieg 63
Zweites Deutsches Fern-
sehen 325–326

# ABBILDUNGSNACHWEIS